丛书主编 石长顺
丛书副主编 郭 可 支庭荣

21世纪高校网络与新媒体专业系列教材

融合新闻学导论（第二版）

石长顺 著

北京大学出版社
PEKING UNIVERSITY PRESS

图书在版编目(CIP)数据

融合新闻学导论 / 石长顺著. —2 版. —北京：北京大学出版社，2020.11
21 世纪高校网络与新媒体专业系列教材
ISBN 978-7-301-31755-6

Ⅰ.①融… Ⅱ.①石… Ⅲ.①新闻学–高等学校–教材 Ⅳ.①G210

中国版本图书馆 CIP 数据核字 (2020) 第 194170 号

书　　　名	融合新闻学导论（第二版） RONGHE XINWENXUE DAOLUN（DI-ER BAN）
著作责任者	石长顺　著
责任编辑	李淑方
标准书号	ISBN 978-7-301-31755-6
出版发行	北京大学出版社
地　　　址	北京市海淀区成府路 205 号　100871
网　　　址	http://www.pup.cn　　新浪微博：@北京大学出版社
电子信箱	zyl@pup.cn
电　　　话	邮购部 010-62752015　发行部 010-62750672　编辑部 010-62767857
印 刷 者	北京溢漾印刷有限公司
经 销 者	新华书店 730 毫米 ×980 毫米　16 开本　20.5 印张　380 千字 2013 年 5 月第 1 版 2020 年 11 月第 2 版　2023 年 2 月第 4 次印刷
定　　　价	59.00 元

未经许可，不得以任何方式复制或抄袭本书之部分或全部内容。
版权所有，侵权必究
举报电话：010-62752024　电子信箱：fd@pup.pku.edu.cn
图书如有印装质量问题，请与出版部联系，电话：010-62756370

21世纪高校网络与新媒体专业系列教材

编委会

总 主 编　石长顺
副 主 编　郭　可　支庭荣
主编单位　华中科技大学
　　　　　上海外国语大学
　　　　　暨南大学
　　　　　华南理工大学
　　　　　武汉理工大学
　　　　　河南工业大学
　　　　　沈阳体育学院
　　　　　广州大学
编委会成员　（按英文字母顺序排序）
　　　　　陈冠兰　陈沛芹　陈少华　郭　可　韩　锋
　　　　　何志武　黄少华　惠悲荷　季爱娟　李　芳
　　　　　李　军　李文明　李秀芳　梁冬梅　鲁佑文
　　　　　单文盛　尚恒志　石长顺　唐东堰　王　艺
　　　　　肖赞军　杨　娟　杨　溟　尹章池　于晓光
　　　　　余　林　张合斌　张晋升　张　萍　郑传洋
　　　　　郑勇华　支庭荣　周建青　邹　英

总　　序

　　教育部在2012年公布的本科专业目录中，首次在新闻传播学学科中列入特设专业"网络与新媒体"，这是自1998年以来为适应社会发展需要，该学科新增的两个专业之一（另一个为数字出版专业）。实际上，早在1998年，华中科技大学就面对互联网新媒体的迅速崛起和新闻传播业界对网络新媒体人才的急迫需求，率先在全国开办了网络新闻专业（方向）。当时，该校新闻与信息传播学院在新闻学本科专业中采取"2+2"方式，开办了一个网络新闻专业（方向）班，面向华中科技大学理工科招考二年级学生，然后在新闻与信息传播学院继续学习两年专业课程。首届毕业学生受到了业界的青睐。

　　在教育部新颁布《普通高等学校本科专业目录（2012）》之后，全国首次有28所高校申办了网络与新媒体专业并获得教育部批准，继而开始正式招生。招生学校涵盖"985"高校、"211"高校和省属高校、独立学院四个层次。这28所高校的网络与新媒体专业，不包括同期批准的45个相关专业——数字媒体艺术和此前全国高校业已存在的31个基本偏向网络新闻方向的传播学专业。2014年、2015年、2016年、2017年又先后批准了20、29、47和36所高校网络与新媒体专业招生，加上2011年和2012年批准的9所高校新媒体与信息网络专业招生，到2018年全国已有169所高校开设了网络与新媒体专业。

　　媒体已成为当代人们生活的一部分，并逐渐走向21世纪的商业和文化中心。数字化媒体不但改变了世界，改变了人们的通信手段和习惯，也改变了媒介传播生态，推动着基于网络与新媒体的新闻传播学教育改革与发展，成为当代社会与高等教育研究的重要领域。尼葛洛庞帝于《数字化生存》一书中提出的"数字化将决定我们的生存"的著名预言（1995年），在网络与新媒体的快速发展中得到应验。

　　据中国互联网络信息中心（CNNIC）2019年8月发布的《第44次中国互联网络发展状况统计报告》显示，截至2019年6月，我国网民规模已达8.54亿，较2018年年底增长2598万，互联网普及率达61.2%，较2018年底提升1.6个百分点。互联网用户规模的迅速发展，标志着网络与新媒体技术正处在一个不断变化的流动状态，且其低门槛的进入使人与人之间的交往变得更为便捷，世界已从"地球村"走向了"小木屋"，时空概念的消解正在打破国家与跨地域之间的界限。

加上我国手机网民数量持续增长,手机网民规模已达8.47亿,较2018年年底增长2984万,网民使用手机上网的比例达99.1%,较2018年年底提升0.5个百分点。这是否更加证明移动互联网时代已经到来,"人人都是记者"已成为现实?

网络与新媒体的发展重新定义了新媒体形态。新媒体作为一个相对的概念,已从早期的广播与电视转向互联网。随着数字技术的发展,新媒体更新的速度与形态的变化时间越来越短(见图1)。当代新媒体的内涵与外延已从单一的互联网发展到网络广播电视、手机电视、微博、微信、互联网电视等。在网络环境下,一种新的媒体格局正在出现。

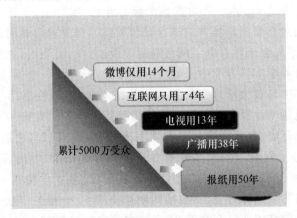

图1 各类媒体形成"规模"的标志时间

基于网络与新媒体的全媒体转型也正在迅速推行,并在四个方面改变着新闻业,即改变着新闻内容、改变着记者的工作方式、改变着新闻编辑室和新闻业的结构、改变着新闻机构与公众和政府之间的关系。相应地也改变着新闻和大众传播教育,包括新闻和大众传播教育的结构、教育者的工作方式和新闻传播学专业讲授的内容。

为使新设的"网络与新媒体"专业从一开始就走向规范化、科学化的发展建设之路,加强和完善课程体系建设,探索新专业人才培养模式,促进学界之间的教学交流,共同推进网络与新媒体专业教育,由华中科技大学广播电视与新媒体研究院及华中科技大学武昌分校(现更名为"武昌首义学院")主办,北京大学出版社承办的"全国高校网络与新媒体专业学科建设"研讨会,于2013年5月25—26日在武汉举行。参加会议的70多名高校代表就议题网络与新媒体专业培养模式、网络与新媒体专业主干课程体系等展开了研讨,通过全国高校之间的学习对话,在网络与新媒体专业主干课和专业选修课的设置方面初步达成一致意见,形成了网络与新媒体专业新建课程体系。

网络与新媒体主干课程共 14 门：网络与新媒体（传播）概论、网络与新媒体发展史、网络与新媒体研究方法、网络与新媒体技术、网页设计与制作、网络与新媒体编辑、全媒体新闻采写、视听新媒体节目制作教程、融合新闻学、网络与新媒体运营与管理、网络与新媒体用户分析、网络与新媒体广告策划、网络法规与伦理、新媒体与社会等。

选修课程初定 8 门：西方网络与新媒体理论、网络与新媒体舆情监测、网络与新媒体经典案例、网络与新媒体文学、动画设计、数字出版、数据新闻挖掘与报道、网络媒介数据分析与应用等。

这些课程的设计是基于当时全国 28 所高校网络与新媒体专业申报目录、网络与新媒体专业的社会调查，以及长期相关教学研究的经验讨论而形成的，也算是首届会议的一大收获。新专业建设应教材先行，因此，在这次会议上应各高校的要求，组建了全国高校网络与新媒体专业"十二五"规划教材编写委员会，全国参会的 26 所高校中有 50 多位学者申报参编教材。在北京大学出版社领导和李淑方编辑的大力支持下，经过个人申报、会议集体审议，初步确立了 30 余种教材编写计划。这套网络与新媒体专业"十二五"规划系列教材包括：

《网络与新媒体概论》《西方网络与新媒体理论》《新媒体研究方法》《融合新闻学》《网页设计与制作》《全媒体新闻采写》《网络与新媒体编辑》《网络与新媒体评论》《新媒体视听节目制作》《视听评论》《视听新媒体导论》《出镜记者案例分析》《网络与新媒体技术应用》《网络与新媒体经营》《网络与新媒体广告》《网络与新媒体用户分析》《网络法规与伦理》《新媒体与社会》《数字媒体导论》《数字出版导论》《网络与新媒体游戏导论》《网络媒体实务》《网络舆情监测与分析》《网络与新媒体经典案例评析》《网络媒介数据分析与应用》《网络播音主持》《网络与新媒体文学》《网络与新媒体营销传播》《网络与新媒体实验教学》《网络文化教程》《全媒体动画设计赏析》《突发新闻教程》《文化产业概论》等。

这套教材是我国高校新闻教育工作者探索"网络与新媒体"专业建设规范化的初步尝试，它将在网络与新媒体的高等教育中不断创新和实践，不断修订完善。希望广大师生、业界人士不吝赐教，以便这套教材更加符合网络与新媒体的发展规律和教学改革理念。

石长顺

2014 年 7 月

2019 年 9 月修改

（作者系华中科技大学广播电视与新媒体研究院院长、教授；

武昌首义学院副校长，兼任新闻与文法学院院长）

作者简介

石长顺,教授(二级),华中科技大学广播电视与新媒体研究院院长、博士生导师,"华中学者";武昌首义学院副校长兼新闻与文法学院院长;历任教育部新闻传播学教学指导委员会委员、中国广播电视学与新媒体研究会副会长、中国新闻教育史学会会长、湖北省新闻与传播教育学会荣誉会长等职。

研究领域为广播电视学和视听新媒体。出版专著《电视传播学》《公共电视》《中国广播电视公共服务》《电视栏目解析》《电视文本解读》《电视话语的重构》《电视新闻报道学》《电视编辑原理》《融合新闻学导论》《现代广播电视传播体系建构研究》等10余种,主持完成国家社科基金重点项目、省部级重点社科项目多项。

第二版序

媒体融合,作为"一种具有革命性的新闻进化方式",自21世纪初在新媒体迅速崛起的推动下,开始在全世界范围内掀起传统媒体与新兴媒体的兼并、合作与融合热潮。

第一个十年,欧美等发达国家的媒体集团率先垂范媒体融合,促使中国传媒业界和高校学术界从理论认知到初步的"传统媒体+"尝试,迈开了媒体融合的步伐。

第二个十年,我国中央级媒体和省级传媒集团纷纷成立,从"两微一端"的新兴媒体等平台建构,到"移动优先"的战略实施,拓展了传媒的传播渠道和传播影响力。然而,媒体融合的理念与思维方式并未真正触及传媒生产方式的革命性变化。媒体机构融合中的"貌合神离"、传播生产流程中的"各行其道"仍然主导着日常化的运行,新兴媒体作为辅助者的状况也没有得到根本改善。

直到2014年8月,中央全面深化改革领导小组第四次会议审议通过了《关于推动传统媒体和新兴媒体融合发展的指导意见》,将媒体融合上升到国家战略高度,才真正触动传统主流媒体与新媒体的实质性融合,探索与实践从"你中有我、我中有你"到"你就是我、我就是你"的根本转变,"中央厨房"式的一体化生产流程开始在全媒体运作中推行。

2019年1月,中共中央政治局第十二次集体学习,再次强调了全媒体时代和媒体融合发展的主题,并首次提出了"全程媒体、全息媒体、全员媒体、全效媒体"的发展理念,为媒体融合的进一步发展确立了明确的目标。

正是在两个十年之交的背景下,我开始了《融合新闻学导论》的研究与撰写。该书于2013年由北京大学出版社正式出版,后被许多高校相关专业选择作为专业课教材。近年来,媒体融合发生了较大的变化,教材中有些数据及案例等与现实情况不相适应了。于是,应部分高校主讲教师和北京大学出版社的建议,根据媒体融合发展的现实对本教材做了如下修改。

一是反映当代世界媒体融合的进程。为此,将第二章第二节和第三节关于融合媒介的历史演进与现实发展,分别修改为媒体融合的世界进路与中国实践。这样,能更清晰地表达中外媒体融合的不同情况与相互间的促进发展。如,在媒体融合的世界趋势中,突出了融合新闻的视频转向,并借用美国媒介

1

理论家保罗·莱文森（Paul Levinson）的"媒介进化论"，阐释视频传媒作为"最新的补救性媒介"，遵从了媒介进化的人性化趋势，以视听"终端统一"的新形态实现其自身媒介化的延伸。从中国传媒融合的进程看，似乎也绕不开全媒体的视频转向这个话题。

二是增加融合新闻报道主体的论述。在第三章补充了第一节融合新闻主流媒体的理论阐释，界定新型主流媒体，即具备一定规模，体现并传播社会主流意识形态与主流价值观，坚持并引导社会发展主流和前进方向的主要媒体。研究认为，新型主流媒体应当在互联网思维指导下，以服务用户为核心，以开放平台为功能转型，以产品迭代为技术支撑，在坚守主流思想舆论新阵地方面发挥重要作用。

三是强调了媒体融合一体化的关键环节。在第七章有关媒体流程再造的融合过程研究中，增加了"融合新闻流程的改变"专题内容，这在某种程度上就是"中央厨房"式的传播流程的改革。因为融合新闻的报道，主要是基于信息技术基础和主流业务运行系统的改变，形成了独具融媒体特色的采编系统，包括策划指挥、采集汇聚、内容生产、内容审核、融合发布、融合运营和数据分析等各个环节。

四是关注人工智能发展等前沿课题。在融合新闻的发展趋势一章中，增加了第一节有关融合新闻的智媒生态重塑内容。随着人工智能和媒体的深度融合，媒介与社会一体同构的智能媒介化社会正在来临，自成一体的传媒行业将不复存在。传媒将在智能技术支撑下走向智媒时代，加速消融传媒的边界，最终迎来万物皆媒、人机合一、自我进化的智媒时代。人工智能与媒体的深度融合将促进智媒形态从融媒体走向智媒体；智媒生产从结构化数据分析走向模块化数据（内容）生产；智媒分发将从人工分发走向智能推荐分发；智媒发展将从人工智能技术应用走向引领传统。

五是更新其他相关内容。如，更新媒体融合界的行业发展数据，增加融合新闻报道案例："第二十八届中国新闻奖"一等奖作品《柳州融水突围记》、央视《新闻联播》微信公众号"新闻联播"、上海文广新闻传媒集团（SMG）的新媒体平台"百视通"等。随着时间的推进，业界将会有更多典型的媒体融合案例出现，各位读者和高校师生可根据实际情况自主更新学习。

值本书第二版出版之际，感谢北京大学出版社李淑方、唐知涵等编辑的支持与帮助！感谢各位读者使用拙著！

石长顺教授
2019年9月

目 录

导论 ·· (1)

第一章 融合新闻的基本理论 ·· (6)

  第一节 融合新闻的概念阐释 ·· (6)

    一、媒介融合界定 ·· (6)

    二、融合新闻界定 ·· (14)

  第二节 融合新闻的生存基础 ·· (20)

    一、前提：网络融合 ·· (20)

    二、关键：媒体融合 ·· (22)

    三、核心：内容融合 ·· (24)

  第三节 融合新闻的社会制约 ·· (27)

    一、政策法规的制约 ·· (27)

    二、媒介市场的考验 ·· (28)

    三、媒体人才的缺乏 ·· (30)

    四、组织文化的碰撞 ·· (31)

    五、社会文化的矛盾 ·· (32)

第二章 融合新闻的发展历程 ·· (34)

  第一节 融合新闻的发展源流 ·· (34)

    一、融合源流的两个层面 ··· (34)

    二、融合新闻的社会动因 ··· (38)

  第二节 媒体融合的世界进路 ·· (40)

    一、合并：融合新闻的媒体并购重组 ······························ (42)

    二、联动：融合新闻的媒体交流合作 ······························ (42)

    三、整合：融合新闻的媒体资源共享 ······························ (45)

    四、趋势：融合新闻的媒体视频转向 ······························ (47)

  第三节 媒体融合的中国实践 ·· (48)

    一、全媒体理念践行 ·· (48)

    二、全媒体战略转型 ·· (50)

    三、全媒体融合推进 ·· (61)

第三章　融合新闻的报道主体 …… (67)
第一节　融合新闻主流媒体 …… (67)
　　一、新型主流媒体的生态因子 …… (67)
　　二、新型主流媒体的思维理念 …… (69)
　　三、新型主流媒体的传播效力 …… (73)
第二节　融合新闻记者 …… (76)
　　一、融合记者的诞生 …… (76)
　　二、融合记者的转型 …… (77)
　　三、融合记者的技能 …… (85)
第三节　融合新闻编辑 …… (88)
　　一、融合新闻编辑的诞生 …… (89)
　　二、融合新闻编辑的职能转变 …… (93)
　　三、融合新闻编辑的基本能力 …… (94)
第四节　融合新闻管理 …… (99)
　　一、流程管理 …… (99)
　　二、平台管理 …… (101)
　　三、知识化管理 …… (104)
　　四、资源管理 …… (105)
　　五、融合新闻人才管理 …… (108)

第四章　融合新闻的报道基础 …… (110)
第一节　融合新闻的价值判断 …… (111)
　　一、新闻报道原则 …… (111)
　　二、新闻价值要素 …… (113)
第二节　融合新闻的信息采集 …… (114)
　　一、信息搜索 …… (114)
　　二、信息评估 …… (119)
　　三、信息采访 …… (121)
第三节　融合新闻的独特表达 …… (127)
　　一、新闻叙事基础 …… (127)
　　二、网络标题制作 …… (132)
　　三、手机报报道 …… (135)
　　四、网络新闻改写 …… (136)
第四节　融合新闻的视觉呈现 …… (143)
　　一、图片的类型 …… (143)

二、图片的选择 …… (145)
　　三、图片的编辑 …… (146)
　　四、图片的伦理 …… (146)
　第五节　融合新闻的视听元素 …… (148)
　　一、音频新闻报道 …… (149)
　　二、视频新闻报道 …… (151)

第五章　融合新闻的纸媒转型 …… (157)
　第一节　网络视域下的纸媒嬗变 …… (157)
　　一、互联网传播的勃兴 …… (157)
　　二、新闻资讯市场的改变 …… (161)
　第二节　媒介融合下的全媒体转型 …… (167)
　　一、全媒体的内容生产 …… (167)
　　二、多层次的资源共享 …… (170)
　　三、多媒体的信息传播 …… (173)
　第三节　融合新闻下的跨媒体重构 …… (176)
　　一、互联网生存 …… (176)
　　二、移动化生存 …… (182)
　　三、融媒化生存 …… (184)

第六章　融合新闻的视听重构 …… (190)
　第一节　广电融媒体的形态重构 …… (190)
　　一、广电融媒体新形态 …… (190)
　　二、视听智媒体新形态 …… (202)
　第二节　广电融媒体的内容重构 …… (205)
　　一、广电融媒体内容重构的成因 …… (205)
　　二、广电融媒体内容重构的实现 …… (206)
　　三、广电融媒体内容的发展方向 …… (209)
　第三节　广电融媒体的终端重构 …… (213)
　　一、三网融合背景下的"多屏战略" …… (213)
　　二、终端重构过程中的传受关系变化 …… (216)
　　三、广电融媒体终端重构中的实践 …… (218)
　第四节　广电融媒体的叙事重构 …… (219)
　　一、线性叙事与非线性叙事 …… (220)
　　二、独立叙事与组合叙事 …… (223)
　　三、专业叙事与草根叙事 …… (224)

第七章　融合新闻流程 …… (228)
第一节　融合理念：媒体流程的改变 …… (228)
一、流程的概念 …… (228)
二、流程再造的趋势 …… (230)
第二节　融合编辑：报道流程的核心 …… (235)
一、新闻资源的提供者 …… (236)
二、新闻流的管理者(多媒体任务分配编辑) …… (238)
三、新闻故事的构建者 …… (239)
第三节　融合过程：媒体流程的再造 …… (240)
一、融合新闻流程的改变 …… (240)
二、融合新闻采集的改变 …… (242)
三、融合新闻制作的改变 …… (244)
四、融合新闻发布的改变 …… (245)
第四节　融合报道：媒体流程的机制 …… (251)
一、组织系统的改变 …… (251)
二、运作方式的改变 …… (253)

第八章　融合新闻的发展趋向 …… (257)
第一节　融合新闻的智媒生态重塑 …… (258)
一、智能融媒体：人工智能与媒体的深度融合 …… (258)
二、智能融媒体：5G与中国广电传媒融合发展 …… (262)
第二节　融合新闻的工作方式改变 …… (268)
一、融合新闻的未来特征 …… (268)
二、融合记者的全能必备 …… (273)
三、融合传受的习惯改变 …… (275)
第三节　融合新闻的规制与规范强化 …… (278)
一、融合语境下的规制趋势 …… (279)
二、融合语境下的版权保护 …… (283)
三、融合新闻的伦理道德规范 …… (287)
第四节　融合新闻的教育模式创新 …… (297)
一、融合新闻教育目标的调适 …… (298)
二、融合新闻教育路径的探索 …… (301)
三、融合新闻教育内容的设计 …… (303)

参考文献 …… (306)

导　论

新兴媒体的崛起促使传统媒体开启了全媒体转型之路,并逐渐与新媒体走向融合,进而重构现代传媒业。近年来,"媒介融合"与"融合新闻"已成为国际新闻传播学界出现频率较高的新名词,这一领域的实践探索与理论研究正逐渐成为新闻传播及其高等教育领域的趋势和主流。

"在世界的许多地方,一种具有革命性的新闻进化方式正日益凸显,即融合。作为21世纪初的新闻学人才,你必须了解融合,因为它很可能影响你职业道路的推进。接下来的十年中,你可能会在多种不同媒体平台上与不同同事合作,也可能与同样的人共事但报道形式不同。为了迎接这个新纪元,所有的新闻人必须知道怎样为不同媒体报道,怎样恰当地为这些媒体写作。"[①]

这种预言正在成为现实,这标志着我们已经进入媒介融合时代,全世界的新闻组织都在以不同速度朝融合迈进。国际媒体创新顾问团的奠基人吉勒(Juan Antonio Giner)在国际报纸市场联合会(INMA)期刊《理想》的网络版中写道:"媒体分化已经成为过去式,数字化融合才是现在进行时,而复合式多媒体将是未来的发展方向。"[②]几乎每个国家中的单一媒体公司都在向复合媒体公司转变,逐步融合印刷、网络和广电在编辑方面的业务。

媒体融合主要从两个层面展开:一是体现在个体层面的实践;二是在媒介组织层面的实践。前者表现为掌握了多种媒介技能的"超级记者",即全媒型记者,在美国称为"背包记者"。而后者表现为媒体之间的合作。哥伦比亚大学新闻学研究院曾就2004年美国新闻媒体形势,发表了一项关于出色新闻学计划的研究报告,该报告将融合列为八大媒体趋势之一。美国西北大学教授李奇·高登(Rich Gordon)归纳了美国当时存在的五种"媒介融合":所有权融合(Ownership Convergence),即大型传媒集团拥有不同类型的媒介,并实施这些媒介之间的内容相互推销和资源共享;策略性融合(Tactical Convergence),即所有权不同的媒介之间在内容上共享;结构性融合(Structural Con-

---

[①] Stephen Quinn, Vincent Filak. Convergent Journalism: An Introduction[M]. Amsterdam: Elsevier Inc, 2005: 3.

[②] Ibid., 12.

vergence），即与新闻采集与分发方式相关的融合方式，如报纸新闻加工打包后出售给电视台；信息采集融合（Information-gathering Convergence），即在新闻报道层面上一部分新闻从业者需要以多媒体融合的新闻技能完成新闻信息采集；新闻叙述或表达融合（Storytelling or Presentation Convergence），即记者和编辑需要综合运用多媒体的、与公众互动的工具与技能来完成对新闻事实的表达。①

从报业全媒体转型情况看，2005年似乎是一个拐点。全美国各大报业集团都在网络化方面投入巨大精力，期望通过多元化经营手段来缓解市场压力。英国老牌报纸《每日电讯报》，从2006年就开启了全媒体改革之路；美国的《今日美国报》也于2008年尝试推进媒介产业链的重构。自此，世界开始了媒体融合的历史演进。从世界范围来看，媒体融合的发展主要经历了三个阶段：第一阶段为媒体并购重组；第二阶段为媒体交流合作；第三阶段为媒体资源共享——即资源"整合"阶段。

在我国，各种报业集团的成立和广播电视台的产生，也都在不同程度上兼容了相关媒体，如传统媒体与新媒体（互联网）的融合，广播、电视与报纸的融合。即使是传媒功能较为单一的新华通讯社（以下简称新华社），也在打造新华社"中国新华新闻电视网"（China Xinhua News Network Co. ltd, CNC）华语、英语电视频道（2010开播）。这是新华社自1931年成立以来，首度以开办电视的方式介入视频新闻报道，并已正式上星开播，成为名副其实的融合媒体。

事实上，2004年雅典奥运会报道期间，新华社就以网络为依托，将所有的报道都发到网络，再通过网络分发到报刊、电讯、手机等媒介上报道。各媒介在新闻信息采集发布等方面联合行动，最大限度地减少人力、资金和设备的投入，使不同的媒体组织结构和工作流程发生了新的变化，从而实现资源的重组，在新闻传播上利用不同类型媒介的差异实现资源共享。上海广播电视台重组后，其业务也广泛涉及传统的报纸、传统电视、网站、数字电视、互联网协议电视（Internet Protocol Television，IPTV）等，建立起面向多主体、多渠道的节目订购采购、择优播出机制。

以往人们曾经将报刊、广播、电视几种媒体泾渭分明地划分开，但随着互联网、电信网和广播电视网"三网融合"的发展，我们已经进入由数字技术所构织的混合媒介中，媒介融合成了当代媒介发展的主旋律。2008年"北京奥运"

---

① Stephen Quinn, Vincent Filak. Convergent Journalism：An Introduction［M］. Amsterdam：Elsevier Inc. 2005：4-6.

期间媒体的融合传播,也在实践上推动了融合新闻的重大突破。媒体融合作为当代传媒业的一种新趋势,跨媒体、跨行业、跨地域的联合与合作,早已突破了现行传媒政策的壁垒。

在信息化时代,要实现任何人、任何时间、任何场所,都能安全、便捷、高效地获取丰富的、个性化的信息服务,仅靠单一媒体的工作流程已不再适应数字化的融合新时代。以文字、声音和图像等因素来为媒体领域做泾渭分明的定义,或为记者进行传统媒体的分类将变得越来越不可能。现代化的数字压缩技术使网络传输系统兼容了传统媒体传播手段,超强的加载能力使新旧媒体之间的融合成为未来传媒发展的主要趋势。

我们正在见证着"一个统一的媒介王国"的出现,因为"技术的法则就是整合的法则"。

新媒介技术正快速地改变着媒介地图,一个真正独立和强大的公共传播的新媒体将会出现。"它可能在本质上使所有的社会机构发生转变"。为此,所有研究传播与传媒教育的人都不能无视当代媒体整合的事实。

"媒介融合"作为国际传媒大整合之下的新作业模式,将报纸、广播、电视、网络等采编作业有效结合起来,资源共享,集中处理,衍生出不同形式的信息产品,然后通过不同平台传播给受众。

"媒介融合"导致了"融合新闻","融合新闻"内容的采集与生产,其复杂程度显然要超出任何传统媒体产品。因此,新闻传播业及其高等教育必须加快改革步伐,培养适应"媒体融合"专业需要的跨媒体记者、全媒体记者。

美国密苏里大学在1908年创办了世界上第一所新闻学院后,又呼应现代传媒业界的需求,紧跟技术发展潮流,又于2005年9月开设了世界上第一个新的"媒体融合"新专业,在"交叉"的基础上,为学生提供新闻传播技能的全面训练,以培养适应媒体融合的新型新闻人才。就是说这些新型新闻人才既能给报纸写个故事,又能给网络写个不同的故事,还能为网络做一些视频、音频的节目。

在传统新闻学中,我们总是把自己界定为"报纸"记者或"电视"记者或"网站"编辑。当我们在极力区分专业教育差别的时候,社会则强调学科的交叉、专业的多能,探讨如何培养融合中的"超级记者"或"双栖记者"。随着媒介的融合,一个真正独立和强大的公共传播新媒体系统将会出现。

面对迅速发展的新媒体技术,我们可能难以教会学生使用每一种最新的技术工具,但我们可以告诉他们技术工具的本质与演进趋势,让他们拥有扩展和更新自己知识系统的科学思维方法和基础知识结构。新闻传播教育的改革,应当朝着上述目标接近。

那么,融合新闻学,到底应该涵盖哪些方面的知识?纵观国内近年来的研究成果,很少或几乎没有涉及具体的教学内容,这一直是让大家很迷惑的问题。笔者检索了有关融合新闻学英文书籍共三十余种文献,试图破解这个谜。其中包括:《融合新闻导论》[1]《融合新闻学原理》[2]《融合新闻:多媒体报道的基础》[3]《所有的新闻:为融合媒体写作与报道》[4]《融合语境下的新闻训练》[5]《融合新闻》[6]等。通过归纳分析研究,可以看出美国主流融合新闻学研究与教学的框架,一般由六个层次组成:第一,媒介融合的概念界定,融合出现的缘由等;第二,媒介融合语境下新闻从业人员的角色与任务;第三,融合新闻报道;第四,多媒体基础;第五,多元素融合;第六,融合新闻的未来与规则。其中关于融合新闻报道的教学内容涉及文本、音频、视频和网络内容的构建与写作。

融合新闻在不同的国家、不同的媒介组织、不同的媒介文化环境下,有着不同的表现与阐释。从最早由美国麻省理工学院的伊契尔·索勒·普尔(Ithiel De Sola Pool)提出"媒介融合"(Media Convergence)这一概念开始,到现在关于"融合新闻"的多种定义,其中较有影响的学说为"形式说",即前述美国西北大学教授李奇·高登在2003年归纳的美国五种"媒介融合"类型。这五种"融合说"从媒介机构到报道业务融合、从内容资源共享到采编角色融合,层次清晰地概括了融合新闻的全部状态。

从我国实际情况看,报业的全媒体转型,广播电视的全媒体运营,已呈现出媒介融合的雏形。2008年7月,烟台日报传媒集团的国内首家全媒体采编系统正式上线运营。2009年1月,宁波日报集团全媒体新闻部正式成立。2010年新华社、人民日报社、中央人民广播电台、中国国际广播电台和中央电视台等中央五大媒体单位开始启动全媒体发展。2011年1月,全国42家城市台联合成立网络电视台(China United Television,CUTV),北起黑龙江、南至

---

[1] Stephen Quinn, Vincent Filak. Convergent Journalism: An Introduction[M]. Amsterdam: Elsevier Inc. 2005.

[2] Jeffrey S. Wilkinson., August. E. Grant, Douglas Fisher. Principles of Convergent Journalism[M]. Oxford: Oxford University Press, 2012.

[3] Stephen Quinn. Convergent Journalism: The Fundamentals of Multimedia Reporting[M]. New York: Peter Lang, 2005: 9-12.

[4] Thom Lieb. All the News: Writing and Reporting for Convergent Media[M]. Allyn & Bacon: Towson University Press, 2008.

[5] Hans Paukens, Sandra Uebbing. Journalism Training for a Convergent World[M]. Badenbaden: Nomos Publishers, 2006.

[6] Achim Matthes. Convergence Journalism[M]. Saarbrücken: AV Akademikerverlag, 2006.

广东、西到新疆、东达上海,已覆盖全国 22 个省市自治区,近 8 亿用户。2012年 5 月,江苏广播电视总台第一批 120 名全媒体记者正式上岗。这一切都标志着全媒体新闻联动平台都已经搭建完成,融合新闻报道流程一体化正在各种媒体、各个层面展开。

毋庸置疑,媒体融合是当代传媒业的一种新趋势,跨媒体、跨行业、跨地域的联合与合作,早已突破了现行政策的壁垒。因此,融合新闻的传播形态与运营方式也期待着新的理论指导和实践的突破。

第一章 融合新闻的基本理论

20世纪90年代以来,随着数字技术、互联网技术、通信技术等传播科技的飞速发展,报纸、杂志、广播、电视等传统媒体与互联网、通信网的融合趋势越演越烈,各种媒体之间原本泾渭分明的界限逐渐被打破,人类社会进入了一个媒介融合的时代。

第一节 融合新闻的概念阐释

融合新闻的前提是媒介融合,而"媒介融合"是一个非常广阔的研究领域,至今仍未形成一个公认的准确定义。2002年在美国南卡罗来纳召开的一次会议上,西方学者开展了一场争论。2004年,南卡罗来纳大学大众传播学院主任查尔斯·比尔鲍尔(Charles Bierbauer)回忆当时那场争论时认为,"大家观点不同反映了这样一个事实:在不同的国家、不同的媒介组织、不同的媒介文化环境下,媒介融合有着不同的表现"[①]。

一、媒介融合界定

西方学者们在媒介融合这一领域的研究呈现出多样化的视角:从技术融合角度展开的研究;从媒介所有权融合角度展开的研究;从媒介文化融合角度展开的研究;从媒介组织结构融合角度展开的研究;从新闻采编技能融合角度展开的研究等。这些研究涵盖了与媒介相关的所有方面,包括媒介的外部环境和内部机制,涉及媒介经营与新闻传播的各个领域。[②] 研究角度和侧重点的不同导致了对媒介融合的认识差异。澳大利亚教授史蒂芬·奎因(Stephen Quinn)在他编写的《融合新闻导论》中写道:"如果你向100个人询问'融合'的定义,你会得到100个不同的答案。有些人将融合视为独立的报社、电视台和网站之间的合作,另一些人将它视为一个大型的编辑部中新闻从业者

---

① Stephen Quinn. Convergent Journalism: The Fundamentals of Multimedia Reporting[M]. New York: Peter Lang, 2005:5.
② 蔡雯."融合新闻":应用新闻学研究的新视野[J].淮海工学院学报(社会科学版),2007(3).

可以自由地在不同媒体间工作。"[①]但是,也正因为研究的多视角性,相关的理论创新和实践探索才得以迅速发展。

"融合新闻"与"媒介融合"的研究有着密切的关联,它是从应用新闻学的角度对媒介融合发展进行的研究,更偏重于对新闻实践的研究。杰弗瑞·威尔克森(Wilkerson)等人认为:当前新闻信息生产出现的3种趋势带来了融合新闻学的生成,即"传统媒体,特别是平面和广播电视媒体,正在将互联网作为自己传播新闻的附加媒体使用;使用互联网的新媒体犹如雨后春笋般出现,并与传统媒体形成竞争;一些没有意愿成为'传媒'的个体,在对新闻信息的再利用、'混搭'和评注中创建着更受欢迎的新闻产品"[②]。

(一)"融合"概念

要理解"媒介融合"概念并界定其指向范围,我们必须先理解"融合"(Convergence)的含义。"融合"一词与大众传媒产生关联,可以追溯到20世纪70年代计算机和网络技术的发明与应用。1977年法伯(Farber)和巴冉(Baran)发表文章,提出了"计算机和通信系统的聚合",这是目前已知的关于融合技术的最早研究。而麻省理工学院的尼葛洛庞帝则被公认为是最早预见到传媒业将和数字技术融合并导致多媒体传播形式出现。他在1978年用一个图例演示了三个相互交叉的圆环趋于重叠的聚合过程,这三个圆环分别代表计算机工业、出版印刷工业和广播电影工业。自此,不同工业即将和正在趋于融合的这一远见卓识第一次通过著名的交叉圆环图例演示出来。[③] 1985年,在商界人士的赞助下,他创办了声誉卓著的媒体实验室,成为研究数字传播技术的先驱者。

什么是"融合"? 2002年11月,在美国南卡罗来纳州州府哥伦比亚举办的定义融合的会议上,主题演讲人发现这个很难达成一致意见。大家观点的不同,反映不同的媒介文化环境导致多样化的媒介融合阐释,有多少人试图定义或实践它,融合就有多少种定义。然而,美国南加利福尼亚大学安利伯格传播学院教授拉里·普里瑟(Larry Pryor)认为,"如果我们需要就一个新的媒介拟订一部通用的词汇表的话,那么定义是至关重要的。如果我们对融合的定义各持己见,那我

---

① Stephen Quinn, Vincent Filak. Convergent Journalism: An Introduction[M]. Amsterdam: Elsevier Inc, 2005: 5-8.
② 杰弗瑞·S.威尔克森,奥古斯特·E.格兰特,道格拉斯·J.费舍尔.融合新闻学原理[M].郭媛媛,贺心颖,译.北京:中国时代经济出版社.2011:1.
③ 宋昭勋.新闻传播学中Convergence一词溯源及内涵[J].现代传播,2006(1).

们将难以取得进展。"①

澳大利亚的史蒂芬·奎因在《融合新闻：多媒体报道的基础》一书中归纳出几种关于"融合"的主要定义。

从最广泛的意义而言，融合是一个过程，媒体公司打破传统媒体形式和规格，发送更丰富的新闻和信息服务，以此呼应消费者选择和使用这些资源的形式。融合就是对由技术和信息经济带来的媒体环境变革的回应。（克里·诺里拉普（Kerry Northrup），国际报业研究联盟（ifra）出版总监，《国际报业》（*Newsplex*）的前任主任）

（融合是）利用基础材料——对我们而言大多数就是新闻和现有信息，通过多种渠道服务消费者。（Ari Valjakka，芬兰图尔库报集团总编）

（融合是）一种更好地服务社会的方式，通过最适合的媒体叙事以将新闻工作做得更好。（乌尔里克·哈格鲁普（Ulrik Haagerup），丹麦广播公司前新闻执行董事）

只有当所有事物走向数码化，信息源变得寻常可见时，融合才在技术化和能用以描述方面有意义。我想集中讨论的是构建多媒体的新闻和信息组织，这样，我的定义就是一个通过运行多平台来服务公众兴趣，同时在这个过程中增加市场份额的公司。（吉尔·斯伦（Gil Thelen），美国佛罗里达州《坦帕论坛报》（*Tampa Tribane*）出版商）

融合就是使用报纸媒体资源在其他媒体上培育产品，在其他的媒体上使用报纸讲述故事。这并不代表声音的消失，融合最好地利用了报纸。它的整体目标就是最大限度地接近公众，以各种形式尽可能传给更多的人，使信息为人们所用：一个故事不止服务一个目的。（基斯·惠勒（Keith Wheeler），广播和在线新闻的总编辑）

新闻业中的融合因所处情况的不同而意义不同……与以往的媒体编辑部不同，融合通常就其日益增长的合作和协作而言。（Mark Deuz，荷兰阿姆斯特丹大学）②

以上虽然从不同的角度定义了融合，但综合起来仍有形成一定共识的基础，即融合是通过多媒体组织的合作和协作，利用多渠道、多平台发送更丰富的新闻和信息，以最大限度地传播给更多的公众。也就是说，融合作为新闻学的一种形式，是 24 小时在新闻编辑部不断发生的采编过程，在这里采编人员

---

① Stephen Quinn. Convergent Journalism: The Fundamentals of Multimedia Reporting [M]. New York: Peter Lang, 2005: 5-6.

② Ibid., 12.

为多媒体平台共同协作,出版制作多媒体产品以达到与受众之间最大限度的互动。

(二)"媒介融合"定义

"媒介融合"(Media Convergence)这个概念最早由美国麻省理工学院的伊契尔·索勒·普尔教授提出。1983年他在《自由的科技》(*The Technologies of Freedom*)一书中最先提出了"传播形态融合"(Media Convergence),即"媒介融合",并使用这一概念来泛指各种媒体呈现出多功能一体化的发展趋势。在传媒产业领域,正是由于网络宽带化和文件压缩等数字技术的发展,致使历来泾渭分明的传播形态逐渐聚合,传媒产业的界限不断被突破。

与"融合"的概念界定一样,媒介融合也有着多重内涵和多维表现,对于不同的国家、不同的媒介组织在不同的媒介环境中会有不同的表现,因此,国内外学者对这一概念也有着不同的理解。伊契尔·索勒·普尔将媒介融合的情况归纳为两种形式:过去为不同媒体所提供的服务,如今可由一个媒体提供;过去为一种媒体所提供的服务,如今可由不同的媒体提供。这是迄今为止在学术领域里对媒介融合较为透彻精辟的论述。2005年,中国人民大学蔡雯教授最早将媒介融合这一概念介绍到国内。这一年,她发表了多篇有关"媒介融合"与"融合媒介"的文章,并引入了美国新闻学会媒介研究中心主任安德鲁·纳齐森(Andrew Nachison)关于"媒介融合"的定义,即"印刷的、音频的、视频的、互动性数字媒体组织之间的战略的、操作的、文化的联盟"[①]。

在关于媒介融合的定义中引用频率较高的当属美国西北大学教授李奇·高登的界说,他在2003年归纳了美国存在的五种"媒介融合"的类型[②],具体如下:

①所有权融合。即适用于一个大的媒介公司,在大型传媒集团的平面纸、网络和电视上同时拥有跨界的营销和内容,以实施这些媒介之间的内容的相互推销和资源共享。李奇·高登引用了《坦帕论坛报》主席杰克·富勒(Jack Fuller)的话:"在一个单独市场同时拥有电视、电台和报纸,是一种在面临经济胁迫的同时又降低成本、增加效率和提供更高质量的新闻的方法。"

②策略性融合。高登将独资公司之间的内容分享与合作伙伴关系称作策略性融合。策略性融合并不要求共同拥有权,最常见的模式是电视台或广播电

---

① A. Nachison. Good Business or Good Journalism Lessons from the Bleeding Edge, A Presentation to the World Editors' Forum[R]. Hong Kong:2001.

② Stephen Quinn. Convergent Journalism:The Fundamentals of Multimedia Reporting[M]. New York:Peter Lang,2005:9-12.

台与一个独资公司的报纸之间的合作，在大多数市场，这些合作的最初动机——初步结果——似乎是为了宣传促销，每个媒介公司交叉推广和销售对方的商业活动。所有权融合与策略性融合在美国已成为最普遍的形式。

③结构性融合。这种形式的融合是与新闻的搜集和分发中产生的变化相关联的，它同样也是在工作实践管理过程中的一种变化。一个例子是《奥兰多哨兵报》决定雇用一组多媒体的制作者和编辑，为电视重新包装纸媒上的资料。这个小组以适合电视的方式重新写纸质媒体上的材料。他们也生产原创内容，并在平面记者和电视伙伴之间建立对话。

④信息采集融合。通常发生在新闻报道层面，要求一部分新闻从业者以多媒体融合的新闻技能完成新闻信息采集。其工作场景可能像这样：在下午参加完一个新闻发布会之后，一个记者需要为这个组织的网站写少量段落文字，录一段录音，拍照和录像，准备电视所需要的一系列素材（或者是采访某一个方面的专家，能够进行工作联络对话），并最终能为报纸写出理想的稿件。单个的多媒体记者可能在小的新闻事件的报道上是适合和可行的，特别是在战争的环境中，或者是在不可能送一组记者进去的隔离区。香港有线电视新闻网（Cable News Network，CNN）的在线新闻主任讲述了在2001年，他是怎样把一个仅仅装备了小型数码相机、手机和笔记本的记者送去印度尼西亚雨林中的加里曼丹岛的。"她为在亚特兰大的CNN国际频道用手机报道了整个新闻。此外，她也在我们从香港发出的地区性节目里做了报道。同时，她也为网络写稿、上传图片。当她返回香港的时候，她带回了一些非常好的材料，我们将其制成了长期的特别报道。"但是在一个主流的新闻事件报道上，由许多单一媒体记者组成的小组数量往往多于多媒体记者的数量，这种形式报道不能产生高的工作质量。

⑤新闻叙事或表达融合。记者和编辑需要综合运用多媒体的、与公众互动的工具与技能来完成对新闻事实的表达。它在记者工作水平方面运作，同时也需要获得管理层给予最合适的设备支持。每种新媒介都提供给我们一种创新方式来讲述故事，新的叙事模式可能会出现于电脑、便携式新闻采集设备，以及网络和电视的互动潜力之中。当然，融合仍然在演化之中，融合记者的工作就是在"创造一种新媒体"。

以上"融合说"从媒介机构的融合到报道业务的融合、内容资源的共享和采编角色的融合，清晰地概括出了媒介融合的全流程状态，对认识媒介融合具有重要的启示意义。

蔡雯教授将国内外关于"媒介融合"的代表性观点进行了梳理和归纳，从微观、中观、宏观和大传媒业四个角度对媒介融合的概念进行了研究，认为"媒介融合是在以数字技术、网络技术和电子通信技术为核心的科学技术的推动下,组成大媒体业的各产业组织在经济利益和社会需求的驱动下,通过合作、并购和整合等手段,实现不同媒介形态的内容融合、传播渠道融合和媒介终端融合的过程"。

此后,关于媒介融合的研究逐渐增多。但目前对于其概念和内涵,学术界并未形成一致的意见,归纳国内外较有代表性的观点有以下几种。

一是形态融合论。持这种观点的学者大抵都拥有技术研究的背景,他们认为媒介融合主要体现在媒介的形态演变方面。如,美国新媒体研究专家约翰·帕夫利克(John V. Pavilik)认为:"融合是指所有的媒介都向电子化和数字化的形式靠拢,这个趋势是由计算机技术驱动的,并在网络技术的推动下变得可能。融合的出现对现有媒介秩序上是一个意义深远的挑战,它为多媒体产品的发展铺就了发展道路。所谓多媒体,是指文本、图片、视频、声音以及这些元素的链接和交互的混合体。"[1]美国传媒学者也把媒介融合定义为各种传播技术的混合,其中道尔(G. Doyle)认为,媒介融合是指电子通信技术、计算机技术和媒体的融合。[2] 上述几种观点均强调了媒介融合的技术基础和技术的驱动作用,侧重于阐述媒介的形态构成及形态发展。

还有研究者认为[3],以数字化、网络化技术为支撑的媒介技术融合是"媒介融合"这一概念的所有内涵中最为本质的一点,是媒介融合的依据,它可细分为三方面:其一,信息源融合。即任何媒介类型的任何内容及表现形态均可转换为符号化的"0"和"1"来进行存储与传输,它为媒介边界的模糊甚至消解提供了可能,为不同媒体的信息内容在同一网络平台上的传输与分发奠定了技术基础。其二,传输渠道融合。它指的是基于网络化技术的普遍运用,从以往不同媒介类型、不同形态信息内容传输信道的单一性、差异化,走向具有共通性、兼容性的多媒体网络传输平台,对媒介内容进行集成和分销,如三网融合下的广播电视网、互联网和电信网多渠道融合的传输模式。其三,接收终端融合。这是指在数字化、网络化技术的推动下,媒介消费者所使用的信息接收终端设备,呈现出融多种功能于一体的特征,如三屏合一(电脑屏、电视屏、手机屏)。

二是组织融合论。持这种观点的学者研究视野更加广泛,他们侧重于从

---

[1] 约翰·帕夫利克.新媒体技术——文化和商业前景[M].2版.周勇,等译.北京:清华大学出版社,2005:126.
[2] G. Doyle, Media Ownership: The Economics and Politics of Convergence and Concentration in the UK and European Media[M]. London: SAGE Publications, 2002.
[3] 刘颖悟,汪丽.媒介融合的概念界定与内涵解析[J].传媒.2012(1).

传媒业的整体出发来看待媒介融合问题,主要从媒介形态、业务操作、组织管理等角度出发来研究媒介融合。例如,美国媒介研究专家罗杰·菲德勒(Roger Fidler)认为融合是"路径的交叉与合并,它导致每一种符合技术或实体的转型以及新技术或新实体的发明"①。英国传播政治经济学家格雷厄姆·默多克(Graham Murdock)认为,传媒融合有三种主要方式:"传媒文化形态的融合,传播系统的融合和传媒公司所有权的融合。这里的融合是指两种或更多的事物结合为一体。其中传媒文化形态是指媒体的表现方式如语言、文字、图片、音频、视频等。"②美国新闻学会媒介研究中心主任安德鲁·纳齐森认为,媒介融合是"印刷的、音频的、视频的、互动数字媒体组织之间的战略的、操作的、文化的联盟。"③美国密苏里大学新闻学院的章于炎、乔治·肯尼迪(George Kennedy)、弗里兹·克罗普(Fritz Cropp)三位则从传媒经济学的角度提出,"媒介融合是大众传播业的一项正常的项目或者说是一个渐进的发展过程,它整合或利用处于单一所有权或混合所有权之下的报社、广播等相关的电子媒体,以增加新闻和信息平台的数量,并使稀缺的媒介资源得到最优配置。在规模经济和范围经济的作用下,这些融合的媒介形式以及被重新包装的媒介内容,将提供给受众更大的信息量,从而实现领先竞争对手、获得盈利、提供优质新闻的目的,并最终在数字时代的媒体竞争中保持优势地位。"④这些观点主要从传媒业务操作、传媒组织管理、传媒经济学三个角度出发,认为媒介融合涵盖了传媒技术融合、传媒产品形态融合、传媒业务运作系统融合和传媒组织机构的融合等方面。

三是规制融合论。这种观点突出强调了传媒融合所引发的社会监管和规则的变革。如瑞典学者安德列斯·尼尔森(Andris Nelsons)等人就把媒介融合的概念分为三个方面:媒介业务和媒体本身的融合,媒介规制和规则的融合,用户对媒体的互动使用与参与的融合。⑤ 其中,媒介政府规制融合(Convergence of Media Regulation)在媒介融合的进程中占据着重要地位,它是媒介融合的重要外部环境之一。积极的、面向媒介融合的政府规制会有助于媒介融合的顺利发展。反之,则会阻碍媒介融合的发展。媒介政府规制融合包

---

① 罗杰·菲德勒.媒介形态变化:认识新媒介[M].明安香,译.北京:华夏出版社,2000:238.
② 王茫茫.分众时代的媒体融合[J].中国广播电视学刊,2005(3).
③ A. Nachison. Good Business or Good Journalism Lessons from the Bleeding Edge, A Presentation to the World Editors' Forum[R]. Hong Kong: 2001.
④ 章于炎,乔治·肯尼迪,弗里兹·克罗普.媒介融合:从优质新闻业务、规模经济到竞争优势的发展轨迹[J].中国传媒报告,2006(3).
⑤ 熊澄宇,雷建军.作为传媒的电影和作为产业的电影[J].当代电影,2006(1).

括三方面内容：规制法律融合、规制机构融合、规制行为融合。这将改变过去多头规制混乱和冲突的局面，大大加快媒介融合的发展。[①]

四是大媒体论（或称全媒体论）。持这种观点的学者研究视野广阔，他们跳出了传媒业的单一研究框架，认为媒介融合涉及所有与之相关的产业。如美国学者凯文·曼尼（Kevin Maney）用"大媒体"的概念来描述传媒业部分领域全面竞争的现象，认为传统大众传媒业、电信业、信息（网络）业都将统合到"大媒体业"的新产业之下。[②] 美国学者雪莉·贝尔吉（Shirley Biagi）也认为融合是指由于技术的进步，出版、传媒、消费者电子和计算机产业之间的界限趋于模糊的现象，是不同媒介产业相互作用的过程。[③] 这些观点主要从大传媒业角度出发，认为媒介融合的内容涵盖传媒业、电信业、IT产业、电子产业等所有参与到媒介融合中来的产业。

基于我们对媒介融合的上述理解和界定，可进一步厘清媒介融合的内涵与外延。我们认为，媒介融合的概念基本有广义和狭义之分。

从广义方面来看，媒介融合描述的是媒介形态的演化过程，具体是指在数字技术和网络技术的背景下，以信息消费的需求为指向，由网络融合、媒体融合和内容融合所构成的媒介形态的演化过程。它的内涵十分丰富，是所有媒介及其有关要素的结合、汇聚甚至融合，不仅包括媒介形态融合，还包括媒介功能、传播手段、所有权、组织结构等要素的融合，甚至还包括政治方面的融合和社会文化方面的融合。其中政治方面的融合主要指"政府应媒介产业格局的变化而对媒介产业的相关管制、政策和立法发生相应的调整或变革"[④]。社会文化方面的融合是指媒介组织内部组织文化的融合以及由此引发的组织之外的融合。广义的"媒介聚合"描述的是一个从低级到高级逐渐发展的过程。

从狭义方面来看，媒介融合描述的是近年来国际传媒业的一种新作业模式，它是相对于过去各类媒介产业分立而言的。具体来说就是将各类媒体的采编业务结合起来，在实现资源共享的前提下，实行集中处理，并将衍生出的不同形态的信息产品，通过不同渠道和终端传播给各类受众的新型媒体作业模式。这种作业模式是传媒业的一种质变，也是媒介融合发展的最高阶段，并将会推动新的媒介形态的出现，而融合新闻就是其衍生出的产物。

[①] 刘颖悟,汪丽.媒介融合的概念界定与内涵解析[J].传媒,2012(1).

[②] 王菲.媒介大融合：数字新媒体时代下的媒介融合论[M].广州：南方日报出版社,2007：20.

[③] 雪莉·贝尔吉.媒介与冲击：大媒介概论[M].4版.赵敬松,译.大连：东北财经大学出版社,2000：448.

[④] 傅玉辉.大媒体产业：从媒介融合到产业融合[M].北京：中国广播电视出版社,2008：30-34.

二、融合新闻界定

"融合新闻"(Convergence Journalism),在西方也有称之为"多样化新闻"(Multiple-journalism),在 21 世纪初出现,是以媒介之间的合作以及媒介组织结构与工作流程的改变为前提的。伴随着数字技术的广泛运用与网络传播的迅猛发展,传媒形态的推陈出新与传媒产业的整合重组已成为当今全球性的热门话题。在这一变局中,新闻传播也应势而动,从规则、流程到渠道、方式都发生了巨变,突破传统的载体樊篱,以"融合新闻"赢得竞争,成为新闻传播变革的必然走向。①

(一)融合新闻的定义

"融合新闻"是在应用新闻学层面对媒介融合的发展,主要指利用多媒体手段进行新闻传播活动。如利用报纸、电台、电视台和网站及手机等媒体,集中在一个信息操作平台上,统一策划、相互协调,取长补短,并根据各自媒体的传播优势和受众特点对信息进行分类加工,然后分层次、有针对性地传播给特定的受众。

目前关于融合新闻定义较有代表性的观点如下。

美国南加利福尼亚大学教授拉里·普里瑟认为:"融合新闻发生在新闻编辑部中,新闻从业人员一起工作,为多种媒体的平台生产多样化的新闻产品,并以互动性的内容服务大众,通常是以一周 7 日、每日 24 小时的周期运行。"②

杰弗瑞·威尔克森等人认为,融合新闻学建立在新闻可以通过包括平面、广播电视、网络媒体以及手机、信息平台在内的多种新媒体渠道发布的基础上。因此,融合新闻学主要用来阐释新环境下所需的新闻报道能力,记者、摄影师和编辑用最适合的方式进行新闻传播的能力。③

综合来看,融合新闻是与传播平台融合相对应的新闻传播方式,主要是指利用多媒体手段进行的新闻传播活动,包括多媒体采集、统一平台加工、多媒体发布和与受众互动等过程。其中,多媒体采集是指针对同一条新闻,同时使用文字、图像、音频、视频、Flash 等多种媒体技术手段来采集;统一平台加工是

---

① 蔡雯.媒介融合前景下的新闻传播变革——试论"融合新闻"及其挑战[J].国际新闻界,2006(05).

② Stephen Quinn, Vincent Filak. Convergent Journalism: An Introduction[M]. Amsterdam: Elsevier Inc, 2005: 5.

③ 杰弗瑞·S.威尔克森,奥古斯特·E.格兰特,道格拉斯·J.费舍尔.融合新闻学原理[M].郭媛媛,贺心颖,译.北京:中国时代经济出版社,2011:3.

指由一个统一的多媒体编辑部对采集到的新闻进行多媒体整合和深度加工；多媒体发布是指对同一条新闻同时发布文本的、音频的和视频的等多媒体文本。总之，融合新闻实现了不同的媒体汇聚。

融合新闻理念的精髓在于新闻报道突破了传统的载体樊篱，将传统新闻报道范式进行整合重构，制作适合不同对象的多媒体新闻产品。在融合新闻的操作模式下，媒体对新闻事件的处理不再是单面性的呈现，而是多侧面多角度的展示；不再是单纯追求独家新闻，而是更加重视对原创性信息的整合加工；不再是我传你受的单向灌输，而是倡导受众参与和互动。在融合新闻理念的指导下，新闻报道方式已经从平面化的线性方式，转为立体化、个性化、互动化的全新方式。并将超越安德鲁·纳齐森所说的"媒体组织之间的战略的、操作的、文化的联盟"这一界定，将突破"媒介之间的合作模式"，而演变成一种独立运行、流程完整、操作规范的新闻生产模式。

此外，关于融合新闻学的研究还涉及其他两类人士：包括从事新闻教育的新闻学教师，以及各类媒体中从事新闻工作的专业人员，或同时具有新闻从业经验和新闻教育者双重身份的研究者。如融合新闻研究的先驱者澳大利亚史蒂芬·奎因，拥有15年的新闻工作经验，在多个国家的报社、通讯社、电视台做过记者、编辑，他还在美国和澳大利亚的多所新闻学院承担相关教学和科研工作。这种背景使得他研究融合新闻能将新闻实践与学术研究和教学改革紧密结合在一起，同时更加注重对实践的指导意义和可操作性。

（二）融合新闻的模式

融合新闻的理念最早由芝加哥论坛公司（The Tribune Company）和媒介综合集团（Media General Inc.）两家媒体公司率先提出并进行实践，这两家媒体公司为融合新闻的发展探索出不同的发展模式。美国学者戴默（Lori Pemo）和他的同事们提出了一个"融合连续区"（Convergence Continuum）的观点，为从行为角度的创新提供了一个概念框架。他们认为，学者和从业人员很少从媒介行为方面定义融合新闻，其中的一个重要问题并非是否操作融合，而是它在何种程度上融合。戴默在向美国新闻与大众传播学教育学会提交的论文《融合连续统一体：媒介新闻编辑部合作研究的一种模式》中，根据美国及其他国家的媒介情况归纳了"融合新闻"的几种模式[①]，具体如下。

①交互推广（Cross-promotion），指作为合作伙伴的媒介相互利用对方推广自己的内容，如电视介绍报纸的内容。

---

① Stephen Quinn, Vincent Filak. Convergent Journalism：An Introduction[M]. Amsterdam：Elsevier Inc, 2005：24.

②克隆(Cloning),指作为合作伙伴的媒介不加改动地刊播对方的内容。

③合竞(Coopetition),指作为合作伙伴的媒介之间既有合作也有竞争。如一家报社的记者编辑在某电视台的节目中对新闻进行解释和评论,某一媒介为自己的合作伙伴提供部分新闻内容等。作者认为合作的媒介之间依然存在着相互戒备,在电视上露面的报纸记者不会愿意透露那些构成报纸独家新闻报道的关键信息。

④内容分享(Content sharing),指作为合作伙伴的媒介定期相互交换线索和新闻信息,并在一些报道领域中进行合作,如选举报道、调查性报道等,彼此分享信息资源,甚至共同设计报道方案,但各媒介的新闻产品仍然是由各自的采编人员独立制作的。

⑤融合(Convergence),指作为合作伙伴的媒介在新闻采集与新闻播发两个方面进行全方位的合作,他们的共同目标是利用不同媒介的优势最有效地报道新闻。多个媒介的记者编辑组成一个共同的报道小组,策划新闻报道并完成采编制作,并且决定哪一部分内容最适合在哪个媒介上播发。

这是一个由浅入深、由低级到高级的融合发展模式,以致有人称之为新闻机构中5个级别的活动。在交互促销层级,合作和互动最少发生在不同的新闻组织中;在克隆复制层级,一个合伙人很少改动其他搭档的新闻产品,将其重新出版。"在克隆复制级别的新闻媒体并不讨论他们的新闻搜集计划,并只在一个故事已经结束之后才开始分享内容"。而在第五级别的模式中,融合被认为只是一个市场营销工具。

(三) 融合新闻的特点

由于"融合新闻"发源地的美国及其他西方国家从事相关研究的学者大多有新闻从业经历,这一客观条件使得他们有关"融合新闻"的研究能够将新闻实践、学术研究及教学改革紧密结合起来,更加注重对实践的指导意义和可操作性。相对于众说纷纭的"融合媒介"界定来说,"融合新闻"的实践特征与理论研究脉络更为清晰,与传统新闻业务相比,融合新闻具有以下一些特点。

1. 信息来源多元化

在报纸、广播、电视等传统媒介垄断新闻传播的时代,新闻信息的主要提供者是政府机构、社会团体、企业组织和各界名人等,职业的新闻工作者承担了采集与发布新闻信息的主要任务。而在融合新闻时代,由于新媒体技术的出现,普通公民获得了参与新闻传播的能力,拥有了话语权,新闻信息的来源出现了多元化趋势。从伊拉克战争到地震灾区的救援行动,公民记者在全世界范围内传递信息。新闻信息采集的形式也出现了多媒体化的趋势,除了传统的报纸、广播、电视外,人们还可以借助BBS、博客、播客、手机等新媒介形式来发布新闻、表达意见。虽然专业媒介组织依然是新闻信息传播的主角,但不能否认的是,新媒介正在改变大众传播的格局,一对一、一对多、多对多的传播网络已经形成,传受者一体化将成为融合新闻时代新闻传播的主体特征。

2. 新闻业务整合化

融合新闻打破了传统媒体间的壁垒与限制,实现了新闻采编流程的变革。融合新闻以媒介之间的合作以及媒介组织结构与工作流程的改变为前提,所有的媒介形式被整合到统一的信息采编平台,实现统一规划、资源共享。其基本流程为首先集中媒介集团的力量来采集新闻素材,然后根据集团内各类媒体受众的接受特点进行信息加工,制成不同的新闻产品,最后通过不同的传播渠道传播给受众。在实现了媒介融合的媒介集团中,不同的媒体可以通过对生产流程的设计与控制来实现资源的整合,利用媒体介质间的差异来实现资源的共享及新闻产品的异质化,从而联手做大区域市场。

以坦帕新闻中心(Tampa's News Center)每天新闻业务工作流程为例:该新闻中心下属的各家媒体拥有各自独立的人员、办公区域和运作机制,但同时又设置"多媒体新闻总编辑"来统管报纸、广播电视和网络三类媒体的新闻报道,使三类媒体在新闻采编方面实现联动。首先电视台的总编和各部门的负责人要召开编前会,多媒体新闻总编辑也参加,安排好电视台在这一天的新闻采访活动,并讨论哪些新闻可以与报纸、网站进行融合;然后多媒体新闻总编辑召开报纸编前会,向报纸总编提出当日"融合"新闻的内容;报纸总编也会向多媒体总编辑提供他们认为用电视新闻形式报道更为合适的消息。在下午时段,多媒体新闻总编辑通常还会再召开一次报纸与网站的编前会,向网站负责人提供可供融合的新闻。若有重大突发新闻,多媒体新闻总编辑会及时将消息通报给报纸、电视和网站这三家媒体,并制订统一计划,协调其采访活动,力求让三家媒体在采访中将各自的优势发挥到极致,同时又能互补不足。总之,融合新闻要求各类媒体依靠统一的规划与协调,从独立经营转向多种媒介联合运作,尤其是在新闻信息采集和发布上实行联动,能最大限度地减少人力、资金和设备的投入,降低新闻生产成本,提高新闻业务流程的效率与通畅性。

融合新闻的发展是在数字技术与网络传播推动下,各种类型的媒体通过新介质真正实现汇聚和融合。在未来可能会出现一种新的媒介介质,将报纸、收音机、电视机、电脑、手机等信息终端的功能和特点汇聚于一体,通过无线传输,成为新的信息接收终端。对于这样的新媒体而言,融合新闻将超越"媒介之间的合作模式",而演变成一种独立运行、流程完整、操作规范的新闻生产模式。

3. 信息载体数字化

互联网传播的新一代媒体实现了信息传输的数字化,信息载体的性能得到根本改变,从而为新闻传播变革提供了更广阔的舞台。传播终端呈现出数字化特点,电信服务商和互联网服务商纷纷介入传播终端的领域中。媒体的融合功能不断增强,信息的发布与接收的方法和手段也更加多样化,普遍采用多媒体的方式,在新的媒介终端载体上实现看、听、读、写、说、录等手段的自由选择和组合,新闻传播体现出更加自由、更加人性化和更加方便快捷的特点。

在融合新闻模式下,新闻信息载体从报纸、杂志、广播、电视扩展到网络、手机、IPTV、iPad,以及电子报、电子杂志等多样化的数字新媒体,让人们随时随地可以用不同方式接收到所需要的信息。而且通信服务商、互联网服务商等其他行业的商家也纷纷加入传播终端竞争的领域中,他们与传统媒体融合在一起,推出各种新的数字移动终端,拓展信息传播的渠道。

4. 内容产品兼容化

融合新闻的内容更加丰富多样、形象生动,它利用多媒体技术,将文字、图片、音频、视频和Flash汇集于一体,实现了视觉传达的多样化和兼容化。在融合新闻模式下,新闻产品在视觉传达上更为突出,人们还可以采取阅读、收听、收看等多种方式来接收多元符号信息。以IPTV为例,人们不仅可以根据自己的兴趣和需求来选择IPTV的节目内容,还可以通过IPTV来聊天、游戏、购物甚至理财,IPTV使得人们从过去的"看电视"变成了真正的"用电视"。

目前所有的新闻产品形态,从传统的报刊新闻、广播新闻、电视新闻,到新媒体的网站新闻、电子报纸新闻、电子杂志新闻、IPTV新闻、网络电视新闻、手机短信新闻、手机报纸新闻、手机电视新闻,以及基于RSS的聚合新闻、基于Web 2.0技术的博客、播客新闻等,这些都是融合新闻产生和发展的土壤。未来实现媒介大融合后,多媒体数字平台将消解各类媒体之间的鲜明界限,它可以兼容图文、音频、视频、游戏等不同介质的内容产品,原来需要在多个平台上才能完成的,在一个综合的多媒体平台上就可以实现了。以电子报纸为例,它与以前的报纸网站不同,以前的报纸网站只是单纯把报纸内容移植到网站上。新一代电子报纸不仅复制了印刷媒体的内容,还融入了多媒体的功能,令新闻不再是平面的而是立体的了。读者可以随意检索信息,链接到相关网页上。对新闻的深层报道和分析,可以从文字中去查看;对新闻事件的动态变化,可以借助图像进行直观了解;对于深奥难懂的科技新闻等,还可以通过Flash和计算机模拟使其通俗易懂,从而降低人们接收新闻的门槛,将人们从传统的报纸、电视等媒体的限制中解脱出来。如在北大方正与《浙江日报》合作开发的电子报上,当读者的鼠标移动到版面中的某一篇文章时,轻轻点击即可显示原文,甚至还可以点击"朗读",就能够做到"听"新闻了"。融合新闻借助多媒体技术,使得新闻产品视觉传达设计的表现手段更加多样,表现范围和报道平台也得到了更大的扩展。当这些不同的报道平台是相互合作而不是相互竞争时,那个最合适的媒体就会用最合适的方式来报道新闻。

5. 媒介产品互动化

融合新闻的另一大特点就在于互动性和分享性的加强。融合新闻的产品和服务更加注重满足受众个性化的信息需求,它汇聚了多媒体化的新闻产品和服务,通过数字化的媒介终端进行传播,受众可以根据自己的兴趣、爱好和需求来选择相关信息,这就赋予了受众新闻信息接收行为更多的自由空间。目前国内外比较受欢迎的融合新闻服务,例如,美联社的"经济压力互动地图"服务、《华盛顿邮报》的"时空"(Time Space)互动新闻地图服务、汤森路透的"路透内幕"、我国河南报业集团的《焦点网谈》栏目等融合新闻产品,都显示出较强的互动性。可以说,更强的互动性也是未来的融合新闻发展的一个方向。在未来的媒介大融合过程中,多媒体数字平台将具备更深刻的交互性,让用户参与进来,给用户在操作中提供更多的选择和控制机会,用户的兴趣也会直接作用到内容产品或功能产品的应用形式上。

与此同时,分享性的加强也是融合新闻发展的一大趋势。媒介产品互动性和分享性的强化,是技术发展带来的必然结果。Web 2.0/3.0 技术的出现,使内容生产不再为媒介组织所垄断,任何人都可以利用当前的相关技术生成新的内容,尤其是博客和即时通信(Instant Messenger,简称 IM)软件的使用,更为普通百姓加入新闻传播活动创造了更多的机会。当前不少媒体就在利用博客和即时聊天技术吸引受众加入新闻传播活动,如《杭州日报》《都市快报》就使用 MSN 即时聊天系统,由记者在网上组织话题,吸引读者参与,次日见报。《今日早报》则利用 QQ 群来召集车迷,先在报纸上发预告,然后通过网上互动进行讨论。[①]从整个社会范围来看,在融合新闻的背景下,新闻传播方式正在从以传统媒介为主导的单向式,向由专业媒介组织与普通受众共同参与的分享式、互动式的模式转变,媒介产品的互动性大大增强。

融合新闻学的主要特点是在不同平台上以不同的方式进行新闻报道,对于那些在整个职业生涯习惯中只能以一种方式报道的记者来说,这无疑是一个惊人的转换。

---

① 蔡雯.媒介融合趋势下如何实现内容重整与报道创新——再论"融合新闻"及其实施策略[J].新闻战线,2007(8).

第二节 融合新闻的生存基础

媒介融合的内涵十分丰富,美国西北大学理查·戈登研究认为,媒介融合主要涉及以下几个层面:"多媒体新闻,在多个媒体上完成新闻信息的搜集与报道工作;跨媒体服务,一家公司让自己不同的媒体传播渠道为相同的目标受众群服务;跨公司合作,两个或两个以上公司携手合作,分享信息或交换内容;技术融合,数字技术应用到媒体内容,导致以计算机和计算机算法类似的方式进行媒体的信息存储与操作。"美国学者戴默等人也在《融合连续统一体:媒介新闻编辑部合作研究的一种模式》一文中,提出了"融合连续统一体"这个新概念,这些实际上指明了融合新闻的前提条件。在数字技术和网络技术的背景下,融合新闻的媒介生存依赖于网络、媒体和内容三个方面的融合。

一、前提:网络融合

网络融合是指在网络技术发展和普及的条件下,各种信息传输网络之间的区分和界限不再明确,出现"多网合一"的现象,也就是信息传输网络的融合,主要表现为以下两个层面的融合。

第一层面为信息传输渠道的融合。过去,报纸、广播、电视、互联网等媒体各有其独立的传播渠道,而进入媒介融合时代,这些传播渠道在物理形态方面出现了合一的趋势。此外,过去电信网、广播电视网和互联网三大网,分别基于电话网的语音数据、有线电视同轴电缆的视频数据和 IP 技术的信息数据均处于割裂状态,而"三网融合"则把上述各种网络上的应用全部整合到一个基于 TCP/IP 协议的网络上,从而实现了数据传输的统一。例如,可以利用一条线路使移动用户具有局域网接入、Internet 接入、PBX 分机、语音邮件以及高速拨号等相关特性,这属于信息传输网络物理形态方面的融合。

第二层面为电信网、广播电视网和互联网三大网络在高层业务应用方面的融合。具体表现为信息传播渠道在技术方面趋向一致,网络方面实现无缝覆盖和互联互通,业务层面上互相渗透和交叉,在经营上互相竞争和合作,朝着为受众提供多样化、多媒体化、个性化服务的共同目标逐渐交汇在一起。三大网络通过技术改造能够提供包括视频、音频、文字、数据、图像等综合多媒体的通信业务,现阶段的三网融合更侧重于这一方面。此外这一层面的网络融合还包括电信、广电和互联网在行业管制和政策方面逐渐趋向统一,这属于信息传输网络深层次的融合。

通过上述分析我们知道,"三网融合"作为融合新闻的生存基础之一,是电信网、广播电视网和互联网之间相互渗透、互相兼容，逐步整合成为统一的信息通信网络的过程。

我国早在2001年3月15日全国人大通过的"十五"计划发展纲要中，就明确提出了"三网融合"概念，此后国家发改委、科技部、财政部、工信部等部门也多次展开关于"三网融合"的讨论。到了2010年1月13日，国务院常务会议决定加快推进电信网、广播电视网和互联网"三网融合"，明确了"三网融合"的时间表。

目前，我国的"三网融合"建设已经进入实质性操作阶段，各大媒介、各种信息产业经营商正在积极推进"三网融合"的传播渠道建设，其中IPTV和手机电视就是"三网融合"的先行者和体验者。

IPTV是Internet Protocol Television的缩写，直译为"互联网协议电视"。它是一种利用宽带有线网的基础设施，以家用电视机作为主要显示终端，通过互联网络协议来提供包括电视节目在内的多种数字媒体服务的技术。从1999年英国视频网络（Video Networks）公司推出IPTV开始，全球已有数十家电信运营商进入了IPTV市场，主要集中在欧美地区、亚太部分国家和地区。2006年，中国IPTV商用市场规模启动，开始部署省级规模IPTV商用网络。目前，据2019年4月24日国家广电总局公布的2018年全国广播电视行业统计公报中的数据显示，全国IPTV用户1.54亿户（2004年IPTV用户仅为4.6万户）；IPTV收入100.45亿元，比2017年（67.61亿元）增长48.57%。[1] 在这10多年的时间中，IPTV不断发展。随着宽带互联网、云计算、大数据、人工智能、超高清和智能电视终端等新一代信息技术持续演进，综合因素使IPTV用户增速明显，产业地位不断提高，已成长为媒体传播的主流渠道之一。

手机电视，是指以广播形式，向具有操作系统和视频功能的移动通信终端传输文字、数字音频、视频等内容，并向用户提供互动应用服务的新技术形式。目前美国、日本、韩国和西欧手机电视业务发展迅速。我国于2003年开始手机电视的尝试，2004年7月，中国移动通信集团公司与上海文广新闻传媒集团达成战略合作协议，成立上海东方龙移动信息有限公司，成为我国较早实现媒介融合从而进入手机电视业务的媒体公司。到2007年，我国手机电视产业正式步入商用起步阶段。2008年的北京奥运会和2010年南非世界杯等大型体育赛事也让手机电视的业务获得了一定的发展，赛事期间不少上班族通过手机电视收看精彩比赛。据第43次CNNIC《中国互联网络发展统计报告》显

---

[1] 广电独家.用户2.72亿、多地专项治理，IPTV已成未来趋势[EB/OL].(2019-4-30)[2020-06-30]. http://www.yidianzixun.com/article./0Lt1KhwS/amp.

示,截至 2018 年 12 月,手机网络视频用户规模已高达 5.9 亿户,使用率为 72.2%(占手机网民比例)。

总之,IPTV 和手机电视将有效实现广播电视网络与互联网络、移动通信网络的融合,使人们不仅可以随时随地根据自己的需要来选择观看电视节目,还可以通过电视来聊天、购物、游戏、娱乐等,为人们初步展现网络融合所带来的传播优势。

当前,融合新闻最为成功的模式是实现了报网互动、台网互动。在这两种模式下,融合新闻对报纸、广播电视、网络各自的新闻生产流程进行了重组和整合,使新闻采编业务变成了跨媒介的团队协作。虽然是集中完成新闻的采集任务,但新闻产品的加工方式和发布渠道却是多元化的、立体化的,新闻信息资源得到了全方位的深度开发,新闻产品链由此形成,产生了"长尾"效应。如获得中国新闻奖的第一个网络名专栏——河南日报报业集团的《焦点网谈》、浙江日报报业集团的数字报业实验、解放日报报业集团的四个"I"(电子报纸、电子杂志、数字新闻视屏、手机报)工程、《宁波日报》的数字报业技术平台以及各地的 IPTV 试验……这些实践都说明,融合新闻通过对媒介组织内部网的改造,实现了集团内的资源共享、流程再造,为打破传播的地域限制提供了网络渠道和平台,直接带动了媒介影响力的扩大和经济效益的增长。

二、关键:媒体融合

媒体融合是指不同媒体形式出现的一体化趋势,它包括媒体形态的融合与媒体经营主体的融合两层含义。其中媒体形态的融合指的是出现一种媒体接收终端可以接收多种形式的媒体内容的现象,而经营主体的融合是指媒体经营主体之间的区分不再明显。

媒介形态的融合与传播技术的发展密切相关,并以传播技术的融合为基础,最有代表性的如新型电子阅读器、视频播放器的发明。这类新型阅读器集纸质阅读、电子阅览、音频播放、视频播放等功能于一体,实现了媒介形态的融合。如 2009 年 5 月,亚马逊推出了一款名为"Kindle DX"的电子阅读器。这种新型的阅读器使用电子纸显示屏或者全反射高响应屏幕,支持无线接收,阅读效果酷似纸质媒体,除了翻页速度很快外,还有语音功能,并能够扩展内存,其优势十分明显。《纽约时报》《波士顿环球报》《华盛顿邮报》等著名大报均已同亚马逊就电子阅读器方面展开合作。而新闻集团(News Corporation)、赫斯特集团等传媒集团正在努力研发自己的新闻阅读器,苹果公司等设备供应商也在积极研制兼容性强的新型阅读终端。

经营主体的融合趋势也十分明显。当前一些大型的传媒集团出现的跨媒体、跨区域、跨行业的经营方式是经营主体融合的初级阶段。其中跨媒体，即报纸、电台、电视台、互联网、电影、手机等不同媒体机构组建成一个集团公司。跨区域，即跨越国界、跨越同一个国家不同行政区划，在异地开展经营。跨行业，即传媒业外的资金、人才大批进入传媒业，尤其是电信业、金融业人才进入传媒业更为普遍，如新闻集团、时代华纳集团、维亚康姆集团新闻传媒（Viacom）等。上海第一财经传媒有限公司是我国跨越式经营的代表，该公司2003年由上海文广新闻传媒集团、广州日报报业集团和北京青年报社共同出资创办，旗下包括《第一财经日报》、第一财经电视频道和第一财经广播频率、第一财经网站和《第一财经杂志》，实现了跨媒体、跨区域经营。

经营主体中高级阶段的融合则主要表现为各类全媒体新闻中心的成立，如坦帕新闻中心、新华社多媒体新闻中心、烟台日报全媒体新闻中心等。全媒体中心实现了资源、人才的共享，制作的新闻产品具有多媒体性，真正实现了经营主体的融合，促使新闻工作者的角色发生转型。

传统媒体的新闻记者通常仅为单一的信息载体采编制作新闻内容，但在融合新闻模式下，新闻记者不再只为某一特定的媒介采集新闻，而需要为多媒体新闻数据库采集新闻信息；编辑也不再只是"把关人"，而要成为整合传播的策划者，调控整个融合新闻传播过程。新的工作平台一方面在调整甚至削减新闻工作者固有的权力，另一方面又在赋予他们新的职责和能量，融合新闻要求新闻工作者尽快完成角色与分工的转型。

首先是记者角色的转型。融合新闻要求记者从单纯的"新闻采制者"转向全方位的"新闻与信息服务提供者"。

传统媒体的记者只需要了解大量而最广泛的客观事实信息，但从事融合新闻采编的记者，则应该成为多技能型记者，既要能够掌握跨媒体采访、写作、编辑、摄影、视频创建和编辑的技能，又要能够创建简单的图形和交互性信息内容。此外，还应具备一些使用有线或无线网络发布或远程传输信息的技术知识。

传统媒体的记者只需要在新闻现场采集相关信息，并将之制作成适合各自媒体的新闻产品即可。但从事融合新闻采编的记者，不仅要在新闻现场捕捉到尽可能多的信息，包括图片、录像和采访等形式，以便能迅速地以正确方式清晰地传输事件新闻，还要变成媒体多面手，为各种形式的媒介终端全方位地提供合适的新闻产品和信息服务。威尔克森等人把新闻记者角色的这种转变形容为

"从新闻报道多面手和媒体专家"到"新闻报道专家和媒体多面手"。① 如美国媒介综合集团(Media General Inc.)旗下的媒介都属于同一地区的地方媒体,因此,该集团派往异地采访的记者都是多面手,他们能够同时为报纸写文字稿件、为电视拍摄新闻节目、为网站写稿,成为媒体多面手。

其次是编辑角色的转型。融合新闻要求编辑从单纯的"新闻把关人"转向"新闻解析者"与"整合传播策划者"。

在融合新闻语境下,编辑的角色和职责发生了改变,他们不只是"把关人",还将参与到融合媒体的内容运营之中,成为新闻的解析者。编辑不仅要会对新闻信息进行把关和加工,还要掌握好不同媒体的特性,有的放矢,学会在同一平台上将节目资源进行组合与调配,从而适应不同媒体的需求。融合新闻要求编辑成为精通各类媒体的专家,了解技术发展为新闻传播所提供的各种可能性,并知道如何运用这些技术使新闻内容得到更好的表现。

此外,编辑还要具备在多媒体集团中进行整合传播策划的能力。编辑将不再仅仅从单一媒体的立场上考虑和处理问题,还要对整个集团的媒介资源进行统一规划和协调,进行整合传播策划。这种能力一方面体现在编辑对信息的整合能力上,即编辑要对浩如烟海的新闻和信息进行筛选和重新组合,使这些杂乱的信息呈现出具有相互联系的深刻意义,并将其转化为对受众有用的知识;另一方面还体现在创新策划方面,除了开发出不同于其他媒体的新闻产品和服务外,注重互动性也将成为内容创新的另一个来源。因此,编辑要留意社会公众发布的新闻信息和表达的观点,注意吸引公众参与到新闻信息的内容制作过程中来。

三、核心:内容融合

内容融合是指媒体所提供的服务和内容呈现出多媒体化现象。随着媒介产品数字化趋势的不断加强,媒介产品,诸如文字、电视节目、广播节目、电影、网页、电子游戏、音乐、电子商务等产生了融合,这些媒介产品通过统一的技术使不同形式的媒介彼此之间的互换性和互联性得到加强。

在传统媒体时代,各媒介产业分别提供不同类型的媒介产品,而在媒介融合时代,新兴的数字信息技术则使音乐、图片、影像、文字、游戏等媒介产品可以通过同一种终端和网络传送,实现了传播内容的融合。

融合新闻还带来了新闻传播过程中的多元化媒体转换。这种多元化媒体

---

① 杰弗瑞·S.威尔克森,奥古斯特·E.格兰特,道格拉斯·J.费舍尔.融合新闻学原理[M].郭媛媛,贺心颖,译.北京:中国时代经济出版社,2011:6.

转换可以从两个层面来考察：首先，融合新闻要求记者同时为不同类型的媒体终端提供内容，这就要求记者能够迅速地根据事件的发展情况，选择合适的媒体形式进行报道。从事融合新闻报道的记者们要同时为报纸、广播、电视、网络、户外媒体、手机等各类媒体提供内容，包括文字、图片、音频、视频、图表、Flash 动画等。如烟台日报报业集团就为每位记者配备了一台笔记本电脑，移动、联通无线上网卡，一台照相机，一台摄像机，一部智能手机。记者可以同时为手机报、水母网[①]、电子报、纸媒、网站和户外电子显示屏提供内容。但这并不是要求记者同质化地、机械地将同一新闻事件通过不同的媒体形式一遍遍重复展现，而是要求记者能够根据事件的特点，采用最适合的媒体形式进行表现，在报道中完成多元化的媒体转换。如有的理性信息可以采用文字形式报道，有些视觉冲击力大的场景可以运用视听形式来报道，而有些复杂的信息可以通过图表、Flash 动画等来解释报道。其次，融合新闻还要求意见表达的多元化。随着媒介载体形式的多元化，新闻传播不再是专业新闻工作者的特权，普通的公民也成为融合新闻传播的参与者，公民新闻的繁荣促进了意见表达的多元化。普通公民不仅可以在各类网络论坛、博客、播客、微博等公民新闻平台上传播自己制作的新闻信息作品，而且专业化的融合媒体集团也非常重视对公民新闻的发掘，纷纷开辟了公民记者专栏来搜集和传播普通公民所制作的新闻信息作品。

国外一些著名媒体已经尝试推出一些多媒体新闻产品，为人们提供更加方便、贴心、有用、有趣的新闻服务。例如，美联社于 2009 年 5 月 18 日推出的"经济压力指数"（Economic Stress Index）和"经济压力互动地图"（Economic Stress Maps）服务。这些服务按月更新，将全美各地失业率、抵押止赎率和破产率的相关数值标示在"经济压力互动地图"上，并为订户提供相关的系列文字、图片、视频报道等，以说明 2007 年 10 月以来局部地区的经济状况，勾勒出美国经济的变化图景。《华盛顿邮报》提供"时空"互动新闻地图服务，该地图允许用户浏览来自全球各地的新闻、图片、视频、评论、播客等内容，用户可以根据具体的时间、地点、主题来搜索新闻。比如，用户可以使用时间轴，随意查看不同时间发生了什么新闻事件，也可以点击地图上不同的位置，看看在那些地方媒体报道了什么，还可以根据新闻主题生成不同的新闻地图，如"选举时空""世界时空""就职典礼时空"等。纽约时报网站的新闻摄影博客"镜头"（Lens），向受众提供包括新闻图片、视频和有声幻灯片在内的多媒体个性化报

---

① 水母网是烟台日报社于 2000 年 12 月 28 日创建的一家大型新闻性地域门户网站，目前拥有 270 个栏目，具备了文字、图片、语音、影视等多种信息直播能力，实行新闻 24 小时滚动播出。

道。2009年3月,汤森路透宣布将推出一个互动式在线视频平台——"路透内幕"(Reuters Insider),为专业财经人士提供路透电视新闻和第三方提供的视频节目。①

内容融合不仅是媒介融合的重要形态,也是传媒集团在竞争中克敌制胜的重要法宝。在媒介融合时代,一个传媒集团在多大程度上能为受众提供多媒体化的产品和服务,以及能为受众提供什么样的产品和服务,这些都将成为传媒集团的核心竞争力所在。

内容融合要求媒体人员必须具备与之相适应的多媒体报道思维。在单一媒体为主导的时代,报道活动围绕单一的媒体形态展开,新闻工作者的报道思维也呈现出以单一媒体为核心的特征。如报纸工作者主要考虑如何运用语言文字将事情的原委讲清楚,电视工作者主要考虑如何通过画面及声音形式将故事形象化地呈现在人们面前。融合新闻模式则完全不同,由于不同形态的媒介载体形式聚合在一起,形成了统一的媒体平台,新闻工作者在这一平台上,针对细分了的用户个体,提供个性化的媒介产品和服务。这就要求新闻工作者具备多媒体思维,即掌握不同媒介的传播特点和规律,能够兼容并蓄、融会贯通地运用不同媒介,以最小的成本达到最大的传播效果。

具体来说,多媒体的报道思维包括以下几层含义。

第一,拥有多媒体的技术感。融合新闻对新闻工作者最基本的要求就是能够熟练运用各类媒体进行新闻采编,这就需要培养多媒体的技术感。新闻工作者要熟悉报纸、广播电视、网络媒体及其他新媒体的技术特征和传播特性,掌握各类新闻媒体的报道规范、采编程序和基本新闻理念。只有熟悉各类媒体技术,才能将相关的技术优势融入新闻报道中,发挥出全媒体报道的优势和特色。如《华盛顿邮报》推出的"时空"互动新闻地图服务,就把文字、图片、视频通过一个时间轴链接起来,受众直接点击就能获得相关信息,融合了各类媒体产品的优势。

第二,善于选择合适的媒介形式。多媒体思维并不仅仅是拥有多媒体的技术感,更重要的是能够灵活地选择合适的新闻媒介。对于融合新闻时代的多技能型记者而言,最重要的能力就是能运用各种可能的形式去看一个事件,并以最好的方式完成传播。具体来说,就是面对一个新闻事件时,新闻工作者应迅速地判断哪些部分应使用文字报道,哪些方面使用动态影像报道;多大程度上使用网络媒体和手机媒体,多大程度上采用网民提供的内容;是用静态的

---

① 刘滢.媒介融合:海外媒体在做什么[J].新闻与写作.2009(7).

图表、文字、图片进行表现,还是用动态的音频、视频及 Flash 技术支持的动画来表现;是用滚动新闻现场直播,还是用与用户互动来表现。此外还要考虑根据不同用户的个性化需求为其提供差异化的内容等。

第三,形成以用户为中心的思维模式。多媒体的报道思维还要求新闻工作者突破固有的媒体界限意识,学会思维转换,形成以用户为中心的思维模式。融合新闻时代的受众与过去不同,他们大都是各类信息终端的用户,这就要求新闻工作者打破传统媒体的思维定式,研究用户的兴趣爱好与阅读习惯,寻找新闻报道与用户贴近的结合点,学会运用新媒体的互动手段加强与用户的交流沟通,及时获得反馈来增强报道的针对性。

内容融合改变了传统的新闻传播流程,从报道思维和媒体形式两方面实现了融合新闻的多元转换。

第三节 融合新闻的社会制约

媒介融合是当前传媒业领域里最为活跃的发展策略,但其走势受到政策法规、媒介市场、媒体人才、组织文化以及社会文化等多方面的制约。

一、政策法规的制约

政策法规既是推动新闻媒介发展的外部动因,也是制约新闻媒介运行模式的重要因素。虽然世界各国政府对媒介产业的监管已经实现了从严管制到放松管制的转变,但就目前的政策法规来看,媒介融合的发展仍然有较大的阻力。

从外部限制来看,融合新闻要求打破媒介管理区域分割、行业分割的樊篱。但目前世界各国为了防止过度垄断的出现,均制定了反垄断法等相关法规来制约跨媒体、跨地区、跨行业的媒体运作。例如,美国就分别于 1970 年、1975 年颁布了《广播/电视跨媒体所有权限制令》和《报纸/广播电视跨媒体所有权禁令》等法规,对地方媒体的跨媒体融合设置了法律障碍。而在英国,则没有一家媒体企业获准拥有 15% 以上的读者或观众,政府还规定拥有报纸发行量超过 20% 的经营者不允许经营广播电视业。北欧诸国虽然没有提出明确的法令禁止"媒介融合",但当出现媒介所有权过度集中的现象时,就会成立相应的委员会加以评估。北欧的冰岛政府甚至在 2004 年提出了一项反垄断的法律,其核心内容是加强对广播电视许可证的门槛限制。[1] 我国的情况也是如

---

[1] 邵培仁,等.媒介理论前沿[M].杭州:浙江大学出版社,2009:67-68.

此，虽然政府鼓励电信网、广电网、计算机网络实施"三网融合"战略，但政府并未完全放开对媒介产业发展过程的相关规制，跨区域、跨级别、跨行业的媒介融合仍然存在许多障碍。由此可见，媒介融合的发展迫切需要建立一系列鼓励性法规，以支持全球媒介融合的合法进程。此外，地方保护主义、小团体主义也是造成媒介管理区域分割状况的重要因素。要使媒介集团跨地区、跨媒体、跨行业的发展更加顺利，就必须打破这些限制媒介融合发展的规制和障碍。

在媒介集团内部，也需要进行组织机制与管理模式的调整。传统的新闻传播业务以单一的媒介形态为基础，各媒体形成了自己的组织结构和新闻采编流程。如日报按 24 小时的周期运转，而电视则根据新闻滚动、栏目架构等方面的需要来进行制作。融合新闻则打破了这样的限制和流程，采编管理成为团队作业，媒介载体形态的使用以新闻传播效果最优化为目标，在全方位的技术运用和所有形态的媒介介质的基础上，整合新闻传播流程，日常的管理与协调成为媒介集团多媒体新闻中心的主要职责。总之，融合新闻带来了整个新闻行业的变革。

二、媒介市场的考验

市场对于媒介融合而言，显然是把"双刃剑"。一方面技术的发展为媒介产业的发展提供了更加广泛的市场空间。技术力量正改变着媒介的现有特征：传统的单一属性的媒介终端（如平面媒体、音频媒体、视频媒体等）向视听多媒体终端进化；以往只有单一服务的网络（如电话网和有线电视网），如今已经可以不同程度地承担起其他网络的职责；一直局限于特定业务的媒介组织，也开始在政策的允许范围内，尝试着拓展自己的业务范围。另一方面，技术的创新需要商业模式的支持，媒介融合进程的推进需要找到合适的市场盈利方式的支持，但目前市场盈利模式的不确定性，为融合技术的推广带来了极大的制约。

（一）短期难见效益，导致全媒体融合退缩到网络融合

随着媒介市场竞争的白热化，部分媒体急于扩张市场，在明确自己的商业模式之前，就迫不及待地并购新媒体以实现跨媒体运营。等到投入大量的资金和人力资源之后，方才发现新媒体并未如预期那样为传统媒体的发展带来丰厚的利润，投入与产出不成正比。如《中国妇女报》是国内最早涉足手机报业务的，其手机报主编姚鹏说："在手机报方面，《中国妇女报》虽然是第一个吃螃蟹的，但是坦率地说，几年下来，这只螃蟹还没有吃出味道。"《精品购物指南》虽然是电子杂志的先行者，但其总编辑张书新却深感道路艰难，他说："我

们在报纸数字化方面每年都投入不少钱,但到目前为止还没挣到什么钱,也没有找到合适的盈利模式。"①

传统媒体希望通过与新媒体的融合来拓展自己的市场,但在匆忙抢滩新媒体市场后并未探索出合适的融合之路。此外,新媒体属于高投入的行业,融合媒介的效益回报也比较慢,往往容易造成"高投入、低获益"的状况。面对这种市场现状,原本积极推行融合的媒介集团纷纷收缩业务,放弃报纸、广电和网络的全媒体运营模式。如我国台湾的东森集团,于1999年至2002年,相继通过兼并改组东森新闻报(ETtoday.com)、东森联播网(ETFM)、《民众日报》,成为同时拥有电视、广播、报纸、网络电子报的全媒体集团。然而,实行融合策略的媒体在同其他同质媒体竞争时却没有多少优势,子媒体的经济回报低于东森集团的预期目标。现在,东森的主要业务又回归到东森电视上,仅保留了网络新闻部。②

(二)初期盈利模式不明,导致媒介融合陷入困境

由于媒介融合使得消费者可以用无所不能的终端通过无处不在的网络,获取各自所需要的服务,因而被传媒业、电信业等行业均视为未来的盈利点,这些行业都希望在实现融合之际占据优势地位,因而各自探索着最能扩大自身利益的盈利模式。在这种前提下,参与融合的行业在技术标准的确立、相互分工制度的确立、盈利方式的确立以及利益分配制度的确立等方面均存在许多矛盾和争议,从而导致媒介融合的盈利模式未能明朗化,缺少合理的经营模式,这也成为制约媒介融合发展的重要因素。

新媒体是媒介融合的重要领域,但其盈利模式仍在探索中,以网络媒体为例,在信息免费获取的大背景下,网络媒体的盈利模式主要有三类:第一,以社区为中心的模式,这种模式在凝聚受众方面占有优势,处于金字塔的顶端,腾讯就是典型代表;第二,以产品为中心的模式,这种模式主要依赖网站所提供的产品和服务,处于金字塔的底端,以网易为代表;第三,以平台为中心的模式,这种模式侧重对信息获取平台的建构,处于金字塔的中间部分,如新浪和搜狐。③ 目前来说,多数传统媒体网站属于以平台为中心的盈利模式,靠高访问量来吸引广告的投放,但真正以这种模式盈利的网站并不多。部分财经类媒体的网站以产品为中心,靠收费信息或会员费盈利,如《华尔街日报》和《金融时报》。而视频播放网站呼噜(Hulu)则探索出了一条不同的模式,即在视频

---

① 周志懿,等.中国报业四大关键词"浙报集团现象"考察[J].传媒,2008(5).
② 黄金,肖芃.解析媒介融合发展中的制约因素[J].传媒观察,2010(2).
③ 梁智勇.近期中国网络媒体竞争态势再审视[J].新闻记者,2008(11).

的片头和片尾均强制插入 15 秒左右的广告,只有付费的高级用户可以选择跳过,这种模式使得 Hulu 不必像优兔(YouTube)一样虽然拥有极高的点击率,却难以吸引广告商。采用这种模式的 Hulu 在诸多视频播放网站中脱颖而出,率先实现盈利。目前这种模式已被我国大多数视频播放网站和网络电视台所采用。但像 Hulu 一样探索出合适的盈利模式的网络媒体仍属凤毛麟角。

作为三网融合最佳体现者之一的手机电视,其盈利模式的问题则更为突出。在确立手机电视盈利模式方面,首当其冲的便是要确立技术标准。目前,国外手机电视主要有 4 大技术标准:韩国的 T-DMB、欧洲的 DVB-H、美国高通的 Media FLO 和日本的 ISDB-H,这 4 大标准都获准成为 ITU(International al Telecommunications Union,国际电信联盟)的国际标准。我国并未采用国际标准,国内手机电视标准在信息技术领域的竞争十分激烈,目前主要有 5 大技术标准,它们分别是:凌讯科技的 DMB-TH、北京新岸线的 T-MMB、华为的 CMB、国家广电总局的 CMMB,以及中国标准化协会的 CDMB。这 5 大标准之间互相不能兼容,在此基础上,我国的手机电视领域也分化为 5 大派系。

当前手机电视技术标准的不统一,不仅是我国手机电视商用化发展的一大瓶颈,也是手机电视资本融合的一大障碍,它反映出广电系统、通信系统、手机设备供应商三方在利益分配方面的重大分歧。到目前为止,我国的三网融合进展不大,其原因就在于电信业、广电业在利益分配等问题上无法达成一致。由此可见,盈利模式的不确定性将会极大地制约媒介融合的发展。

三、媒体人才的缺乏

在媒介融合的道路上,媒体人才既是媒介融合的践行者和推动者,同时也是制约媒介融合发展的关键因素,而目前媒介融合还面临着人才的种种壁垒。

操作技能的缺乏。跨媒体融合及全媒体的出现,意味着未来的新闻编辑部将成为一个汇聚各种类型媒体的大本营,新闻工作者既要能做报纸版面,又要会制作电视新闻和广播新闻,同时还要能为网站和手机媒体提供新闻信息。当前出现的"背包记者"就是能为各种媒介提供新闻信息的全能型记者。但传统记者已经习惯于为单一媒介提供新闻,尤其是对于纸质媒体的记者来说,学会操作音频、视频、网络等新闻采编技术是一道难题。媒体人对多媒体技术的操作技能的缺乏成为实现媒介融合的一个紧迫问题。

融合意识的缺乏。媒介融合不仅要求新闻工作者具有对多媒体技术的操作技能,更要求其具备融合新闻的意识。未来的新闻采编很可能由一个个报道小组完成,小组成员各司其职制作适合全媒体终端的各类新闻产品。这就要求新闻工作者能够适应融合新闻采编工作流程,在面对复杂的新闻事实的时候能够迅速地找准自己在媒介融合操作中的位置,也就是要具备融合意识。当前新闻工作者的融合意识还十分缺乏,目前已经组建的全媒体中心的记者、编辑多数来自不同类型的媒体,缺乏媒介融合的经验和意识,对相关工作流程还不太适应,这成为约束媒介融合发展的另一个问题。

思想观念上的抵制。媒介融合的经济动力来源于整合媒介资源、扩大经营范畴以获取丰厚报酬,但这对于传统媒体从业人员的意义却明显不同。对他们而言,实行媒介融合运作就意味着在同样的工作时间内,却要生产出成倍的新闻作品,而更重要的是当他们的日常工作任务被延伸到最大极限的时候,却没有任何额外的收入。投入的精力与经济回报的比例过于失衡,这大大削弱了员工对媒介融合的认同感,甚至出现思想抵制情绪。

新闻从业者思想上的抵制是影响"媒体融合"进程不容忽视的因素。目前,已经有部分新闻人对媒介融合操作提出了不同的见解,他们对在有限的时间内制作出的大量作品的质量产生了质疑,认为这样只会导致作品泛而不精,降低新闻节目的质量,同时还认为记者、编辑职责多而杂,这样会使各种媒体间的工作低效率高重复。例如,《波士顿环球报》的专栏作家艾伦·古德曼(Ellen Goodman)就坚持认为一份好的报纸需要时间来考虑该写些什么东西,而新的所谓的"内容提供者"只能跳跃式地、盲目地想要满足各种媒体形式的需求。在现实的新闻界中,对媒介融合后的内容提供者而言,其产量是很有限的,虽然他们可以谈论任何事件,可以以很快的速度报道相关新闻内容,但是好的报道总是需要花费大量的时间。[①] 而烟台日报传媒集团在实施"全媒体战略"初期也出现了内容同质化现象,该社社长郑强说:"全媒体新闻中心成立初期,单看一张报纸,质量提高了,但内容趋同化现象比较严重。"这种局面的出现,一方面体现出不少新闻工作者对媒介融合理解的偏差,另一方面也是新闻工作者思想抵制的表现。

四、组织文化的碰撞

媒介融合不仅使得不同类型的媒体形式发生了融合,而且也使得各种类型的媒介组织由原来的竞争者转变为合作者,带来了组织文化的碰撞和融合。而组织文化的隔阂却造成了跨产业管理的难度,这也是所有融合媒体所面临的最大难题。

从媒介的发展史来看,不同媒介之间的文化传统大相径庭,传统媒体注重新闻的原创性和深度,而新媒体则更看重报道的速度和信息量;报纸、广播、电

---

① 徐沁.国际媒介融合发展的瓶颈[J].中国广播电视学刊,2008(7).

视等传统媒体认为以网络为代表的新媒体原创能力弱,而网络等新媒体则认为传统媒体处于产业链的底端。这种认识的差异带来了媒介组织之间价值观与管理思维的差异,也加深了媒介组织文化之间的隔阂。

中山大学的张志安认为,整合一般会引起两个企业长期形成的企业文化之间的冲突,它表现在表层的行为规范不一致上,更根本的原因在于价值观的不同。严重的冲突结果可能导致"敌意"和"严重的不舒适感",研究将其称为"文化冲击"(Culture Shock)。由此可以看出,企业并购的成功与否不仅在于有形资产的整合,更重要的是企业文化等无形资产的整合。[1] 美国在线(American Online,AOL)与时代华纳(Time Warner)融合的失败就是典型的例子。2003年9月,在线时代华纳(AOL Time Warner)董事会表决通过,将把"AOL"去掉,把公司名称改回"时代华纳",意味着本世纪初最大的新老媒体并购案宣告失败。该集团并购失败的主要原因就在于不同的企业文化(包括理念分歧、行为习惯的差异等)难以融合,如 AOL 是新媒体的代表,注重时效性和双向沟通,架构扁平,与消费者互动性强;而时代华纳则是传统的媒体代表,注重内容经营,策划经验丰富,员工多,体制庞大。并购之后的在线时代华纳一直没能成功消解二者之间的组织文化隔阂。

此外,融合改革过程中如果产业管理没有随之调整,就会造成融合媒体集团内部一个媒体收益的同时,却出现另一媒体损益的情况。美国培乐集团就有一次失败的教训,曾经有人将一个关于虐待美洲鸵的深度报道的录像带交给培乐集团在达拉斯的记者,这似乎可以成为一条独家新闻,但其新闻主任斯蒂芬·阿克曼(Steve Ackerman)却被告知这则消息只能由《达拉斯早报》独享,集团所属电视台 WFAA 只能等到晚上 10 点播出。结果同城的另一家电视竞争对手却在当晚 6 点就播出这则新闻,抢在了培乐之前。[2] 在这个案例中,融合使得报纸获益,却使得电视台受损。这说明,实行媒介融合的媒介组织必须解决组织文化方面的差异,努力调整好相应的管理方式。

五、社会文化的矛盾

当前,社会文化对融合的接受程度尚低,这也是媒介融合发展的制约因素。人们认为媒介融合至少带来了以下几个方面的矛盾。

一是与公共利益的矛盾。人们认为媒介融合最有可能导致的结果就是垄

---

[1] 张志安.媒介败局:中外问题媒介案例分析[M].广州:南方日报出版社,2006:197-198.
[2] Gracie Lawson-Borders. Media Organizations and Convergence: Case Studies of Media Convergence Pioneers [M]. Mahwah, N.J.: Lawrence Erlbaum Associates. 2005: 145-146.

断产业带来的信息单一化和民主集权化。而媒介融合的实质是最大限度地开发媒介资源,产生规模效应。因此,媒介融合必将会推动媒介公司完全融入市场策略,以盈利为第一目标。这一方面会弱化媒体在公共领域建构中的作用,造成媒体传统公共精神的丧失;另一方面,还可能会造成信息传播发布权的垄断,削弱信息的多元化,新闻的民主化程度将会受到严重的影响。媒介融合可能造成的对公共利益的损害成为其被社会文化所广泛接受的一大障碍。

  二是与新闻自由的矛盾。人们认为媒介融合还会损害新闻自由。一方面,媒介融合之后,集团将实行规模化的新闻生产方式,通过快速、大批量的内容提供来满足各种媒介形式的需求,全媒体记者们忙于在各种媒介上重复自己的观点,根本没有时间来提高报道质量。这将极大地限制新闻自由;一方面融合媒介集团往往为了便于管理,从体制上并不鼓励多元声音,这就进一步限制了新闻报道的自由。例如,加拿大最大的跨媒介集团加西环讯集团[①]在推行媒介融合的过程中就引发了此类问题,该集团规定其下属的每一家日报每周发表三次"全国性社论"(National Editorials)——无论地方发行人是否同意他们的立场——胆敢批评总部决议的职员将受到惩戒。虽然这是一个比较极端的案例,但媒介融合所带来的信息垄断问题却不能被忽视。这也成为社会文化接受媒介融合的另一个障碍。

  总之,媒介融合既是资源的整合,也是利益的调整,其制约因素是多方面的,在媒介融合的道路上虽然还有一段漫长而艰难的道路要走,但所有这些制约因素都是可以避免的。譬如,通过政策法规的调整、融合人才的培训、组织文化的调适、市场模式的探索,来逐步解决新事物发展过程中遇到的问题,实现媒介融合的战略转移。

[①] 加西环讯(Can West Global)集团曾经是一家以广电为主的媒介集团,2000年7月,该集团以35亿美元收购了索瑟姆(Southam)报业集团,并于2002年最终完成了对《全国邮报》(*The National Post*)的收购,成为加拿大最大的日报供应商。

第二章　融合新闻的发展历程

诞生于 21 世纪初的媒介融合现象，经过近二十年的发展逐渐成为全球信息产业发展的一大趋势，并催生了融合新闻学（Convergence Journalism），如今融合新闻的相关实践探索与理论研究已经成为当今世界新闻传播学界的热门话题。

第一节　融合新闻的发展源流

融合新闻的实践始于西方媒体中负责分配任务的新闻编辑，在正常的新闻报道工作流程中，由其分派决定报道什么以及如何报道，其职责类似我国电视栏目制片人和新闻部主任的角色。这种形式的新闻报道由新闻事件的特征决定派多少人，以及由何种媒体参与。一个突发事件可能需要一个报道团队，用各种各样的媒体去报道，而这只能在一个媒介融合的状况下实现。融合新闻正是率先从应用新闻学的角度实行对媒介融合理念的实践。

媒介融合正在全世界范围内发生，这种融合可能成为世界许多发达地区新闻媒体的目标。2004 年 2 月，纽约时报公司董事长及纽约时报出版人小亚瑟·苏兹伯格（Jr. Arthur Sulzberger）在美国西北大学举行的会议上说，融合是媒体的"未来"，"宽带正在使我们聚合在一起"，如果你不能将报纸、数字媒体和电视这三个元素结合在一起，你就不可能在这三个平台上都具有新闻影响力。[1]

一、融合源流的两个层面

西方学者对融合新闻的研究，主要从记者个体和媒介组织这两个层面进行观察与探讨。

（一）融合新闻在个体层面的实践

这一层面的实践主要集中在对那些掌握了多种媒介技能的"超级记者"

---

[1] Stephen Quinn. Convergent Journalism: The Fundamentals of Multimedia Reporting [M]. New York: Peter Lang Publishing, 2005.

(Super Reporter)方面。这些人掌握了全面的多媒体技能,能够同时承担文字、图片、音频、视频等报道任务,制作互动元素(如绘图、在线访问数据等),为多种不同媒体提供新闻作品,是全媒型记者,在美国也被称为"背包记者"等。

2002年,背包记者(Backpack Journalist)这一概念首次出现。MSNBC网站的普雷斯顿·门登霍尔就是一位背包记者,他历时半个月,横穿阿富汗,发回了大量的文字稿件、照片、录音、录像等,在广播和网站播出。① 美国媒介融合集团"坦帕新闻中心"的女电视记者杰姬·巴伦(Jackie Barron)也是一位背包记者,她曾用4周时间在圣安东尼奥采访一个重要联邦案件,每天工作日程是:早6时给网站写篇专栏文章,介绍案件情况;然后到法院采访当天最新进展,10时给电视台发去最新报道;下午2时30分到3时编制一个晚间电视节目并传回;然后再到法院采访下午的进展情况,再给第二天出版的报纸写篇新闻稿。② 这种类型的记者是真正的超级记者,能力非常高。但是从实际效果来看,这种前方记者一身多任的新闻操作方式,给记者带来的压力过大,记者进行新闻采写的时间和精力都难以得到保证。

在融合新闻模式下,编辑的工作也变得更为复杂和多样化。编辑应该对不同媒介形式有着更为深刻的认识和把握,知道如何将文字、图片、音频、视频进行有机统一,使它们之间互为补充、相得益彰,取得最佳传播效果。

(二)融合新闻在媒介组织层面的实践

这一层面的实践向前推进了一步。依靠单个的"超级记者"完成的新闻报道虽然能够被多种媒体平台所采用,但由此引发的问题也非常明显。其一,造成截稿时间无法保证。一个记者要同时为多种媒体采集编制不同的稿件,既包括文字、图片,也包括音频、视频,即使这个记者工作效率极高,但由于工作量过大而难免会造成在截稿时间之前不能完成所有工作的情况。其二,造成质量难以保证。因为在高强度的工作之下,一个记者要同时完成给不同类型媒介提供各种新闻报道,加上该记者认知能力的局限,难免会出现内容、形式、报道角度等重复的情况,新闻产品的质量得不到保障,这不利于媒介更加准确地为受众提供信息和服务。

超级记者的局限性越来越引起人们的注意,如密苏里大学新闻学院达里尔·莫恩(Daryl Moen)教授就说:"我个人并不认为会有很多人成为'背包记者',但是这种人才在某些地方会有用武之地。"③他说的"用武之地"主要是指

---

① 宋昭勋.新闻传播中 Convergence 一词溯源及内涵[J].现代传播.2006(1).
② 蔡雯.新闻传播的变化融合了什么——从美国新闻传播的变化谈起[J].中国记者,2005(9).
③ 蔡雯."融合新闻":应用新闻学研究的新视野[J].淮海工学院学报(社会科学版),2007(3).

人力资源有限的地方媒体和派驻外地及国外的记者站。史蒂芬·奎因在《融合新闻导论》中也谈到,单个的"背包记者"对于报道较小规模的新闻事件或处于较小市场的地方新闻媒体是比较合适的,如果是大型的媒介集团,或者是报道规模较大的、内容比较复杂的新闻事件,就需要以多人组成的新闻团队来承担融合新闻的任务。

在这种情形下,融合新闻的报道逐渐由单个记者转向了媒介组织,转向了媒介之间的合作。人们发现,在媒介融合的进程中,媒介组织之间的竞争与合作比起单个的超级记者来说,更有助于融合集团对资源的有效利用。此外,像"坦帕新闻中心"这类全媒体信息中心的出现,客观上也为媒介融合组织提供了很好的观察对象。美国南佛罗里达大学大众传播学院助理教授肯尼思·基利布鲁(Kenneth G. Killebrew)2004年出版的专著《管理媒介融合:记者合作的路径》、2005年美国出版的论文集《媒介组织与融合:媒介融合先驱案例研究》等书,都是在这个层面上获得的研究成果。目前,这一层面的研究也日益引起了更多专家学者们的兴趣。

大众媒体历经千百年的演进,从无到有,由简入繁,从纸质媒介到电子媒介,长期处于泾渭分明的状况,而目前这种界限日益模糊,正在走向媒介融合时代。

随着各具特色的新媒体的广泛兴起,走过了数百年历程的报业正面临危机。英国《独立报》1990年发行量超过40万份,从1995年起发行量开始下滑,到2003年9月只剩下20万份,减少了一半。同一时期,英、法、德等国的多数(发行30万份以上)大报每年减少1万~2万份的销量。美国发行量审计局2005年5月2日公布的一项统计数字表明,在全美最大的前20家报纸中,发行量平均下降了1.9%。①

2005年9月,美国《纽约时报》等多家报纸媒体宣布裁员。纽约时报公司董事长小亚瑟·苏兹伯格甚至在2010年表示,陪伴纽约人、全美国人乃至全世界人民159年的《纽约时报》要淡出历史舞台了,《纽约时报》将停止推出印刷版,主要通过网络版来吸引读者和拓展营收来源。这一言论再次凸显传统媒体面临的困境。

在这样的背景下,一些学者惊呼,"报业寒冬"来了,甚至出现了"报纸消亡论"。美国北卡罗来纳州立大学的教授菲利普·迈尔,在他的著作《正在消失

---

① 刘建明.关于报纸消亡的对话[J].新闻界,2006(1).

的报纸：在信息时代拯救记者》中提出①，"如果现在报纸读者的发展趋势持续不明朗，到 2044 年，确切地说是 2044 年 10 月，最后一位日报读者将结账走人。"

从报业运营状况看，2005 年似乎是一个转折点。据纽约时报公司网站（www.nytco.com）公布的数据显示，《纽约时报》的家庭订阅数从 2002 年的 72.6 万份下降到 2005 年的 68.7 万份，零售量从 1999 年的 39.6 万份下降到 2005 年的 28.6 万份。与此相应，来自 AC 尼尔森（AC Nielsen）2005 年 7 月份的数据显示，美国报业协会所属报纸网站的月访问人数已经超过 4300 多万人次，而访问传统纸质媒体网站的人数已占到网民总数的 31.9%，绝对数字比上年同期增长了 15.8%。②

为此，全美各大主要报业集团纷纷在网络化方面投入巨大精力，以期通过多元经营手段来缓解市场压力。其中，纽约时报公司在报网互动方面初见成效。2005 年 2 月，纽约时报公司花费 4.1 亿美元收购了美国在线消费者信息行业的领先者——About.com。该网站成立于 1997 年，月平均浏览人次达 2200 万，话题广泛、内容丰富，涵盖健康、财经、食品和旅游等方面，主要为客户提供家具修理、汽车买卖、电影预告等资讯服务。

纽约时报公司还涉足 40 多家网站业务，并设有各种类型的数据库以供读者查阅。纽约时报公司涉足的网络业务异常复杂，纽约时报网站作为网上旗舰平台的地位一直没有改变。2002 年，该站创造利润 1600 万美元，2003 年第二季利润达 430 万美元，2004 年上半年又赢利 1730 万美元。③

目前，《纽约时报》每年在新闻编辑方面的支出大约为 2 亿美元，而在线业务营收大约为 1.5 亿美元。如果《纽约时报》网络版付费模式运营良好，能够以每年 100 美元的订阅费吸引到 100 万用户，那么这还可以为公司带来 1 亿美元的在线订阅费，总计拥有 2.5 亿美元的营收。

经历多年的发展，纽约时报网站已成为网上最大的报纸品牌，曾被《主编与发行人》和《媒介周刊》评选为最佳报纸网络版。创办于 1995 年的纽约时报公司所属波士顿环球报网站（boston.com）是全美访问量最大的地区性网站，成为新英格兰地区突发新闻、地方新闻和信息的最重要来源。AC 尼尔森 2005 年 7 月调查显示，在全美前 100 名报纸网站中，纽约时报网站在访问量、

---

① 吴海民.报业危局——中国媒体面临大变局——报业的未来走势和《京华时报》的战略选择[J].今传媒，2005(12).
② 瞿旭晟，张志安.平面媒体与网络媒体的良性互动——纽约时报网站个案研究[J].新闻记者，2006(4).
③ 陈昌凤.纽约时报公司的经营模式探析[J].国际新闻界，2003(6).

主动访问、网页浏览量、访问停留时间等各项数据中均居榜首。

在我国,传统媒体经营也受到了较大冲击。2004年我国广告经营总额增长16%,而四大传统媒体的平均增长仅为5%,这是自1981年以来中国传统媒体的广告经营增长额第一次下降到个位数,令人吃惊的是报纸广告经营额破天荒地呈现出负增长。被业界公认为广告收入身居国内高峰的《北京青年报》,在2005年上半年的净利润仅17万元,较上年同期的6630.9万元大降99.7%。① 2006年中国传媒蓝皮书称,报纸广告在2005年出现低增长,增幅退居第六位。

二、融合新闻的社会动因

伴随着数字技术、信息技术与网络技术的发展,新闻传播在媒介融合的基础上正在发生着一场深刻的变革,而融合新闻就是这场变革的主角。21世纪初,美国最早开始进行融合新闻的实验,近年来,澳大利亚、英国、新加坡、日本、韩国、中国等国家的媒介集团也纷纷开始了这方面的探索。融合新闻正在影响全世界的新闻传播活动,使其快速推行的社会动因是什么呢?

(一)技术动因

人类的传播活动经历了从口语传播到印刷传播再到电子传播的漫长演变过程,其中技术的力量是媒介变革的根本动力。尤其是进入信息时代以来,传播科技越来越体现出其作为传播发展第一推动力的作用。麦克卢汉(Marshall Mcluhan)曾经用"媒介即讯息"的观点来昭示技术的巨大影响力,马克·波斯特(Mark Poster)也使用"信息方式"的理论来描述现代社会的电子化交流方式。新媒体技术的发展也有力地证明了这些观点,在现代社会中"技术已成为一种无所不在、动荡不居的力量,影响着人类的历史"②。

信息处理技术、移动存储技术、数字传输技术以及基于这些技术之上的网络技术的迅猛发展,不仅极大地促进了传播速度和传播质量的提高,还带来了传媒领域日新月异的变化。数字技术成为融合新闻产生的直接动因,这是因为,一方面,技术本身具有推动经济形态变革的作用,在条件成熟的情况下,技术就能催生出一种新的经济形态。网络的盈利点在相当大程度上都依赖于技术的实施,一些网络聚合技术,如 RSS 订阅、P2P 技术、Web 2.0/3.0 等,就具有把微内容和碎片化的媒介消费整合起来的能力。另一方面,新媒体技术发展也推动了社会政治与文化的变革,带来了话语权的分享,影响了人们的感

---

① 喻国明."拐点"的到来意味着什么——兼论中国传媒业的发展契机[J].中国编辑,2006(1).
② 金兼斌.技术传播——创新扩散的观点[M].哈尔滨:黑龙江人民出版社,2000:1.

知、感情、认知和价值观，带来了文化的认同，这些又都推动了融合新闻的发展。

技术的创新使传媒企业的生产成本降低，利润率上升。传媒业界人士也已形成这样的共识：把信息、娱乐和商业融合在一起的新媒体，信息复制的成本大大降低，传播的速度大大提高，领域大大拓宽。据专家估计，如果报纸、电视、网络、杂志全部配套制作，成本大约能节省30％。从降低成本的角度看，这种跨媒体融合的竞争力可见一斑。

技术的创新和扩散，也为媒介的融合提供了发展的动力。历史证明，传媒科技的每一次发展，都带来了现代传媒的巨大变革，催生出新的媒介形态。如电视的发明，产生了电视的综合艺术，它兼具报纸的阅读、广播的听觉、电影的视觉、音乐的时间、图像的空间等艺术性，而新兴媒体更是包含了如今所能认识的全媒体的元素，其综合性又远大于电视。这说明，现代传媒的诞生、发展与技术创新有着天然的联系。

（二）经济动因

经济的发展带来媒介产业的变革，推动了融合新闻的产生。随着媒介产业的竞争越来越白热化，为了在竞争中占据先机，越来越多的媒介企业将先进的新媒体技术引入媒介产品生产过程，并尝试进行资本、业务、组织机构等方面的合作与融合，期望用最小的资源产生最大的效益，实现资源的合理配置。因此，规模化生产下的社会分工和合作就成为融合新闻产生的经济诱因。

（三）受众动因

受众的个性化需求是融合新闻发展的一个重要动因。随着社会文明进程的演进，媒介产品和新闻信息越来越丰富，人们对信息交流的速度、深度、实用度及愉悦度等方面的需求也日益呈现出个性化差异。融合新闻工作者适应这种社会趋向，把各种媒体集中在一个操作平台上，汇聚各类媒体的优势集中采集新闻信息，再根据受众对新闻内容和形式的不同爱好，分类加工，最后将新闻信息产品通过不同的传播方式传播到特定的受众手中，最大限度地满足受众的个性化、多样化的信息需求。

在当前媒介逐渐融合的环境下，单打独斗的媒体运作方式已经很难适应受众需求。传统媒体虽然有内容资源和采编资源优势，但是在传播渠道上则显得十分单一，仅凭借独立媒体自身的优势往往不能自救。相反，新兴数字媒体的交互性传播方式和海量的存储能力是传统媒体所无法匹敌的，它能最大限度地满足受众的多样化信息需求，新旧媒体只有融合互补才能消解彼此的不足。

在技术的、经济的、受众的三种动因的推动下，越来越多的媒体集团尝试进行媒介融合改革,实现融合新闻运作。尤其是受众永无止境的需求或欲望成为媒体不断创新发展的原动力,媒介融合正是沿着不断便捷、高质量满足人类需求方向发展的一个阶段。正如麦克卢汉所言,"媒介即人的延伸",意在人是媒介的出发点和根源,所有的媒介都是由人的某种具体需求出发,借助外在事物来达到延伸人体功能的目的。

(四)政策动因

从世界范围来看,管制放松是媒介融合的外在因素。而在我国,长期以来受媒介管理体制的影响,媒体条块分割,形成了严格的行政管理界限和区域市场封锁,媒介资源无法通过市场实现融通。这种板块限制,使得跨媒体的经营很难进行,也使得实力雄厚的媒介无法跨区域发展,这是我国媒介产业发展缓慢的主要原因之一。面对全球兴起的传媒产业放松管制的浪潮,我国的传媒管理政策也进行了相应的调整。

《全国报纸出版业"十一五"发展纲要(2006—2010年)》明确提出:"加强资本、产权、人才、信息、技术等报纸出版生产要素市场建设,支持报业集团和大型报纸出版机构跨地区、跨行业、跨媒体经营。"实践上,全国诸多报业借势将单纯的报业扩充为传媒集团,这反映了报业自身发展的迫切要求。

2006年11月28日,成都市有关部门宣布,成都日报报业集团与成都广播电视台合并,成立成都传媒集团,被认为是顺应时代和发展的需要,推动成都市文化体制改革、文化产业发展所采取的一个重要举措。成都传媒集团的问世,在当时引起了国内业界和学界的高度关注,被称为2006年中国报业发展和创新历程的一件大事。

诞生于21世纪初的融合新闻利用多媒体手段进行新闻传播活动,数字技术的成熟与进步成为它产生的根本动因,而经济因素、市场因素和放松管制则是其发展的助推力。

第二节 媒体融合的世界进路

大众媒体历经千百年的演进,从无到有,由简入繁,从纸质媒介到电子媒介,从传媒的数字化扩张到广播电视机构的有系无统,长期处于泾渭分明的时代。

如今,随着互联网的出现与数字媒体技术的不断发展,新兴媒体迅速崛起,彻底颠覆了传媒格局,也改变了整个媒体行业的竞争状态和传播媒介的形态。罗杰·菲德勒认为"传播媒介的形态变化,通常是由于可感知的需要、竞争和政治压力,以及社会和技术革新的复杂相互作用引起的。"[1]在传播技术的革新、市场需求的突显,以及国家政策的支持三种动因的综合作用下,媒介融合的步伐正在不断加快。

下面这幅媒介发展进程图(图2-1)说明,现代媒介发展的速度越来越快,传统媒体的主流地位受到极大的冲击和影响。

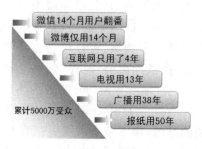

图 2-1　各类媒介形成媒体"规模"的标志时间

我们从图2-2法、英两国新闻用户2013—2016年获取新闻的来源图可以看到:越来越多的用户将网媒、社交平台作为新闻获取的首选渠道。图2-2表明,英国网络媒体在2016年的占比已经赶超了电视媒体。

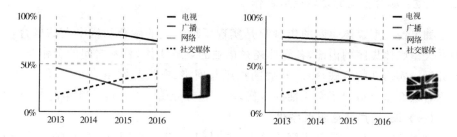

图 2-2　法国和英国用户的新闻来源(2013—2016年)

媒介融合的演进是递进式、立体式的。从报业全媒体转型情况看,2005年似乎是一个拐点。全美各大报业集团都在网络化方面投入巨大精力,期望通过多元化经营手段来缓解市场压力。英国老牌报纸《每日电讯报》,从2006年就开启了全媒体改革之路,美国的《今日美国报》,也于2008年尝试推进媒介产业链的重构。自此,世界开始了媒体融合的历史演进。从世界范围来看,

---

[1]　罗杰·菲德勒.媒介形态变化:认识新媒介[M].明安香,译.北京:华夏出版社,2000:19.

媒介融合的发展主要经历了以下几个阶段。

一、合并：融合新闻的媒体并购重组

媒介融合的发展历史可以追溯到20世纪中后期,随着全球经济的发展,世界范围内跨媒体、跨行业的大型媒体集团开始出现并购与重组浪潮,这也是垄断资本不断发展的产物。如新闻集团、维亚康姆集团、迪士尼(Disney)、维旺迪集团全球出版公司(Vivendi Universal)和美国在线时代华纳等,这些传媒巨擘的业务几乎涉及所有的媒介领域,可以说是媒介融合的先驱者。尤其是在20世纪末,以出版杂志、报纸闻名的"时代"公司与制作过一系列经典影片的"华纳兄弟"公司合并,成立"时代华纳"集团,成为当时世界上最大的传媒公司。它拥有包括CNN、Netscape、HBO、《时代》杂志、时代华纳电缆公司和华纳兄弟公司等极具价值的品牌,旗下业务覆盖美国在线(ISP)、电视和广播部门、有线电视、出版、影视娱乐以及音乐在内的业务。虽然后来二者的合并以失败告终,但这一次并购的意义却十分显著。英国《金融时报》发表评论说,这次合并第一次清楚地表明：人们期待已久的各种节目制作及其传播方式的融合正在变成现实。但总体看来,这一阶段的融合仍属于低层次的融合,是不同媒体的聚集和汇合过程。

二、联动：融合新闻的媒体交流合作

如果说大型媒体集团的出现只是实现了形式上的融合和资本上的融合,但在大型媒体集团的内部,各媒体还是单独的业务实体,相互之间的合作与交流并没有实质性的突破,而后开展的报纸与网络、电视与网络之间的联动,才标志着媒介融合迈出了实质性的步伐,这一趋势开始于20世纪80年代末。

(一) 报刊、广播电视数字化

面对日新月异的计算机网络技术,20世纪80年代后期,报刊、广播电视开始尝试电子化和数字化,正式开启了传媒的数字化生存步伐。

1987年《圣何塞信使报》开创了报纸网络版先河,进入20世纪90年代,世界权威报刊如《纽约时报》《新闻周刊》《每日电讯报》《卫报》等都争相创办网络版,到1995年年底,全世界20多个国家的几百种报纸都实现了在互联网上在线出版。

我国最早实现"纸媒上网"的是1995年的《神州学人》期刊,此后以《人民日报》为首的各大报刊也实现了电子化。随后,电台、电视台也加入了上网的浪潮。目前,我国绝大多数报纸以及央视、各省级电视也都实现了网上传播。

在这一阶段无论是报纸编辑部与网站编辑部,还是电台、电视台编辑部与网络编辑部之间都是独立存在的媒体组织,所谓的上网也只是实现了简单的拷贝复制,还未实现真正意义上的融合,但这毕竟是向报网联动、台网联动方向迈出了可贵的第一步。

(二) 报网联动、台网联动

在经历了借助网络技术进行最初级的二次新闻信息传播活动后,一些报纸、电台、电视台开始探索与网站合作新闻报道的新机制。

1. 报网联动

近年来,为了应对日益白热化的竞争和挑战,一些报纸或与网站实行联动报道,或与网站共同开设某些专栏,形成相对固定的合作板块,相对于之前的拷贝复制,无疑实现了更进一步的融合。如《人民日报》与"人民网"在近年的全国"两会"报道中,因联动报道而推出了一批新栏目,取得了较大的社会反响。《广州日报》则专门成立"滚动新闻部"负责报网互动业务,使报网互动更加常规化、制度化。河南日报报业集团整合《河南日报》、河南报业网与手机短信平台三方面的资源与渠道,创办《焦点网谈》栏目,这一专栏将党报的权威性、品牌优势与新媒体的海量信息、互动优势进行了有机的整合,获得了单一媒体所无法达到的传播效果和社会影响,因而被评为中国新闻奖首届网络新闻名专栏。

2. 台网联动

广播电视与网络的联动,主要表现在视频分享网站的繁荣和台网捆绑式运营方面。

(1) 视频分享网站的繁荣

视频分享网站是台网联动的先行者,也是媒介融合的先驱。2004年2月4日正式上线的脸书(Facebook)是一个社交网络服务网站,网站上线的同时还推出了脸书视频(Facebook Video Sharing)服务。开通这一服务的用户,可以上传DV视频、手机视频等视频短片,这是全世界较早尝试用户视频分享的网站。而2005年2月上线的YouTube则是目前世界上最大的视频分享网站,用户可以下载、观看及分享影片或短片。

我国的视频分享网站自2005年后纷纷涌现,与世界其他国家几乎同步。2005年4月15日正式上线的土豆网,2006年6月成立的优酷网,2006年7月17日正式上线的酷6网等都是我国目前较大型的视频分享网站,这些网站主要基于用户生产内容模式(User Generated Content,UGC),用户可以上传、观看、分享与下载视频短片,而这些"微视频"既可以是原创的,也可以是传统电视台制作播放的。目前视频播放网站的发展势头格外强劲,也开始引起了广告商的注意。

(2) 网络广播电视台的出现

网络电视台的前身是各级电视台的网站,而新兴的商业视频分享网站对受众市场份额的争夺则是促成网络电视台形成的重要原因。面对观众收视行为的变迁及网络视频播放网站的挑战,传统电视台开始加入网络视频播放业务的竞争中,网络电视台应运而生。其中,2009年12月28日开播的中国网络电视台(China Network Television,CNTV),标志着中国网络电视台的正式诞生。它依托中央电视台强大的资源优势,汇集了网络电视、IPTV、手机电视、移动传媒等各种媒体终端内容,打造了多语种频道,并通过部署全球镜像站点,覆盖了北美、欧洲、东南亚、非洲等近百个国家及地区的互联网用户。

除了CNTV外,2010年又有两家国家级网络电视台诞生。当年1月1日,由新华社主办的中国新华新闻电视网(CNC)正式上星开播,向亚太地区和欧洲部分地区播出。CNC依托新华社丰富的新闻资源,按照国际通行的电视网模式组织运营,力求突出新闻报道、突出电视元素、突出全球传播,向海外受众提供中国视角的国际新闻和国际视角的中国新闻。

2010年8月由中国国际广播电台开办的中国国际广播电视网络台(China International Broadcasting Network,CIBN),是我国第三家国家级网络广播电视台。它拥有61个传播语种,是一个全业务媒体形态和浓厚国际化特色的新媒体国际传播平台,以"向世界介绍中国、向中国介绍世界、向世界报道世界"为宗旨,向全球受众提供时事、政治、经济、文化、体育、旅游、社会和汉语教学等综合信息服务。2010年12月21日,CIBN获得了由广电总局颁发的互联网电视集成业务牌照和内容服务牌照。

与此同时,各省市电视台也正积极向网络电视台进军。目前我国广播电视媒体基本都建有自己的网站,据统计,全国上线运营的广电网站有349家,但目前大多数网站只有中文网站和普通话视频。上海文广新闻传媒集团于2009年7月16日抢在央视网之前测试回看式网络电视"上海网络电视台",并在CNTV之后获得执照。2009年年底逐渐形成了"北央视、南凤凰、东上广、西湖南"的格局。

2010年,网络电视台的发展加速,各省级卫视把广播也纳入网络电视台的领域。2010年7月中旬,安徽网络广播电视台正式启动,成为国内首个省级网络广播电视台。随后黑龙江、湖北、山西等省也获批成立网络广播电视台。这预示着国有电视台已经开始全面进军视听新媒体领域。

为了迎接激烈的竞争,部分城市电视台联合起来,共同进军网络。2011年1月8日,城市联合网络电视台成立(China United Television,CUTV),首批股东成员有14家城市电视台和5家平面媒体。目前,联合体成员至少已达42

家,CUTV旗下网络北起黑龙江、南至广东、西到新疆、东达上海,已覆盖全国22个省市自治区,近8亿用户。CUTV将"关注民生"作为自己的立台之本,通过台网互动,以社区、微博、UGC等社交媒体形态,将传统广电的媒体功能、品牌影响力及产业模式有效延伸到各种网络和新媒体终端。①

在国外,2007年3月,由美国国家广播环球公司(NBC Universal)和新闻集团旗下的福克斯广播公司(FOX)共同注册成立的Hulu,是较早涉足网络视频播放业务的美国网络电视播出机构。根据AC尼尔森的调查,Hulu仅仅在创办一个月之际就成为全美排名第十的视频网站,其视频观众的人数超过了美国所有电视台网站的独立访客人数。

三、整合:融合新闻的媒体资源共享

前两阶段的融合属于较浅层次的融合,而整合阶段,才能实现多媒体功能一体化,让不同类型的媒体共同实现资源互享,这一阶段出现的媒介融合现象,一般被称为"全媒体"或"融媒体"。

2000年,在美国出现的"坦帕新闻中心"是较早进行媒介融合试验并获得成功的典范。该中心将《坦帕论坛报》、坦帕湾在线(Tampa Bay Online)网站、WFLA-TV电视台等搬入同一座大楼办公,在人员、办公区域和运作机制相对独立的前提下,实行资源互享,尝试建立全媒体新闻中心。这种尝试也为媒介融合提供了一种可行的路径。

2006年11月2日,美国最大的报业集团甘奈特集团首席执行官克雷格·朴博(Craig Dubow)在一份备忘录中宣布,集团旗下的所有报纸都将设立"信息中心",全面取代已有的新闻编辑室,让原先的报纸读者能在任何时候、任何地方,通过他们喜欢的任何平台,接收新闻和信息。这一消息在美国报界引起了广泛关注。根据这一构想,甘奈特信息中心将原来的新闻编辑室分为7个功能部:数字部(以数据库为基础快速搜集新闻和信息)、公共服务部(媒介监督)、社区对话部(原评论专栏的延伸,帮助实现传—受交流和受—受交流)、本地新闻部、内容定制部(为小众市场定制专门信息)、数据部(发布生活类"有用"信息)以及多媒体内容制作部。据分析,甘奈特集团的这一改革主要有4个目的:一是进一步突出本地新闻和信息优先于全国和国际新闻信息的地位;二是发表更多由受众贡献的内容;三是每周7天、每天24小时不间断地跨平台更新和发布新闻与信息(报纸的作用从而下降、网站的作用因此上升);四

---

① 石长顺,柴巧霞.戏演荧屏里,心曲知万端——中国电视业十年发展评述[J].编辑之友,2012(1).

是在与受众的互动中进一步发挥他们的舆论监督作用。①

此外,美国的论坛公司和媒介综合集团也以自己所拥有的并且同在一个地区的报社、电视台和网站作为基础,构造了不同类型的全媒体平台,取得引人瞩目的成果。2007年,BBC也将广播新闻、网络新闻、电视新闻三大部门重组为多媒体新闻部和媒体节目部两个部门,实现全媒体运作。在澳大利亚、新加坡等国家,全媒体新闻中心也同样有所收获。

目前,我国媒体也在竞相开展全媒体试验。2006年3月《上海证券报》改版,将中国证券网和《上海证券报》全面融合,实行一个班子、一套架构,不设立重叠机构,并对报网统一业务生产流程,统一考核,这可能是我国报界最早的报网一体的尝试。

在国家级媒体方面,2009年4月24日,新华社社长办公会决定组建新华社多媒体中心,从而迈出了国家通讯社向多媒体业态发展的第一步。新华社将100多平方米的发稿区域划为多媒体中心办公区域,架设了24个多媒体工位,并与旁边的视频演播室联通,还设计了一套可以同一界面编发文字、图片、视频、音频、网络稿件的发稿系统。多媒体中心的编辑来自不同编辑部,以汶川地震一周年报道为多媒体融合的第一个"实验对象",尝试使用最新的传播技术,开发多媒体产品形态,不但完成了像"图话这一年"(集文字、图片、视频于一体的多媒体专题报道)、8集《汶川记忆》(照片、音乐加字幕制作的幻灯片)、4集《记者口述》(摄影记者讲述与图片结合进行视频展示)、"新华眼"(新闻地理化报道产品,将新华社报道通过三维地图整合,通过点击完成新闻浏览)等多种形态的新闻产品。此外,新华社还与黑龙江电视台联合进行了持续12小时的大型电视直播《重生》,并同时实现了手机电视直播。多媒体中心还与商业网站开心网合作开设了"寄语汶川·激励重建"专题,两天内就吸引了63万网民留言。新华社的多媒体报道获得了成功,于是新华社在2009年5月19日的社长办公会上决定,多媒体中心要尽快由"多媒体形态"向"多媒体业态"拓展,形成由投资、生产、运营和市场、客户组成的产业链,实现以科学发展观为指导的可持续发展。②

地方新闻媒体的资源整合成果也同样引人瞩目。2008年3月,烟台日报传媒集团成立全媒体新闻中心筹建小组,按照全媒体战略的实施计划,采用集团研发的全媒体数字复合出版系统,"从集团层面再造采编流程,并实现内容集

---

① 蔡雯."融合新闻":应用新闻学研究的新视野[J].淮海工学院学报(社会科学版).2012(1).
② 冯冰,袁震宇.迈出向多媒体业态拓展的第一步——新华社组建多媒体中心抢占信息时代制高点[J].中国记者,2009(6).

约化制作"的实验。2008年10月,杭州日报报业集团成立网络中心,继而在2009年3月,杭州日报网正式开通上线,一个编辑部同时运行两个终端,从此结束了《杭州日报》作为单一纸媒的历史。2009年6月11日,宁波日报报业集团数字报业技术平台项目通过了国家新闻出版总署科技与数字出版司组织的项目验收,专家们认为数字报业技术平台全面整合了集团下属各报的新闻资源,形成了具有多媒体传输手段和传播形式的全新报业内容加工及采编互动平台。同时该项目采用以内容为核心的先进理念和数字资产集中管理模式,支撑了集团复合型出版业务(报纸、数字报、网络、流媒体等)以及主体经营业务、内部管理业务、对外客户服务业务,实现了对数字内容管理、分销和增值的一体化运作。①

四、趋势:融合新闻的媒体视频转向

在上述媒体融合发展的三个阶段中,有一个明显的特征,即全媒体转型都有向视频拓展的趋势。美国《迈阿密先驱报》的资深专家查克·费德利(Fedeli)曾指出:"报业目前已进入发展困境,每一家报社都不得不为生存考虑,而视频新闻几乎是所有报社的唯一亮点。"②这可能因为视觉符号更适应人际传播的感官感受。

借用美国媒介理论家保罗·莱文森的"媒介进化论",可以理解视频传媒作为"最新的补救性媒介",遵从了媒介进化的人性化趋势,它以视听"终端统一"的新形态实现其自身媒介化的延伸。从世界传媒融合进程看,全媒体的转型似乎都绕不开视频。早在2004年,《华尔街日报》网站就推出视频平台,在网站的首页显示播出视频框,网民可以点击观看最新视频新闻。美国百年大报《华盛顿邮报》网站,也于2006年10月开始播放视频新闻,成为视频报道转型的先行者,并让视频从新闻"配料"变为"主菜";在形式上从定时收看向随时随地移动收看推送转向。

如今,在美国,几乎所有的报业网站都设有不同模式的视频新闻发布平台。即使是英国老牌报纸《每日电讯报》,也在2006年下半年踏上全媒体改革之路,并践行视频新闻传播模式。据美国新闻媒体(2015)报告:面对互联网资源共享的"全信息社会"发问,传媒业的核心竞争力在哪里?"报告"给出答案之一,便是转型视频报道。目前,视频流量占到全球移动数据流量的55%。因此,以脸书为首的社交媒体的重心也转向视频,2016年8月,脸书创始人宣布,脸书未来以视频发展为重点,并预言将来人们在网络上观看的绝大多数内容都是视

---

① 蔡雯.资源整合:媒介融合进程中的一道难题[J].新闻记者,2009(9).
② 郜书锴.全媒体记者:后报业时代的记者先锋[J].青年记者,2011(7).

频内容。总之，媒介融合是国际传媒业发展的一大趋势，作为一种历史现象，它的发展刚刚开始，未来将有更多的媒介融合形态产生。

第三节 媒体融合的中国实践

在竞争激烈的信息时代，全媒体被公认为报业等传媒转型的一条必由之路，而 iPad 等平板电脑新型终端的出现，也为报业的全媒体转型点燃了希望之光。在这一浪潮中，只有占领平台，完成全媒体的流程再造和产品再造，并实行统一的管理，才能真正实现向全媒体的战略转型。在数字媒介技术和信息多元化需求的双重合力下，媒体间原本泾渭分明的界限才真正逐渐被打破，媒介融合的趋势越演越烈。

一、全媒体理念践行

我国报业的全媒体转型最早可追溯到 2001 年，地处东北的《沈阳日报》率先尝试全媒体化运营。经过几年的发展，我国报业在全媒体运作方面取得了突破性进展。从世界媒体融合的进路看，我国媒体融合的实践与世界先进国家几乎同步。

2007 年 6 月，《广州日报》滚动新闻部成立，负责报纸与手机、网站等部门的联动发稿。同年《南方都市报》摄影部首次设置视频记者岗位，《新京报》和《京华时报》等的报社也相继推进视频记者岗位的专业化进程。次年的 7 月，随着国内首家全媒体采编系统在烟台日报传媒集团正式上线运营，记者的身份也悄然转型，记者不再局限于向某家媒体供稿，而是面向多个全媒体终端发布——纸质报、手机报、多媒体数字报、电子移动报、户外视屏等。2009 年 1 月，宁波日报报业集团全媒体新闻部正式成立，以全媒体数字平台为依托，以视频多媒体为主要报道方式，向全媒体转型，这标志着国内数字报业发展迈入新的历史阶段。

继而，中央和地方主流媒体均从外延向新媒体拓展，继新华社 2009 年组建多媒体中心后，中央三台相继开办网络广播电视台，发展视听新媒体，刷新了媒体竞争格局。

我国媒体融合发展真正具有里程碑意义的一年是 2014 年。当年 8 月 18 日，中共中央全面深化改革领导小组第四次会议审议通过了《关于推动传统媒体和新兴媒体融合发展的指导意见》，强调，要打造一批新型主流媒体；建成几家新型媒体集团，形成立体多样、融合发展的现代传播体系。

在中央顶层设计和统一部署下，我国各级传媒机构在建立报业集团及合并广播电视台的基础上,加快推进媒体深度融合。2019年1月25日,中央政治局第十二次集体学习,又聚焦"全媒体时代和媒体融合发展"的主题,强调要运用信息革命成果,推动媒体融合向纵深发展。

事实上,在我国媒体融合的实践中,南方报业集团在2009年就明确地提出了构建"南都全媒体集群"的理念,并成为我国首批向全媒体转型的媒体之一。那么,全媒体的内涵是什么?全媒体转型之路又该如何推进呢?

"全媒体",即指打通传统媒介界限,在数字介质上,构建全新的融文字、图片、音频、视频、动画等多种表现形式为一体的内容平台,并打破原有的刊发和播出平台,实现全天24小时滚动内容提供。[①] 全媒体理念的核心就在于:打破媒介之间的壁垒,实现不同媒体内容及渠道的融合,探索一种新的运营模式。

全媒体的"全"可以从三个维度进行理解:在传播载体形态上,可以简单概括为报纸、杂志、广播、电视、音像、出版、网络、电信、卫星通信等诸多传播形态和终端形式的总和;在传播内容上,则提供了涵盖视觉、听觉、触觉等人们接受信息的全部感官体验;在信息传输渠道上,它包括了传统的纸质、频率、局域网、国际互联网和移动互联网、Wi-Fi及其他类型的无线网际网络等。[②] 由此可见,全媒体是实现媒介融合的过渡阶段。

全媒体的理念是从西方引进的。在21世纪初,媒介生态环境剧变,报业发展受到了来自互联网、手机等移动通信业务的巨大冲击。美国媒体风暴公司总裁布莱恩·斯道姆(Brian Storm)认为,新一代报纸记者最重要的一点就是要学习收集声音,把声音和静态的画面结合起来,制作类似电视新闻一样的文件,这将成为一种趋势。他还认为文字说明起了消除歧义的作用,但声音的加入将把对照片的认知带到更高　层。同时,视频材料可以为文字新闻提供更多的视觉表达,视频新闻部分取代文字新闻将是必然趋势。[③]

在媒介生态日趋数字化的语境下,为了适应数字报业转型的需要,一些传媒集团纷纷成立多媒体中心,开始了全媒体报业的实验性探索。

记者将所采写、拍摄的更多文字、图像、声音等相关内容"链接"到网络上。有的记者均开设了新闻博客,把报纸上容不下、发不全的声像、图文资料全部传到网络版或记者博客上,真正做到了报网互相补充、互相联动。这样的操作方式,不仅使稿件变得短小精悍,而且在不减少新闻数量的基础上,使得报纸版数得以减少,降低了成本,在使新闻信息资源得到最大化开发利用的同时,

---

① 吴蔚.欧美报业危机下的"全媒体"生产链重构[J].南方传媒研究,2010(23).
② 张惠建."全媒体时代"的态势与路向[J].南方电视学刊,2009(2).
③ 郜书锴.视觉新闻,报纸突破新途径[N].中国新闻出版报,2008-3-26.

又适应了读者快节奏的阅读需求。

报业未来的目标无疑是全媒体,其基本思路应是记者采访的文字、图片、录像等新闻在第一时间通过移动终端抵达个人用户,随后在媒体网站上滚动发布事件的实时进展情况,然后是报纸、广电媒体上的全面报道,包括新闻事件的图文视频深度报道和分析。

二、全媒体战略转型

"传播技术决定论"者认为,媒介技术的变迁与社会文明变迁之间存在着同步关系,传播技术革命导致社会文明的发展,也加速推动着传统媒体向现代媒体转型。随着数字媒介技术的快速发展,网络广播、网络电视、网络报纸、IPTV、手机广播、手机电视、手机报、移动电视等各种新兴媒体纷纷涌现,令人眼花缭乱。传播学者麦克卢汉早在《地球村的战争与和平》(1968)这本书中就预言:不断兴起的新科技将会引起全球传播媒体的变革,进而导致对整个人类社会的巨大冲击,这一点已被实践证明。

(一) 广播电视媒体转变

媒介科技的发展大大影响了传播产业的结构,处于不断变化状态中的新媒体技术重构了传媒新秩序。传统的和新型的传播方式之间的区分标准正日益模糊,不同媒介之间的关联性和兼容性正日益加强。通过手机、电视、电脑接收广播电视已成为现实。通过电视机不但可以看电视,而且可以上网打电话、发短信、点播音视频、传输数据、遥控家电等。传统的广播电视已借助于数字媒介技术的发展,衍生出众多的新兴媒体形态,使传统广播电视媒介得以延伸转变。

1. 广播电视形态发生转变

广播电视借助数字媒体技术的发展,形成了许多视听新媒体形态,包括网络广播电视媒体、IPTV、手机广播电视等。

网络广播电视媒体,反映了广电媒介的体态转变。它是将个人电脑及手持设备作为显示终端,通过计算机接入宽带网络,实现数字电视、时移电视、互动电视等服务。网络电视的出现给人们带来了一种全新的电视观看方法,它改变了以往被动的电视观看模式,实现了电视以网络为基础按需观看、随时观看,随看随停的便捷方式。

2009年12月28日,"中国网络电视台"(CNTV)正式开播,标志着网络电视作为一种新兴的媒体正式诞生。其后的2010年7月,安徽网络广播电视台正式启动,这是我国省级电视台获得开办网络电视台的"首张绿卡"。随后,诸多省级、市级网络广播电视台陆续开播。

网络广播电视台作为国有的新兴广播电视播出机构,是以视听互动为核心、融网络特色与广播电视特色于一体的全球化、多终端的网络音视频公共服务平台。它发挥了广播电视平台和网络平台的双平台优势,以"参与式"新媒体体验为产品理念,在对传统广播电视节目资源再生产、再加工以及碎片化处理的同时,着力打造网络广播电视原创品牌节目,让网友在轻松体验高品质视听服务的同时,更多地参与到网络互动中来。

IPTV 媒体,反映了广电传播平台的转变。IPTV 是指通过可控、可管、安全传送并具有质量保证的无线或有线 IP 网络,集互联网、多媒体、通信等多种技术于一体,以家用电视机、PC 计算机作为主要接收终端,提供包含音视频、文本、图形和数据等业务在内的多种交互式服务的数字媒介新形态。

从全球范围来看,国外 IPTV 产业于 2003 年前萌生起步,到 2006 年后快速发展,欧洲和亚洲在市场发展中起到引领作用。尽管由于政策等因素的限制,影响到 IPTV 快速发展,但随着三网融合的实质性推进,IPTV 一定会有一个飞跃。如由中央人民广播电台央广新媒体公司(网络中心)承建的中央银河互联网电视集成运营平台已正式通过国家广电总局专家组验收,加上此前批复的 CNTV、SMG、华数、南方传媒、湖南广电和中国国际广播电台,互联网电视已颁发了 7 张牌照。

IPTV 以电信固网和数字电视运营为主,将互联网与广播电视融为一体,拓展了传统广播电视的传播渠道,使电视媒体成为主打视频业务的内容提供商,并逐步向互动、游戏等混合战略迈进。与此同时,用户可以利用宽带网络获得大量的点播电视资源,这为广播电视制播分离后的内容产业发展提供了广阔的空间。

手机电视,是数字广播业务和移动蜂窝业务结合的新型业务,即实现两种业务类型在不同工作环境下的无缝链接。手机电视,反映了广电收视环境的转变。其业务目前有两种实现方式:一是通信方式,即利用移动通信技术,通过无线通信网(如 3G)向手机提供点对点多媒体服务,由电信业主导;二是广播方式,即利用数字广播电视技术向手机等各种小屏幕终端提供广播电视节目,由广电系统主导,在中国被称作中国移动多媒体广播(China Mobile Multimedia Broadcasting,CMMB)。

为了更好地运营 CMMB,国家广电总局于 2005 年 6 月成立了中广卫星移动广播有限公司(2009 年 6 月更名为"中广传播集团有限公司",简称"中广传播"),负责全国建网以及终端采集和推广。目前,全国城区覆盖率已达 90% 以上。2010 年 3 月 22 日,中广传播又与中国移动共同宣布,双方联合打造的 TD+CMMB 手机电视业务在全国正式商用,从而开启了"三网融合"的新业态、新实践。手机用户从此可以同步收看到 CCTV-1、CCTV-新闻、CCTV-5

的电视节目以及睛彩电影、睛彩天下和两套地方节目。这标志着一张由全国广电系统和中国移动共同参与打造的中国移动多媒体广播电视网基本成型。与此相对应,浙江手机电视台、中国手机电视台、山东手机台在2011年陆续上线,以不同的运作模式大力推进着"三网融合"的实践步伐。

中国移动多媒体广播CMMB和手机电视台,使看电视的空间无限拓展,实现了无缝对接。电视观看的环境也一再突破,对传统广播电视的运作方式提出了严峻的挑战。在某种程度上,新媒介推动我们改变故有的思维,不再以传统的方式面对电视。在新媒介环境下,"我们不是住在一个地球村上,而是住在一个全球性生产、地区性分配、顾客取向的小屋中"①。这个"小屋",或许是电梯口,或许是广场公共空间,它都会伴随着不同型态的移动电视、楼宇电视和大屏电视等新媒体。这些对于长期处于家庭收看电视的人来说,意味着传统收视习惯的终结,也使媒体文本的消费与产制关系发生改变。面对上述广播电视的转型,广播电视内容的生产者必须改变过去的思维,以创新的精神构建出一个公共传播的新秩序。

以往人们曾经将报刊、广播、电视等几种传统媒体泾渭分明地进行划分,但随着"三网融合"(互联网、电信网和广播电视网)的推进,要实现任何人、任何时间、任何场所,都能安全、便捷、高效地获取丰富的、个性化的信息服务,仅靠过去单一媒体的工作流程已不再适应一个数字化的融合新时代。现代化的数字压缩技术使网络传输系统兼容了传统媒体传播手段,超强的加载能力使新旧媒体之间的融合创造出未来广电传媒发展的主要业态:全媒体互动电视、直播交互融合数字电视、互联网与数字电视融合业务、通信网与数字电视融合业务、新业态数字电视业务、物联网与数字电视融合业务等。

媒介融合改变了我们的工作和生活方式,新闻业界也从单一媒体报道向多媒体报道跨越式转型。"三网融合"下的广播电视新业态,更是给我们的生活带来了全媒体的新体验,如时移节目、家庭结算、新闻定制、电视短信、实时路况、电视邮箱、电视门户、投票调查、信息检索、视频会议、远程教育、家庭保健、影视分享、电视秒杀、智能家庭等。在这些眼花缭乱的功能服务中,有些是传统媒体内容的延伸和方式的转变。在这里,广播电视与手机、计算机终端不再必须归属某一个网络,而是一个共享的终端。用户从手机、电视、电脑上看电视,点播、下载节目也变得唾手可得。但随之而来的是,通过有线再发送的"节目分享"行为超越了广播电视版权机制,与知识产权领域可能发生冲突。如何将知识产权法扩展应用到新的技术领域,让知识和文化既被收视者利用,又遵从制度化的规

---

① 彭芸.汇流时代的电视产业及观众[M].台北:五南图书出版股份有限公司,2004:6.

约,这在传播信息的全球应用和知识产权的全球拓展中需要认真研究。

2. 广播电视环境发生改变

建构在技术层面上的媒介文化,将会随着媒体的变革与发展产生质的变化,从而形成一定的差异,这种差异性使得文化转换成为必要,而媒介文化的相通性又使得不同媒介间的文化转换成为可能。一方面,在传统公共广播电视媒体上,实行的是国有或公有性的媒介体制。在价值取向上是对商业化、利润化的反叛,是一种以尊重和保护公众利益为诉求,以关注和解决社会问题为原则,以承担和履行社会责任为理念的公共媒体。另一方面,新媒体技术使"人人都是记者",让每个公民都可实名注册开设一个"我的频道"成为可能,从而导致广播电视由公共媒体向市民媒体转型,相应产生一系列的媒介语境的改变。

(1) 视听环境改变:从客厅文化向移动文化转移

广播电视嵌入新媒体技术和消费之中后,使之既成为家庭文化,也成为社会文化,既是私人文化也是公众文化的一部分。我们要寻找到一种研究取向,将广播电视的本质定义为是一种家庭的媒介,既在一家一户的语境下理解广播电视,也在社会公共空间等更加广阔的语境下理解手机广播电视等移动媒体。研究思路的转变使我们把广播电视置于日常生活的家庭与公共领域交织而成的网络中进行观察。

广播电视的出现,从时间上印证了所有受众都已成为同步"时区"或者家庭共同体中的一分子,即全国家庭都是一个"想象的共同体"。这样的共同体是用一些特殊的话语构建而成的,广播电视在这个过程中起到了关键性的作用。广播电视技术使人们不仅有"时间的认同感",而且有"空间的认同感";不仅唤醒了共同的记忆,而且也唤醒了"相遇的体验及团结之情"。因此,家庭不再是一个抽象的概念,而是一种生动的体验。[①] 很多人接触广播电视新闻是因为他们把新闻看作是与外面世界联系的方式或是生活中的一种固定方式,受众关注新闻了一种仪式和习惯,从而维持一种安全感。在莫利(Morley)看来,这样的共同仪式,其重要性至少与广播电视的资讯内容同等重要。

然而,对受众来说,媒体吸引力的大小主要取决于内容的吸引力和形式的吸引力。在这两个方面,新兴媒体对于传统媒体来说都具有一定的优势,它迎合了紧跟时代潮流的年轻受众群。

手机广播电视和车载移动电视新兴媒体,在节目内容、表现形式和收视环境等方面都与传统媒体不同。为适应屏幕小、移动收视的特点,手机电视移动短节目适时推出,使移动状态中的人们享受到长度不超过 5 分钟的独特电视

---

① 戴维·莫利.电视、受众与文化研究[M].史安斌,译.北京:新华出版社,2005:315.

节目，其最突出的特点就是移动收视，它改变了受众的消费环境和形式，从客厅转向了无处不在的移动空间。如果说传统广播电视接收方式束缚了人的活动自由，那么只有手机等移动新媒体才彻底让人们得到解放。手机电视的移动观赏心态直接影响到节目制作形态，其快捷性、短暂性、偶然性和强迫性的特征，使之成为一种"短、频、快"的"快餐"文化，这种移动性收看消减了传统电视的客厅休闲性，使之走向崩溃。

面对新媒体时代，一切都在被异化着，传统的媒介文化被新技术赋予了新的解释。手机广播电视的出现，将会很快地突破纯技术范围，导致新媒介文化的产生。移动媒体消费内容上的创新和消费形式上的改变显示了新兴媒体的独特魅力，足以构成对传统媒介某种先天不足的功能的补偿。正是经由这种"流散仪式"定期地统合，充分地利用了受众的零星时间，它所追求的是室内电视不具备的"伴随性"，破坏了传统电视"三大主义"功能，即客厅集体主义将电视和家具融为一体，卧室享乐主义将电视完全个人化，角落自由主义不让电视成为主宰生活的羁绊。①

（2）视听关系改变：从看电视向使用电视转型

"三网融合"给人们带来最大的变化是，从过去的"看电视"变成"用电视"，家庭的电视机已经变成了一个信息终端、多媒体终端，在家庭里可以便捷地享受到各种服务，如互动点播、节目回看、家庭娱乐、金融服务、社保查询、医疗服务和企业服务等。从目前有线数字电视的运营情况看，电视"节目回看"功能已实现：昨天电视今天看，多天电视集中看，精彩节目点着看，快进快退随心看，7天节目现在看。

"看电视"的基本含义是"你播我看"，这是传统模拟电视条件下的收看方式，而互动电视颠覆了传统电视收看的方式，全面实现了"我点你播""即点即播"，满足了用户不同时间、不同兴趣收看的需求。用户也从以前模拟电视时代的被动接收者，变成个性化收看的使用者。

传统广播电视媒体的内容生产严格按照线性思维进行编排播出，受众接收节目也必须严格按照节目播出时间进行。而转型之后的广播电视媒体，改变了原有的节目生产和播出流程。在节目内容生成方面，它将采取"融合编辑室"模式，把不同媒介的内容产品整合到一个技术平台上去策划、组织和生产，然后多渠道传播。这种编辑模式，被称为"中央厨房"生产模式。与之相呼应，转型后的电视媒体，节目播出时间表或将不复存在，取而代之的是一个"内容菜单"，用户主要通过点播、录制、时移、回看等形式，满足自己的个性化需求。新一代"智能

---

① 蔡贻象.移动电视的文化忧虑[J].电影艺术，2005(4).

电视"的推出,更使每个用户享受到空前自主而丰富多彩的收视体验。

新媒体最大的特点是互动,或者说是"任何人对任何人传播的媒体"。数量巨大的公民群体,在转型后的广播电视新媒体互动平台上,更容易营造公共话语空间。随着人们对新一代电视全功能"家庭信息服务平台"的使用,人们原来的社会生活模式也发生了转型,用户减少了在现实社会中的交往,却增加了在网络化媒体平台上的虚拟交往。当社交化传播逐渐形成时,由新一代媒体主导的话语极有可能成为一种市民话语的体现。它在表达方式和叙述结构中实现了话语权的下移——由文化精英到普通大众,彰显了市民媒体的大众价值取向和草根情节。这种取向的媒体将对普通百姓的现实生活给予极大的关注,让用户真切地感受到媒体对自身的"依赖"和自己对媒体的"话语主导权"。

(3) 视听内容改变:从采集信息向筛选信息转变

当新媒体的变革到来之时,海量的信息将对公共信息造成淹没性的覆盖。在媒体资源相对贫乏、媒介主体垄断话语权的时代,人们只能被动地接受信息,别无选择。但在新媒体时代,我们最不缺少的恰恰是信息。新媒体提供了多元化的传播渠道和传播载体,媒介新技术使得新兴媒体传播活动的门槛大为降低,各种信息与内容呈爆炸性增长。信息的极度膨胀,极有可能导致信息的泛滥和公众注意力的分散,无法实现有效的公共议程设置。人们缺少公共话题,社会与文化的樊篱将被重新划分,公共领域出现衰落的迹象,这种"衰落"正是"信息化"过程的分裂所造成的。为了有效防止这种"碎片化"的蔓延,必须强化新兴媒体的公共传播。同时,这也对媒体专业者提出了挑战,即媒体角色的转换,如何从信息采集者向信息筛选者转变?

思想家爱德华·德·波诺(Edward De Bono)1999年曾预言,在未来的几十年内将会出现包括信息筛选在内的新专业者,如整理者、摘要者、调查者。他说:"每个用户将所有他们想要的信息进行分类已不再成为可能。"这样发展的后果是,有些记者的基本职责会从信息搜集过渡到信息加工,未来的记者会花更多时间在编辑和集合这些消息上,而不是收集信息上。①

在媒介融合时代,新闻资讯的"雪崩"越来越需要记者对信息进行筛选分类。记者面对"注意力短缺"的受众,必须知道如何合理分配资源,这样,记者的工作也由搜集信息转为处理信息、编辑信息。随着在线新闻传播的加入,广播电视记者工作的黄金时间也变为全天候的上班时间。这样一来,如何使用搜索引擎来寻找新闻线索,如何运用新闻专业知识来判断新闻的真实性,如何

---

① Stephen Quinn, Vincent Filak. Convergent Journalism: An Introduction[M]. Amsterdam: Elsevier Inc, 2005: 210.

对大量的信息进行有效的分类就成为一个新话题。为此,未来新闻工作者需要适应广泛的技术,掌握准确的传播技巧。

未来主义者艾斯特·戴森(Esther Dyson)曾说过,数字技术很可能代表着一切皆可知。宽带把包罗万象的资源放到了我们触手可及的地方,挑战将来自于如何筛选我们需要知道的,如何忽略我们不想知道的人和事,以及如何发现最优信息源。她说:"真正的挑战在于过滤而不是寻找。"在网络时代,网络资讯的筛选不仅仅局限于在线报道和链接,它已成为传统媒体的重要信息来源,甚至是广播电视评论话题筛选的来源。互联网已成为舆论与话题的集散地和风向标,而广播电视拥有网络所不具备的权威性与深度,因此,关注网络上的热点话题,并进行深度解读,就成为电视栏目创新的热点。如中央电视台《新闻1+1》栏目就非常重视追踪网络热点话题,把一个个网络议题上升为公共议题,实现网络议题与公共议题的对接,并利用央视独有的评论力量对网络话题进行独到而有深度的解读。

互联网时代的新闻是以问题而不是数据作为开头的,一般是问题先行,后有数据。在强大的数据库面前,未来的记者编辑既是使用者,又是建构者,而最大的挑战还是如何实现从信息提供者到信息筛选者的变化。

(二)报业的全媒体转型

全媒体转型的关键在于媒体战略的转型,我国以南都报业和杭州日报集团为代表,探索出了较为成功的路径。南都报业在新一轮的全媒体转型中,制定了发展战略目标:"在确保传统报刊行业龙头地位的同时,优先做好跨媒体融合,力图实现全媒体生产能力、全介质传播能力的跃升,最终构建起'南都全媒体集群',真正实现'南都无处不在的全媒体生产能力。"为了达到这一目标,该报业在坚持报刊主业的同时,通过合作、自建、兼并等方式,构建起了以奥一网为枢纽的联通网络、广电、无线、移动、户外文字、音视频融合的数字业务主平台,并从三个层面逐步推进报业的多元化战略。

一是跨区域办报。2003年以来,南都报业从省内省外两方面着力突破我国报业"一城数报"鼎立的区域分隔型产业布局。在省际跨区域扩展方面,早在2003年,便与光明日报报业集团联合创办《新京报》,2007年又与云南出版集团合办并控股《云南信息报》,2010年年初为上海《新闻晚报》提供改版服务,同年6月又开始为贵州《黔中早报》提供改版顾问服务。在省内跨区域扩展方面,2006年与肇庆市委合办《西江日报》,之后又实行"省版+大珠三角城市读本模式",即"2+6(珠三角城市日报群)+2(港澳)"的模式,与其母报《南方日报》一起联合进军珠江三角洲地区。跨区域办报的战略,强化了《南方都市报》总部的核心竞争力,提升了该报的品牌,使该报在内容生产理念及能力、运营管理模式方面均取得了领先优势。①

二是跨行业拓展。除了立足报业之外,南方报业还积极探索跨行业运营。早在2001年创办《21世纪经济报道》之时,就与上海复星集团展开战略合作,实行管理层持股制度。此后,南方报业还成立了户外新媒体公司,重点拓展户外LED电视项目,并策划大型的活动和论坛,如金枕头、博鳌房地产、小橘灯等大型论坛,通过多方面拓展,实现了跨行业运营。

三是跨媒体融合。实现跨媒体融合是南都报业全媒体战略的重要举措,2009年,南都报业与广东电台新闻台合作创办"南都视点·直播广东"栏目,每天播出半小时节目,同年12月,又与潮声卫视合拍《商帮之旅》。此后,该报还与珠三角各城市电台、电视台,开展从栏目到频道的整体性合作,真正实现了报纸、广播和电视三大媒体类型的融合。

在与新媒体的融合方面,南都报业入股凯迪网,探索网络言论价值产品化的路径。与此同时,南都报业与电信部门进行合作,由奥一网发布覆盖早、中、晚三个时段的南都手机报。此外,还开发了针对iPhone等多款智能手机的手机阅读器客户端,实现手机上网阅读功能,并在奥一网与手机阅读器上共同开通南方微博。南方报业还与深圳一家公司进行合作,开发手持阅读器项目,尝试向其他类型的手持终端进行业务拓展。

在报业的跨媒体布局转型方面,杭州日报集团同样进行了前瞻性的探索。该报业集团社长李建国曾说:"无线移动终端,是未来媒体必争之地,报业不能轻易放弃。"②作为一家地方性报纸,《杭州日报》自2006年起就开始了"1+6"的跨媒体布局:报刊主业+广播、电视、移动媒体、户外媒体、互联网、数字媒体。这一布局模式,基本涵盖了现代传媒目前所有的形态。

除作为主业的报纸坚持差异化发展思路外,在广播业务方面,该集团旗下《都市快报》与杭州交通经济广播《交通91.8》共同投资组建都快交通91.8传媒公司。在电视业务方面,2008年开始参股华数数字电视集团,在此基础上,《都市快报》还组建了视听中心,独立制作电视节目"快报时间",并通过华数零频道播出。2010年与杭州市文广集团组建楼市传媒公司,运营66房产电视频道。在移动媒体业务方面,除了与各类通信运营商合作推出手机报之外,该集团还积极开发手机阅读和电子书阅读产品。2010年10月,该集团与汉王合作,旗下6张报纸成功登陆汉王书城,此外,《都市快报》还面向iPhone推出客

---

① 郭全中.转型背景下南方报业多元化发展实践[J].中国报业,2011(9).
② 任琦,章宏法.看传统报业玩转新媒体——访杭州日报业集团党委书记、社长李建国[J].新闻实践,2011(11).

户端。在户外媒体业务方面,该集团推出了城市电视、阅报栏等电子屏类产品,组建了900个由LED构成的阅报栏,目前正进行第二代改造,并将要添加视频信息。杭州日报集团的全媒体战略思路可以归纳为"先进入,全尝试"的模式,这种模式也带了初步的效益。

(三)移动化、视频化的发展趋向

目前,媒体融合重点向两个方面发展:一是移动化,二是视频化。我们先看中央电视台新媒体示意图(图2-3)。

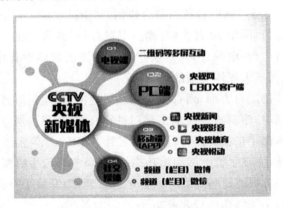

图2-3　中央电视台新媒体示意图

图2-4　"央视新闻+"部分栏目图

中央电视台已构建出"一云多屏"四大平台体系:包括桌面互联网、宽带互联网、社交媒体网和移动互联网。其中,移动互联网涵盖手机央视网、央视影音客户端、央视新闻客户端、公共视频传播平台和4G视频集成播控平台。目前,"央视新闻移动网"自2017年2月上线以来,除通过图标点播、新闻直播和"精选"央视新闻外,还汇集了全国省、市、县三级广播电视系统入驻"矩阵号"(见图2-4)。从而实现了任何人在任何时间、任何场所,都能便捷、高效地获取新闻信息服务,进而重塑现代传播体系。

关于视频化发展,目前几乎所有媒体都在向视频拓展。新华社从2009年到2011年,已建成"四台"业务格局,包括:手机电视台、新华网络电视台和直属卫星台等(见图2-5)。

图2-5 新华网络电视台揭牌

《人民日报》也于2010年5月18日创办了"人民电视"(见图2-6),这标志着以中央机关报为代表的纸媒也开始触及网络电视媒体。

图2-6 人民电视图标

而以电视传播见长的中央电视台,也在视频化的发展中,率先于2009年创办了"中国网络电视台",建构了基于移动视频传播的平台。近年来,短视频呈井喷式爆发,包括土豆网、优酷网等视频网的诞生,这些"微视频"既可以是原创的,也可以是传统电视台制作播放的。而近来风靡全国的抖音平台,自2018年4月与收购了北美音乐短视频社交平台Musical.ly的"今日头条"合并后,其社会影响力日渐增大。很多官方媒体都进驻了抖音,如中央电视台、《人民日报》等。特别是在该平台播发一些社会热点事件以后,其媒体属性开始显现,甚至有人预测,"抖音会成为世界上最大的电视平台。"著名电视人孙玉胜在中国网络媒体论坛(2018)上发言说:媒介发展到视听阶段,视频是传播的最高形态,一百多年来没有改变,未来也不会改变。改变的只是渠道、终端和呈现方式。

一些传统主流电视台,如湖南广电打造的芒果 TV 模式(见图 2-7),依托其上游优势内容产业链,进入视频主阵地发展,成效显著。

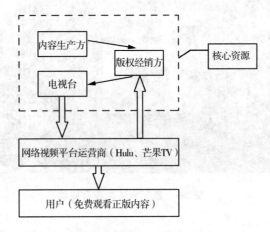

图 2-7 芒果 TV 模式

上海广电"SMG 智造"互联网电视模式,则与芒果 TV 模式相反,是向下游延伸产业链,打造面向"走出去"的互联网电视运营模式,将多种渠道入口融合到"百视 TV",实现"一次生产,多屏分发",以此培养规模化的互联网电视用户群(见图 2-8)。

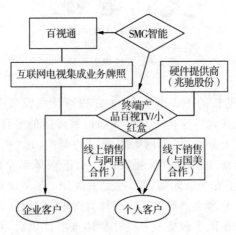

图 2-8 百视 TV 模式

三、全媒体融合推进

（一）全媒体纵向发展

推动传媒纵深融合，是现代传播体系建构的必然趋势。2019年1月，国家正式发布《县级融媒体中心建设规范》。在不到半年时间内，中央密集部署融媒体中心建设工作，这意味着，我国媒体融合已从省级以上媒体延伸到基层媒体，正在打通融媒体建设"最后一公里"。

省级以上媒体融合从新组建的中央广播电视总台揭牌开始，我国媒体融合拉开了纵深融合发展的序幕（见图2-9）。

图2-9　中央广播电视总台由原中央"三台"合并而成
从左至右分别为中央电视台、中央人民广播电台和中国国际广播电台

由此，初步形成了中央级三大旗舰媒体，标志着我国新型媒体集团已见雏形（见图2-10）。

图2-10　国家三大旗舰媒体：从左至右依次为人民日报社、新华社、中央广播电视总台

继而，县级融媒体中心建设在全国相继展开。按照中宣部在浙江长兴县

县级融媒体中心(见图 2-11)建设现场推进会上的决定:2018 年我国先行启动 600 个县级融媒体中心建设,以实现全国全覆盖。从而实现媒介地理学上的空间扩张,从中央媒体到地方媒体增强新型主流媒体抵达受众用户的地域感,完成全媒体、融媒体引导群众、服务群众的使命。

图 2-11　浙江长兴县融媒体中心

全媒体不断发展,出现了全程媒体、全息媒体、全员媒体、全效媒体 。这是对全媒体的精辟概括,又是对未来媒体融合发展的深刻阐释。

全程媒体,即是无时不在的传播。在现代传媒体系中,能克服传统纸媒报道的时间局限,弥补广播视觉传播的短板,突破电视节目时段的限制,并借助"中央厨房"新闻采编发流程的再造,全程追踪新闻事件连续传播,真正掌握舆论引导主权,提高新型主流媒体的公信力。

全息媒体,即是无处不在的传播。特别是在新兴媒体迅速发展的背景下,越来越多的用户通过移动终端获取信息,年轻一代更是将移动互联网作为获取信息的主要途径。融媒体建设只有加强传播手段和话语方式的创新,打通移动端和客户端,实现同步推送,实时共享,才能不断拓展传播渠道,建立传播矩阵,提升融合传播力,触达更广泛的用户群体,从而扩大主流价值影响力版图。据《2018 中国媒体融合传播指数报告》显示:2018 年,我国报纸、广播、电视传播矩阵覆盖率高,除广播频率在微博、聚合新闻客户端的入驻率较低之外,报纸、广播、电视的网站、自建客户端等自有平台的覆盖率超过 90%,报纸、电视台在微博、微信、聚合新闻客户端等第三方平台的入驻率都超过 90%。通过自建平台、入驻第三方平台,媒体拓展了传播渠道,扩大了舆论阵地,使主流价值借助互联网、移动互联网扩展到更加广阔的空间(见表2-1)。

表2-1 2018年报纸、广播、电视传播矩阵覆盖率表

	网站	微博	微信	聚合新闻客户端	聚合音频客户端	聚合视频客户端	自建客户端
报纸 ($N=284$)	69.8%	93.3%	98.2%	95.4%	未监测	未监测	90.8%
广播频率 ($N=298$)	97%	67.8%	80.5%	56.04%	98.99%	未监测	95.6%
电视台 ($N=34$)	97.1%	97.1%	100%	100%	未监测	97.1%	97.1%

说明：$N=284$、$N=298$、$N=34$，分别是对全国284份中央、省级、省会城市及计划单列市的主要报纸，298个中央及省级广播频率，34家中央及省级电视台的融合传播情况进行了考察。

全员媒体，即是无人不用的传播。全员媒体时代，人人都可能利用智能手机发布信息、交流传播，形成传播主体多元化。它一方面由于全员媒体的强大制造和流动能力，使得整个社会被庞杂的信息所笼罩；另一方面由于传媒生产方式的改变，使得智能信息采集、筛选和编发程序对传媒再造变得更为迫切。

全效媒体，即是无所不及的传播。媒体融合时代，可以利用融合平台大数据分析，清晰地描绘用户画像，做到更有针对性、更为精准和更有效率的全效传播。特别是在由5G带来的移动互联网和物联网时代，万物互联、万物皆媒。所有连接的节点，不论是人或物都可能成为一个释放信息并分享信息的中介媒体。传统意义的媒体无限扩大了，不仅是传播传统意义的新闻、娱乐等信息的业务功能型载体，还是传播数据、通过连接提供服务的融合服务型载体。大数据、人工智能将赋能这种全媒体传播，通过任意媒介到达需要到达的任意节点，实现效果最大化。①

媒体融合时代正催发一场前所未有的传媒变革，特别是随着5G+4K技术的应用，将为媒体融合插上更为快速和优质发展的翅膀。

(二) 全媒体平台再造

在信息时代，谁占领平台，谁就将掌握未来的整个市场，腾讯、阿里巴巴、苹果等企业的成功充分说明了这一点。而南方报业和杭州报业的全媒体转型

---

① 胡正荣.5G时代传播发生巨大变化，哪些是颠覆性的[EB/OL].(2019-06-04)[2020-05-04].http://www.sohu.com./a/318389534_570245.

也证实,全媒体的战略取向应该采取"媒体+平台"的模式。

所谓的平台模式,是以对传统产业造成颠覆性破坏和整体重构来获得发展的,如维基百科对传统百科全书产业的颠覆。全媒体时代的平台建设,不应局限于媒介范围内,而应在三网融合的背景下,采取"基础平台+应用平台"的模式。

基础平台建设,以架构基础网络,提供基础产品和服务,但不直接向最终用户提供产品和服务的建设为主。而应用平台建设,依托基础平台,通过内生与产业生态中的伙伴合作,搭建各种功能或专业性的平台,开发应用服务产品,通过最终产品和服务与用户连接。①

应用平台又可分成两级:第一级应用平台,以内容平台为主,并在此基础上拓展起内容平台、支付平台、商务平台和信息平台等可提供多项服务的多元化平台;第二级应用平台,则以商务平台为基础,在此基础上发展起涵盖媒体平台、经营平台和广告平台的多元化平台。

南方报业采取的就是从内容平台建设入手的第一级应用平台,搭建了一个由"内容平台+中央数据库+以奥一网为入口的有线及无线移动互联网"共同构成的全媒体网络,并在此基础上进行内容生产。

内容平台的搭建是全媒体网络的重点,采用全媒体技术平台以后,可以实现一个产品多个出口,一次采集多渠道发布。多媒体中心旗下的各类媒体,如电视台、报纸、杂志、网络等,都可以使用由统一的内容平台所生产的媒介产品及服务。

中央数据库是内容平台实现交互的核心,它包括了内容、用户、商户数据库及各种应用平台数据库的整合。其中线索库是网络化的、实时动态的报料平台;原创库则将信息采集和媒介剥离,使素材信息实现条理化、结构化、智能化;中央库,即待编稿库,形成分类存储的初加工内容产品;应用库,即集成平台,编辑可按用户需求和信息接收端指标,对内容产品分类加工。

"全媒体数字采编发布系统"则是整个全媒体网络运行的基石,它包括个人平台、待编稿库、资料中心等9个功能模块,容纳了待编稿库、历史资料库和成品库三个数据库,实现了用户管理、内容管理、线索管理、选题管理、任务管理和数据库管理的统一。②

然后,在已经搭建的内容平台层面,通过提供一种支撑环境,建立起较为

---

① 曹轲,庄慎之,陈雨.南都全媒体集群构想[J].青年记者,2010(19).
② 蔡雯,刘国良.纸媒转型与全媒体流程再造——以烟台日报传媒集团创建全媒体数字平台为例[J].今传媒,2009(5).

完善的市场运作、合作及利益分配机制,为全媒体中心的良性运作提供外部性保障。与此同时,还要构筑一个多接口的、数字化的开放性平台,让社会上的内容生产组织主动吸附到本平台上,并通过相互合作,掌控更多来自各类终端的信息源,完善中央数据库和应用平台网络,实现产业链的延长。

目前一些下载量大的媒体客户端都开发了内容聚合功能,如《人民日报》客户端2018年6月开通了人民号,首批申请入驻的机构和个人超过3万家;《南方日报》客户端南方+推出南方号,截至2018年年底入住数量超过5000家。一些省级媒体客户端向市、县延伸,汇聚县级融媒体中心,如湖南日报社在浏阳成立县级融媒体中心,新湖南客户端推出浏阳频道等。

第二级应用平台的建构主要利用有影响力的第三方平台。据《媒体抖音元年:2018发展研究报告》显示,2018年在抖音上经过认证的媒体账号超过1340个,累计发布短视频超过15万条,累计播放次数超过775.6亿。截至2019年2月初,《人民日报》抖音账号的粉丝量超过1000万,央视新闻、浙江卫视、人民网、中国网直播在抖音平台上的粉丝量都超过500万。[①] 主流媒体积极推动党的声音直接进入各类用户终端,让党的声音传得更开、更广、更深入。

(三)全媒体流程再造

全媒体流程再造可以概括为:实现"前端全媒体采集,后端流媒体制作,终端互动式体验"。以国内较早成立的烟台日报全媒体新闻中心为例,2008年3月,烟台日报传媒集团组建全媒体新闻中心后,在其创建的"全媒体数字采编发布系统"这个统一的内容平台上,集团记者围绕某一新闻事件,采集包括文字、图片、音频和视频等相关素材,并将素材录入全媒体数据库,随后将这些素材二次编辑和加工,然后由各媒体各取所需,并通过深加工生产出各种形态的终端新闻产品。烟台日报传媒集团通过不同的传播渠道发布,初步实现了一次采集、动态整合、多个渠道、多次发布的数字化传播流程。

烟台日报传媒集团的全媒体新闻中心由三个部分组成,相当于集团内部的通讯社:总编室负责总体指挥及协调各子媒体的运作;采访部门负责日常采访工作;数据信息部负责稿件标引、背景资料搜集、针对大事件的前期资料整理以及视音频素材的编辑整理。

在全媒体流程再造过程中,全媒体组织再造是关键一环。全媒体中心可设置中央编辑部(包括总编室、采集室、数据库部、数据挖掘部等)和运营部两个大的部门。在办公方面,目前较为常见的是建立同心圆式的办公室,如烟台日报传媒集团就创办了一个虚拟组织——YMG特别工场,一旦有突发或重大

---

① 人民网研究院。2018中国媒体融合传播指数报告[R],人民网-传媒频道,2019-03-26。

新闻事件发生,由全媒体新闻中心牵头,其他各媒体临时抽调人员组成。① 关于全媒体流程再造过程,我们将在第七章详细介绍。

全媒体产品流程再造也是全媒体运作中的重要环节。经过全媒体化运作,南都报业的全媒体资源实现了如下转变:重点要闻与奥一网、南都网、南都手机报等实现有效链接。"南方周末时事60分"与南方电视台初步达成共建意向。受众可通过手机(下游,即时阅读)、网站(中游,中度阅读)、报纸(上游,深度阅读)三种方式实现三层阅读。

---

① 蔡雯,刘国良.纸媒转型与全媒体流程再造——以烟台日报传媒集团创建全媒体数字平台为例[J].今传媒,2009(5).

第三章　融合新闻的报道主体

融合新闻学报道的一个基本要求是，记者、编辑作为融合新闻报道的主体，必须具备在不同传媒平台上以不同的方式进行新闻报道的能力。对那些在整个职业生涯中习惯以一种方式报道的新闻工作者来说，这无疑是一种根本的转换。

第一节　融合新闻主流媒体[①]

融合新闻主体目前主要聚焦于新型主流媒体，即具备一定规模，体现并传播社会主流意识形态与主流价值观，坚持并引导社会发展主流和前进方向的主要媒体。而在新的媒介生态环境下，传统媒体面临着全面转型，新兴媒体也面临着入主流的问题。只有传统媒体与新兴媒体融合发展，实现"你就是我，我就是你"的一体化发展，才能形成具有强大传播力和竞争力的新型主流媒体。新型主流媒体应当在互联网思维指导下，以服务用户为核心，以开放平台为功能转型，以产品迭代为技术支撑，在坚守主流思想舆论新阵地方面发挥重要作用。

一、新型主流媒体的生态因子

互动媒体的出现及其与传统媒体的共生，成为当代媒介生态的典型特征。媒介环境学告诉我们，媒介演化的适者生存标准就是适合人类需要的媒介得到存活和发展。由于理性的人对媒介有控制和指导进化的能力，使得技术发展的趋势是越来越人性化。[②]而媒介进化是在互动中产生的，各种媒介形态不是线性地此消彼长，而是在相互借鉴中共同满足人类传播的需求。纵观人类传播史上的五次革命，媒介的生存与发展"似乎是一种相互协调、共进共荣的共生关系。"[③]媒介生态的改变带来的媒介形态"人性化趋势"在互联网时代体

[①] 本节内容曾发表于《编辑之友》2015(1)，人大报刊复印资料《新闻与传播》全文转载 2015(4)。
[②] 保罗·莱文森.数字麦克卢汉[M].何道宽,译.北京:社会科学文献出版社,2001:7.
[③] 邵培仁.论人类传播史上的五次革命[J].中国广播电视学刊,1996(7).

现得尤为明显,其中以主体、信息和技术三大因子构成了当前新型主流媒体的主要生态环境。

主体因子:互联性与"去中心"。在媒介生态互动的理念下,传统主流媒体向新型主流媒体的转型,实质上是媒介主体的生态位拓展。主体因子是互联网生态系统中最为活跃的因子,根据信息在交换过程中的参与状况,主体因子可以分为信息生产者、信息消费者和信息中介。而互联网让世界变得扁平化,人人都可能是传播主体,UGC(用户生产内容模式)在很多领域被广泛采纳。新的媒介生态环境中,多重主体因子是互联性的、去中心化的,两个或更多的客户端间的信息交换、信息分享,乃至于信息速度和发布时间都是由自己确定。因此,生产者、消费者之间的界限更加模糊,媒体中介的作用似乎在减弱。

新型主流媒体处在这样一个生态系统中,必须不断适应外部环境,从(群体)分化到(系统)互动和(角色)选择不断进化,减少交流的时空限制。尤其在网络生态体系中,个体之间的关联、群体和组织之间的关联,构成了各个社会层次的网络,加剧了社会分化的进程。不同年龄、文化背景、社会阶层的人使用不同的媒介,导致媒介的多样性需求在增加而不是减少。主体因子在这样一个复杂的新媒介环境中,比以往任何时候都需要新型主流媒体的引导。因此,新型主流媒体需要正视传播主体因子特性和需求的变化,正确引导主体因子成为新型"生态链"中的重要一环。这一点客观要求新型主流媒体依然要发挥传统"守门人"的中介作用,在 UGC 和 PGC(专业生产内容模式)之中找到一条生态平衡之路。这既需要以大数据平台等后台系统作为技术支撑,又需要坚守新闻传播规律作为内容品质的保障。

信息因子:互动性与"内爆性"。信息因子是媒介生态系统中的客体性的资源要素,也是最不稳定的要素。信息的质量和信息传播的机制,是决定媒介生态和谐与平衡的重要一环。互联网时代的信息因子摆脱了"一对多"发布的大众传播系统的羁绊,具有较强的互动性,变得更为丰富。《新新媒介》的作者保罗·莱文森认为:"新新媒介的用户被赋予了真正的权力,而且是充分的权力;他们可以选择生产和消费新新媒介的内容,而这些内容又是千百万其他新新媒介消费者一生产者提供的。"[①]他清晰地向我们描绘了社会化媒体的互动传播机制,且这种机制更加凸显出互动和参与的心理动机和个人动机,这是新型主流媒体所不能漠视的新的媒介生态因子。

在网络社会中,人际传播、大众传播和大众自我传播这三种传播共存、互

---

① 保罗·莱文森.新新媒介[M].何道宽,译.上海:复旦大学出版社,2013:3.

动、互补，而不是相互取代。① 三种传播的共存让公共空间与私人空间更多地交叠在一起，使得信息更加多样化。"草根"阶层获得了空前的话语权与参与感，然而在"光怪陆离"的网络世界里，信息的多样性和丰富性也可能产生误导的信息。信息类别的边界模糊，难以区分，从而形成麦克卢汉《理解媒介》中的信息"内爆"：媒介的强大制造和传播功能使得整个社会被信息所笼罩，人们越来越难以将事实与噪声分开，将主流与"非主流"区隔。新型主流媒体处于高互动性与可能"内爆"的媒介环境中，"遵循新闻传播规律"显得尤为重要，不仅要主动参与到互动环节中，凸显主流意识和精英定位，还要在尊重差异的基础上凝聚共识。

技术因子：快速性与"可视化"。推动新型主流媒体的建构，要充分重视技术的核心驱动力。不论是建立多媒体的传播平台，还是建立跨媒体的统一数字化管理流程，均离不开技术的支撑。数字化促进了信息在生产、分配和消费方面不同程度的增长，技术力量的快速迭代，造成了一种"速度文化"，越来越多的信息正在更频繁和更快速地被传递。② 与此同时，可视化也成为"速度文化"的另一表征：形象被认为是一种比语言、文字和数字消费得更快的符号。从"读图时代"的表述到今天应用大数据制作"数据新闻"的理念，无一不是数字技术的产物。

快速性和"可视化"带来了时间指向的共识性、空间指向的共存性、能力指向的控制性和精神指向的理解性。它为人类带来了便捷，同时也造成文化领悟上的肤浅和信息生产的粗糙和僵化，对健康的媒介生态环境是一种威胁。然而技术的发展，毕竟遵循一种"发明——推广——采纳——规制"的历史逻辑，新型主流媒体要为更广大的公众利益服务，数字化生存是必然，"拥抱"技术是基础，如何有效地掌控技术，加快建设和完善新媒体集成融合平台，需要我们做更加长远的思考。

二、新型主流媒体的思维理念

通过对互联网环境下媒介生态要素的再认知，我们知道，新型主流媒体所处的媒介环境因子已经发生了质的改变。因此，建构新的媒介主体，必须排除固化的传统思维方式，遵循新兴媒体发展规律，强化互联网思维，以适应新的

---

① M. Castells. The Information Age：Economy，Society and Culture［M］. Cambridge，MA：Blackwell Publishers，Ltd.，1998.

② 简·梵·迪克. 网络社会——新媒体的社会层面［M］. 2版. 蔡静，译. 北京：清华大学出版社，2014：209.

媒介生态体系。这点已被适应性更强的新媒体所证明,而固化的传统思维恰恰是阻碍传统媒体转型的主要症结所在。2011年,在百度联盟峰会上,百度公司董事长兼首席执行官李彦宏表示:"在中国,传统产业对于互联网的认识程度、接受程度和使用程度都是很有限的。在传统领域中都存在一个现象,就是他们'没有互联网的思维'。"何谓"互联网思维"?小米科技有限责任公司董事长雷军总结为"七字诀":专注、极致、口碑、快。① 360公司董事长周鸿祎将它具体到方法论上:"第一,用户至上;第二,体验为王;第三,免费模式。"②这些理念大多来自互联网企业的经验总结,某种程度上为新型主流媒体的建构与发展提供可借鉴的思路。因为二者有着相同的目标:在"传播"的战场上提升影响力、竞争力。从这个意义上讲,互联网思维是指,基于互联网环境,以"人"的需求为中心的迭代产品生产和用户服务的意识。对新型主流媒体而言,其互联网思维以服务用户、开放平台和产品迭代为主要特征。

用户概念,服务思维。互联网思维的核心即用户思维,也是主流媒体所面对的新型主体因子。在互联网时代,传统媒体的市场在萎缩,但从用户的角度看,他们所能获取到的新闻和资讯不仅没有减少,反而大大增多。其原因在于新媒体加强了用户行为模式的识别和信息服务的精准投放,大大提高了多媒体、多终端信息发送的效率。而媒体服务应以用户需求和使用情境为出发点,"人在哪儿,媒体工作的重点就该在哪儿"。"用户在哪里,央视的服务就在哪里,央视的覆盖就在哪里。"这些观点是中央级媒体在探讨推动媒体融合,建构新型主流媒体话题时达成的一个共识。换言之,将追踪用户使用产品的情景,化为媒体设计的一个重要思路:关注用户在什么时候、什么状态、什么习惯下使用你的内容。BBC的受众观念就是服务性的,他们提出了"马提尼媒介"(Martini Media)跨平台传播策略,其目标是"让受众用最适合自己的方式来获得信息,并且要快、准、精"③。在每一个媒介形态的"触角"上如何增加用户"黏性",靠的是个性化需求的满足。新型主流媒体不仅要融合各种媒介的传播优势,更要精心研发如何在每一种媒介上,传播差异化的媒介信息与产品。对于用户来说,在信息和众多媒体几乎处处可见的今天,只有最能符合用户特定需要的媒介才能获得他们的注意,赢得他们的使用。这些认识和理念归结成一条首要原则为"用户体验至上",即从用户使用情景的角度去设计和开发媒介

---

① 钟殿舟.互联网思维——工作、生活、商业的大革新[M].北京:企业管理出版社,2014:34.
② 周鸿祎.再谈互联网思维四大秘笈[N].科技日报,2014-09-10.
③ 央视网.马提尼媒介[EB/OL].(2014-11-01)[2018-12-05].http://www.cctv.com/cctvsurvey/special/BBCquanmeiti/20111231/111056.shtml.

产品，甚至做超出用户预期的使用体验，才能赢得市场青睐。

注重服务思维意味着传播理念的改变，不再是传统的"我播你看"，而是构建一种新型的主体因子关系，特别是推动主流社群发展。互联网时代的主体因子"互联性"大大增强，社群化效应凸显，社群意味着"口碑传播"，受众是最好的话题制造者和传播媒介。对新型主流媒体来说，同样不可忽视社群建设，主流媒体代表着主流受众，只有做社群的代言人，才能增强网络社群对主流意识形态的认同感。现在传媒业早已经走过了出版即结束、播出即结束的阶段，这都只是经营的开始，应进一步挖掘内容产品之外的"粉丝价值"，运用多种现代公共关系手段，来形成并经营自己的社群。在信息爆炸的新媒体环境中，用户群比以往更需要定制化的服务，更需要"志趣相投"的关系网络。一个强有力的新型主流媒体要转变传播理念，探索一条个性化、社群化的用户服务新路径。

平台概念，开放思维。纵观网络世界的杀手级应用：脸书网是社交平台、谷歌（Google）是搜索平台、维基是百科互动平台……它们无一例外地选择将自身平台化，用开放的思维，让信息、交友、娱乐等有关多种应用程序在这个平台上运行。尤其是以社交网站起步的脸书网，它的开放平台让每个人以兴趣开发出来的应用软件为成千上万人服务。在信息因子互动性和"内爆性"的今天，开放平台是主流媒体实现信息传播功能转型的理想路径。具体来说，新型主流媒体应在全媒体平台打造的基础上，建构扁平的组织架构和开放的传播流程。

全媒体平台是新型主流媒体构建的前提。融合化的新型媒体平台理念有两种主要表现形式：一是打破内部不同媒介之间的壁垒，实现不同媒体内容及渠道的融合。二是本着互联网的开放精神，做内容和产品的集成平台，延伸产业链。"BBC在线"是吸引年轻受众，延伸其广电服务到各年龄段的新媒体产品，其中iPlayer平台战略的作用不容小觑，从2011年2月的再次改版开始，BBC iPlayer允许其他电视台的节目链接，以更加开放的姿态合纵连横，拓展"产业链"。这种做法不仅避免了沦为新媒体的内容供应商而为他人"做嫁衣"，反而以"海纳百川"之势巩固了自己的主流地位。

扁平的组织架构和开放的传播流程是新型主流媒体的"骨架"和"血脉"。BBC前新媒体技术部总监阿什利·海菲尔德（Ashley Highfield）曾指出："未来BBC所有数字内容和服务的提供，都将紧密围绕三大主题展开：'分享''发现'和'使用'。"[1]在这个理念的引导下，BBC的新闻团队进行了"脱胎换骨"的

---

[1] 唐荦."三网融合"背景下解读BBC[J].中国记者，2011(4).

组织和流程再造：将原先独立的电视、广播和网络新闻运营平台整合成一个跨平台多媒体新闻中心，它可以将某一新闻资源按照受众不同需求与传播途径的差异进行调整，使其适合在电视、广播、网络、手机、互动电视等多个平台上播发。① 这实质上是用一种开放的思维，打通信息流通的各个环节。扁平的组织构架减少信息流通的关卡，保证了播发速度，而开放的传播流程增强了个性化和互动性，尤其增加 UGC 部门鼓励受众提供线索、参与报道，将自己从传统广播电视内容提供商变成一个聚合型媒介平台，吸引更多消费者参与节目内容的制作，交流讨论和创造。搭建新的"骨架"并繁育新的"血脉"，让融合化的新型媒体平台更加适应新媒体生态环境。

平台的开放，不是多个媒体的简单叠加，也不是传统媒体以新媒体为拓展渠道的"新瓶装旧酒"，而应充分发挥平台上各种媒体的独特优势，以开放的思维，形成"一个平台，多个媒体和多个终端"的立体化信息传播模式。

产品概念，迭代思维。产品迭代思维与用户服务思维一脉相承，前者侧重技术应用的纬度，通过技术优化媒介产品的用户体验，以"微创新"的手段，进行产品迭代更新。"小米"手机自问世以来不断迎合市场、快速迭代、优化功能，从而获得巨大成功。他们相信用户就是驱动力，坚持"为发烧而生"的产品理念，在国内首创了用互联网"众包"模式开发手机操作系统，形成了 60 万发烧友参与开发改进产品的壮观场面，因此，在短期内即获得超常规的迅猛发展。这里描绘了一个生产者与使用者"互动"，或者说"共振"的内容生产与消费图景。

上海报业集团的新闻客户端"澎湃"，上线之后及时汲取用户的反馈，进行了几次"小步快跑"的改版微调，这种尊重用户的做法，为"澎湃"赢得了广泛的社会影响力。在大数据时代，数据分析是产品迭代的一个重要工具。随着后台系统接收到的数据越来越多，系统可以通过一种"反馈学习的机制"，利用自己生产的数据判断自身算法和参数选择的有效性，并实时进行调整，持续改进自身的表现。2013 年美国奈飞（Netflix）公司制作的电视连续剧《纸牌屋》即是根据用户点播时的大数据反馈，包括 3000 万用户的收视选择、400 万条评论、300 万次主题搜索，来决定拍什么、谁来拍、谁来演、怎么播，并最终掀起了收视狂潮。可见，大数据作为技术手段，从宏观上为媒介发展探索一种新的运营模式，从中观上以"众包"的形式，改进媒介产品性能，从微观上挖掘用户信息、预测热点需求和提供可视化的数据新闻。

---

① 唐苗.BBC 媒介融合的多重意义[J].视听界，2013(4).

三、新型主流媒体的传播效力

新型主流媒体之"新"主要体现在思维之新,即服务用户、平台开放和产品迭代"三位一体"的建构理念。而新型主流媒体之"主流"主要体现在传播影响力的提升,即面对新兴媒体的"挤压",主流媒体内在的本质反映与要求。

皮尤研究中心(Pew)发现,互联网 80% 的新闻和信息流向集中在排名前 7% 的网站,大多数网站(67%)受互联网时代之前"遗留下来的"新闻组织控制。[①] 互联网时代的用户看似被"赋权",产生大量 UGC 内容,但是 PGC 内容依然具有高品质和不可替代性。特别是在专业性报道和政治意见传播中,主流媒体依然具备独特优势。因此,新型主流媒体的构建,既要坚持传统主流媒体的权威性、公信力,又要在互联网思维指导下,进行生态位的拓展,形成一体化、立体式的融媒体传播体系。

新型主流媒体的传播力——强调传播渠道、平台融合性。新兴媒体的崛起,以其信息传播的迅速性、及时性,以及覆盖面广、首发率高而影响世界,媒体的传播力再次被技术"唤醒"。荷兰著名传播学者简·梵·迪克(J. V. Dijik)通过对新旧媒体比较研究,提出了衡量传播力的九个要素:速度、到达率、存储、精确度、选择性、互动性、同步程度、复杂程度和隐私保护程度。[②] 其中,新媒体潜在的地理和社会到达率非常广泛,海量存储非传统媒体所能比,且新媒体的数据精确性在逐渐增加,并能提供文字、图像、音视频等多种符号信息。新媒体的这些特点都应成为新型主流媒体兼收并蓄的优势,使之能帮助主流媒体增强话语权,帮助国家与政府加强对日益复杂的社会和组织的管控能力。

媒体传播力的首要因素为速度、到达率,它告诉我们,新型主流媒体的传播力的建构,首先应尽可能地扩大传播范围,实现全媒体传播渠道的混合覆盖,保证接收终端的多样化、立体化,以实现传播内容价值的最大化。BBC 经过几年的媒体架构重建、传播流程再造,继续以其公信力和权威性领跑新媒体领域,在伦敦奥运会上"一战成名",让此届奥运会被誉为第一届真正的"数字奥运会"。新媒体领域的高关注度为 BBC 带来了直接的经济利益,最重要的是,在伦敦奥运会后 BBC 的受众调查显示,80% 的年轻人对于 BBC 新闻的印象大幅提升,认为其时尚、高端。而此前英国民众对 BBC 的印象多为保守、刻

[①] 詹姆斯·柯兰,娜塔莉·芬顿,德斯·佛里德曼.互联网的误读[M].何道宽,译.北京:中国人民大学出版社,2014:19.

[②] 简·梵·迪克.网络社会——新媒体的社会层面[M].2版.蔡静,译.北京:清华大学出版社,2014:14-15.

板，只有中老年人才观看 BBC 的节目。此后，BBC 争取到大批年轻人成为其长期忠诚用户。①

创新渠道、平台的融合性，一方面可以充分利用传统媒体的品牌价值和权威性，坚持主流立场、发掘深度观点、制作优质内容；另一方面也可发挥新媒体的平台、渠道的互动性、快速性等优势，让传统媒体和新兴媒体优势互补，双轮驱动，一体发展，形成新型主流媒体的核心竞争力、传播力。

新型主流媒体的公信力——强调新闻传播权威性。美国学者埃利奥特·阿伦森（Ellid Aronson）在谈到人们对社会影响的反应时认为，依从、认同、内化，是社会影响的三种效果。② 其中"依从"可以转化为对传媒的依赖性，"认同"可看成是对传媒的文化解读立场，而"内化"（internalization）则是让传播入脑、入眼、入耳、进心的最佳诉求，也是对社会影响最持久、最根深蒂固的反应。要对受众产生"内化"的反应，做到既传播到客户端，又传进用户的心田，就需要提高媒体的公信力和权威性。而公信力体现在对真实性的承诺和坚守，这就回归到了新闻传播的规律——真实性、客观性报道。

对新型主流媒体来说，首先要让主流的声音进入大众群体，进入新闻体主阵地才有引导舆论的可能。近年来，微博、微信、网络视频等自媒体平台迅速发展，分散了主流媒体的影响力，形成了特有的"舆论场"。其中深层次的原因在于新媒体的发展，让多元化的思想得以沟通交换，社会化媒体赋予了人们绕开主流媒体，重新诠释文本意义的权力。尤其在一些群体性事件和国际事件报道中，主流媒体有时"失语"和失去最佳"发言"时机。因此要改变这种局面，还需要在重大事件的报道中发力，尊重新闻传播规律和新兴媒体发展规律，打破"舆论场"的对立，建构共同的尊重事实、服务用户的价值取向。尤其是新型主流媒体舆论场，要主动融入新媒体的舆论语境中，既坚持严肃性和权威性，又能用公众容易接受的方式去说话。

新型主流媒体的影响力——强调主流话语的认同性。逆水行舟，不进则退的道理，在媒介话语权竞争中体现得淋漓尽致。为了赢得更多的社会影响力和话语权，就需要在赢得信任感、增强吸引力、强化依赖感和提高服务性等方面下功夫。③

信任感是获得影响力的首要条件。在媒介融合语境下，新型主流媒体呈现多元化趋势，大量新兴媒体的快速发展得益于市场化运作，也不可避免地受

---

① 唐苗.BBC媒介融合的多重意义[J].视听界，2013(4)．
② 埃利奥特·阿伦森.社会性动物[M].郑日昌，等译.北京：新华出版社，2001：34.
③ 卡尔·曼海姆.意识形态与乌托邦[M].姚仁权，译.北京：中国社会科学出版社，2009：11.

到市场的负面影响。媒体公开报道的21世纪网新闻敲诈事件,即突破"底线",用媒体公权力换取"有偿沉默"极大地破坏了媒体公信力。信任感的建立是一个长期的过程,只有建立融媒体的自律机制,坚守媒体责任,强化社会担当,才能增强新型主流媒体的发展活力。

吸引力是获得影响力的关键路径。新型主流媒体应善于从资源获取与整合中赢得吸引力。吸引力的关键是认同感,要充分考虑社交媒体受众的心理和习惯,采用融媒体形态和运营方式,整合采编资源和传播渠道,利用社交媒体网络建立自己的"粉丝群",从而增强内容的感染力。在媒体融合过程中,很多主流媒体都开通了微博、微信、APP客户端,来强化社交媒体的属性。传统媒体利用社交媒体进行"二次传播",并注重结合社会化营销中的"话题性"原则,在社会上引发正面的、深层次话题的讨论,充分体现了主流媒体引领舆论、提升品位的职能,从而建立起一种珍贵的新型主流媒体的吸引力。

依赖感是获得影响力的重要表现。在互联网web 2.0阶段,基于真实的人际关系的社交媒体让人容易找到融入社会的感觉,从而产生某种"依赖感"。移动互联网进一步加强了这种"依赖感",产生诸如手机"微博控""微信控"。这一方面挤占了人们使用传统媒体的时间,加深了传统媒体与社交媒体在受众分布上的"沟壑";另一方面也给了新型主流媒体"弯道超车"的绝好契机,抓住移动互联网的"社交化、视频化、移动化"特点,增强用户对新型主流媒体的"黏性"。传统主流媒体在融媒体时代,要运用多媒体手段,加强内容生产与加工的能力,做到一次采集、深度开发、多次利用,让信息得到多层次、多角度、全方位的传播。并针对不同受众的喜好、不同终端的传播规律来进行信息产品的二次生产与加工,最大限度地提升主流媒体的话语权,达到最佳的传播和服务效果。

服务性是获得影响力的内在要求。媒体的公共服务主要体现在以公众知情权为核心的一系列公共利益的实现。在舆论监督和应急事件报道上,新媒体因其低门槛、匿名性、传播迅速等特点,发挥出越来越重要的公共服务作用。如"微博反腐",自然灾害中的公民通过微信组织救援等。在媒体融合发展的态势下,新型主流媒体利用社会化媒体,强化自身的公共服务性,创造一个更高效的意见表达平台和健康的媒介生态环境。

总之,新型主流媒体的建构,应以传播力、公信力、影响力为目标,坚持新闻传播和新兴媒体发展规律,强化互联网思维,形成现代传播体系,进而增强中国媒体的话语权,讲好中国故事,让中国以更真实、更文明、更可亲的形象立于世界面前、通达世人心灵。

第二节 融合新闻记者

伴随着媒介技术、传播业务、接收终端等方面的变化,媒介所有权、媒介组织、媒介技术、媒介采制都发生了融合,甚至在媒介叙事、新闻采集、新闻制作、新闻编辑等几个层面,较以往都发生了很大的变化,出现了融合记者、融合编辑等新的职业角色。

一、融合记者的诞生

在信息化时代,要实现任何人在任何时间、任何场所,都能安全、便捷、高效地获取丰富的、个性化的信息服务,仅靠单一媒体的工作流程已不再适应一个数字化的融合新时代。传统以文字、声音和图像等因素来为媒体领域做泾渭分明的定义,或为记者进行传统媒体的分类将变得越来越不可能。

我们正在见证着"一个统一的媒介王国"的出现,因为"技术的法则就是整合的法则"。"它可能在本质上使所有的社会机构发生转变",包括新闻传播教育。为此,未来从事新闻职业的人必须能够迎接各种各样的挑战和改变。这些改变,首先源于未来记者工作方式的改变。未来的融合新闻记者、编辑的角色可能是"新闻流编辑""复合功能记者""记者与编辑合一""背包记者""全能记者""故事建构者"等。

媒介融合使记者的新闻生产流程与方式发生了转变,将要实现多媒体信息的采集、管理、加工与发布,建构一种协同分享式的集约化的新闻生产流程。多媒体新闻资源的采集要求未来的记者必须具备能写、能拍、能摄的基本技能,以完成多媒体信息的采集,这样的记者在美国称为"背包记者"。记者编辑能以多媒体手段完成信息采集、加工,做好多媒体的故事讲述和多平台的发布,满足受众个性化的需求,实现新闻信息发布时间的多重设置和新闻内容的相互嵌入,提升媒介的影响力。

美国学者约翰·V.帕夫利克在谈到新媒介对新闻教育的影响时说:新媒介将改变新闻和大众传播的教学和科研,改变新闻教育者的工作方式;改变我们讲授的内容;改变新闻院系和其他高等教育机构的结构;改变新闻教育者及其公众关系。[①]

为适应这种角色的变化,未来的媒介融合教育应让学生明确:
如何能通过几种不同的媒介进行新闻写作?

---

① 约翰·V.帕夫利克.新闻业与新媒介[M].张军芳,译.北京:新华出版社,2005:219.

如何能用文本、音频、视频、网络等不同的方式叙事？

如何适应全天候新闻业务变化，改变对待截稿时间的态度？

如何成为"下个十年"出现的"过滤信息"的全新媒介职业者？

在传统新闻学中，新闻工作者总是把自己界定为"报纸"记者或"电视"记者。当我们在极力区分专业教育差别的时候，社会则强调学科的交叉、专业的多能，探讨融合中的"超级记者"或"双栖记者"。随着媒介的融合，一个真正独立和强大的传播新媒体系统将会出现。

美国密苏里大学呼应业界的需求，紧跟媒体技术发展潮流，于2005年9月开设了世界上第一个新的"媒体融合"专业，在"交叉"的基础上，为学生提供新闻传播技能的全面训练，以培养适应媒体融合的新型新闻人才。目前美国许多新闻院系都开设了"媒介融合"课程，希望给予新闻业未来的从业者更全面的技能训练。南卫理公会大学的卡米尔·科瑞普林和凯利·克莱阿朵发现，他们所调查的240个大学中有85%已经或正在吸纳融合的课程。[①] 在我国，已有部分大学开启了融合新闻教育。鉴于复合式平台的融合新闻报道将成为未来新闻的趋向，因此，在新闻传播的专业教育中，吸收媒体融合知识应是当务之急。

二、融合记者的转型

媒介融合及三网融合的直接结果是形成一个全域媒体网络，无时不在、无处不在的全域媒体将会影响我们未来的生活方式，并产生媒介行业的全新生态系统。与此相应的"融合新闻"也期待着适应媒体融合时代的新型专门人才。

（一）全媒型融合记者

在理念上，首先要确立全媒型人才观念。根据美国的经验，媒介融合人才的培养应分为两个层次：一是能够在多媒体集团中进行整合传播策划的高层次管理人才；二是能够运用多种技术工具的全能型记者编辑。对于全能型跨媒体记者编辑的培养，就是要求必须学会同时运用多媒体进行工作，学习运用更多新技能的多媒体和工作流程讲述故事，力求在以印刷、在线及视音频的融合新闻工作平台上取得成功，这是新闻从业者工作角色重新定位的着力点。

全媒型或多媒体记者、编辑的工作，最基本的要求是要有一种多媒体的思维方式。传统的典型叙事结构是依照线性模式讲故事，是按照既成的报道套路单向、单一地传播，而多媒体新闻则包含不同的报道方式或不同的叙事结

---

① Stephen Quinn, Vincent Filak. Convergent Journalism: An Introduction[M]. Amsterdam: Elsevier Inc, 2005: 16.

构,既要考虑双向互动的非线性传播方式,又要善于运用不同的媒介语汇报道新闻,并根据不同的传播要求,运用不同的采访和编辑思维。

美国密苏里大学新闻学院副院长布赖恩·布鲁克斯(Brian Brooks)2006年6月在中国人民大学演讲时曾介绍说:媒体融合的"核心思想,是随着媒体技术的发展和一些樊篱的打破,以及电视、网络、移动技术的不断进步,将各类新闻媒体融合在一起"。"记者必须跨平台承担不同媒体交给的工作,98%的工作将和今天要做的极大不同。"

"媒体融合"势必成为未来传媒业的主流,培养新一代的"媒体融合"人才便是重中之重。面对迅速发展的新媒体技术,我们可能难以教会他们使用每一种最新的技术工具,但我们要告诉他们技术工具的本质与演进趋势,让他们拥有扩展和更新自己知识系统的科学思维方法和基础知识结构。

美国密苏里大学在对未来新闻从业人员基础知识进行结构性重构时曾考虑要基于以下三个要素:(1)公众总是在任何可能的时间,通过任何最方便或是公众最感兴趣的方式(媒体形式)来获取有用的信息,这种趋势日益明显。(2)公众日益摆脱被动接受新闻或信息的状态,尤其是年轻人,乐于回应、参与媒体报道。专业媒体的记者必须正视这一现实。(3)媒介融合的教学不应当是"重视多能,忽视一专",而是要求报道者能够在团队中正确理解自己的角色,发挥其应有作用。

这三个要素实际上分别对应于新闻发布的融合、新闻生产过程的融合和新闻从业者角色的融合。这三个层次的融合是对媒介融合语境下新闻传播角色转型的进一步阐释。尽管目前大多数媒体还未完全实现融合,而且,融合式报道也并不适合每一个记者,但融合式新闻生产的时代一定会到来,并且正在逼近新闻传媒的实践。

密苏里大学新闻学院达里尔·莫恩教授在和蔡雯交流时说[①],"我个人并不认为会有很多人能成为'背包记者',但是这种人才在某些地方会有用武之地。"他说的"用武之地"主要指人力资源有限的地方媒体和派驻外地及国外的记者站。美国媒介综合集团的案例证明了这点,该集团所融合的媒介都是同处一地的地方媒体,派往异地采访的记者都是多面手。如该集团中有个叫杰姬·巴伦的女电视记者,曾用四周时间在圣安东尼奥采访一个重要联邦案件,每天工作日程是:早6时给网站写篇专栏文章,介绍案件情况,然后到法院采访当天最新进展,10时给电视台发去最新报道;下午2时半到3时编制一个晚间电视节目传回,然后到法院采访下午的进展情况,通常晚上7时结束采访;

---

① 蔡雯.新闻传播的变化融合了什么?——从美国新闻传播的变化谈起[J].中国记者,2005(9).

最后,还要给第二天出版的报纸写篇新闻稿。这样高强度、高难度的工作也使一些记者因承受不了压力而离开媒介综合集团,还有人对自己付出与得到报酬的不相称提出异议。在对新闻从业人员提出更高要求时,媒介的资金实力和管理水平也受到挑战。

由于多媒体数字技术的飞速发展和互联网的迅速普及,传统的新闻采集与传播方式发生了巨大的变化。信息的处理、储存和运输变得极为简单,进而信息传播渠道、接收终端的多样化与融合显得顺理成章。受众可以使用一个多媒体平台,如手机发布微博、阅读手机报,还可以收看手机电视,浏览各种网站,进行各种信息的发布与接收。多媒体新闻采编工作平台的出现打破了不同媒体之间采编的隔阂,在这种形势下,能为所有媒体提供不同形态新闻产品的全媒体记者出现,并受到业界推崇。

2009年首届世界媒体峰会上,美联社总裁柯里(Tom Curley)在接受采访时也谈到该社的一名特约女记者在美属萨摩亚发生海啸时拍照片、发消息、向全世界发出警告,并制作了一整套多媒体节目。在6个小时内,女记者一个人完成了所有的消息发布工作。

而在我国,2007年南方都市报摄影部首次设置了视频记者的岗位,鼓励记者采访音视频新闻。针对同一个新闻题材,记者要为不同的媒体平台写至少3篇不同的稿子。其流程是在采访过程中随时更新微博,即时发布最新的消息;采访的时候运用录音笔、相机、摄像机等工具同时采集图像、音频,甚至视频资料;采访回来以后撰写一篇涵盖各项基本新闻事实的稿件发送到南方报业网等网站;然后才开始撰写刊登在报纸上的稿件。

这些案例说明,在报纸、广播、电视、互联网、手机等媒体形态融合并存的时代,新闻的采访与报道流程已经发生了明显的变化。面对同一新闻事件的报道,记者不再局限于为某单一的媒体提供新闻产品服务,记者必须熟练适应多媒体技术,在不同的媒体间灵活转换,提供最合适的内容产品。这是媒介融合趋势下记者不得不做出的调整与改变。针对上文提到的女记者与南方都市报记者,业界有一个新的词来形容——"全媒体记者"。

全媒体记者顾名思义,指"具备突破传统媒体界限的思维与能力,并能适应融合媒体岗位的流通与互动的新闻传媒人才"[①]。

在新闻采写的实际操作过程中,一个记者身兼数职,既是记者又是编辑,既要进行文字的采写,又要摄影、摄像,搜集图像资料,同时出镜报道。这种趋势在媒介融合背景下尤为突出,记者开始跨媒体平台工作,向掌握写作、摄影、

---

① 韩锦.对向"全媒体"记者转型的思考[J].新闻世界,2011(6).

摄像、剪辑等技巧的复合型人才转变,成为"全能记者"。

詹新惠在《正确培养"全媒体记者"》[①]一文中将全媒体记者解析为三层含义。第一层为技能层次。要求记者全面掌握与运用全媒体新闻采集、制作技术,学会文字记者的采写编评、摄影记者的图片报道、现场抓拍以及电视记者的摄像、剪辑、非线编辑等,以适应不同媒体岗位的流通与互动。

第二层为运用层次。密苏里大学新闻学院在媒介融合实验室训练学生时,重点在于学生学会对新闻媒介的运用选择。对于一个新闻事件,在哪些方面使用文字报道,哪些方面使用动态影像?多大程度上使用手机媒体,多大程度上使用网络新闻,多大程度上使用图像图表?是用静态的线性来表现,还是用Flash技术支持的动画来表现?是用滚动新闻现场直播,还是与用户互动采用网民提供的内容?这些都是对"全媒体记者"综合能力的考验。学会灵活运用各种媒体,并在媒体间自如转换,是对"全媒体记者"的高层次要求。

第三层为思维层次。做"全媒体记者",最难的是要突破原有的传统媒体思维和固有的媒体界限意识,变受众为用户,变宣传、灌输为引导、服务,形成以用户为中心的思维模式。同一条信息,在"全媒体"平台上可以呈现各种纷繁的表现形式,但"全媒体记者"不能仅仅将信息做出各种形式的报道,而必须是根据不同用户的个性化需求,为其提供差异化的内容。

获得"第二十八届中国新闻奖一等奖"的融媒体作品《柳州融水突围记》,即是通过融媒体搭桥、前后方联动、报网微端联动,在第一时间用全媒体形式送出了《广西日报》记者"失联"数十小时,穿越40处塌方后发回的灾区最新消息,回应了当地社会群众的关注。

媒介融合时代,传统记者向"全媒体记者"转型是必然的趋势,"全媒体记者"成为当前"媒介融合记者"的主要表现形式。但媒介融合是一个不断变化发展的过程,随着媒介融合的不断推进,"媒介融合记者"也将在"全媒体记者"的基础上不断扩充、拓展,做技能、运用、思维上真正融合的记者。

总之,融媒时代的记者应能在多媒体统一平台之间自由流动。融媒,记者必须掌握多媒体技术,学会运用多媒体信息传播渠道,熟悉不同媒体形态的运作。要从单一媒体的故步自封中走出来,拥抱多媒体技术,为受众提供多种形态的媒介产品,这是传统记者在媒介融合时代生存和发展的必然选择。

(二) 信息的筛选者/知识的管理者

媒介融合对新闻从业者多种媒体技能的要求,已成为新闻媒体对未来"通用型"人才需求的共识,同时也意味着新闻人得承担更多的工作责任。面对数

---

① 詹新惠.正确培养"全媒体记者"[J].青年记者,2011(6).

字化时代的海量信息的资源,未来还将有一种涉及过滤信息的全新职业出现:"如整理者、摘要者、调查者"。思想家爱德华·德·波诺1999年曾预言说:"每个用户亲自整理自己所要的信息将不再可能。"这样发展的后果是,有些记者的基本职责会从信息搜集过渡到信息加工,未来的记者会花更多时间在编辑和集合这些消息上,而不是收集信息上。① 记者作为背景供应者的角色将被弱化,融合新闻记者从信息提供者到信息筛选者的变化,对新闻从业者提出了新的要求。

媒介融合时代,任何人只要有相机、手机等数码电子产品就可以随心所欲地进行信息的采集与发布,参与新闻传播活动。传播活动从过去"点对面"的传播变成了如今"点对点"的传播。而互联网的开放性减少了传播过程中对信息进行监控、审查和封锁的关口。把关人由传统的记者逐渐向网民转移,谁都可以对具体的某条信息进行传播,但谁都无法再对信息流进行把关。信息爆炸的趋势越来越明显,而海量的信息又真假难辨,这对编辑记者把关人的角色提出了挑战。在融合媒介中,记者转而向信息筛选者的角色转变:从海量的信息中筛选出有价值的受众感兴趣的信息,从真假难辨的信息中筛选出真实的信息。

30年前,著名未来学家约翰·奈斯比特(John Naisbitt)在《大趋势》中向世界宣告信息时代已经到来,同时他警告人们,"在信息社会里,没有控制和没有组织的信息不再是一种资源,它反倒成为信息工作者的敌人"。数年后,伴随电子计算机的发展与普及,人们在为比尔·盖茨描述"信息在你的指尖"美好未来欢欣鼓舞时,做梦也没有想到信息过剩也如影随形。信息大量产生并高速传播,各种信息爆炸式出现并加速增长,信息资源高度膨胀从而带来信息泛滥、信息超载、信息浪费等社会问题。

信息过剩并不是伴随媒介融合进程出现的,但媒介融合却使这一现象更为明显:到处是信息,但到处是重复的信息,到处是没有用的信息。当受众打开两份不同的报纸发现内容相差无几,打开电视想了解点别的信息,可还是和报纸一样的新闻,转而打开电脑浏览网站却发现除了谣言有点不同外也没什么新的东西。信息也在不断更新,但受众往往对第一波信息还没来得及消化吸收,第二波海量信息已经袭来,将受众团团包围。

电视机24小时播出,而受众永远不知道它喋喋不休地在讲什么。打开电脑,网站实时动态更新,从家长里短的鸡毛蒜皮到国际经济走势,密密麻麻的信息铺天盖地而来,看完网络一天产生的所有消息就得花费几年。甚至当受

---

① Stephen Quinn, Vincent Filak. Convergent Journalism: An Introduction[M]. Amsterdam: Elsevier Inc, 2005: 210.

众在楼下等电梯时都不得不收看强制性的楼宇电视。信息曾经是一种稀缺的资源,但如今却和土豆一样平常,甚至由于过度膨胀而成为一种污染。人们陷入一种持续无意义信息过剩的状态,把大量的时间消耗在无意义的信息的获取上。在越来越臃肿的信息爆炸时代,由于个人时间有限、精力有限,人们迷失在信息的海洋中,越发难以找到自己需要的信息。因此与"免于愚昧无知的自由"——知情权相对,人们提出"不知情权"。2007年9月15日第259期《新周刊》专门做了一集专题,名为"信息过剩时代的'不知情权'"。

另外,由于互联网的去中心化,每一个人都可以信息传播者的姿态出现,利用随手可及的设备参与新闻信息的生产与传播。媒介融合实现了让任何人在任何时间、任何地点发布任何内容的信息。新闻事件的亲历者、旁观者、道听途说者等每个人都如同一个微型的移动通讯社,只要他们能够连接上互联网,就可以第一时间把信息传递出去。众声喧哗难免会鱼龙混杂,而传统新闻流程中的把关人在很大程度上已经无法对信息进行审查、截留,也无法充分发挥把关作用。在这种新型传播流程中,受众的素质参差不齐,大多没有接受过专业的新闻职业训练。他们发表的观点大多未经过深思熟虑,传播内容大多粗制滥造、质量低劣。同时在网络匿名性的掩护下,有些人甚至刻意制造谣言,传播虚假信息,而网络的开放性与共享性又加剧了谣言传播的速度与范围,一条假微博瞬间可以被转发数万次。

再者,媒体融合时代,在信息的传播过程中受众成为比媒体更重要的信息传播节点,而且传播节点呈现网络状分布。受众担任着传统媒体中的把关人角色,这个群体的数量大得无法想象。在这些传播节点上,任何一个微小的变动都有可能导致传播过程中信息的失真。而且每个人总是不求甚解地接收信息,同时在进行转述的过程中加入自己的理解与想象。如此,若干个节点下来即使原本是真实的信息此时也会变得面目全非。

同时受海量信息的影响,信息的准确性也值得质疑。海量信息混淆了受众的视听,甚至逐渐让他们丧失了对信息真假的判断力。而受众对信息的轻信进而会影响其判断和行为,从而扰乱社会秩序,如2011年日本大地震后中国的抢盐风波影响了大多数人的正常生活。谣言的危害性很大,因此,作为专业信息提供者,记者应当承担起鉴别信息真假的职能,澄清事实真相,消除谣言。

在《信息烟尘:如何在信息爆炸中求生存》中,美国人戴维·申克(David Shenk)提出"信噪比"这一概念来描述人们日常生活中接触到的有用信息和无用信息的比例。信息大爆炸时代,无用信息挤占了人们的时间,堵塞了人们的思考,对受众来说是一种不必要的负担。我们需要对信息作出甄别,而这需要智慧、需要经验、需要大量时间和精力。因此融媒时代,记者作为信息传播的主体,对海量信息进行去伪存真,筛选出有价值的信息成为其主要的职责。

(三)信息服务的提供者

媒介融合时代多种传播手段被综合使用,成千上万的媒体和自媒体也在不断地进行信息生产与传播。和过去相比,受众已经在不断被信息海洋淹没的过程中变得麻木、注意力分散。他们在获取信息时拥有了更多的自主权,他们有太多的方式与渠道得到他们想要的信息,甚至只要愿意,他们可以随时自由发布信息,参与信息的传播。

作为信息的提供者,媒体一直以来具有多重属性。它既有政治属性,又有经济属性,同时还作为社会公器拥有公益属性。随着市场经济的逐步开放,媒体在逐渐商业化的过程中市场经济属性增强。在利润的驱动下,媒体和其他营利组织一样为社会提供新闻产品并销售出去,受众与广告商成为媒体的消费者。在这种二次销售的过程中如何最大限度地抓住受众,这是媒体追求利润最大化的关键。

然而一个媒介所赖以生存并赢得竞争对手的主要因素,在当代已不仅限于具有原创性的独家新闻,而在相当程度上依靠独家的信息加工视角、信息处理手段及信息表现方式。在内容可以轻而易举被复制和传播的今天,重复的相似内容太多。尽管内容依旧在媒体竞争中占据重要地位,但继续崇奉"内容为王"已经不合时宜。在媒介融合时代,媒体之间的竞争已不仅是内容之争,而是如何为受众提供方便快捷的信息服务,把为受众量身定做的信息服务通过适当的方式及时推送给受众,从而建立起独一无二的信息服务。因此记者也从当初新闻信息生产者的简单角色转化为信息服务的提供者。

随着三网融合的不断推进,越来越多的媒介组织开始尝试角色转型。2005年,中国电信制定战略明确提出,要从原先的网络运营商转型为信息服务提供商。而2011年8月腾讯与南方报业集团合作推出大粤网,为广东地区的受众提供本土化的地方新闻、行业资讯等生活服务信息。借此契机,南方报业集团希望实现由"内容提供商"到"全媒体信息服务商"的华丽转型。

著名传播学者施拉姆(Schramm)曾经根据经济学"最省力原理"提出受众选择传播媒介的概率公式,以此表示某种媒介被受众选择的可能性大小:受众对某一媒介的选择概率,与受众可能获得的收益与报偿成正比,与受众获得媒介服务的成本或者费力的程度成反比,即媒体选择概率(P)=媒体产生的功效(V)/需付出的代价(C)。

因此,作为记者应该改变过去对自己的定位,摈弃过去作为传播者居高临下的姿态,主动去了解受众的需求,并为受众提供大量可供选择的、准确的、时效性强的、随时随地方便快捷获取的信息。只有提供有价值、有特色的信息服务才能在激烈的媒体竞争中立于不败之地。为实现这一目标,记者应当细分信息,针对不同受众的偏好为其提供个性化、差异化的定制服务,实现信息服务的无时无刻不在,并与受众的需求实现无缝对接。

(四) 信息的解读者

有学者提出,新闻媒体竞争的本质是对新闻资源的争夺与分割。但信息时代,网络的开放性使新闻源出现后被迅速共享,记者获得独家新闻、争夺时效性的难度越来越大。而信息可方便快捷地被复制和传播更是加剧了信息的同质化现象。打开一个城市的几份报纸,内容相差无几。在不同的电视频道中切换,新闻内容也大多相似,犹如孪生兄弟姐妹。从一个网站游荡到另一个网站,信息铺天盖地转载,内容都是一个模子里刻出来的。

因此,要想在信息的海洋中脱颖而出,记者必须从新闻的记录者、陈述者向信息的解读者角色转变。在对新闻事实进行报道时坚持做原创性新闻,通过独特的角度和思维模式,并结合自身的价值观、审美观对新闻事件做出全面、深刻、独到的剖析与解读,发出不一样的声音。

首先,要对信息进行深度报道。海量性是网络的一大特征,网络时代新闻的传播不再像传统纸媒、电视媒体一样受制于版本、时间等稀缺性的影响。这使得记者进行新闻采集与报道时的内容空间趋于无限。而由于互联网时代背景下人人都可以参与新闻信息的生产,受众不再满足于新闻事实本身的简单报道,同时不同受众对新闻事实的关注点也大不一样。因此,记者必须对新闻事件进行全方位的深度报道,并通过超链接等方式为受众描述新闻事件的每一个细节。

其次,要对信息进行深度阐释。网络上新闻信息的超载,让受众不再满足于浅显的新闻事实描述。他们不仅想了解新闻事实及其前因后果,还希望了解新闻事实发生的背景、深远意义以及对受众生活可能带来的影响。记者应该通过对报道事实的解释,揭示出新闻事实或问题的症结所在。这种对信息的解读近乎分析性新闻,它除了按一般新闻规律报道事实外,着重回答新闻事实为什么发生,以及"将如何"帮助受众理解那些隐藏在新闻事件背后,而又不为一般人立即理解的有关事件的本质和意义。

最后,要对信息进行深度评论。在信息时代,我们不缺少信息,而是缺少对事实的观点,缺乏以理念取胜、以思想取胜。在报道中,记者可以通过观点和意见的表达与简要消息区分开来。新闻事实只有一个,但观点可以有不同。每个记者的价值观、审美观、表达方式不同,因此,对同一新闻事实可以从不同角度不同立场予以解读。现在许多媒体开始意识到观点的重要性,如网易提出要做有态度的媒体,而《南方周末》通过对新闻事件的多方位、多层次地深入报道与解读,迅速成长为中国"最具公信力的严肃大报和发行量最大的新闻周报"。

三、融合记者的技能

媒介融合时代的记者必须掌握多媒体传播技术,尤其是以互联网为代表的新媒体技术。在任何时候,记者都要携带多媒体信息采集工具记录采访或是捕捉现场。同时记者还要学会使用文档处理软件、图像处理软件、音频与视频编辑软件等多媒体信息加工软件,熟悉多媒体信息的发布。现在即使是在新闻记者云集的新闻发布会上,记者们也都是坐在各自的位置,手指在笔记本电脑的键盘上飞快地敲击。电脑的无线网络接收器不断闪烁,混合文字、现场画面、现场录音和摄像的新闻信息即时通过网络上传至媒体新闻中心,并上载至各大新闻网站。这个时候,如果说记者还不会使用数码相机、摄像机等多媒体采集工具,不会使用 Adobe 系列软件对图像、视频进行简单处理,无疑将被数字媒体时代淘汰。

(一)跨媒体平台信息发布技能

媒介融合将我们带入一个记者不再只为某一媒体服务的新时代。纸质媒体、广电媒体、网络流媒体等相互交叉,记者需要同时为报纸、杂志、广播台、电视台、互联网等提供信息产品。因此,记者必须熟悉多种信息传播工作流程,熟练运用录音笔、平板电脑、手机等现代化新闻采录设备,并使用各种相应的内容编辑软件完成新闻报道任务。

媒介技术的不断变革,新闻采编设备的不断改进,促使新闻记者在信息采集与发布中,经常随身携带照相机、摄像机、闪光灯、笔记本电脑、3G 网卡等设备,做到能写、能拍、能摄、能录、能编,既是记者、编辑,也是摄像、主持人,采写的新闻以文字、图片、视频等形式传播至报纸、电视台、网站,这是人们对未来新闻记者角色的理想期盼。

然而,学习使用现代综合采编设备,学习视频画面编辑技巧,相对来说不是难事,难的是拥有多媒体思维方式,即全媒体记者在术业有专攻的基础上,通过一次性全媒体采访,按照各自媒介形态特点制作出相应的媒介产品。美国媒介综合集团的一名女记者,采访报道一个重要的联邦案件的工作日程,即是融合媒体时代记者的缩影。在这里,记者需要在不同的媒体之间自由转换,并按照不同媒体对时效性的要求与传播的特点来对新闻内容进行加工制作,多次发布,生产出满足受众个性化需求的信息产品。在这个过程中,记者突破传统媒体界限,在多种媒体之间运用最适合的介质与方式,最恰当地传播某一媒体信息,这才是理想的状态。

(二)海量信息的真伪鉴别能力

新媒体的出现打破了传统媒体对新闻生产与传播的垄断,受众可以自由、便捷地通过手机、网络等新媒体参与信息传播。

这样一来,任何未经深思熟虑的文章,任何对社会事件的看法,任何普通民众想要表达的意见都可以通过博客、BBS等网络平台进行传播。因此,可以想象这些未曾受过专业新闻训练的普通公众每天生产的信息量是难以计数,信息质量也难免良莠不齐、真假难辨。

在这种海量信息与传播时效的双重挤压之下,记者承受着对信息进行查证和检验的时间压力。也正是在这种高压之下,未来考验融合媒体新闻记者的是对新闻和信息的筛选、过滤以及真假辨别的能力。思想家爱德华·德·波诺1999年的预言已成为现实,近十年已产生了一种涉及过滤信息的全新职业:"如整理者、摘要者、调查者"。由于新媒体提供了多元化的传播渠道和传播载体,使得传播活动的门槛大为降低,各种信息与内容呈爆炸性增长。"信息化"过程的分裂造成社会与文化的樊篱将被重新划分,公共领域出现衰落的迹象。为有效防止这种"碎片化"的蔓延,媒体必须从信息采集者向信息筛选者角色转换。

1998年4月1日,凤凰卫视中文台《凤凰早班车》的开办,已呈现出传统媒体筛选者角色转变的雏形。该栏目"借船出海",将每天的报纸、广播、电视的最新信息做集约化的筛选编辑处理。凤凰卫视的另一档文摘式栏目《有报天天读》,更是荟萃了每天国际媒体和海外华文媒体的言论精华,以"读"的方式,将有关的国内外媒体对大事的评述扼要介绍给广大观众,满足他们获取更多信息的需求,努力做到"一个事件,多种声音",成为"填补重要言论资讯落差"的信息评论节目。

在新传播时代,新闻资讯的"雪崩"越来越需要记者对信息进行筛选分类。记者面对"注意力短缺"的受众,必须知道如何合理分配资源,这样,记者的工作也由搜集信息转为处理信息、编辑信息。如何运用新闻专业知识来判断新闻的真实性,如何对大量的信息进行有效的分类就成为一个融合新闻记者的重要课题。凤凰卫视资讯台的《天下被网罗》,即是一档完全筛选网络信息的栏目,当网络的出现让人们面对资讯的海洋,在很多时候真真假假不知如何适从的时候,该节目就利用专业人员的知识及敏锐眼光,进行资讯的挑选和梳理。让观众通过一个节目,知晓当天天下大事,掌握最热的网络话题。中央电视台《新闻1+1》栏目,甚至经常追踪筛选网络热点话题,把网络议题上升为公共议题,实现网络议题与公共议题的对接,并利用央视独有的评论力量对网络话题进行独到而有深度的解读。

我们知道,在新闻学中存在一个"沙漏式"传播模式。在这个理论中,自上而下的传播模式就如同一个沙漏,记者与编辑承担"把关人"的角色,控制着新闻信息的生产与传播：有些新闻可以通过这个狭窄的"漏口"传播出去，而有些新闻不能传播。在传统媒体的运作过程中，"把关人"的作用非常重要，它折射出权威性、规范性与专业性的特点。

然而在媒介融合背景下，新媒体的开发、互动、即时传播使融合媒体的新闻传播与传统媒体相比，呈现出一些迥异的特征。网络技术的个人化、交互性使得普通公民也有了在大众媒体上自由接收与发布新闻信息的权力，从点到面的传播转换为点到点的传播，从单向传播转换为互动传播，传播过程中的任一角色都可以对信息进行过滤，传统把关人的把关角色弱化。同时数字技术使信息的复制成本极低，传播速度极快，而且储存无限，每天发布的信息浩如烟海，把关人要及时反应、进行把关也往往力不从心，因此，海量信息的真伪鉴别能力成为新媒体时代融合记者的一项重要技能。

（三）融合新闻的多次开发能力

媒介融合时代的新闻实现了一次采集、深度开发、多次利用，信息得到多层次、多角度、全方位的传播，这促使记者在新闻报道过程中的角色与职责、工作形式等也呈现出相应的变化。

融合媒介时代，信息的各种传播渠道高度融合，人们可以随心所欲地选择媒体以自己最喜爱的形式来接收信息。由于受众收看方式和消费价值观念的不同，不同的平台有不同的受众，不同的平台特征也决定了受众的接受特征，而媒体平台的运营方式又决定了受众的接收方式。所以，媒介产品要想最大限度地覆盖受众达到最好的传播效果，就必须针对不同受众的喜好、信息接收习惯，依据不同媒体的优势来进行信息产品的二次生产与传播。

网络的开放性与无限容量使得新闻资讯在被"一网打尽"的同时，新闻题材的撞车和雷同现象十分突出，并在同一时间实现资源的全球共享。在互联网时代，新媒体的"超级共享性"使得媒体靠独家新闻赚取"眼球经济"成为一件难事。而通过独家策划的新闻资源再开发，媒体则可以绕开在新闻源方面竞争激烈的红海，在二次开发的蓝海中取得良好的传播效果。

日本学者伊藤优一认为，由于新传播科技聚焦于多样化的专业信息，大众社会逐渐演变为区隔社会，因此阅听大众日渐因意识形态、价值、品位与生活风格的不同而分化。[①] 而传播学者施拉姆提出：人们选择的传播途径是根据传播媒介及传播的讯息等因素进行的。人们选择最能充分满足需要的传播途径，而在其他条件完全相同的情况下，则选择其需要的渠道。

由于渠道的融合，媒介融合时代的竞争归根到底还是内容的竞争。媒体

---

① 曼纽尔·卡斯特.网络社会的崛起[M].夏铸九,王志弘,等译.北京：社会科学文献出版社，2006：421.

必须有自己的特色内容才能抓住在形形色色的媒体中注意力高度分散的受众眼球。因此,融合记者必须对新闻的生产、加工、传播进行创造性的运筹和谋划,最大可能地挖掘与拓展新闻的内涵与外延,把新闻传播的时效性与报道的广度、深度结合起来,为受众提供多层次、多角度、全方位的信息产品,或提供个性化定制信息。

新闻媒介产业既是社会公器,又是社会营利组织,既要保证经济效益,同时也要顾及社会效益。随着改革开放与市场化进程的加速,媒体对商业利润的渴望增强,媒体的成本意识也开始影响到媒体的运营方式。在这种背景下,媒体对信息资源的共享与二次开发利用也被提到重要议事日程。因此,记者必须从传统的信息传播者优势地位中清醒过来,通过与受众的积极互动与交流,在媒介信息市场占据有利的地位,以优质高效的新闻产品服务受众。

第三节 融合新闻编辑

西方的"编辑"一词来源于拉丁语 redigere,本意为"to bring back",即取回。后来引申为"to draw up",即起草,再引申为"to edit or prepare for publication",即编辑、整理成出版物的意思。①

新闻编辑指现代新闻机构中,从事媒介成品生产过程中的决策、组织、选择加工、版面设计等专业性工作的总称,同时也指从事这项工作的专业人员。新闻编辑是信息传播过程中的无名英雄,常年身居幕后,默默无闻地将记者采写的新闻信息以受众喜闻乐见的方式传递出去。就如作家茹志鹃赞美的那样:"你的成功,消亡在别人的成功之中;别人的失误,却要分担惩罚。掌声和鲜花,只属于作者;你只在无声无息的后台,完成自己的价值。"

现代新闻机构中的编辑一般按照分属的不同媒体进行分类,如报纸编辑、电视编辑、网络编辑等,也有在同一媒体内按照不同的工作内容进行分类,如文字编辑、视频编辑、图片编辑等。在所有的这些编辑中,文字编辑是最先出现的,也是最基础的新闻编辑。随着大众传播技术与手段的不断发展与媒介组织的不断变化,编辑的职能也不断分化。

新闻编辑在新闻传播活动中是一个比较独特的角色,他处于信息的采集者、记者与受众之间,担任着信息的决策、选择、优化和表现等工作。他是信息的把关人,是信息过滤者,是记者、信息、媒体与受众之间的中介。他对信息流入受众进行最后的把关,有权决定信息的去或留;他在信息传播的过程中对信

---

① 许正林.新闻编辑[M].上海:上海大学出版社,2009:1.

息进行过滤、加工、润色、补充和修正等。在整个过程中,新闻编辑决定何时敞开大门让信息流向受众,哪些内容适合传播,哪些内容符合新闻价值,哪些新闻应该占据重要版面与重要时段,在信息的传播流程中居于"核心"地位。

随着互联网技术的发展与媒介融合的推进,多媒体融合构成了新闻编辑工作的特殊语境。不管编辑为哪一种平台工作,不管编辑为哪一家媒体集团服务,编辑都不得不面临这样一个现实:传统信息传播的流程已经发生了翻天覆地的变化,以前单一媒体单向传播的封闭式传播模式已经被开放的互联网彻底打破,新闻的采集与发布流程受到来自互联网的冲击,处于信息传播流程末端的编辑的角色、编辑流程都在不知不觉地发生变化。媒介融合不仅改变了新闻编辑的工作内容和工作状态,同时也改变了编辑的思维方式。

一、融合新闻编辑的诞生

美国南加利福尼亚大学教授拉里·普里瑟曾经将融合新闻看作是发生在新闻编辑部中,新闻从业人员一起工作,为多种媒体的平台生产多样化的新闻产品,并以互动性的内容服务大众。在不同的媒介组织、媒体形态不断融合的过程中,媒体的新闻传播活动由以往的"各自为政"转向"集约生产"。一次采集、深度开发、多重发布取代了过去的一次性采访与信息发布。传统媒体向融合媒体转型变化最大的不是信息采集与写作,而是信息编辑阶段对新闻信息的整合、加工。传播渠道和信息载体的多元化都推动了新闻编辑部组织结构以及角色和功能的变化。

"坦帕新闻中心"是美国新闻界公认的媒介融合典范,它变革了新闻的生产方式:来自不同媒体的文字、摄像、摄影相关记者与编辑重新组合成一个新的新闻团队,共同策划、采写、制作、发布新闻,实现不同媒体联合运作,共享报道资源,统一编辑制作与处理稿件。这样一来,编辑的职能、工作环境、工作内容等都发生了重大变化,进而对编辑的工作提出新的更高的要求。

2006年,美国甘奈特集团首席执行官克雷格·杜博宣布,设立崭新的"信息中心"取代已有的新闻编辑室,让受众可以在任何时间、地点,以任何方式得到他们感兴趣的信息。《华尔街日报》《每日电讯报》《泰晤士报》等媒体也纷纷对编辑部进行重组,将纸质媒体与网络媒体的编辑部门合二为一,重新进行内容的分工。2007年《纽约时报》把报纸的采编团队和数字新闻的采写人员整合在一起,成立了新的新闻编辑部。记者全部成为全媒体记者,持续不断地为报纸和网站提供新闻的最新进展。而编辑部则跟进记者的报道,并与记者合作制作图表、视频等内容,同时还通过网络与受众保持频繁的互动与联系。在这个一体化的编辑部中,互动新闻协作组每周和其他的部门开会,协调对重大新闻的报道安排,并共享新闻信息,沟通报道进度。

在新闻融合的过程中,我国的新闻媒体也纷纷尝试对编辑部进行改革。早在2006年,《上海证券报》就把"中国证券网"和《上海证券报》融合在一起,建立报网融合的新闻生产流程。2007年《广州日报》推出"滚动新闻编辑部",生产多种媒体新闻产品。成都传媒集团成立之初就把旗下的《成都商报》、CDTV-2电视频道、FM 96.5电台频道、"成都全搜索"网站、《明日快一周》杂志、《汽车时尚报》、出租车流媒体等七种媒体形式整合起来,建立一个全新的媒介融合平台。2008年7月,烟台日报传媒集团正式开始运作全媒体采编系统,记者的稿件汇集到编辑中心后由集团统一调配发布到多个媒体平台。同一年美国总统大选时,广东佛山传媒集团就组建了跨媒体的临时性报道小组前往美国采访。

上述案例表明,新闻编辑部在媒介融合时代由传统的单一媒体编辑报道逐渐走向多媒体融合传播,从而导致其工作内容、职责与角色都发生了新的变化。

(一)新闻制播人与新闻流编辑

威尔克森在《融合新闻学原理》一书中指出,在融合新闻编辑部里,新闻流向多媒体创造了两种新型的管理者类型:新闻制播人与新闻流编辑。他认为这两种角色不是职务头衔,而是必须完成相关工作,工作的职责是管理信息流。

新闻制播人综合了传统新闻编辑部里的诸多角色的作用,这些角色包括文字编辑、责任编辑和广播电视新闻编辑部中的制片人。新闻制播人主要解决多媒体环境下的新闻人如何应对信息和新闻流问题,工作的质量控制主要集中于对观点的阐明上(制片人或文字编辑)。根据具体议题,新闻制播人管理多媒体"流",直接传输信息,或使新闻能为更多的媒体平台所用。因此,新闻制播人必须具备文字编辑发现细节的眼睛,具备制片人追随与跟进信息的智慧,具备责任编辑对一个新闻主题可能采取的多种实现途径或为此进行资源配置的技能。

在融合编辑部中,新闻流编辑有管理信息流的作用。这种作用因为编辑部多种传输媒体的存在而显得较为复杂。未来,新闻编辑部可能为印刷媒体、电视媒体以及一个或者多个网站服务,新闻流编辑会将新闻及新闻元素引导给最适合的传输媒体,在生产和运营方面监督记者、新闻制播人搜集和生产的信息流,然后再传播给受众。

与新闻流编辑相类似的角色,是报纸媒体的主管编辑或电视台的执行制片人。二者最主要的区别在于，融合新闻编辑部中的新闻流编辑能混合各种媒体新闻，为多种媒体提供新闻内容。从某种意义上说，这个职位可能是目前新闻运营中最重要的过渡角色。反观当前的状况是，同一机构中不同编辑负责不同媒体的信息内容，占有不同的工作领域，信息内容由此是专属的而不是共享的，工作被重复。当编辑们基于各自工作单元的利益，而不是基于更大的新闻机构的利益做出决定时，融合的协同效应难以实现。丹麦奥尔堡的劳杰斯基传媒总编乌瑞克·哈杰罗伯就形容自己是"媒体导演"，他说，该公司拥有250名的记者队伍，分别为印刷媒体、网络媒体、广播电视媒体和移动媒体生产新闻内容。哈杰罗伯认为每种媒体有各自不同的需求，因此，有必要由具体编辑在这些媒体平台上完善劳杰斯基的信息内容。

新闻流编辑面对着多重挑战，他必须对每种媒体的不同受众有详细了解，并具备每种媒体所需要的编辑能力。还必须与新闻编辑部工作人员适当沟通，确定新闻报道的发布时间。每个记者、新闻制片人、摄影师等，也必须和新闻流编辑就新闻更新、报道角度和最新信息进行交流，以确保新闻能在适当的媒体上得到及时传播。相应说来，信息流编辑应该拥有融合编辑部中最重要的管理技能。

应当指出，新闻编辑部可能有不同的信息流编辑共同管理信息流。有多个新闻流编辑的新闻编辑部，其责任可以按主题划分（如地铁新闻、体育新闻、全国新闻、生活新闻），或者按输出媒体种类划分（如电视、网络、报纸）。虽然有人在早些时候指出，管理融合编辑部的主要问题是术语和工作风格方面的差异，但相关研究表明，其实这些壁垒是可以克服的。相反，主要的挑战却出现在新闻报道的所有权上，提供新闻信息的记者已经和具体媒体融为一体，从而处在印刷和广播电视新闻的组织文化冲突之中。

（二）多媒体任务编辑与制作人

多媒体任务编辑的工作主要在幕后，其在新闻编辑室扮演着交警的角色。他们谨慎地协调媒体内部工作人员的任务，使新闻以一种有效、协调的方式进行播报。任务编辑必须保证所有的报道真实可靠，有确切的信息来源。简要说来，在传统新闻编辑室任务编辑的职责主要包括为记者写作新闻稿提供必要的素材支持，监视突发事件并在突发事件发生时迅速做出判断，分配与协调记者的工作等。

在西方媒体的大型新闻编辑室里，任务编辑一般根据职责和工作时间的不同分配任务，如计划编辑、任务编辑助理、日班任务编辑、夜班任务编辑等。而较小的新闻编辑室里的任务编辑往往要承担所有的角色，并且可能需要全天候地工作。

制作人可以被看作是新闻广播的设计师。在每天的报道规划中,任务编辑决定报道哪些新闻,并且为每条新闻分配相应的记者、编辑,而制作人决定每一条报道的播报方式。制作人的职责一般有：决定哪些新闻可以播报,哪些新闻不能播出,新闻播报的形式与版面、时长,跟踪记者与编辑的报道进程并安排相应的播出等。不同的市场规模下,新闻制作人或单独完成一天的各种新闻制作,或者多个人配合共同完成新闻播出,有的媒体制作人往往同时也兼顾任务编辑的角色。

在融合的新闻编辑室里,任务编辑和制作人的角色变得更加复杂。传统的任务编辑与制作人为单一媒体工作,只是考虑新闻内容及其表现形式。而多媒体任务编辑与制作人还必须考虑到不同媒体平台新闻的最佳展现方式。同时,各个媒体的新闻时效性要求不同,对截止时间也有不同的安排。如报纸一般只有一个固定的截稿时间,广播与电视根据栏目的不同而截止时间不同,而互联网是实时持续更新,没有截止时间。因此,在一个高度融合的新闻编辑室中,任务编辑与制作人必须把所有的新闻报道都考虑在内,不仅仅考虑一个特定的媒体应该如何对事件进行报道,同时还需要决定由谁来报道新闻,用哪一种媒体报道新闻,用哪些元素组合能够达到最好的传播效果,以及各种媒体的传播顺序等。

在融合编辑室,分配任务的编辑要懂得最大限度地利用每个媒体的优势,包括评估每个媒体讲故事的能力和它们各自的长处,并且能够决定给予现场记者一些最合适的支持。这一要求使得分配任务的编辑和负责现场报道的记者承担了很多责任。融合新闻报道者首先需要回答他们试图要做什么的问题,这意味着从一个新闻报道过程的开始就要充分利用各种工具和媒体,以协调的方式去报道特定的事件。融合新闻报道过程在将来沉浸在数字文化中：图像是数字的,声音是数字的,文本是数字的。记者的任务就是在不同媒体间找到最佳的结合方式。这一切都取决于所报道的事实及在一天的特定时间接收信息的受众。有时候要用电视媒体,它包含其他媒体的要素；有时要用纸媒或者网络媒体,它为新闻过程提供平台。对编辑来说,这意味着要理解每种媒体的功能,并思考可利用的所有可能。

具备多媒体意识的编辑能更好地适应复杂、充满各种信息的世界。融合编辑如果掌握了基本的声像技术知识,并理解每种媒体的语法和逻辑,就有可能将这种理解延伸到更好的融合新闻报道实践中去,同时可以管理充斥在媒体机构的信息洪流。

二、融合新闻编辑的职能转变

媒介融合带来的优势是媒介组织能够延伸产业链,释放潜能,提高新闻的生产力与快速反应能力,降低运营成本,拓展受众群体,增加盈利的来源,从而扩大媒体的整体社会影响力。因此媒介融合是新闻业发展的必然,"整合"一词渐渐成为媒介产业的关键词。不同的媒体之间通过新闻编辑部的内部合作与外界的伙伴关系,共享并交叉推广来自不同媒体的信息。

媒介融合时代,新闻传播活动的一切都发生了变化。有了互联网等新媒体与无线设备(包括手机、MP3、掌上电脑、车载设备等)等,原先在信息传播的过程中处于弱势的受众可以在不同的新闻来源中选择自己需要的新闻。这些新闻可以来自传统的媒体,如广播、电视,也可以来自门户新闻网站,甚至还可以从各种社区、论坛获取新闻事件的最新动态。这些新闻可以通过传统的媒体传播,同时还可以通过手机、音乐播放器、车载导航等设备接收。尤其是集计算机技术、数字技术、网络技术于一体的互联网络消解了传者与受众之间森严的界限,只要拥有手机、相机等电子设备,只要能够连上网,任何人都如同一个小小的新闻发布中心。网络媒体不仅具有传统媒体的所有优势,同时还具有传统媒体所缺乏的优势,即海量储存、即时传播、互动性强。以互联网为代表的新媒体与传统媒体融合,改变了新闻信息具体的传播环境,从而使融合新闻编辑与传统的编辑相比角色发生了显著的变化。

1. 全能生产者(生产多面手)

传统媒体的报道方式往往是单一的,分离的。而在媒介融合时代,原有的不同媒体工作者之间的界限逐渐打破。多种媒体的传播手段都可以通过数字化技术方便快捷地进行转换、编辑、储存和传播。因此,新闻工作者之间的职业分工与技能分工逐渐消失。融合新闻编辑不再受文字编辑、图片编辑、视频编辑和网络编辑的工作内容的限制,通过融合媒体编辑平台对多种传播内容,如文字、图片、视频、音频等进行组织、加工、传播,编辑的媒介属性消失。这意味着,融媒体时代的新闻编辑必须具备以往文字编辑、图片编辑、视频编辑、音频编辑的能力,能够处理从文字到视音频的所有符号形态,不仅能够将不同媒体平台的内容进行融合创新,还要能够按照不同媒体平台的特色与传播特点生产出相应的媒体产品。

2. 记者和编辑合一

编辑的出现是媒体社会分工的结果。在传统媒体中,记者与编辑是媒体的两大业务主体,二者分工不同,职责互补,共同为受众提供优质的新闻产品。

记者负责采写，编辑负责稿件把关新闻发布。二者界限分明，编辑在一般情况下并不参与新闻的采访与制作环节。而到了媒介融合时代，编辑工作前移，参与新闻采集成为一种趋势，即有的编辑兼任起了记者的角色。这一方面源于数字技术的发展，只要能够连接上互联网，无论何时何地编辑都可以上载新闻库进行信息传播。另一方面互联网时代对时效性要求更为迫切，由于编辑和记者身份的合一，可以实现信息采写编播的一站式发布，这样既有利于缩短信息发布时间，也有利于编辑贴近受众，为受众提供更好的新闻产品。

3. 信息与资源的整合者

信息整合的意思是，编辑对海量的新闻信息进行整合，筛选出受众感兴趣的信息。媒介融合趋势下，受众可以在任何时间、任何地点，通过任何方式得到他所需要的任何信息。受众的注意力已经高度涣散，只有受众感兴趣的信息才有市场。而互联网的兴旺发达与搜索引擎技术的进步进一步加剧了新闻传播从"推"的时代向"拉"的时代转换。在融合语境下，处于新闻现场的记者往往会发回两种形态以上的媒体报道，这些每天汇聚在编辑部门的来自各个记者的稿件数不胜数。如果编辑不能很好地整合新闻，展示出最有价值、受众最感兴趣的信息，即使是再重要的信息也只能淹没在信息的海洋中，无人关注。因此，融合新闻编辑角色的工作内容最重要的改变，是对新闻和信息进行重新的整合，在对内容进行筛选和把关的基础上，根据不同媒体的传播优势与受众特点重新组织排列新闻的要素，并予以提炼、包装。

三、融合新闻编辑的基本能力

随着融合新闻编辑职能的转变，融合新闻报道对融合新闻编辑的素质也提出了新的要求。

（一）掌握多种媒体技术

罗杰·菲德勒曾经提出，传播媒介形态的变化，通常是由于可感知的需要、竞争和政治压力以及社会和技术革新的相互作用引起的。而媒介融合首先是技术的融合，虽然技术不是媒介融合进程中最难以解决的问题，但却是进入媒介融合后编辑最先感知到的挑战与必须率先解决的问题。

在融合新闻报道过程中，记者将采集并制作好的多媒体文本汇聚到融合新闻编辑部，如文本消息、文字稿件、图片新闻、音频与视频节目等，这在大多数媒体已经开始付诸实践。如烟台日报传媒集团从2008年开始运营全媒体采编系统，记者不再局限于向哪种媒体供稿，而是由集团统一调配，记者的稿件也向多个全媒体终端发布——纸质报、手机报、多媒体数字报、电子移动报、户外视屏等。在这种情况下,编辑必须掌握多种多媒体编辑软件,如 Adobe Photoshop、Premium、Dreamweaver 等,熟练地处理文字、图片,并对视频新闻进行编辑。同时编辑不仅要熟悉报纸的版面设计,还要对电视节目的后期制作技术、网络的页面设计等有一定的了解。通过对下面案例,即对烟台日报传媒集团关于"4·28"胶济铁路火车相撞事故报道的分析,读者可以加深融合新闻编辑掌握多种媒体技术素质的认识。

2008年4月28日凌晨4时41分,由北京开往青岛的T195次客车在胶济铁路王村站附近突然发生脱轨、颠覆,并与由烟台开往徐州的5034次客车相撞,死亡71人,受伤416人。

当日晨5时,集团得到消息,全媒体新闻中心7名全媒体记者,立即驱车前往事发地点淄博。采访开始后迅速通过手机短信将现场新闻通过烟台手机报发送,接着在集团新闻网站——水母网进行滚动播报,视频节目连续跟踪,集团电子纸移动报——《e媒界》同步传递。次日,集团平面媒体——《烟台日报》《烟台晚报》等纸媒对前方记者采集的文字、图片和各类信息,通过编辑的差异化处理和制作,形成差异化的新闻产品,实现个性化编排。整个运作过程实现了集团从"第一时间采写"向"第一时间发布、波纹信息传播"转变的目标。

手机报多点发送。《烟台手机报》在28日当天滚动播报事件进展,在下午版的手机报上形成事件小专题,并将"火车站可全额退票"等实用信息及时通过手机报传递给用户。在联通版手机报和网通版手机报上,由于是短信类手机报,除了增发手机报条数外,还将水母网正在播报的信息传达到用户,以方便手机报用户上网查询详情。

网站滚动播报,实现前方后方联动、线上线下互动。记者在前往现场途中,便利用手机短信向水母网编辑发回"在前往淄博的高速路上,有多辆挂有烟台牌照的汽车往前奔驰""前往事发现场的国道收费站免费放行救助车辆"等现场播报。记者抵达事发现场后,用口述的方式向水母网编辑描述所见所闻,并用手机彩信传回部分现场图片,这些信息经过编辑后迅速上网。

电子纸移动报同步传递。集团电子纸移动报创办的"e媒界",与水母网展开同步传递,进一步扩大了信息传输速度和效果。

平面媒体纵深报道。纸媒用4~7个版进行报道,风格各有不同。《烟台日报》传阅率大增,《烟台晚报》《今晨6点》日零售均增长20%以上。

视频节目跟踪。YMG视频节目《新闻B2C》连做三期访谈,讲述4·28列车相撞事件背后的故事,在水母网和光速资讯网(楼宇电视)上播放,引起较大反响。

从上述案例中，我们真切地感受到了融合新闻报道编辑的一般流程，也认识到了融合新闻编辑记者应具备的多媒体技术素质。

（二）熟悉不同媒体的内容编辑

以往编辑可能就是决定传播哪些新闻、何种新闻占据头版头条、哪些新闻占用多少版面或时间。但在融合新闻编辑部中，编辑的工作更为复杂，因为编辑要用每种可能的方法来对新闻进行编辑。事实上，融合新闻编辑在接触到新闻源的那一秒起，编辑的工作便已经开始：采用什么新闻元素进行报道？是否使用视频、音频等多重媒体报道？派哪些记者前往采集新闻信息？是作为短消息进行报道还是进行深入追踪？是先在网站上进行报道还是在印刷媒体、电视媒体上进行报道？不同媒体的媒介产品又将如何生产？

融合新闻使用多媒体集中采集新闻，而编辑部打破报纸、电视、网站采编之间的隔阂，实现联合报道策划和采访，然后根据所属媒体介质和受众特点分类加工、生产多样化新闻产品，提供给所属不同的媒体进行选择和传播，使新闻资源得到多层次、多角度、全方位的开发，如美国媒介综合集团的"坦帕新闻中心"与"多媒体新闻总编辑"工作平台。

媒介融合时代，报纸与网络融合实现了报网互动，而报纸的网站包括视频、音频等内容，各种网站也大都实现了文字、视频和音频内容一体化。以深圳报业集团为例，其旗下的深圳新闻网配备了新闻采访车，可以像电视台一样进行现场直播。这样，在对新闻事件进行报道时，新闻现场直播、文字专栏、图片新闻等以及与受众的互动都可以同时完成，报纸、电视、网络等业务相互融合。而后台的新闻编辑部自然在内容的处理上要进行融合，对记者采集与制作的文字新闻、图片新闻、视音频新闻等一一进行处理并通过集团的各种渠道传播出去。由此而知，如何做到使不同类型媒体的内容生产协调、互相补充以达到最佳的传播效果，这才是融合新闻编辑最难解决的一个问题。它需要编辑更新观念、转变思路，积极探索跨媒体运作的模式。

（三）协调统筹能力

媒介融合的目的之一是实现资源共享，降低生产成本。这个资源既包括新闻资源，也包括人力资源。同一新闻事件，前往新闻现场的记者发回两种以上媒介形式的稿件，同时编辑将记者发回的稿件进行综合或分发，供多种媒介使用。因此，同一个新闻现场需要记者进行多媒体新闻信息的采集与制作。但往往一个人的精力有限，如果是简单的新闻报道，一个记者还是可以应付多种媒体内容的采写，如果是大型的媒体事件，媒体集团则必须派出多名新闻记者组成采访小组，让他们相互配合，为集团内的多种媒体供稿。

2008年奥运会期间，广州日报报业集团组建了"8报2网及手机等媒介的联合舰队",实现跨区域、跨媒体和跨部门的资源整合,新闻编辑部参与新闻策划、采写、编辑、美编、评论、检校直至传版等各个环节,实现全流程运作。而受制于名额限制与成本考虑,不少媒体联合派出了记者小组,如15家主流媒体与奥运会官网搜狐进行合作,成立了奥运媒体联盟,共同组建记者团,共同策划新闻报道活动。

2008年,佛山传媒集团也组建了一个6人跨媒体采访团队,前往美国报道美国的总统大选。佛山传媒集团是一个由报纸、电台、电视台等组成的多媒体集团,派出的6名记者也分别有文字记者、摄影记者与摄像记者等。他们依据各自的特长进行新闻的多媒体信息采集,而后方成立多媒体编辑平台,为集团的报纸、网站、广播、电视筛选、加工新闻信息。所有的新闻素材都首先发回编辑平台,编辑再根据不同媒体的特性在编辑平台上对素材进行整理、加工,然后通过多种媒体渠道发布出去。如首先由网站发布最新消息,然后由报纸跟进深度报道,相关的音频、视频报道也在电台、电视台上播出。

因此,媒介融合时代,编辑不仅要掌握各种内容编辑技术,熟悉各种不同媒体的传播优势与特点等,还要具有策划、统筹、协调的能力,合理分配新闻资源与人力资源,实现新闻的"一次采集、动态整合、多个渠道、多次发布",有效降低生产成本,提高新闻的传播效果,提升媒体的综合影响力。

(四)融合编辑策划能力

新闻报道策划是编辑对新闻资源进行合理规划与利用,从而达到最佳传播效果的过程。它需要编辑全面掌握各种媒体技术,并熟悉不同媒体的传播优势,从而在这个基础上突破不同媒体之间报道手段和方式的界限,创造出更多、更新颖的新闻表现形式,这是最能体现编辑创造力和价值的环节。新闻报道策划包括确定新闻选题,确定报道方案,协调记者的分工,确定报道的内容、结构、形式等。通过策划,融合新闻编辑可以筛选出受众需要并最感兴趣的信息资源,在信息高度同质化的当下做出具有独家视角的新闻。同时通过策划过程中对新闻资源优化组合、合理配置,促进记者深入采访,更好地挖掘新闻资源,深化新闻报道的主题,并在新闻运作方式、采编方式和写作方式上进行创新和突破。

"第二十八届中国新闻奖"的融媒体作品《柳州融水突围记》,在一线融合新闻记者于一线采访之际,后方融媒体编辑机制便开始策划高效运转。报社新媒体团队早在强降雨开始之初,就持续在广西日报移动端各平台上对雨水灾情进行全天候的滚动报道。在一线记者谌贻照"失联"期间,新媒体部客户端组、微信组、微博组与广西日报全媒体采编中心、通采部、农业部等采编部门通力协作,在广西最权威的主流媒体移动平台上,为全区的读者和网友们密集地发出了各地最新、最全面的灾情及应对情况。同时,新媒体团队安排了多组编辑与多路一线采访记者具体对接,不错过任何一个前方传回的有用信息。当融合新闻记者谌贻照再次"浮头"发回"孤岛"杆洞乡的现场文、图、视频等素材时,新媒体团队在极短的时间里充分消化所有素材信息,以娴熟的新媒体操作技能,将一篇情节跌宕、内容解渴、信息实用、立意深远的融媒体作品制作出来,让一线记者传回的信息能及时在移动互联网传递出新闻的最大价值。这篇融媒体作品,成为后方编辑在移动互联网时代的一次媒体融合的生动实践。

媒介融合时代,媒体之间相互渗透,对新闻资源的争夺日益白热化。过去对新闻编辑素质的要求仅仅局限于"六会":会选稿、会改稿、会拟制标题、会组版、会画版、会校对。而如今,策划意识与策划水平逐渐成为融合编辑的基本素质。尤其在互联网时代,海量信息的存储为编辑提供了多种多样的资源和更大的发挥空间,融合编辑成为多种传播形态新闻产品的集大成者。在做好新闻编辑、修改、重新排序的基础上,他应该担任起前期的新闻策划,通过策划合理地配置新闻资源在不同媒体平台的分布,实现对新闻全方位、多角度、多观点、立体化的报道,从而提高新闻资源的使用效率,扩大媒体的综合影响力。具体说来,策划内容包括以下几方面。

报道的范围和重点。在报道前根据不同的媒体平台确定不同的报道对象与范围、报道的重点,并在进行资源配置时优先考虑。

报道的规模和进程。编辑必须确定报道持续的时间、占据的媒体资源,以及如何进行记者组合,并在每个不同的发展阶段考虑如何使用相应的媒体平台予以表达。

报道结构和方式。记者采集的新闻素材全部汇聚到新闻编辑部,此时新闻编辑部应当根据不同传播渠道的特点以及受众的喜好对新闻产品进行分类编辑、排序,为不同的媒体平台提供最适合的产品。以某地即将召开的征地拆迁发布会为例,在为多个媒体进行报道之前,编辑必须进行多媒体、多方式的策划:是进行简要的消息报道,还是做现场连续报道或专题报道?如是广播与电视媒体,既要进行简要的短讯报道,还可邀请事件相关者进行访谈等。而网络则既可以通过超链接为受众提供最全面的信息及背景,同时还可以邀请受众进行互动。

报道资源配置和报道运行机制。报道的资源配置是对参与报道的记者、设备等的分配,而报道的运行机制则是指报道小组的机构、工作流程和管理制度。媒体的资源是有限的,编辑必须根据需要决定记者等资源的配置。在报道的不同阶段,计划以什么新闻元素、什么题材来进行新闻制作,通过什么媒体平台来进行信息传播,以达到最好的传播效果,这些都是发稿计划中所要思考的问题。

第四节 融合新闻管理

传统新闻业务以单一媒介形态为基础,技术手段相对有限,各媒介形成了自己独特的新闻采编流程,日报按 24 小时周期运转,电视根据新闻滚动与栏目架构需要操作。而"融合新闻"恰恰要打破这种限制和流程,要在全方位技术运用和所有形态媒介介质基础上整合新闻传播,建立新流程。新闻传播越来越体现为团队的合作与管理,而非编辑记者的个人智慧。

一、流程管理

流程管理是指以流程为主线的管理方法,它的管理对象是业务流程。流程管理把所有的业务和管理活动都看作一个流程,注重这个流程的连续性,以全流程的观点取代某个部门或者某个活动。它强调全流程的绩效而不是个别部门或活动的效果,从而打破了职能部门本位主义的思考方式。所以,流程管理以流程为导向重组组织模式,对业务流程不断再造,鼓励职能部门相互合作,共同追求整个流程的绩效,从而实现组织的简单化和高效化运行。

媒体的生产流程一般可以分为信息素材采集、信息素材初级加工、信息素材深度加工、信息产品形成并传播、产品进入消费等阶段。而媒体内部的生产流程大致也可以分为两类:一是在单个部门内投入并产出,围绕职能线性组织运转的子流程;另一个是横跨多个职能部门,对这个流程负全责的跨职能流程。①

在融合背景下,各种媒介形式都可以转化为数据流以实现共享与自由转换。这样一来,内容生产不再依赖于传统媒体的介质,从而可以相互融合。而传播渠道的融合使不同媒体可以在同一个操作系统工作。报纸、电视、网络等媒体的采编队伍融合为一个整体,在一个综合信息平台上生产出全时空全媒体的信息,再通过个性化编辑后传播到不同的媒体终端。

以坦帕新闻中心为例,它把旗下不同媒体的记者与编辑等工作人员重新组合成为一支新的新闻报道队伍,共同策划、采编信息、播出信息。其属下《坦帕论坛报》及其网站坦帕湾在线、电视台 WFLA-TV,还有集团网站 TMO.com 的编辑部门全部集中在一起。当时报社有 210 人,而电视台只有

---

① 谭云明.传媒经营管理新论[M].北京:北京大学出版社,2007:36.

92人。电视台希望利用报纸的新闻采编力量扩大报道面,提高报道质量;而报纸看好电视台拥有的150万个家庭用户。网站则可以更方便地将报纸和电视的新闻信息全部搬上网络,并根据网络特点衍生出新内容和产品。但如何才能真正实现资源共享和效益共增?这需要创造一套崭新的采编流程管理模式。

综合媒介集团完成这一整合的关键决策是设立"多媒体新闻总编辑",统管三类媒介的新闻报道。坦帕新闻中心担此重任的是史蒂夫·德格雷戈里欧(Steve DeGregorio),他此前已在WFLA-TV工作了11年。走上新岗位后,其主要任务是发现重要新闻线索,进行报道策划,并组织和落实报道。每天上午他要召开三次会议:电视台9时的晨会,网站9:30的会议,报社10:30的编前会。他说自己的工作如同要把一群野马圈进畜栏,总是有大量谈判,做大量策划方案,还要确定不能出现重复性报道。被统一管理的编前策划会使三类媒介在新闻采编方面实现联动,但这种联动并没有固定模式,完全根据新闻事件的价值和媒介当时的条件而定。

较有代表性的报道案例如:《坦帕论坛报》曾报道过一条社会新闻,有个小型飞机的飞行员突然发病,机上一位乘客操纵飞机平安着陆。该新闻由报社记者和电视台记者联合报道完成,共同署名,报纸记者的新闻稿成了电视后续报道的新闻背景。另外在传统媒体之间及其与网站的合作流程同样有成功的案例借鉴,如电视台报道当地一位参加奥运会的游泳运动员在印第安纳接受审判,电视新闻是由报纸记者拍摄报道完成的,电视节目中还有主持人对这位报纸记者的访谈,电视新闻结束时,主持人还提示观众可以到网站上去获取这一新闻的更多信息,类似的报道已形成惯例。

在没有固定模式的联动新闻报道之外,也有一些相对稳定的合作形态。如《坦帕论坛报》的商业编辑伯尼·科恩(Bernie Kohn)在每星期一早间电视新闻中做一段专题节目,网站编辑阿德里安·菲利普斯(Adrian Phillips)每星期在电视的早间新闻节目中亮相三次,电视台专门报道医药新闻的记者艾琳·马厄(Irene Maher)在报纸上开设两星期一期的固定专栏。媒介融合使大量新闻信息在同一栋大厦中流动,报纸、电视和网站分享彼此的消息来源和新闻生产力,合作的结果是把每个入伙媒介的市场都进一步做大。

在团队作业的模式下,新闻采集与新闻载体是分离的,团队成果不为某个载体独有,载体使用完全以新闻传播整体效果最优化为目标。从管理学角度说,这是最复杂的网状组织结构管理,每套新闻产品生产都对应所有媒介,每个媒介都能在成套新闻产品中获得最适合自己的部分。从整体来看,这些新闻产品有差异，包括内容差异、角度差异、表现形态差异等，这些差异使各媒介定位差异得以实现。如果说，以前的新闻报道策划研究者所关注的"媒介联动式报道"是一种偶然、自发、小规模的"融合新闻"，那么在融合媒介时代，"融合新闻"则是常规性、有组织、制度化的操作。

二、平台管理

通过设置融合新闻编辑部而采取集中办公的方式，新闻流编辑直接指挥记者实现了扁平化管理，打造了融合新闻生产的新流程。不同媒体在信息采集、制作、传播过程中全面合作，这不仅变革了新闻业务形态，使媒介在工作流程、运作模式与组织结构上发生相应的变化，同时也变革了融合新闻管理方式，实现了"波纹"信息资源管理理念。

"波纹"信息资源管理理念源于如下现象：当你投一块石头到水中，你会看到以石头的入水点为圆心所形成的一圈圈逐渐扩大的水波，而且这些水波一个接一个以石头入水点为中心呈环状向外扩散，最后渐渐归于平静。新闻事件的传播也一样。利用这种信息的波纹式传播，道琼斯把新闻通过道琼斯通讯社、《华尔街日报》网络版、CNBC电视频道、道琼斯广播、《华尔街日报》纸质版等七种不同的媒体卖七次。一个新闻事件发生后，最先对其进行报道的是道琼斯通讯社，然后华尔街日报新闻网站跟进报道。接下来道琼斯的新闻记者转身一变成为CNBC电视台（道琼斯和GE合资）的节目主持人对新闻进行报道。在道琼斯广播电台播出后，著名的《华尔街日报》才对新闻事件进行更加详细、深入的分析、报道。而此后 Smart Money 等系列刊物对新闻事件进行深度报道。最后，所有的资料汇总进入道琼斯和路透合资的 Factiva——历史最悠久的商业资讯数据库里，供收费用户检索。①

波纹理论说明，媒体可以通过多种媒介形态呈现、多种渠道发行、多种媒体终端传播，使新闻信息实现新闻产品的多次出售，从而最大限度地利用人力资源与新闻资源，降低边际生产成本，获得更大的收益。传统单一媒介传播时代，波纹理论的应用还只局限于单一的介质内，如新闻从报纸上的短消息到长篇深度报道，再到杂志上的专题报道等。融合新闻突破了媒体介质的限制，信息可以在多种媒体平台之间自由流动，这为波纹理论提供了更大的发挥平台。按照道琼斯的波纹信息传播理论，融合新闻可以打造一个立体的内容生产链，使新闻传播从"第一时间发布"转向"第一时间发布、波纹信息传播"，新闻资源得到多层次、多角度、全方位的开发利用，实现一种产品、一次采集、深度开发、

---

① 刘长乐.全媒体时代的思维转变与战略实施[J].中国记者，2011(5).

多次利用。

在"波纹"信息资源管理理念的启发下,我国许多媒体按照自己的理解积极地实践融合新闻。烟台日报传媒集团调整产业结构,建立报纸、手机、网络等多种媒体形态组合的"全媒体框架",把新闻业务分为核心业务、成长业务、新兴业务等,通过"六网三报一码一社"(六网指第一新闻网、中国酒业新闻网、黄海数字出版网、水母网、烟台人购物网、光速资讯网;三报指手机报、多媒体数字报、电子纸移动报;一码即二维码;一社指黄海数字出版社)进行传播。成都传媒集团融合报纸、广播、电视、期刊、网络、新媒体等全媒体形态,打通媒体之间的流程,再造内容生产流程,按不同媒体的传播规律制作和发布产品,实现效益最大化。

喻国明教授在《传媒经济学》中认为,媒介融合下的报刊、广播电视、互联网所依赖的技术越来越趋同,以信息技术为中介,以卫星、电缆、计算机技术等为传输手段,各种信息在同一个平台上得到了整合,不同形式的媒介彼此之间的互换性与互联性得到了加强,媒介一体化的趋势日趋明显。

2008年奥运会报道期间,烟台日报传媒集团为充分报道好奥运盛会,整合人力资源,于4月10日正式组建了YMG奥运特别工场这一虚拟平台组织。[①]特别工场吸纳了29名编辑记者,分别来自《烟台日报》《烟台晚报》《今晨6点》《水母网》等媒体,形成以北京为主的外派军团和以烟台为主的留守军团两大方阵,以烟台视角全方位报道北京奥运,并与搜狐等国内外知名媒体合作,组成多元媒体联盟,全景报道奥运盛会。

此外,YMG奥运特别工场还面向社会招聘了50名"公众记者"。这50名公众记者,分布在北京、上海、烟台、青岛等地。北京的公众记者,由奥组委的官员、比赛场的裁判、运动员以及志愿者和媒体记者组成,他们通过手中的笔、手机或摄影、摄像机记录赛场风云,采写趣闻轶事,通过特别工场的多媒体平台发布,突出烟台人与奥运的激情互动。

YMG奥运特别工场采用了"统一采访、统一出刊、统一招商、统一发行"的方式,打造奥运特刊《奥运梦工场》,与《烟台日报》《烟台晚报》《今晨6点》同体发行,无缝覆盖,即时投递。

利用YMG奥运特别工场这一虚拟平台组织,集团实现了各家媒体新闻资源的有效整合,对重大新闻事件报道统一策划、统一采访,为实现从单一向多元转型的传播模式奠定了坚实基础。

在实践中,烟台日报传媒集团启动的虚拟组织"奥运特别工场",采用了集

---

① 杨松涛.奥运报道的融合新闻探索[J].青年记者,2008(26).

团化配合作战的模式,探索融合新闻报道,做到在报纸上有文有图有深度,在网络上有声有影有现场——这是烟台日报传媒集团在奥运报道中追求的"融合新闻"实践效果。

以刘春红夺冠为例。2008年8月13日14时30分,烟台姑娘刘春红冲击女子69公斤级举重金牌。此时,烟台日报传媒集团特派至刘春红家乡招远的记者柴向阳、张宁立刻通过手机报发出即时播报短信《刘春红即将冲击金牌》。随后,柴向阳又连续向水母网编辑口播补充招远体育场现场情况等采访信息,水母网编辑将这些信息编辑整理后,连续通过手机报和水母网发出《招远千人聚集体育场期待春红夺冠》等系列快讯。与此同时,在北京的记者韩文友等也迅速发回了《刘春红通过YMG记者向家乡人民问好》的消息和《刘春红比赛现场》等视频。刘春红比赛结束后,编辑立刻将相关信息整理成当日网站重要消息《顶天立地 烟台春红举世无双》。此后,招远、北京两路特派记者和后方记者迅速整理图片,撰写稿件。在14日发行的特刊《奥运梦工场》上,《爱吃大白兔 喜欢卡通画——刘春红的柔情人生》《春红家乡沸腾了》等一批独家的报道。

从当天手机报多点发送、网上快讯滚动播报、现场视频同步传达,到翌日平面媒体的纵深报道,关于刘春红夺冠的前后期报道,正是烟台日报传媒集团在奥运报道中力求按照新闻规律运作、探索融合新闻的一个缩影。

奥运会期间,烟台日报传媒集团前方报道团先后为烟台读者带来了"刘春红夺冠""鸟巢中的烟台人"等及时详尽的现场视频报道,"YMG奥运特别工场记者见证中国首金""开幕式上的烟台兵"等图文报道。同时,后方报道团也分赴烟台姑娘刘春红、魏宁家乡,带来了"招远丁人为春红加油""启蒙教练说春红""魏宁,鲜花依然献给你"等大量独家、幕后图文和视频报道。与此同时,集团还启用特别工场的编辑记者,开设了视频脱口秀"三个女人一台戏",先后录制节目10期,在水母网奥运频道上播出后,收到了良好反馈。

烟台日报传媒集团实施平网结合,加强波纹信息传播平台的管理,在同一事件的报道中,充分发挥了全媒体传播的整合优势。首先以手机报、水母网的"第一时间发布"为开端,并遵循"波纹信息传播"规律,以视频节目跟踪报道,以纸媒纵深报道完美结束。

在8月8日奥运会开幕当天,烟台日报传媒集团推出了烟台新闻史上最"厚"的报纸——88版的《奥运梦工场》,颠覆了报纸的传统理念,采用平面媒体与网络媒体相结合的"8+80"版新形态,其中8个纸质版由平面媒体《烟台日报》《烟台晚报》《今晨6点》以传统的文字、图片等形式刊发;80个数字版由网络媒体水母网以数字版、视频等形式推出。随后,又在8月9日推出了《奥运梦工场》的下午版——数字报《五环时空》,每天分五大板块,以视频、图片、文字等全媒体手段推出"奥运首金""张艺谋谈开幕式""姚明身边神秘男孩"等海量信息。

平网结合的新型管理运作模式,使得集团在整合资源的基础上,实现了新闻生产方式和新闻运作方式的创新,而整个报道的运作过程也实现了从"第一时间采写"到"第一时间发布、波纹信息传播"转变的目标。同时,集团可以利用网络在速度上的优势及时传播信息,随后根据报纸对深度的要求,对信息进行进一步梳理整合,形成深入报道。网络再将报纸深度报道上网,真正实现了报纸与网络、深度与速度的良好结合。

三、知识化管理

著名管理学家彼得·德鲁克(Peter F. Drucker)认为:"21世纪的组织,最有价值的资产是组织内的知识工作者和他们的生产力。"知识管理就是组织在相关方法和技术支持下对知识的创造、组织、转移和应用过程进行系统化管理,以发挥知识的杠杆作用来改善组织绩效并保持组织持续竞争优势的过程。① 它包括建立知识库、促进员工的知识交流、建立尊重知识的内部环境、把知识作为资产来管理等方面。

日本学者诺娜克(Nonaka)和塔克奇(Takeuchi)根据对显性知识和隐性知识的研究提出了知识管理模型的作用机制。他们认为知识管理可以通过社会化、外化、综合与内化几种方式实现。社会化指通过经验的分享促进成员经验和心智模式的互动而达到由隐性知识(能用文字等表达的,容易以硬数据的形式交流和共享的程序或者普遍原则)创造隐性知识(高度个性而且难于格式化的知识,如主观的理解、直觉和预感)的过程。外化是通过适当的假设、类比或模型来把隐性知识转化为显性知识。②

融合新闻的知识化管理,即通过有效的信息技术与管理制度,对组织中的知识进行创造、分享、扩散、转移、更新,帮助提高全体新闻从业人员的素质,避免无意义的重复劳动,降低生产成本。知识和智力都是融合新闻的重要资源,融合新闻实现知识化管理的第一步是通过资料室、档案室、数据库等对新闻信息等内容资源进行整合、共享与优化配置形成内容资源增值的平台,建立知识的信息库。这个信息库里保存了记者编辑采集的多媒体新闻素材,如文字、图片、视频、音频等,既是多媒体信息采集平台也是多媒体信息发布平台,而且任何人都可以

---

① 程小萍.媒体知识管理[M].北京:光明日报出版社,2007:51.
② 马建平,卞华.媒介经营管理创新思维[M].北京:中国传媒大学出版社,2008:109.

通过检索查找使用这些资料，通过这个信息库相互交流。

以宁波日报报业集团数字技术平台为例，它整合了集团所有资源，可以提供多种媒介采编播、业务运营和决策管理等服务。记者等采集的新闻、历史的数据与背景资料分类整合组成知识库，供记者与编辑使用，记者编辑等也可以通过这一平台实现信息沟通。同时报业集团根据新闻生产流程设定了若干规则，形成整体策划、统一采访和内容共享等机制。这些正式流程的建立使集团在新闻传播活动中积累下来的经验能以固化的形式传递下去。由此，宁波日报报业集团也成为中国报业集团进行媒介融合尝试的先行者。

四、资源管理

融合新闻最重要的资源是信息，而且是融合了文字、图片、视频等多种媒体形态的信息。融合新闻信息资源管理工作贯穿整个新闻生产流程：从获取新闻源，到采集多媒体新闻信息、对多媒体信息进行加工制作，然后把新闻产品传播给受众，并接受来自受众的反馈等全过程。

信息资源管理的目的是通过数字化管理、知识化管理实现信息共享。当信息资源被高度共享后，人的潜力与社会物质资源被充分地发挥。尽管在媒介融合的大趋势下，我国媒介融合迅速推进，媒体之间跨地区、跨媒体合并与合作速度大大加快。但多数融合只是报纸、电视与网络的简单相加，实际采访报道时依旧是各行其是。于是，新闻事件发生后，同一传媒集团内部的不同部门各自派记者前往，造成极大的资源浪费。

解决这一问题的办法就是在媒介集团内部建立一个跨媒体的资源共享平台，实现新闻信源、新闻采写编播等资源的共享，同时在外部建立一个国际国内的新闻交换网络。资源共享包括两个方面：新闻线索的共享与设备资源的共享。坦帕媒介综合集团旗下的报纸、电视、网站的编辑记者，通过日常交流互相分享对方的新闻线索、思想与创意，同时共享新闻中心的机器设备与场地。许多媒体也意识到资源共享的双赢效果，纷纷建立新闻协作网，交换新闻事实主体部分，甚至提供直播信号。美国传统的三大电视网就已经建立了内部新闻资源交换网，互相交换新闻视频素材。

资源管理是把融合新闻采编过程中的所有信息作为一个整体来看待，整合信息的传播渠道，整合媒介价值链，让信息实现交互式的资源共享和集成管理，使不同部门之间实现联合信息采集与制作，提高资源配置的效率。

哈佛商学院教授迈克尔·波特（Michael Porter）1985年在《竞争优势》（*Competitive Advantage*）一书中，把企业内外价值增加的活动分为基本活动和支持性活动，涉及企业生产、销售、人事、财务、计划等各个方面。按照他的逻辑,价值链上的每个环节不会都创造价值,企业要保持竞争优势就是要在某些真正创造价值的环节上保持优势。企业必须密切关注组织的资源状况,关注和培养价值链的关键环节上的优势,而企业间协调或合用价值链能够带来最优化的效益。

传媒产业是一种规模经济和范围经济都非常显著的产业(如图3-1),而媒介融合以来,跨地区、跨媒介集团的出现更是加剧了这一特性。与传统新闻产品生产的价值链相比,融合新闻的价值链要复杂得多,呈现出复合式、多层次、网络状的结构。通过对传媒价值链进行分解与融合,融合新闻在更大范围内对资源进行合理配置,可降低生产成本,实现规模经济。

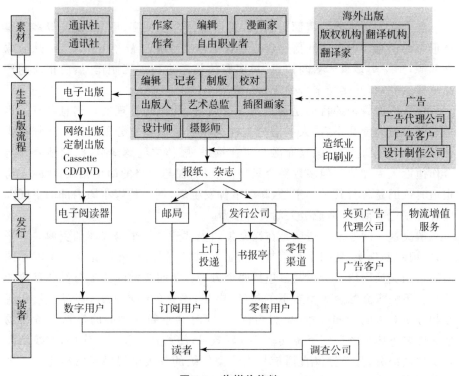

图 3-1　传媒价值链

资料来源:清华大学新闻与传播学院媒介经济与管理研究中心

由于传媒技术的不断进步,融合新闻产品生产加工程度大为提高,因此,产品价值链的增值环节变得越来越多。新闻产品采编、加工、发布等价值链中的环节已经无法由某一个人或某一种职业来完成,因此价值链被分解重构,出现新的相对独立的角色。如根据工作内容不同分化出的协调管理型的编辑和内容生产制作型编辑等,以及前文中提到的融合新闻编辑室里的新角色——新闻流编辑和任务编辑等。

在传媒价值链中,某些环节被证明对竞争优势无足轻重或拥有相似的经济性,因此它们可以被组合起来,创造出新的价值。同时通过这种融合,资源可以在更大的范围内被调配从而实现优化配置,而且同类活动的聚集可以产生规模效应。许多媒体集团建立了多媒体编辑部,把报纸、网站、手机和电视台等平台的信息资源整合在一起,统一管理。同时编辑部实行动态的横向管理和纵向管理:对新闻的采集、筛选、加工、发布这一系列流程实行纵向管理,而对不同媒体的内容生产、发布实行横向管理,以达到资源共享的目的。

学者蔡雯在《对"新闻资源"的理论思考?》[①]一文中,将新闻资源定义为"新闻媒介从事新闻传播活动的社会资源,具体包括新闻环境资源、新闻信息资源、新闻受众资源、新闻媒介资源"(如图 3-2)。

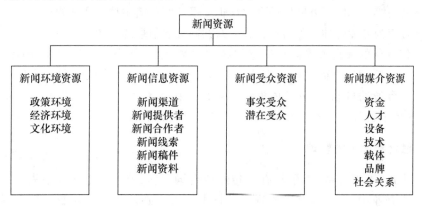

图 3-2　新闻资源类型图

本书中所谈的"共享"资源应包括新闻信息、媒介、环境、受众等资源。而新闻信息是媒体最重要和最核心的资源,主要包括新闻线索、新闻稿件与新闻资料。媒体对信息资源的拥有直接决定了新闻产品的质量和数量。但在以往的新闻传播活动中,不同的媒体相对独立。为争夺独家新闻,媒体之间的新闻线索、稿件与资料等互不流通,即使是同一媒体集团内,新闻资源也没有被充分共享。以报业集团为例,由于存在同城竞争关系,旗下的早报、晚报因此各自为政。即使是同一家电视台内,不同栏目之间也呈现出"老死不相往来"的状态。新闻事件发生后,同一电视台的不同新闻栏目各自派出采访团队前往采访的现象屡见不鲜。同时,媒体对记者采访的新闻通常是"一次性利用",使

---

① 蔡雯.对"新闻资源"的理论思考?[J].新闻界,2003(1).

用完毕后便打入冷宫,难以再见天日。这样一来,信息的价值得不到充分开发,而对采访、编辑活动的重复操作则造成了极大的浪费。

融合新闻资源共享的管理首先是对新闻信息的共享。融合新闻搭建数据库,对新闻线索的采集、使用实现统一协调、调度与分配。数据库系统集文字、图片、视频等多媒体资源于一体,记者编辑共享这个数据库里所有的内容素材,并且可以自主地对内容进行检索、上载、存储、发布等。

资源的共享除了无形的信息外,还包括有形的物质资源,如新闻中心的场地、新闻采编机器设备等。通过资源的共享,融合媒介可以避免重复建设,同时提高机器设备的使用频率,降低生产成本。

新闻采编的共享。所有的采编人员不再局限于为某个媒体生产某种形态的媒体产品。融合新闻整合所有的采编力量,组成统一的新闻采访报道团队,在资源共享的基础上协同作战,统一进行多媒体新闻素材的采集与制作,提供给集团内不同的媒体。同时互联网的开放性也使得新闻传播主体由职业媒体从业人员垄断转变为专业媒体工作者与社会公众共同分享信息的生产与传播。

信息化的最高境界就是信息的高度共享,融合新闻在信息采集、制作、渠道、营销、管理等方面搭建跨媒体的新闻信息平台,建立有效调配融合媒体所有新闻资源的机制,充分发挥集约采编的规模经济效应,对融合媒介的信息资源、媒体平台等加强开发与利用,产生"跨媒体协同效应"。

五、融合新闻人才管理

电影《天下无贼》里黎叔有一句经典台词:"二十一世纪什么最贵——人才!"在企业中,人是最宝贵的资源。技术和资本必须通过人才能发挥作用和功效,一切生产、管理等活动都需要人去执行。而具体到新闻媒体,它提供的新闻产品与服务都需要人去对信息进行采集、编辑、加工。信息只有经过加工,成为新闻产品才有价值。所以,媒体之间竞争的核心也是人才的竞争,包括优秀的采编人员,优秀的管理人员等。

信息时代,融合新闻的组织规模和人员规模都日益扩大,同时人员的跨地区、跨媒介性,使管理的难度增大。从传媒生产来看,媒介融合对采编人员提出了更高的要求,同时对采编人员的管理也更加注重以大局为重,强调不同岗位之间的团队合作。

根据美国的经验,融合媒介需要能在多媒体集团中整合传播策划的高层次管理人才。这类管理人才不同于传统媒体管理者,必须是精通各类媒介的专家,知道技术发展为新闻传播所提供的可能性,以及如何运用这些技术使新闻内容得到更好的表现。因此,懂新闻、懂技术、懂管理且擅长策划是必备素质。这类人才除了高校的培养外,还要在媒介竞争中磨炼,具有多种媒介工作经历并有管理才干的业务人员才能胜任。

著名管理学家德鲁克曾经在他的著作《管理的实践》中指出:"在每个企业中,管理者都是赋予企业生命、注入活力的要素。"[1]没有管理,企业的生产资源始终只是资源,永远转化不了产品。同时,通过管理让"正确的人"去"做正确的事情",组织可以利用有限的资源使之产出卓有成效。就融合新闻而言,新闻信息、采编人员等都是它的重要资源,只有通过有效管理这些资源才能够发挥作用和功效。通过对这些资源的管理,融合新闻才能够提高新闻采编的运作效率,充分发挥采编人员的积极性,从而更好地为受众提供满足其需求的信息产品,最终提高媒体的社会效益与经济效益。

---

[1] 彼得·德鲁克.管理的实践[M].齐若兰,译.北京:机械工业出版社,2009:3.

第四章　融合新闻的报道基础

在传统媒体报道方式中,新闻报道的基本要素为5W:何时(when)、何地(where)、何事(what)、何人(who)、何因(why),以及一个H(how),这六要素成为新闻报道赖以生存的基本因素,并确保其真实可靠、准确无误。但随着媒介融合时代的来临,新闻报道的基本模式已悄然发生了变化,信源的大众化、新闻资源的共享、截稿时间的模糊等,都拓展和丰富了传统5W+H模式的内涵。

传统新闻报道中的信源大多来自权威的政府部门,但是随着网络技术的发展,如今每位网民都可能成为记者,将身边发生的故事发布到网络上并形成传播。特别是微博等新媒体的出现,每个网民都能在突发事件的"第一时间、第一现场"发布新闻,成为媒体的"导航者"和"议程设置"者。一条小小微博的发出往往能一石激起千层浪,迅速形成议题,为人迅速转发、跟帖讨论,形成不可小觑的社会舆论。事实上信源的被打破不仅仅从网络开始,普通市民的DV和相机也将发生的新闻事件记录下来成为电视媒体珍贵的素材。信源的改变使得新闻报道中的叙事方式发生着变化,网络上网民支离破碎又富有价值的故事通过专业新闻工作者的筛选和整合,使报道呈现的方式也是饶有趣味的。

随着媒介之间的交叉和信息的共享,新闻报道要满足不同媒介的特性和报道需求。以纸媒为例,当一个事件发生后,新闻报道可能会以快讯的方式呈现在该纸媒的网站上,或者出现在该纸媒的官方微博上;如果纸媒实现了全媒体转型,推出了视频新闻,那么这条快讯又会以滚动新闻的方式出现在电视屏幕或视频网站上。接下来,记者经过深入调查与采访,深入了解事件的来龙去脉,写成一篇深度报道供报纸排版编辑,同时配上记者在现场拍摄的图片。在这一新闻事件报道中,出现了网络文字简讯、电视滚动新闻、网络视频新闻、报纸深度报道、图片新闻五种报道形式。这告诉我们,一个新闻工作者除了传统意义上的报道之外,应该至少具备图片拍摄、视频记录、文字采写和微博更新的基本能力。随着技术的发展,有一些记者真的成了"一个人的乐队",人们希望他们能够收集各种媒体的全部信息。相应地,在融合新闻报道语境下,新闻报道方式和传播方式呈现出多元化和泛媒介化的态势,继而,要求记者编辑也必须具备多媒体报道的技能。

第一节　融合新闻的价值判断

数字媒介技术的变革正在改变传统媒介的工作方式,如果我们能在新媒介环境下找到并确立继续赢得受众欢迎与支持的途径,这将是新闻价值观的准确判断与引导的结果。

一、新闻报道原则

新闻是什么?这是一个古老而又现实的问题。尽管众多学者与专家做过众多的定义,但随着社会的进步和媒介的发展,其内涵与外延可能会发生一些改变,继而影响着新闻价值要素的阐释。

新闻是什么?新闻是战争,新闻是灾难,新闻是事故,新闻是新鲜事情、奇闻轶事的报道,新闻是"能让女人大喊一声'哎呀!我的天哪'的东西",新闻是"人咬狗",新闻是新近发生或正在发生的事实的报道与传播,等等。新闻的各种界定反映了中外专家的价值选择,也道出了新闻报道的基本原则。

在从事融合新闻报道之前,必须先理解什么是新闻。虽然我们从开始从事新闻报道时就接受了新闻学理论的基本知识,但这并不意味着我们就具备了搞好新闻报道的能力,就像看了上百部电影依然不能保证你能成为一个成功的电影制片人一样,单纯阅读、观看、收听新闻并不足以令你成为一个杰出的新闻作家。

要成为一个优秀的新闻工作者,最好每天关注新闻。一个好的新闻"清单"包括各种各样的广播、电视、印刷媒体以及网络的资源。这样做能够帮助你看到不同的媒体如何界定新闻,让你看到新闻故事是如何随着时间的推移发展的,并帮你熟悉跨媒体的报道方式。我们生活在一个相互关联的世界中。人们在做什么,以及他们如何生活在这个世界的某个地方,可能会对其他生活在数千里以外的人们产生影响。如果你不知道以前发生过什么,你也就不可能判断一个事件或言论的重要性。如果你不知道这个世界正在发生什么,你就不可能成为一名好记者。因此,密切关注新闻将有助于你发现它们的关联性,然后提出一些问题,从而使你制作编排出好新闻来。

随着给予新闻越来越多的关注,你会注意到有一些类型的新闻故事会反复出现,而另外一些则很少会被报道。这证明有一些新闻完全能够被普遍认可,然而另外一些则可能为新闻报道所忽略。这个结果很大程度上取决于与新闻报道原则相关的四个因素:受众,媒介,市场竞争以及编辑的判断。

在信息海洋里,如何让受众注意到你的报道?"让读者看见。令读者在乎。遵循着两条原则,你将造就出获奖记者。"①这是美国学者卡罗尔·里奇(Carole Rich)教授在其《新闻写作与报道训练教程》导言开头的一句话。让读者看见,就是用文字、图片和视频再现场景,让读者、观众看见并体验报道中的行为。对于在线报道,可能需要综合使用图像、声音和文字报道。"令读者在乎",就是要挖掘报道中"与受众相关"的元素,用扣人心弦的报道去触动读者的情感,令读者生气、悲伤、高兴或获得更多的信息。在信息时代,每时每刻都有一些新事件发生。你需要做的是承担"筛选者"角色,负责过滤全部的信息,然后找出对受众而言真正重要的信息。而受众已从过去的大众化需求转变成了某些专业领域的消费者。那种曾经是一家人坐在一起看同一个电视节目或看同一份报纸的时代逐渐远离,人们在今天开始寻找专攻某领域的媒体。

媒介的性质是影响新闻报道的第二个重要因素。通过分析新闻可以发现,各种媒体报道的新闻会有较大差异,凡是那些覆盖了较多电视媒体的新闻在其他媒介中很少被提到,这是因为电视是一种看得见的媒体,这些被播出的电视片段能够提高新闻的吸引力。同样,用强音或者原声能够提高广播的吸引力,而网络媒介对于多媒体的新闻故事而言堪称完美。显然,一名跨媒体的新闻记者要学会衡量所有的因素来决定如何将一个发生的故事表现出来。同一个故事可能被不同的媒介诠释得完全不同,就像一些报道可能只是陈述事实,而另一些报道则会表现得更有思想性、更具体。

在融合新闻报道中,新闻的市场竞争力还取决于融合编辑对新闻价值的判断,而这种判断则依据一定的标准对新闻进行选择。按照新闻标准的逻辑,新闻选择的是那些对大多数人来说可以尽量获知本地公共环境情况的新近发生的议题和事件;如按照市场标准的逻辑,新闻选择的则是尽量吸引那些最广泛的受众的事件。

新闻价值作为新闻报道的一种客观标准,受到多种要素影响。判断哪些是新闻,除了上述原则和标准外,还有一部分原因取决于一个事件是否在其他媒体中被报道了,或者是如何报道的。记者总是希望自己是第一个得到某个新闻的,或者是独家新闻报道。然而在很多情况下,你都不可能是第一个播出新闻的人,特别是在全媒体时代报道独家新闻更难。当一个竞争者在播出时间上战胜你时,你就不得不确保你的新闻故事具有一些其他价值:更新一些信息,提供更多说明,或者提出不同的论点,总之是一些能令你

---

① 卡罗尔·里奇.新闻写作与报道训练教程[M].3版.钟新,等译.北京:中国人民大学出版社,2004:5.

的报道与别人不同的地方,最重要的事是为你的受众提供与别的任何媒体都不同的新闻。

二、新闻价值要素

对新闻价值的判断,来源于新闻敏感及对新闻价值要素的掌握。当你对受众有了一定的了解之后,你已经具备了评价一个事件或一个报道是否具有新闻价值的基础。随着时间的推移,这些步骤变成了融合记者的首要本能。从传统意义的新闻价值要素看,多数新闻故事主要包括下面所列举的新闻价值。

时新性:时间上的及时性,内容上的新鲜性。距离报道发生的时间越近的事件,报道的价值则会更高。

接近性:包括利益上的接近,地理上的接近,心理上的接近,以及距离上的接近。如果两个新闻事件的其他价值相同,发生地离你的受众距离更近的那件事则具有更高的报道价值。

重要性:从政治上与群众的关系上、事实和群众的关系上、事实与实际生活的关系三个方面判定重要性。

人情味:新闻议题和事件能激发多少感情?即强调人性化,认为凡带有强烈情感性内涵的故事都被称为是人性化的。有些故事会令受众感到快乐,有助于释放压力,化解消极新闻的影响;有一些则可能会令人感动得泪流满面。

显著性:新闻议题和事件中的人物有多出名?简单地说,知名度创造新闻。从地方政府官员到国际体育明星和赛事,甚至是知名人士的一些琐碎的行为,人们都可能给予强烈的关注。

反常性:议题和事件发生的不可能性和令人惊讶的程度如何?

冲突性:在个人、组织、国家之间,或者人类和环境之间有多少分歧与破坏?从某种意义上说,每篇新闻报道都是在练习讲故事。大部分有趣的故事都依赖于各种各样的冲突:人类与大自然,与其他人,与自己,与疾病,与某种体制作战等。

视觉冲击力:电视画面的吸引力。电视拥有视觉上的技术优势,它通过选择视觉上富有吸引力的事件来体现。

娱乐性:新闻议程和事件能产生多少直接的满足感?一项有关新闻"使用与满足"的综合研究表明,人们基于两个原因消费新闻:第一,知识上的需求;第二,感情上的需求,即以娱乐的态度看新闻。

以上新闻价值要素长期以来成为传统媒体的共识,尽管各国媒体在实践中会有差异,但在新闻标准和市场标准双重逻辑作用下,逐渐趋于一致。而在融合新闻时代,则又产生了一些独特的新闻价值要素。

循环性:新闻是最古老的可以多次利用的资料之一。今天流行的话题将会慢慢淡去,但是在几个月或几年后将会再次出现。因此,从相对意义上说,新媒体语境中的新闻,对不同人群和不同时期的受众都可能是"新"闻。

关联性:第一是与媒体的关联,各种媒介在融合新闻报道环节中,形成新闻流,从简要消息到深度报道,从网络媒体、电子媒体到纸媒,全媒体关联报道。第二是与个人的关联度增强,人们往往对与自己有相同的特点,或是有相同的宗教信仰、国籍、种族等的人更感兴趣,这在新媒体环境下更易实现。

判断什么是新闻是一个复杂的过程,这要依赖于记者时刻保持工作状态,有浓厚的兴趣,掌握广泛易获的信息渠道。虽然记者要不断地调查了解受众对什么感兴趣,但是好记者也时刻准备着将受众引导到不同的方向上去。同时,他们能够抵挡住内外的压力,从而打消自己在强大的利益驱使下而做出的某些新闻判断的念头。能真正做到这些,才能成长为优秀的记者。

第二节　融合新闻的信息采集

美国学者约翰·V.帕夫利克在谈到新媒介的影响时曾说,新媒介将改变新闻和大众传播的教学和科研,改变新闻工作的方式。对于融合了新媒介的融媒体新闻报道,除了采用传统的新闻采访方式(这是新闻采写报道的基础,已有成熟的理论与教程,故在此略去)外,记者还要适应在融合媒体内资源共享情况下的信息采集方式,以及学会利用新兴媒体平台搜集信息,这是本节的着力点。

一、信息搜索

(一)利用互联网寻找新闻选题

随着数字媒介技术的发展,新闻信息的来源渠道也在扩展。起初,你可能从"跑口"的部门单位和朋友那里获得大部分的二手信息,但随着时间的推移,"媒介即信息"的概念逐步被验证,你将转向通过因特网、广播、电视、杂志以及报纸等途径采集信息。除了传统的资源,你获得信息的技巧也在发展,如利用谷歌(Google)等搜索引擎去获得网上的世界各地的消息。在新媒介环境下,融合新闻报道怎样发现新闻?新闻工作者们怎样日积月累地发展好的新闻来源?这将是我们讨论的问题。

以谷歌为例,从20世纪90年代创立后的短短几年时间里,谷歌改变了世界各国新闻人搜索信息的方式,已成为引领互联网上主要的搜索路径。现在,谷歌已经成为一个有含义的动词:"上网搜索"。

谷歌不是第一个,更不是唯一一个在同时代登场的搜索引擎,这些搜索引擎和其他相关网页的链接被用来采集最有价值的信息。在传统媒体中,相比广播电视等视听媒体,纸质媒体不受声画符号的限制,因此,纸媒记者可以从网络上寻找更多富有新闻价值的事件,然后进行编辑和整合,提炼观点,尤其是都市类报纸更适合运用这种方法。例如湖北日报报业集团旗下的某都市报的一篇报道《武汉网友生活账单月入万元仍感"压力山大"》。

每到年底,很多居民都会盘算一年来的收入和支出。昨日,武汉有市民发帖晒账单,发现月收入一万多元,但仍然感觉生活压力大。

记者在网帖中看到,发帖人"一匹温柔的大灰狼"是自由职业者,年收入在8万元到9万元。妻子在沌口开发区工作,年收入大约有5万元。平均起来,家庭月收入有一万多元。

据当事人介绍,他自己的4个兄弟姐妹的家庭条件都不错,所以他不用为父母的生活掏一分钱,只是过年过节才意思意思。岳父母家住农村,平时不但不要儿女的生活费,逢年过节还给外孙送来土鸡蛋和压岁钱。即便如此,当事人"仍然倍感生活压力"。

记者在账单中看到,当事人一家三口每个月的生活费只有1200元左右,大部分开支基本都花在了房子、车子和孩子上——每月固定500元房贷和400元汽车加油费,但由此产生的物业费、汽车保险费和保养费等费用却不菲;孩子学习培训的开支也是重头。以今年3月份为例,当事人当月共支出10450元,其中汽车路桥费、加油费和保险费等共计5250元,孩子上学、练琴花费2300元,这些开支约占总支出的四分之三。

如此下来,当事人每年能有约3万元存款,但想到孩子以后的教育、父母年老多病等,他倍感生活压力,希望能找到节约开支增加存款的方法。

这则帖子引起了众多网友的关注,有人羡慕他加油费和路桥费花得少。当事人回应称实际花费远不止这些,只是记下来了固定开销。网友"wuhanjh"对此深有同感:"平均每月将近6000元的开支,跟我家的开支差不多,貌似再没办法节省了。"

网友"zxj007289"分析后则发出另一种声音:"我没有看到保障方面的支出,除了社保,没有重病保险,没有寿险,没有小孩教育之类的保险,也没有看到投资。这种收支状况相当脆弱,你得很庆幸双方的父母都还没有给你添麻烦。"

在这篇报道中,记者多处引用原帖中的内容,并用"记者在网帖中看到"

"记者在账单中看到"等表明来源的表达,由此可见,这位记者是在网络论坛上搜索到这个颇能代表如今经济生活的民生帖,选题完全来源于网络。

融合新闻的形成改变了传统意义上记者寻找选题的方式,除了来源于权威部门的发布外,还来源于"盲聊""扫大街",来源于群众报料,来源于对已有社会热点新闻的追踪等。为了在融合新闻时代取得成功,记者还需要掌握传统报道技巧之外的新技术,包括搜集信息的新方式,如搜索在线数据库、搜索互联网、通过博客和微博进行采访与报道等。

如今,手机已首次超越台式电脑成为第一大上网终端。在这个互联网高度普及的时代,可供搜索的资源浩如烟海,记者已经习惯每天使用互联网搜索资源。但是,一名专业工作者与一般网民的搜索不同的是,能以新闻专业主义的眼光判断、筛选具有新闻价值的信息。

在互联网在线论坛上,活跃着一群对行业和某一领域非常熟悉的网民,与新闻组类似,他们经常大量发布消息,设有专门的"版主"对信息和言论进行筛选整理,记者可以根据自己的需要关注和搜索这些论坛信息。在红极一时的天涯论坛上曾出现了著名的论战:周公子大战易烨卿。周公子是 ID 名为"北纬 67 度 3 分"网友的雅号,易烨卿是天涯论坛上以上流社会人士自居,鄙视穷人的典型。两者在天涯上展开了关于贫富差距问题的大讨论,不仅引起了众多网友的围观,更加引起了媒体的注意。2005 年 9 月 8 日,《南方周末》把今日头条的话题交给了这场网络论坛战,标题为《一场虚拟世界的反歧视大战——天涯才女易烨卿 VS 六大世家周公子》,随后被多家媒体转载,从线上到线下,引发了全民关于贫富差距、上流社会问题的大讨论,影响深远。

(二)利用博客寻找新闻选题

对记者来说,博客已经成为一种越来越重要的资源。最近的调查显示,有 25%~50% 的记者经常用博客做调查。在 BulldogReporter.com 的一个访问里,《华尔街日报》的记者尼克·温菲尔德(Nick Wingfield)说,博客在涉及技术方面对记者特别重要,"有很多优秀的博客,并且我们中有很多人从这里找到有趣的信息"。一般来说,记者利用博客至少可以得到三种帮助。

①找到新闻点。博客有时候发布的消息中,经常有一些爆炸性的信息,记者可以利用这些信息为他们自己的文章做一些更深的调查。

例如,2008 年 9 月"80 后"作家韩寒与文坛老将的博客"骂战"。一方面以人气十足的韩寒为代表的"80 后"青年作家群体,另一方面以有官方背景的所谓"正牌作家军"在博客上展开攻势,代表了文坛中两种最鲜明群体的直接碰撞,一时间广受关注,许多作家纷纷撰文,网友积极跟进。而其中记者引用韩寒博客上的尖锐语言和老作家谈歌的以牙还牙,更是增加了这个新闻事件的戏剧效果。

而微博作为异军突起的如今比较有影响力的社交平台,除了在新闻来源上记者能够从中获益外,而且几乎所有媒体都建立了微博账号,用于发布新闻、树立自身媒体形象。记者在传统报纸上发布新闻消息的同时,也将获知的信息在微博上及时更新,正如拉扎斯菲尔德(Paul Lazarsfeld)所提出的两级传播模式,记者作为意见领袖,所发表的言论往往引起大量"粉丝"关注和转载。

②了解人们对于该事件的想法。博客为人们对于有争论的问题提供一个发表意见的平台,博客允许记者了解公众的意向,不论是赞成或反对都能在公共舆论中占有一席之地。

③警示记者可能遗漏的新闻点。通过订阅一个焦点博客,一个记者能够经常捕捉到他们可能遗漏的新闻点。

(三)利用数据库寻找新闻选题

在有充足时间的前提下,记者经常可以在政府机构的数据库里找到新闻思路。这些数据覆盖了各种各样的主题,包含了政务信息、社会服务信息、自然灾害信息、社会治安信息、交通事故、社会医保等涵盖社会生活的方方面面。

一般来说,互联网时代的新闻是以问题而不是数据作为开头的。一般是问题先行,后有数据的。比如,美国几个州利用闯红灯电子照相机来给交通违章的机动车开罚单,很多司机想知道这种照相机到底是对阻止交通事故有好处,还是帮助当地的交管机构赚钱。经查后,《华盛顿邮报》获得了华盛顿警察署关于事故报告的存档并由此写了两篇报道。通过对数据的分析,得出华盛顿在使用这种照相机的前六年就获得了 3200 万美元的罚款,而并没有降低交通事故发生的概率,在那段时间,有照相机的路口交通事故反而上升到此前的两倍。

另一个例子是,北卡罗来纳州的"新闻和观察员"记者对于该州的篮球运动员是否出售他们手中的比赛票的问题十分感兴趣,因为这么做有违美国大学生篮球联赛的规定。而找到答案的一个挑战是如何找到完整的宾客名单记录。"新闻和观察员"记者通过查询相关数据库,核查到常规赛季运动员的宾客名单,发现很多篮球运动员并没有出现在常规赛季的宾客名单上,所以当运动员面对这些"差异"问题的调查时,他们中有些人承认出售了比赛门票。

计算机辅助报告并不用花很多的时间,但是它可为记者提供必要的故事来吸引受众。这种能提供有效信息的网站可以分为两类:一是以百度、谷歌为代表的搜索引擎(见图 4-1);二是政府、企业、协会等创办的门户网站。

搜索引擎的重要性不言而喻,从 20 世纪 90 年代开始创立,短短几年时间,谷歌改变了全世界搜索信息的方式。近年来,百度、谷歌引领了互联网上主要的搜索,而搜搜、雅虎、搜狗等也看好搜索市场的前途,纷纷向此行业进军。现在,"上网搜索"这个词汇,已经作为互联网的代表名词之一。

图 4-1　百度、谷歌搜索引擎图

一个优秀的搜索引擎在输出结果的深度和准确度方面一定有着不可比拟的优越性。比如,记者输入词组"12.1 爆炸案"搜索,就有 34 万条的检索结果,看似浩如烟海,但是第一页的词条提供了大部分搜索者需要的所有信息。

网站由不同的实体创办,知道是谁或者什么组织创办的网站将有助于识别到该网站是否能够帮助你找到所需要的特定信息。下面是一些有用的网站资源。

①政府网站。如今大部分的政府机构都建立了网络平台,这其中就包含了能够使记者查询的信息搜索模板。这些网站通常以".gov.cn"结尾,例如:

www.gov.cn 中华人民共和国中央人民政府网站

www.shaanxi.gov.cn 陕西省人民政府网站

www.shanghai.gov.cn 上海市政府网站

政府网站群的建立,也加强了记者信息查找的方便程度。网站群是由统一规划建设的若干个能够相互共享信息、按照一定的隶属关系组织在一起,既可以统一管理,也可以独立管理自成体系的网站集合。政府网站群的发展从第一代到如今的第五代,突破了传统内容管理产品只能建设信息发布型网站的局限性,在解决了传统的网站采编发管理、站群管理的基础上,提供了丰富的个性化在线服务构建功能与公众交互功能,完整地满足了政府门户网站中信息发布、在线服务与政民互动的要求,也方便了记者对新闻信源的查找。

②企业网站。成千上万的公司,从巨型跨国公司到小型专卖店,都利用网络宣传或销售他们的产品、宣扬其文化价值观念等。

尽管搜索引擎能提供有用的信息,但通过不同的路径,记者可以用更少的时间找到更多有用的信息。比如,当本田公布他们的第一款氢动力轿车时,很多记者去谷歌上搜索信息。当输入"本田氢"关键词搜索时,有 120 万条结果,尽管这些结果包含了所有关于这个交通工具的信息,但是,也包含了很多广告和不准确的信息。更直接的方法就是不要通过谷歌而是通过本田的官方网站,不用更多的点击,就能搜索到关于这个交通工具大量的专门的信息。对于基本的信息,没有谁会比制造者本身提供的更加权威了。

③协会。很多组织和利益集团都创办了网站以宣传他们的事业,传递他们就各种主题所采取的特定立场的信息。比如:

www.redcross.org.cn 中国红十字会

www.who.int 世界卫生组织

二、信息评估

前面曾引用过著名思想家爱德华(Edward De Bono)1999 年的预言,下个十年将有一种涉及过滤信息的全新职业出现,即整理者、摘要者、调查者。这样,有些记者的基本职责会从信息搜集过渡到信息加工,会花更多时间在编辑和集合这些消息上。面对网络资讯的海洋,主持人和编辑人员如何利用专业知识以及敏锐眼光,为报道进行资讯的筛选和梳理,让观众通过一个节目,知晓当天天下大事,掌握最流行的网络词汇和话题,这成为融合新闻记者编辑的基本职能。

然而,融合新闻的报道主要强调的是在不同媒介平台上以不同方式进行新闻报道。对于传统主流媒体报道而言,这种信息利用方式是一个全新的尝试,首要的问题是对信息的真伪进行甄别,这关系到新闻的真实性和媒体的公信力。

(一) 信息来源考察

记者应以职业眼光观察社会,从常人司空见惯的现象中嗅出新闻价值所在。要善于对事物多问几个为什么。要以报道真相为记者的基本职责,善于从问题中发现,从变异中发现。特别是当网络事件真假难辨时,编辑要特别留意新闻的真实度和准确度。个别事件要等它发酵一段时间之后,网友有了一些反应,官方有一些说法、一些辟谣和甄选过程之后,媒体再把这个事件的整体报道出来给大家,对一些流行的话题也要持续关注。

网络事件真假难辨,如何对海量信息进行评估?通过对信息来源的考察,可在一定程度上起到事半功倍的效果。因此,在评估利用网络寻找到的信息时,有几点需要考虑:

谁发布了这些消息,他的证据是什么(消息来源是否可靠)?

这个消息的目的是什么?是为了告知信息还是为了说服?

消息基本忠于事实还是有明显的偏见?

这个消息是否新?最近有没有更新或已过时的?

利用网络寻找到的信息,并不是所有的都有效,媒体记者需要评估这些信息的价值,在评估时可进行标题检索,以帮助获得一个更加全面的理解,筛选关键的信息,准备可在采访中被用到的最初搜集的问题信息。比如本节开篇案例,记者为了反映武汉市经济生活现状,可能会输入"武汉、月收入"等关键词,记者能搜索到充足的信息,然后会选择最有代表性的网民故事,并采用网友的评价。这样选材一方面符合经济生活的主题,另一方面用网友的观点形成议论,充实整个报道的观点,同时,又可完成对信息来源的考察。

在处理互联网上的搜索结果时,记者要合理引用来源,特别注意自己没有剽窃他人的成果。如果因为无意中复制了别人的语言用在自己的报道中而没有注明来源,就容易陷入剽窃的陷阱中,得不偿失。

本节开头的例子《武汉网友生活账单月入万元仍感"压力山大"》,如果没有大量注明数据来源和内容出处,便会有侵犯发帖者隐私的嫌疑。文中多次使用"记者在网帖中看到""据当事人介绍""记者在账单中看到""网友'wuhan-jh'对此深有同感""网友'zxj007289'分析后则发出另一种声音"等带有明显来源的文字,避免了因剽窃和侵犯而可能产生的后果。

事实上,网上的信息摘录只能提供背景或文章思路。记者的报道并不需要像专业论文一样,对材料来源做正式的注释,但是在整篇报道中必须包含材料的来源,哪怕只是在解释它们。如果记者引用网上的消息,并且自己的作品也将在网上发表,就应该在消息来源上加上链接。但是有一种信息是不能再次使用的,就是引证材料。

(二)信息真实性甄别

在网上,不是所有的信息都可被报道传播,需要评估这些信息的价值。与此同时,在评估搜索结果时,还应将网站本身的特点纳入考核标准。宾夕法尼亚州怀德纳大学沃尔夫·格莱姆纪念图书馆提出了核查网站时应考虑的一些指导原则,如果对这些问题的回答更多的是"是",那么消息来源就相对可靠。

标准一：权威性
- 哪个组织创办的网页？
- 该组织有无电话号码或邮政地址可以进行联系？
- 有无声明该网页的内容获得该组织的正式认可？
- 有无声明指定该组织为版权所有者？

标准二：准确性
- 是否清楚地列出了事实信息的消息来源，以便在另一个消息来源处能得到证实？
- 信息有无拼写错误和逻辑错误？

标准三：客观性
- 该组织是否清晰地陈述了其思想倾向？
- 如果网页上有广告，广告内容是否与信息内容完全无关？

标准四：现时性
- 网页上是否有日期表明网页撰写的时间？第一次放在网上，以及最后一次更新是什么时候？
- 是否有其他标识表明材料是现时的？

标准五：覆盖范围
- 是否清楚该网页讨论的主题是什么？
- 有无漏掉所讨论主题的内容？
- 是否清晰、明了、完整地表述了自身观点？

以上讨论内容是基于计算机如何辅助报道，但无论是用何种形式，就像电话不能取代记者在采访中提出精彩的问题一样，互联网也不能取代记者进行传统报道的技术和本领，大部分的信息采集还是通过传统手段获得的，与采访对象面对面交谈、深入基层与干群打成一片寻找亮点、对文件透彻研究等。而新闻报道中真实性、显著性等原则也是必须遵守的教条。

三、信息采访

（一）采访类型

根据报道题（体）材的不同，或采访时间的长短与形式差别，信息采访有不同的分类。

新闻采访。这类采访的目的是为了得到对于新闻事件的即时反映或者增加一些相关的事实信息。如当报道关于吸烟与死于心脏病或肺癌的风险升高之间关系时，记者就应向这个研究者寻求解释性意见，并了解其他研究者以及公共医学专家对此的反映。这种类型的采访常常与新闻事件的发生密切相关,而且在一两分钟之内只能提两三个问题。

深度采访。这类采访常常源于重要新闻事件,需要弄清事件的前因后果、来龙去脉,因此,这种采访的周期要比新闻采访长很多,并能够为挖掘相关的话题创造更多机会。如近年来我国多地常出现雾霾笼罩,深度采访就要了解PM2.5的危害,雾霾天气对人们生活的影响,专家解读雾霾天气形成原因等。

人物采访。这类采访往往聚焦某个人。当这个人——无论是政治家、艺人、运动员、发明家,还是新闻人——出现在电视荧幕上时,观众都希望了解更多关于他的信息。因此,采访前应做好充分准备,掌握被采访者的情况。人物访谈可能会持续一个小时到几天甚至更长时间。这样的采访为记者提供了全方位了解这个人的机会,采访中搜集的信息将主要应用在人物报道中。

(二) 采访准备

根据采访的具体情况以及采访之前的准备时间,记者的准备工作可能会极不相同。如果你是为一场突如其来的龙卷风报道做准备,你不可能在采访市长之前奢侈地用几天时间来研究龙卷风。不过,一个在几周之前就计划好的传记采访则可以允许你用充足的时间来做准备。在采访前可通过以下途径做准备。

(1)利用参考资料、政府文件等各种资源来搜集基本的背景信息。如果报道主题对于你来说是完全陌生的,而且时间有限,你可以从相关的一些资料中尽量选择直接有用的信息。如报道的主题是关于葡萄园种植及后期加工产业开发的事,而你不知道任何酿酒的信息,你可能就会想到读一本相关的书籍。

(2)查看相关的新闻报道。这一点在相关新闻事件的报道中体现得非常明显。如报道白酒加塑化剂的事件,你可以看其他地方酒业是否也做出了这种添加呢?从中你发现能从被普遍关注的地方性报纸到受到个别关注的刊物中搜集到很多相关资源。

(3)从代表着某种观点和看法的人口中获取资源。专家——无论是政府官员、商界主管、研究人员还是其他人,一般都是非常好的谈话对象。但是他们说的话不可能总是令你感兴趣,而且他们也不可能对整个事件发表完全充分的看法。这时,你一定要找到与这件事相关或影响最大的人,然后和他聊一聊,增加对事件的感性认识。

(4)阅读访谈内容。采访工作是为受众发现新的信息。因此,采访前你对采访对象的言论以及写他的文章知道得越多,你采访中问出的独创性问题越多,挖出独家信息的机会就越大。即使这个过程仅仅是浏览了一两篇近期的新闻报道——你也应该列出一系列所有能想到的问题。这些问题必须严格围绕着一个清晰的主题。

采访提问清单中应包括闭合式问题和开放性的问题。前者是为了得到一个简洁、明确的答案,一般就是指"是"或"不是"。这样的问题对获得或证实确凿信息很有效。开放性问题是为了获取较长的,可能不太明确的答案。当你试图搜集一些深入的信息,或者了解某人对一个话题或新闻事件的看法时,这种提问方式会比较恰当。

在任何情况下,一定要确保问题是简洁明了的。另外还要确保问题让人容易回答。假如你正在采访一个有着25年工龄的人,千万别问:"你工作生涯中令你记忆最深刻的是什么?"因为这个问题需要搜寻四分之一世纪的记忆,然后再衡量它们孰轻孰重。你可以换这个问题:"你在工作中一定遇见过很多有意思的人,记忆最深刻的都有谁?"

列完问题清单之后,你应该把问题按照重要性排序。大多数人对于采访时间有严格的限制,不可能回答你所有的问题。你一定不希望他们在你问到最重要的问题之前就离开。即使你的采访没有被限定时间,也可能会突然发生一些事情打断这个采访,所以一定要从最闪光的问题开始发问。

结束一次采访的最好的方式是换个问法:"还有其他什么信息是我应该知道的吗?"常常会有你没有想到的其他具体的或深入的信息令你感到惊喜。另外,这类问题能帮你发掘更多写文章的思路。

(三) 采访模式

大部分记者都认为面对面的采访是搜集信息的最好方式。但采访时间和日程安排不可能总是允许面对面访问。当你不能与采访对象进行私人会面时,你就不得不选择通过打电话,发邮件,或者发送短信采访。

(1)面对面采访。与某个人进行单独谈话是相互沟通最直接最详尽的方式。在面对面采访中记者们的采访记录方式各不相同。有的记者喜欢把采访记录写在本子上,或是手提电脑上。用这种方法要着重记录三点:主要观点;形象贴切的引用;明确的事实(核实过拼写方式的名字、时间、地点等)。采访结束后,应尽快打开电脑整理采访记录。如果整理及时,你会惊讶地发现很多你还记得的信息没有写下来。如果你把记录放到差不多忘了时再整理,你会发现你几乎什么都不知道了。

另一种记录方式,就是用录音机(笔)记录。这种方法能帮你真实可靠地记录下采访对象所说的每一句话。万一引用的内容或事实出现任何问题,这份原始记录能够帮助你复原核实。但依赖录音记录也有不利之处,如:采访对象可能由于被录音而在语言表达上注意更多修饰。此外,背景噪音的干扰、磁带或存储卡的限制、电池的报警等,都会有所影响。即使一切都进展顺利,每次你想确定一个事实或引用的内容时都不得不把整段录音重新听一遍。为了排除这个问题,有些记者同时采用录音机和记笔记的方式,在采访中准确地记下时间、内容标记。

对于一次成功的访问而言,最重要的是要记住,你是一个倾听者,采访时把你的看法和意见保留一分钟。当谈话中出现停顿时不要急于往下进行,相反,花点儿时间思考和反应一下你所获得的资源,你可能会因此得到最好的材料。如果采访对象说了一些你不太理解的话,千万别犹豫,一定要请他重复一遍或者为你解释一下。最后,你要为你的稿件负责,假如受众不能从中得到信息,他们只会责怪你,而不是你获得的资源。

(2)电话采访。如果时间和空间都不允许进行面对面采访,电话采访就成为最好的选择了。在电话里,你能听到采访对象的声音,感觉到他心情好不好,然后适当调整你说话的语气。

不过,电话采访可能会出现逻辑问题。如果你记笔记,写的时候可能会出现长时间沉默的情况。这种停顿在面谈中可能是小问题,因为采访对象能看到你在写字,但是在电话里出现这种情况可能就很严重了。

解决的办法是用一种比较便捷的编辑器直接把电话采访的内容导入录音机里。或者使用某种可以把通话内容导入电脑的软件,在电脑里编辑会容易很多。但你需要确定你没有违背关于电话录音的法律规定。

以上是比较传统的采访方式。到了媒体融合时代,随着互联网的发展,相继出现了一些新的采访方式,如"背包记者"式的全媒体采访等。

(3)全媒体采访,即具备多种媒介技能的全媒体背包记者采访,工作场景往往是记者肩上扛着摄像机,胸前挂着照相机,口袋里装着智能手机,背包里是无线上网笔记本电脑。如图4-2所示。

图4-2 一位正在采访的背包记者

随着传统媒体与新兴媒体融合发展的深入推进,记者装备继续升级,又出现了"钢铁侠"式的多信道现场采集设备,如图4-3所示。

图 4-3　光明网"钢铁侠"多信道直播云台

图 4-3 是 2017 年全国"两会"期间,光明网全新打造的全媒体报道新式设备——光明网"钢铁侠"多信道直播云台。这一新式设备集手机、相机、云平台于一身,可以帮助记者快速实现视频、全景、VR 等内容的采集与发布。从光明网记者这一形象来看,背包记者工作设备逐渐增多,这意味着记者需要掌握多种设备的基本操作技巧,并适应全天候的全媒体工作程序。如美国媒介综合集团"坦帕新闻中心"的杰姬·巴伦,她曾经负责了有关一个重要联邦案件的采访,在负责这个案件采访的过程中,她每天的工作场景是这样的:上午 6 时,撰写专栏文章,给网站供稿;10 时,编制最新报道,给电视台供稿。下午 2 时 20 分至 3 时,编制晚间电视节目,给电视台供稿;3 时之后,继续采访,跟进最新进展;完成下午采访之后,撰写新闻稿,给报社供稿。这就是杰姬·巴伦工作一天的流程。围绕着这个案件,杰姬·巴伦持续工作了一个月。

(4)社交网络平台上的 UGC(用户生产内容模式)采集。实践证明,社交网络平台上信息传播速度快,尤其是社交网络平台上的 UGC 内容,可以赢得高点击率。这种情况下,媒体也会在该平台上通过 UGC 内容发现新闻议题。路透社于 2017 年 5 月上线了一个展示视频链接的平台(Reuters Connect),这个平台有几十家合作伙伴,包括专注于生产 UGC 内容的 SWNS 和 ViralHog,大大增加了路透社 UGC 内容量。合作媒体可以在路透社链接平台上采集新闻,也可以采集到许多新闻事件的一手资料,如路透社链接平台上有用户拍下 2019 年 4 月 21 日斯里兰卡恐怖袭击爆炸时教堂倒塌的短片,以及旁观者在现场用手机拍下的伦敦德里市警车被投掷汽油弹爆炸的视频(见图 4-4)。这些信息成为融媒体极有视觉冲击力的新闻信源。

图4-4 伦敦德里市警车被投掷汽油弹爆炸事件现场画面

(5)发邮件采访。发邮件采访比面对面采访更方便,也是比传统采访方式更有利用价值的一种方法:它给外地的采访对象提供整理完善他们答案的机会;有更多思考和反应的时间;有些采访对象不喜欢在电话里谈话,或者干脆不想告诉别人他的电话号码,尤其是有些社会活动较多的人;可能有助于获取丰富的采访资料,节省你打电话或免去路途采访耗费的时间;能够提供谈话的记录。

发邮件采访的不利之处在于,互动以及获得意外信息的机会可能会失掉很多;有些采访对象因时间很紧张可能只会粗略地回答问题,即只把面谈中丰富的谈话内容截取一部分回答而已;商界主管、政治家或其他有很多受访经验的人很可能回答得很程式化,或者回避问题;发邮件采访缺少面谈时的坦白和自然流露。

如果你决定把邮件作为一次采访的最佳选择,你就要注意遵照下面的规范来写邮件:明确你的姓名和工作单位,特别注意不要用网名昵称;写下你的电话号码,并约定一次电话采访——如果你的采访对象认为可以的话,告诉他预估的采访时长,以及你要问的问题数目;告诉他你需要在多长时间内得到这些信息。如果你不这么做,即使你的截稿时间非常紧张,这封邮件也可能被闲置在一边;请采访对象确认一下他的名字和头衔,并询问他的联系电话。

(6)发送短信采访。随着短信在社会上被广泛应用,它已经不可避免地成为另一种新闻采访工具。虽然它还达不到邮件采访的深度,却为确认事实、收集信息和观点提供了一种极为迅捷的方法。不过,由于发短信是一种非正式的方式,如果你打算发表采访对象短信中的任何内容,一定要让他知道,这点很重要。

发现新闻线索和做背景调查,还有很多可选择的途径,如在线搜索、博客、新闻发布会、外地新闻事件、旧稿件以及网络数据等都能激发灵感,帮你想出令人感兴趣的新闻和有特点的故事。而进一步的采访,能够帮你展开初步调研,并为各种故事提供原材料。

第三节　融合新闻的独特表达

有人将报纸的发展趋势比喻为"没有油墨的未来",人们越来越多地选择上网浏览新闻,阅读报纸的数字媒体版本,或者订阅手机报纸。有学者认为,新闻媒体的网络化、数字化和全媒体转型是未来的生存之道,媒介和不同媒体记者间的界限可能打破,记者需要向全媒体终端发布,包括纸质报、手机报、多媒体数字报、电子移动报、视音屏等。也就是说,在数字介质上,构建全新的融文字、图片、音视频、动画等多种表现形式为一体的内容平台,实现不同媒体内容渠道的融合,探索一种融合新闻叙事模式。

一、新闻叙事基础

(一) 找出叙事要点

一篇新闻报道的产生主要基于下述情况:某人做了或说了一些令人感兴趣的或者很重要的事;某人、某地或某些事物发生了一些很重要的事。如《纽约时报》网络版首页上的一组报道:

①布什直言对伊战略正确,但承认存在问题;
②评论员:白俄罗斯大选毫无规范;
③研究发现:黑色人种困境加深;
④谣言、恐惧与疲劳阻碍了治愈小儿麻痹症的最后推动力;
⑤以色列重开隧道;
⑥2亿美元被捐赠给哥伦比亚新科技中心;
⑦戴尔在印度增加一倍员工;
⑧国家足球联盟主席即将到任。

在这8篇报道中,第1、2、3篇是基于某些人说的一些重要的话而报道的。第4篇是某件事发生了重要变化的例子(一些问题影响了为根除小儿麻痹症而做出的努力)。而第5到第8篇报道是某人做了某些重要的事情。这些标题背后的报道在长度和复杂性上都有很大差别。很显然,有些报道的要点很容易找出来。而另一些报道,如那篇关于小儿麻痹症的报道内容比较复杂,需要记者做出更多的努力才能找到新闻的要点。

无论一篇报道是简单还是复杂,首要目标是对新闻的要点进行定位,并把它简单明确地为受众表达出来,而把不怎么重要的事、琐碎的小事都过滤掉,

然后切入正题。切入正题的第一步是提取基本信息和叙事要点,即对"5W"和"1H"做出回答:

Who——是谁做了讲话,是谁做出或反对这种举动?

What——发生了什么或说了什么?

When——这件事或这个讲话是何时发生的?

Where——这件事或这个讲话是在哪儿发生的?

Why——这件事或这个讲话为什么发生?

How——这件事或这个讲话是怎么发生的?

回答这些问题有助于你对一个新闻故事集中要点,然后把公众的注意力放在其中最值得报道的几个方面。但你不一定要答出每个问题,因为很多时候你可能不知道最后两个问题的答案,不过如果能挖掘出答案,往往会成就出最有说服力的报道。

(二)关键写好导语

当提取完基本信息之后,下一步就是要用一种容易理解的方式把它们表达出来。让我们看下例一则关于枪击新闻的导语是怎样把所有事实串联起来的。

据警察和目击者说,昨晚,在这片住宅区有一个吃完晚饭,正朝着车子走的22岁男人不明原因地被两个偷了他母亲钱包的男人击中了头部。

这句话很好地表达出了这个故事中的所有细节。任何人读完或者听到这一句话,脑海中都能对发生的事情形成一个清晰的情境。

新闻导语写作至关重要,必须在"三秒钟"内抓住读者视线。

1. 概括式导语

概括式导语主要回答新闻中的几个基本问题:何人、何事、何时、何地、为何、如何、结果怎样。其中,只将最重要的事实写进导语,其他事实留给第二或第三段。

例某消息导语:星期天,在东湖上,一艘游船在大风浪中倾覆,造成两名划船者死亡,另一名受伤。

按照新闻导语中的"5W"分析:

何人:三个划船者

何事:船翻两死一伤

何时:星期天

何地:东湖

为何:风高浪险

在实际报道中,上述消息根据新闻事实的强调角度不同,或根据记者的不同报道重点,新闻导语会有不同的开头。

如是强调何人:两名划船者死亡,另一名受伤。

如是强调何事:一艘小船倾覆造成两名划船者死亡。

如是强调何时:星期天,两名划船者死亡。

如是强调何地:在东湖,一艘小船在大风浪中倾覆。

如是强调何因:因东湖上的大风大浪致使周日一艘小船倾覆。

上述报道,因侧重点不同而使导语中的信息元素顺序安排有所变化。

2. 描写式导语

描写式导语主要描写某个人或某个场景。

【例】 某年4月17日,对于拥有60多万人口的河南登封来说,是一个非同寻常的日子,这一天,有10多万登封百姓自发地走上街头,奔走着追随着灵车,为一位因公殉职的人民警察送行,十里长街,万民痛哭。这位深受百姓爱戴的人就是登封市公安局局长任长霞。

这篇导语,描写了河南登封百姓自发地走上街头为因公殉职的人民警察任长霞送行的场景,感人至深。新闻开头不由得引发了观众的好奇心,激发了观众往下观看的欲望。

3. 叙述式导语

叙述式导语用生动的情节讲述故事,以使读者有亲身经历事件的感觉。可使用对话、情景描写和悬念设置技巧,给读者线索以提示将发生什么。

【例】《抢救石缝中的家园》

我手里这张照片是刚刚从西南山区采访时拍回来的,照片上可以看见整座山都是光秃秃的石头,这种地貌就是一种危害不亚于沙漠化的荒漠形态——石漠化。石漠化正在吞噬着我们的家园,专家已经把它与西北地区的沙漠化、黄土高原的水土流失一起,并称为我国三大生态灾害。而一项最新调查显示,现在石漠化还在以惊人的速度扩张。

这条新闻的"新",在于一个新名词的出现,即"石漠化"。以前只听说过沙漠化,那么,"石漠化"是什么现象呢?导语中设置了这一悬念。并用照片中"整座山都是光秃秃的石头"情景作为新闻由头,以令人震撼的开头给人强烈的心理冲击。

4. 对比式导语

对比式导语主要用于建构关于冲突或非常环境的报道,常用的方法是围绕环境和时间作对比。

【例】《南浦、南原两村党支部作用不同结果不同》

观众朋友,这里是灵石县静升镇。今天上午,这个镇一条山沟两个相邻的山村同时发生了两个事件:一是晋中首富南浦村投资800万元的炭黑生产线投产了;一个是穷得叮当响的南原村变卖集体的最后一点家当——村党支部的办公窑洞。

新闻以对比性导语开头,快速地把故事的核心观点报道出来,通过两个事实的对比触目惊心,形象而深刻地阐明了党的先锋堡垒作用,也很好地表达了记者要表达的要点。

(三) 新闻叙事结构

传统童话故事的结构就像金字塔一样:以"很久很久以前"开头,再以一个意味深长的故事结局,其间,角色被逐一介绍,而故事的悬念也一直保持到最后,从而使这个故事令人感兴趣。童话故事用这种形式来写是因为它的读者(或听众)并不着急读完,重要的是过程有乐趣。但是大部分新闻都是严肃的叙事报道,是对受众有重大影响的新闻事件,因此首要的工作是迅速地传递重要信息。为了达到这个目的,倒金字塔叙事结构把所有的信息都倒过来叙述,成为当今新闻报道最常见的结构(见图 4-5)。

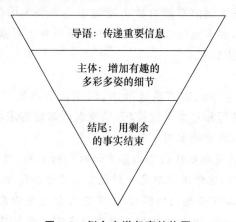

图 4-5 倒金字塔叙事结构图

倒金字塔叙事结构抛弃了建立悬念的想法,而是着重传递信息。最重要的事实都放在最前面来写;随着文章的进行,记者把次重要的信息也交代出来;最不重要的信息会在结尾出现。

很多刚开始写新闻的记者不会用这种方式写新闻要点。他们往往会提出异议,为什么要在消息前面用 25 个字或 50 个字先把要点写出来?这主要是从受众角度出发,因为除了看完那些完整报道的读者(观众)外,还有很多人只有时间或只有兴趣看其中的一部分内容。如果这些人不能立刻找到他们需要的信息,他们就会感觉很沮丧。

如果一个主流媒体的报道写得像小说一样长,在现实中恐怕没有一个人每天能读这么长的报道。而用倒金字塔叙事结构写出的报道，就能使受众通过读(听)导语，对这个世界上每天发生了什么留下一个基本印象。当他们接触到一个与他们关系密切或者令他们非常有兴趣的消息时，他们就能停下来读(看)完整篇报道。

实际上，在日常生活中我们也经常使用倒金字塔叙事结构，只是我们没有意识到而已。如你正要为你和朋友找一处离学校很近的出租房，你的预算不能超过每月800元。你看到一条广告上写着"大学城，双人房，每月600元"。下一步你可能就要打电话去了解更多信息了：这个出租房的位置、建筑类型、要交多少定金等。如果这些问题的答案都令你满意，你可以先自己去看看这个公寓，查看一下住宿条件、整洁度、是否吵闹，以及其他问题。在这个阶段你还了解到一些其他不太重要的信息，比如房间地板的颜色，冰箱的大小等。

当你给朋友打电话报告这个出租房的情况时，你很可能继续用倒金字塔叙事结构的形式：开始先介绍最重要的信息，然后说次重要的信息，可能有些琐碎的细节甚至不会提到。这个过程说明你已在无意识的情况下用了倒金字塔叙述结构。

大部分采用倒金字塔叙事结构的报道都是以概括性导语开头的，就像我们在前面讲到的一样，快速地把新闻故事的核心观点报道出来。融合新闻报道，大部分都将以此方式开头。不过有些报道需要多种风格的导语，对导语的生动性有不同的要求，包括趣味性和独特性的报道，或大部分受众在看到新闻之前已经听说过此类新闻报道，如体育赛事或者政治选举等。

记者如果采用新闻特写报道新闻人和新闻事件场景，这类导语则不急于向读者传递新闻事件的主要信息，而是试图用一种更生动形象的写法抓住读者的注意力。与概括性导语不同，新闻特写导语没有固定的程式，常用的两个技巧是对比手法和增强人情味。如电视新闻特写《别了，彭定康！》。

在融合新闻报道中，由于新闻报道流程的改变，往往先通过新媒体首发最新消息，然后由传统广播、电视和报纸分别做连续报道、深度报道。新媒体首发新闻，在有些情况下，由于时间紧迫或信息短缺，可能意味着仅用一句话——再辅助以其他一两句话，就能讲出一个完整的故事。这类短新闻可以采用如下不同的形式。

新闻快报。新闻快报强调一种紧急性，为了把信息迅速地传递给受众，新闻快报通常只有一到两句话，常常会被应用在广播和网络新闻中。一个记者在写一条快讯的时候说道："我们还不知道太多信息，但是让你们有所了解似乎很重要。"为了播放定时节目，广播新闻快报可能会被叠加到一起。有时为了播送重要新闻,其他广播节目也可能会因随时插入这样的快讯而被打断。这里有一则美国航天飞机失事的新闻快报案例。

七名机组人员可能已经全部死亡,哥伦比亚号航天飞机在返航时可能彻底摧毁了。

滚动新闻。这是能够表述清楚一个故事的最短的报道形式,通常能在新闻频道或体育频道的荧幕底部看到。滚动新闻将一天当中那些不值得单独播出的新闻概括报道给观众。

报纸简讯。相当于印刷版的滚动新闻,报纸简讯为读者把那些不值得通篇报道的新闻概括出来。简讯通常由一到三句话组成,在有些情况下,由记者按要求把他们采访的故事用简讯概括出来,有时,由编辑完成简讯。

短消息。不同的新闻机构之间的短消息和快讯在写作风格上有很大差别,这主要取决于媒体自身的一些限制。有些规定要求在任何情况下都要用表示动作的动词,而另外一些则不要求。有的媒体严格限制为一句话,但是也有允许把一篇短消息写成三句话那么长。

短消息的时态呈现出多样化。一般来说,即时新闻通常要求用一般现在时,但也有用过去完成时,如:

音乐传奇人物,被称为"灵魂教父"的詹姆斯·布朗(James Brown),死于心脏充血。

在短消息中一般没有时间元素出现,这是因为一般都假定是为刚刚发生的行为或是讲话。如果一则短消息要强调某些还没有发生的事,可以采用将来时或不定式形式:

中国将关闭生产变质食品的工厂。

二、网络标题制作

当报纸和网络紧密联系起来时,报道中的文字不仅要适应印刷的要求,而且要适应网页访问的要求,这其中的差别带来了不同的挑战。网络上超文本链接将完整的新闻分割成小块,每一小块都有所侧重。用户通过点击获取信息的数量和素材之多,远远超过报纸本身。

(一)网络标题与报纸标题的区别

网络新闻的海量信息使得网民有了更多的选择,因此,网络新闻标题在吸引眼球方面具有更为突出的作用。从标题功能看,网络新闻和报纸新闻的标题一样,都具有揭示新闻内容、概括新闻事实、评价新闻内容、吸引受众观看等功能,它们都讲究字数限制,而且追求新奇、能刺激读者的眼睛。但报纸内容放到网络平台上,标题不能照搬报纸标题,因为两者具有明显的不同点。

1. 单行与多行

报纸常见的标题结构有引题＋主题，或主题＋副题，或引题＋主题＋副题的形式。而网络新闻是以链接的方式点击进入阅读的，为了浏览和点击的方便，标题基本上都只有一行。

如报纸《人民日报》标题：

主题：温家宝主持召开国务院常务会议

副题：讨论通过《促进就业规划（2011—2015年）》部署进一步加强和改进消防工作

新华网标题：

温家宝主持召开国务院会 讨论通过《促进就业规划》

上述报道内容相同，但报纸使用了主题＋副题的形式，而网络仅用一个主题。

2. 字数长短

网络以海量信息为重要特点，主页面要安排尽可能多的标题，此外，在电脑屏幕上的阅读更容易使眼睛疲倦，因此网络新闻标题的字数比报纸要求更加严格，一般单行标题不会超过13个字。

如：《新京报》2011年12月17日一篇报道的标题：

派出所女协管办社保涉骗2846万获无期徒刑（18字符）

新浪网新闻中心标题则为：

派出所女协管办社保涉骗2846万（13字符）

3. 语法结构

报纸新闻标题更讲究艺术性，因此对语法和修辞都非常注意。而网络更多的是适应海量信息需求的信息通道，因此网络新闻标题为了做到简明扼要，可以只求简短表意而对语法不作严格要求。省略句被经常使用，尤其是量词、介词、连词、谓语中心词等，在不影响意义传达的情况下经常被省略，甚至主语、谓语、宾语被省略的情况也不难见到。

如：网易的一则新闻标题：

"烟草院士"惹争议

4. 标题与标题之间的整齐性要求

报纸新闻标题的字体和所占的栏数可以根据需要调整，因此各个标题字数不求一致。而网络新闻版面的编排一般分左、中、右三栏，基本上每个标题占一栏。出于版面美观的考虑，每一行安排的字数要求尽量一致，因此经常有为字数设计标题的现象。

如果将报纸新闻转发到网上，其标题制作通常有以下几种做法：

● 翻版报纸新闻标题；

- 略去报纸上较长的引题和副题,只保留主题;
- 将报纸引题或副题改作网络版新闻标题;
- 将报纸两行题或三行题压缩综合成一行题。

(二)报纸标题内容的网络版改制

1. 应避免使用夸张和偏激的语言

网络新闻标题为了激起网民的好奇心,往往会借助一些夸张的词语,比如"最""第一""闻所未闻"等,促使网民点击打开一探究竟。而且情感表达比较直白,尤其是在一些社会新闻中,网络新闻标题往往出现一些定性的词语,直接表达对于新闻人物或事件所持的态度,容易出现一些偏差。

对此,网络新闻标题应力求直接实在,简洁明晰,把主要新闻事实说出来即可,不必像传统报纸那样特意追求各种修辞表达、对称有韵等。

2. 避免信息笼统、主次不清

网络新闻主页上的许多板块,在很大程度上是重复的,交叉的。它不仅浪费了有效的、宝贵的、有限的第一层版页,而且无意间增加了网民的负担,使得网民不得不像大海捞针似的去寻找自己想要的信息。

网络新闻当日最重要的新闻标题应做特殊处理,使之醒目地突显在网络版主页上。传统报纸上最重要的新闻一般都放在头版头条的位置并加以处理,而网络版新闻主页不具有报纸版位、版次、加框加线等版面编辑语言,但突出强调同样可达到先声夺人的效果。比如,配发新闻照片,辅以加大加粗字号处理的标题等。

3. 网络新闻标题的特色发挥

网络新闻可以集文字、图片、视频、音频为一体,但至今鲜有新闻网站能发挥网络新闻的这一优势,创出特色,往往只停留于形式上的整齐、清楚,而忽略了网络媒体能赋予它的多媒体优势。

网络标题不妨多用图片,达到"图文并茂"的效果。网络标题因为页面搭配需要,可以使用图片软件去制作图片,或者从素材库中搜集图片,然后用图片处理软件进行编辑,制作成精美的图片+文字标题(见图4-6)。

图4-6 网络新闻图片+文字标题形式

另外，网页内标题最好比主页标题标出更多更完整的信息。由于网络版报纸二级或三级页面的设置，主页标题一般简洁直接，而网页内的文章标题相应地就要提供更多更完整的信息，似乎更接近于传统报纸的标题。从主页醒目简练的标题到网页内更具体明确的标题，再到新闻报道的全文，以致相关背景资料、深入分析的内容和相关链接，层层递进，向读者提供全方位详尽的报道。

三、手机报报道

相对于其他媒介，手机是人们日常通信的工具，人们对手机有更亲密的接触。据《中国互联网络发展状况统计报告》，我国网民中使用手机上网的用户数量超越台式电脑，手机成为第一大上网终端。对传统媒体来说，手机成为一个理想的延伸传播载体。

目前的手机报充其量只是传统传媒嫁接在手机上的枝桠，随着数字技术的进一步发展和三网融合的推进，当传统媒体和手机媒体原有的各自相对独立的管理体制被打破，融合障碍不复存在时，一种以手机为视听终端、以手机上网为平台、以个性化的资讯内容为传播内容的新型媒介形态将会出现，最终将终结传统媒体嫁接手机平台现有的状态。①

（一）手机报道特点

由于手机载体的特殊性，手机媒体新闻报道受终端、阅读环境等的限制，不可能像传统纸质媒体一样长篇大论，只能在有限的屏幕中传达最重要、最精华的内容，避免无用的庞杂的信息。因此，在体裁上，多为消息，甚至是简讯，内容上力求简洁明快，一目了然。

事实上，在如今这个信息大爆炸的社会，手机新闻的"短小"并不是劣势，相反能够使读者在纷繁复杂的信息环境中迅速获取自己想要的信息。尤其是突发事件发生的情况下，手机更是理想的首发媒体，如灾难消息。即便是从报纸长篇新闻中提炼出来的消息，也应是信息中的核心与精华。

例如，《华商晨报（手机版）》安排的一系列一句话新闻：
- 沈阳编织大六环交通网，浑南将成沈阳行政中心。
- 辽宁省就节能减排下发通知：机关单位用电将定额。
- 昨日，记者再访营口标牌厂，"辽O"警车车牌也敢做。
- 近日，警方再查沈阳鲁园附近黑旅店，农民工怕露宿街头，咋劝都不走。

---

① 靖鸣，刘锐.手机传播学[M].北京：新华出版社.2008：231.

● 见老乡发财眼红,男子南方学艺后回沈阳做假证件。

(二)手机新闻写作

传统的消息一般由标题、消息头、导语、主体、背景、结尾等部分组成,在写作手法上一般采用倒金字塔叙事结构、时间顺序、逻辑顺序等方式,但手机报新闻则颠覆了这种报道结构。

如前所述,手机报新闻呈现的是新闻中最精华的部分、最重要的信息,它短小精悍的内容已经成为传统报道中最小的新闻要素单元,即像原子一样,不可再分割。因此,传统的新闻结构不再适用于手机报。事实上,手机新闻的内容更像是一则简讯,其中的某一句话成为导语,某两三句描述主体部分。所以,对于手机短新闻的写作,重要的是写好倒金字塔叙事结构中的导语——即是短新闻的全部内容。

在手机报新闻中,对于新闻要素5W和一个H的选择是有取舍的,即选择最具价值的要素进行写作,这种要素缺失的情况在手机新闻中成为一种常态。在手机新闻中,带有解释性的"何因""如何"要素常常被省略。

例如,《华商晨报(手机版)》的一则新闻:

到昨日,沈阳市出租车实行时距并计已满半月,出租车的收入怎样?沈阳市首辆实行时距并计的的哥支师傅的第一句话就是:"收入明显下降,半个月来白班收入日均减少80元左右。"几家受访的出租车公司也表示,确实有司机反映活儿见少。

至于出租车实行时距并计后,为何影响到的哥收入,新闻中没有回答。

(三)手机报道语言

传统纸质媒体以深度见长,注重对新闻的剖析和解读,并通过专家点评、读者声音、背景调查等方式消除信息的不确定性。而手机新闻只是单向度地传递给读者一个特定的信息,叙事结构往往遵循与事实相符的时间结构和因果逻辑结构等,甚至在故事性比较强的新闻事件中,也采用正叙的手法,而将传统报纸新闻中设置悬念的语言表达弃之不用,尽可能简化受众的理解程序。为了准确、清晰、短小地传递新闻信息,手机新闻的语言往往高度浓缩,在遣词造句上力求精简。

总之,手机报与传统媒体不同,手机新闻呈现的文本尽可能满足受众最低限度的信息需求,换言之,手机新闻文本总是以十分简洁的文本内容,尽可能地传达一个明确意义的表征符号。

四、网络新闻改写

网络新闻报道由于传播媒介、传统特性的变化,繁衍出许多异于传统新闻的个性特征,形成了诸多异于传统新闻的报道方式。

(一)文稿的修改

一篇优秀的新闻报道,放在报纸上也许很合适,但是放到网络上传播也许并不合适,它可能在篇幅、角度等方面与网络新闻的要求有一定的距离。因此,需要对稿件的角度和内容进行调整,使之符合网络传播的特性。

1. 网络文字的要义

● 网络新闻的语言风格应该简洁大方、清楚明白,避免使用生僻词语,对读者不易明白的专业词语,应加注解。

● 不要滥用高级形容词和带有个人倾向的词汇,如"著名""隆重""热烈""唯一""最"等。

● 不要使用俗语,也不要使用社会上俗传的称呼,在某些稿件中有必要使用如"大腕"等用语时,要加引号。

● 数量用语要准确。如"20万元"不要写成"20万";万以上单位中可用"百万""千万"等汉字表示;万以下数字中,一般不使用"十、百、千"等汉字。例如:可以用"2百万""2千万",但不用"2百""2千"(应写作"200""2000")。

● 在表示时间时,用"时"不用"点",如"3时20分"不要写作"3点20分"。

● 稿件中提到具体的人时,首次出现要写明此人的具体身份、社会职务。

● 文字密度节奏的控制。段落在四行左右比较合适,宜少不宜多,同时避免文字量大的段落连续堆积。

● 词语避免在同行断开。比如行末一个"明",下行头一个"日"。

● 在用字、姓名、时间等简单概念上都需要小心。同样一位著名的足球明星,在中国可能有各种译名,所以有时可能需要加注外文原名拼写。一些概念用词和说法即使在世界上不同的华文通行区域内的约定俗成情况也各有不同。新闻时间的标注也需要小心;此地的"今天",在地球另一面的网民看来就不知是"今天",还是"昨天""明天"。在时间标注上,有时编辑用"星期X"来代替具体的日子,可以稍微减少一些不同时区网民的误解。

2. 网络稿件的修改

由于网络新闻不受版面和篇幅的限制,因此,报纸或者广播电视稿件中无法出现的一些信息在网络新闻中可以进行补充,比如,对一些必要的背景交代,对读者不明白的概念进行解释等,不仅能加强稿件内容的全面性,也使稿件深入浅出。

(1)增补式修改

增补的主要内容包括增补资料、回叙、新闻事实。运用增补手法,要注意所补充的内容一定要有确实可靠的根据,对稿件进行增补时应该尽量征得作者的同意,资料的运用应该紧扣新闻事实。

例如,新华网的一篇报道:

世界最大生态调水工程移民搬迁将于明年全面结束

新华网湖北武汉12月20日电(记者周甲禄 吴植 黄艳)记者20日从湖北省南水北调移民工作指挥部获悉,截至目前,湖北已基本完成该省南水北调中线工程水源地的农村移民搬迁任务。涉及湖北、河南两省的整个中线工程移民搬迁任务,将于明年全面扫尾。

南水北调是世界上最大的跨流域生态调水工程,旨在缓解中国北方多个省市的水资源短缺问题,移民搬迁工作主要涉及中线工程。为满足调水需要,目前中线工程丹江口水库大坝已加高,未来水位将抬升,库区因而共需搬迁30多万人,包括湖北约18万人、河南约15万人。这是继三峡工程之后,中国规模最大的一次库区移民。

丹江口水库湖北库区的移民主要来自十堰市所辖的5个县市区的30个乡镇。其中,截至去年年底,外迁安置的7.7万人已全部搬迁到省内其他9个地级市21个县市区的192个安置点;库区内还需后靠安置10多万人,规划内安农村移民安置点266个,建房2.6万户;城集镇迁建13个,单位迁建444家,工业企业补偿迁建125家等。

20日早晨,湖北省丹江口市三官殿办事处蔡湾村村民王秀海一家作为今年最后一批搬迁移民,带着对故土的不舍、对新家的期盼,踏上了搬家的路。至此,湖北9.2万库区内安移民的搬迁任务基本完成。此外,城集镇迁建进入攻坚阶段,企业迁建逐渐收尾,公路、桥梁、渡口、水电设施等专业项目复建开始加速。

湖北省移民局有关负责人说,这是中国水库移民史上的奇迹:四年任务,两年基本完成。时间短、强度高,并且整个搬迁过程中和谐、顺利、平安,十分可贵。

…………

在这篇网络新闻报道中,第二、第三段是增补的关于此南水北调工程的背景交代,不仅丰富了该篇报道内容,更让读者在这些背景材料中了解到此工程的重大意义,升华了新闻的主题。

(2)压缩式修改

在网络新闻稿件中,除了能增加信息量,对于累赘的细枝末节,或者不符合网站要求的稿件,可以进行压缩和改写。压缩就是通过对稿件的删意、删句和删字,使原稿在内容上更加突出重点,在章节上更加紧凑,在表述上更加简练。压缩新闻稿主要从导语、背景材料和主题等方面着手,在压缩稿件时,要注意压缩后的篇幅应该与稿件的新闻价值相匹配,应该符合新闻媒介一贯的风格和特色。

压缩方法可以采用保留骨架,去其皮肉的做法。骨架指信息的主要要素,或最有价值的事实;而皮肉则是那些不太重要的信息,不必展开的细节,不必要的解释,重复的例证或不必要的议论、抒情、文学描写等。①

(3)改写式修改

如果压缩达不到满意的效果,可以以原稿件为素材进行改写。改写是对原稿重新写作,通常是因为稿件的角度选择不当、材料的详略安排不当、稿件结构有问题或者题材不合适等,需要重新组织材料、安排结构,重新写作。改写的方法包括改变主题和角度、调整结构、改变体裁、分篇和综合叙述。

(二)文稿的超链接

导航机制是网站结构中的重要部分,为了给浏览者提供方便,网页设计者使用了超链接的技术手段,它打破了传统信息文本的线性结构,在网络新闻中有扩展、延伸报道、专题整合等作用。

1. 超链接的设置

制作超链接文字时,字数应该长短适中,把能够传达主要讯息的字眼当作超链接的标题,有效控制字串长度,避免整行、整句都是字串,也要避免字符过短,如只有一两个词。

在超链接层次设置上,也不宜过多,一般在三层到四层为佳。

从形式上看,通常超链接能够链接到以下三种不同的目标端口。

①绝对地址超链,指链接到本站点以外的站点或文档,也就是不同网站之间的链接。利用这种链接,可以在一个页面上搜索到不同网站的内容,有助于拓展阅读范围和视野。

②相对地址超链,指链接到本站点中不同的页面,比如在首页中一条链接能够转到本网站中某一新闻分类中,这是最多的一种链接方式,有助于保持阅读目标的基本稳定。

③页内地址超链,又称书签超链,是在同一页面中点击一个对象能够跳转到一句话、一个图标、一幅照片等。它类似于书签,可以在一定程度上解决读者阅读目标转移的问题。

---

① 彭兰.网络新闻编辑教程[M].武汉:武汉大学出版社.2007:90.

2. 超链接的分层

我们非常熟悉的"倒金字塔"式写作模式，将重要的信息放在开头，重要性随段落依次递减，便于读者掌握重点。事实上，有些信息属于次重要的冗余信息，在这个信息爆炸的时代，不仅造成了版面资源的浪费，也加重了读者的阅读负担。通常一篇完整的文字包括：标题、导语、正文、背景资料、相关评论和阅读材料等，网络的超链接模式，可以将稿件内容分层次展示，网民根据超链接提示直接点击所感兴趣的信息即可。

例如，凤凰网关于2011年12月1日"武汉建行爆炸案"的新闻页面（五个层次）：

层次一：标题——武汉建行爆炸案

层次二：导读——2011年12月1日下午17时30分左右，武汉市关山雄楚大道上一建设银行发生爆炸，造成多人死伤。

层次三：正文（原文有删减）

"武汉建行爆炸案"追踪

供认自制爆炸装置是想抢劫运钞车

曾在病房蜗居数天霸占电视遥控器

警方接报后精确抓捕兑现10万元悬赏金

经过15个昼夜奋战，湖北武汉警方通报：武汉"12·1"建行网点爆炸案重大嫌犯王海剑已被警方抓获。

12月1日17时30分左右，武汉市雄楚大街关山中学旁的建设银行网点门前发生爆炸。爆炸造成过路群众2人死亡、15人受伤。爆炸案发生后，湖北省及武汉市公安机关全力组织侦破工作，武汉警方随后公布嫌疑人王海剑的照片并悬赏10万元征集线索（本报12月2日、5日、6日曾连续报道）。

警方两小时摸排10秒内精确抓捕

嫌犯身绑5根雷管手握引爆装置

官方通报说，昨天上午10时左右，位于武昌的广州军区武汉总医院两个医务人员发现，在医院出入的一个男子，跟"12·1"爆炸案后警方发出的通缉令上男子王海剑相像，于是向医院领导报告，院方立即报警。

武汉警方接报后，迅速组织数十名民警快速出击，严密布控，细致摸排。昨天中午12点，警方在医院内发现疑犯王海剑，抓捕民警迅速冲上去，实施精确抓捕，将其成功擒获。抓捕过程，警方未费一枪一弹。

经初步审查，王海剑交代了其自制爆炸装置企图抢劫运钞车钱款而实施爆炸的作案过程。目前，此案正在进一步侦办中。

嫌犯疑似炸伤后到医院救治
病人烦他霸占病房电视遥控器

嫌犯王海剑到医院干什么？据一些病人反映，王海剑被抓时，还有两袋药液未输完。

当地媒体说，王海剑在制造12月1日的爆炸事件时，自己的额头也被炸伤。事后，他跑到医院急诊室输液治疗，在治疗过程中，他可能觉得医院是个不错的藏身之处。《楚天金报》证实，王海剑在广州军区武汉总医院急诊科输液室落网前，曾"蜗居"在急诊科二楼的急诊综合病房07病室数日（有报道说他至少藏在医院4天）。

警方兑现10万元悬赏金
目击者称嫌犯曾在网吧睡了一夜……

综合新华社、《长江日报》《楚天金报》《武汉晚报》等报道

层次四：正文下面四个超链接：

嫌犯饥寒交迫藏身医院输液室

因欠费不还被护士认出

案前试验炸掉自己牙齿

熟人眼中的王海剑：常抱怨怀才不遇

层次五：相关一系列新闻报道

● 01：51 武汉英雄护士再捐出4万元称10万元奖金受之有愧

● 01：24 武汉爆炸案2名举报者将奖金送到遇难学生家

● 19：19 媒体披露武汉抓捕"12·1"银行爆炸案嫌犯全过程

● 08：43 武汉爆炸案嫌犯首次交代十五天亡命路

● 08：43 武汉助警方破"12·1"爆炸案护士捐出全部奖金

● 08：43 武汉警方披露：王海剑自制炸弹早有预谋

3. 超链接的整合

由上例可以看出，超链接还有一个作用就是整合新闻，一个大的专题事件中往往有多篇稿件，利用超链接的方式能将这些信息整合在一起，组成一个完整的专题。

这种写作方式将原有文章中的信息串在一起，对事件的主要线索做清晰的交代。在超链接中，将主体之外的细节部分一一组织，丰富了主体内容。另外，与事件密切相关的报道，用滚动链接的方式，由近及远组织顺序。

这样的组织方法可以在很大程度上满足人们对新闻事件的来龙去脉、前因后果的了解，起到解读新闻、点面结合的作用，整合起来的新闻传播力量更

加强大(见图 4-7)。

图 4-7　凤凰网页面

第四节　融合新闻的视觉呈现

我们生活在一个视觉的世界中,被日益增加的复杂景象所包围,因为我们已经进入读图时代。无论是面对一幅图画,一幅照片,一部电影,一则广告,或一个电视节目,我们都会发现,要理解许多景象所表达的实质甚至与它们作者的初衷相距甚远。

可视的事物同理解书面文字一样需要同样严格的规则和程序。我们只有这样才能真正去研究它们,理解它们,开始去发现它们怎么表达出自己的意义。通过摄影记者,人们首次能够看到真实记录的战争场景或新闻现场。真实的图片开始代替图标的表现形式。一队美军陆战队员在伊沃(Iwo)岛上升旗的场景是"二战"的代表场景,而一个不知名的越南小女孩身上在燃烧并且恐惧地裸奔的照片显示了越战冲突的残酷。我们再看到的这些图片,已成为一个标本,它能够代表千言万语。

描述我们世界的图片不一定都是可以动的,在电视、电影和相关媒体流行之前的年代,报纸和杂志照片占有很重要的地位,并且由于它们的固定性,具有比幻灯片和动画更强的静止表现力。就像电视一样,图片在这些媒体中绝不是处于次要地位,导读图片总是在首页就能吸引我们的眼球,让我们了解新闻的立场。

如果说报纸、杂志的核心是文字,那么当报纸网络化时代来临后,报纸"图文并茂"便成为可能。考虑到报纸版面的限制和成本问题,图片的使用是比较小心谨慎的,因为一篇文字所占版面和一张图片所占版面如果一致,其中包含的信息量则千差万别。而把这些内容放到网络上,报道的非文字元素——图片的效果就更为重要。因此,许多网络媒体都开设了图片专栏,以图片作为叙事的主要形式,文字辅之。

一、图片的类型

这里所讲的图片不仅仅是新闻报道中所拍摄到的照片,还包括图表、表格、地图等形式。融合新闻中的"互动图片具有一些特殊性,它们的分类更细化,主要有4种类型:叙述性的、指导性的、探索性的与模仿性的[①]"。

1. 叙述性图片

叙述性图片发表的图片能够描述事件的本质与特点(见图4-8)。

[①]　Stephen Quinn, Vinent F. Filak. 媒介融合——跨媒体的写作和制作[M]. 任锦鸾,译. 北京:人民邮电出版社, 2009:70.

图 4-8　叙述性图片

这张极富冲击力的图片曾经引起了巨大的反响。新闻背景是长江大学学生为抢救两名落水少年,10多名大学生跳进湍急的长江中营救,孩子得救了,而3名大学生却献出了年轻的生命。这本是一段感人的事迹,其中的插曲却令人震惊和愤怒,图4-8显示,负责打捞尸体的船夫居然"挟尸索价"!在图片中我们可以清晰地看到,一艘小船上,一个老人一手用绳子牵着一具水中的尸体,一手比画着与岸上的人讨价还价。这张图片带给我们的震惊和思考比大段的文字描写更为强烈。

2. 指导性图片

指导性图片类似说明卡片,给读者提供探索和发现事物本质的机会。

3. 探索性图片

与指导性图片相似,探索性图片也倾向于深层次地解释对象。

4. 模仿性图片

模仿性图片是对类似真实世界现象的模拟展现,让读者能够清晰地看到事件发生的经过。参见图4-9,该图描述了"12.1银行爆炸案"嫌犯在被捕前在医院所藏的准确位置,通过图片一目了然。

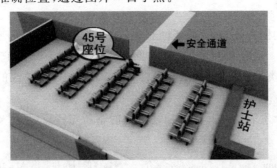

图 4-9　"12.1银行爆炸案"嫌犯被捕所藏在医院的位置

注:图片来自《武汉晨报》2011年12月17日第5版。

二、图片的选择

在选择图片时,首先看重的还是照片的内容,然后才是形式上的视觉冲击力,以及在情感方面的张力。这是选图的通则,无论是网络还是平面,最理想的照片是能让读者看到日常看不到的人或事,能把读者带到无法去的地方。理论上说,不是要把拍得最好看、最漂亮的照片选择在版面上,而是选择与版面形式需要相适应的照片。为了版面上的视觉平衡与整体的和谐,版面上的照片要有静与动、深与浅、情绪上的起与落的呼应。平面媒体的图片编辑和网络图片新闻的编辑选照片时一定要考虑到版面的整体效果,根据平面媒体的版面和网络媒体版面的不同,在众多图片中进行合理的选择。具体来说,有以下几个原则。

1. 表现细节

细节特写图片能让人看到新闻事件的核心部分和新闻人物在特定环境下的动作、表情等反应,从而展现出人物当时的内心感受。所以,选取这样的特写照片,会加深读者对新闻事件和新闻人物核心内涵的理解。

2. 体现动感

新闻照片展现的虽然是静止的三维空间,但能让人们看出很有动感的瞬间。新闻照片如能抓拍出一个或多个新闻人物在新闻事件中的聚合交流与动作、表情等,就能让人从中看出丰富的事实信息和图之意味。特别是动态越明显的照片,越激发人想象,就越具有感染力。体育报道中大量的精彩动感瞬间的照片,往往给读者以很强的视觉刺激,令人印象深刻。

3. 冲击力

新闻照片能逼真地展现新闻事件发生的场景,弥补了许多文字难以表述的场景。尤其便于直接向读者展现新闻现场,照片上拍出的人物、事件、场景,为读者细心观察、揣摩每一细部提供了可能,让人在瞬间受到震撼的同时,又能长久地观看、体味,印象深刻、回味悠长。例如,在"9·11"事件的报道中,留住世贸大厦被撞击、倒塌那一瞬间的照片显示出极强的冲击力,这是文字描述所难以企及的瞬间冲击力,至今,仍有许多人清楚地记得那些令人震撼的场景(见图4-10)。

图4-10 "9·11"事件世贸大厦被撞击瞬间的照片

三、图片的编辑

1. 裁剪要尊重客观事实

裁剪照片要尊重客观事实，不能诱导读者。裁切技术是每个摄影记者经常使用的，由于采访活动经常采用抓拍，记者有时来不及进行构图，或者由于距离的缘故，画面出现了较大的空白，遇到这些情况，适当地进行裁切，使图片内容更加突出，画面更加饱满是正常的。但不能通过裁切误导读者，这是有违职业道德的一件事情。

2. 谨慎使用修饰工具

新闻照片拍摄的过程中总会遇到各种问题。例如，镜头上的污渍、灰尘、纤维以及被摄对象身上的反光斑等都会造成图片的缺憾，在这种情况下适当进行修饰是必要的。很多老摄影记者非常忌讳对照片画面进行修饰，但如今技术上的改进，软件的运用，在不影响新闻事实的情况下进行适当的修饰并无不可。需要注意的是照片的完整性和真实性，例如，拍摄体育比赛场景，经常会出现球与运动员距离较远，或者相互间的位置不够协调，一些摄影记者会根据构图的需要调整球的位置。还有一些群体照片，经常出现人员动作不一致、闭眼、转头、面部表情差等现象，很多记者会通过技术手段进行更换，在其他照片上选取效果好的局部覆盖到照片上，在光线、角度等情况相同的条件下，一般肉眼难以发现，从而美化了照片。还有的记者片面地追求图片的艺术性，采用去眼袋、磨皮、消除皱纹等手段美化被摄对象。这些技术的使用的确增添了图片的效果，但使用时要慎重。

3. 切勿使用添加手段

利用软件，把本不属于照片内容的人或物根据自己的主观愿望进行添加是违反客观事实的，这种手段在艺术摄影中可以采用，例如，在夜景照片中添加月亮，但在新闻摄影中并不可取，因为这违背了新闻摄影的真实性要求。还有个别记者，会在照片的空余处添加标语、横幅、徽章等，借以说明新闻事件，这些做法都不可取。

四、图片的伦理

新闻图片经过拍摄完成后，一些编辑、记者滥用剪裁权，随意修改和摆布图片中的人和物，对图像元素进行拼接，或随意调整图片的亮度、对比度和色彩，甚至对图片的背景进行更改等，这些都是有违新闻图片伦理的，具体表现在以下方面。

1. 断章取义

2008年3月17日，CNN网站上的这张图片中，如图4-11左所示，两辆军车正向两名平民驶来，配上报道标题"100 dead in Tibet violence（西藏暴动100人死亡）"，传递出军队威胁平民的信息。然而，这是一张经过精心剪裁的图片，通过完整的未经剪裁的图片（右图）看出，实际上在军车旁有约10名暴徒正向军车投掷石块。

图 4-11　真实图片与精心剪裁图片对比 1

2. 主观臆断

2008年3月17日，BBC网站上刊登题为"Tibetans described continuing gun restricted（藏人描述持续骚乱）"的报道，（图4-12）左图是经过剪裁的配图，右图是原图，是西藏当地公安武警协助医护人员将骚乱受伤人员送进救护车的场景，照片说明却为"There is a heavy military presence in Lhasa"（拉萨日前有人量军队），言下之意为军队镇压人民，严重误导受众。

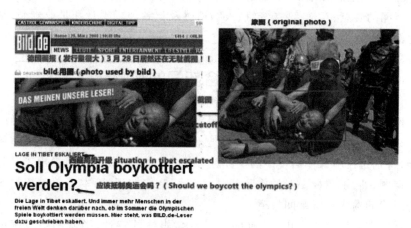

图 4-12　真实图片与精心剪裁图片对比 2

147

3. 张冠李戴

2008年3月18日,德国《柏林晨报》网站刊登一张照片,如图4-13所示,图片的说明文字是"警察在抓捕藏人",而图片描述的事实是西藏公安武警正在解救被袭伤员。

图4-13 张冠李戴地错用图片

总之,新闻图片是版面的眼睛,已成为媒体特别是网络媒体传播的主流。图片不仅直观地传达了新闻事件本身,更是构筑版面视觉中心的不可或缺的元素。因此,记者在编发图片的过程中,应采取实事求是的态度,经过仔细选择,使图片的重点和细节更突出、更清晰、更明白,再加上简洁的文字说明,显示出新闻的要点、意义、现场气氛、人物情感及记者现场感受和是非判断,从而强化新闻的张力。

第五节 融合新闻的视听元素

作为专业新闻工作者,采写编评是各种媒体记者编辑的基本功。而在全媒体时代,融合记者的转型在很大程度上必须学习广播电视等视听媒体制作技能,特别是在新媒体语境下的媒介融合时代,对视听新闻报道提出了独特的研究课题。除了掌握一般的电子媒体的采编制作知识外,本节着重探讨媒介融合时代的网络视听新闻报道。

在所有的报道媒介中,只有网络具有多媒体的特性,随着网络技术的发展,声音、画面已经成为网络不可缺少的部分,而新闻报道中融合了声音和图像,能极大丰富报道的内容。

一、音频新闻报道

音频是个专业术语,简单地说,人类能够听到的所有声音都称之为音频,它包括说话声、音乐声和噪音等。在广播媒介中常用的有模拟信号的调幅广播和调频广播,以及数字音频广播。

(一)网络新闻中声音的特性

声音并不专属于广播媒介,它在电视媒介中是不可缺少的传播元素,由声画合一的音视频配合,产生了口播新闻、谈话节目等。而在网络新闻中,它能对网络音像信息进行补充、帮助受众正确理解新闻内容,并且在网络传播环境中,声音还具有如下特点。

1. 保存性

在传统广播媒介中,最大的弱点源于声音的转瞬即逝、不可保存,但是网站提供的音频新闻,却能够长期保存,网民可以随时调取一段音频收听,彻底克服了声音转瞬即逝的特点。随着技术的进步,这些音频可以被用户下载到自己的电脑中,作为资料收集,也增强了音频新闻的传播力度和效果。

2. 互动性

传统媒体都有单向传播的特点,受众不能及时对广播新闻进行反馈,因为播放的方式是线性的。但是使用了网络播放器的音频新闻,受众可以随意控制音量的大小、播放的速度和播放的顺序,实现了播者与听者的互动。而且受众不仅能单纯地听,还能够将音频、视频、文字、图片等内容结合起来,丰富感知程度,使声音的传播效果达到最大化。

3. 伴随性

声音不需要占用听众的视觉。在集文字、图片、音频、视频、Flash 动画为一体的网络中,声音的伴随性特点就更为突出,能够使网民在收听新闻报道的同时做其他的事,提高了网络的利用率。

4. 效果的不确定性

声音得以在网络上传播,完全依赖网络技术的进步,但是声音比文字传输起来要复杂,而且受网络环境的影响较大。在网络带宽受限制的情况下,声音传递的效果不太理想,存在着不确定性。

由于音效的好坏直接影响到传播的效果,因此应该严格把控声音的质量,做到音量适中、噪声控制、最大限度还原成原声。如果声音是为视频服务的,那么声画同步、内容一致应该成为最基本的要求。

(二) 网络新闻中声音的编辑软件和应用

1. 常用的音频编辑软件

要使声音音质能适应网络传播的要求,必须采用音频编辑软件对声音进行编辑加工。常见的应用软件有以下几种。

①Adobe Audition,这款软件是 Adobe 公司推出的专业音频处理软件,也是音频编辑中最常用的软件之一。如今 Adobe 公司推出了 Adobe Audition 3.0 软件,专门为音频和视频专业人员设计,可提供先进的音频混音、编辑和效果处理功能。Adobe Audition 具有灵活的工作流程,使用非常简单并配有绝佳的工具,可以制作出音质饱满、细致入微的最高品质音效。

②Gold Wave,这是一个集声音编辑、播放、录制和转换的音频工具,体积小巧,功能却不弱。可打开的音频文件相当多,包括 WAV、OGG、VOC、IFF、AIFF、AIFC、AU、SND、MP3、MAT、DWD、SMP、VOX、SDS、AVI、MOV、APE 等音频文件格式,也可以从 CD 或 VCD 或 DVD 或其他视频文件中提取声音。内含丰富的音频处理特效,从一般特效如多普勒、回声、混响、降噪到高级的公式计算(利用计算公式可以产生任何你想要的声音),效果较好。

③Sound Forge,这是 Sonic Foundry 公司开发的一款专业化数字音频处理软件。它能够非常方便、直观地实现对音频文件(WAV 文件)以及视频文件(AVI 文件)中的声音部分进行各种处理,满足从最普通用户到最专业的录音师的所有用户的各种要求。除了音效编辑软件的功能外,它还可以处理大量的音效转换的工作,且具备了与 Real Player G2 结合的功能,能编辑 Real Player G2 的格式档,能够轻松地完成看似复杂的音效编辑。

2. 网络新闻中的应用

在网络新闻传播中,声音往往起到辅助作用,它与其他形式的新闻报道配合,才能更充分发挥其作用。多媒体应用有利于挖掘声音报道的潜能。同时,也可以使音频新闻通过更多途径到达受众。可以说,多媒体应用将为音频新闻在网络中的发展提供更多的空间。①

①声音与文字配合。网络音频新闻不应该是广播新闻的简单复制,在音频中加入文字,能够使受众对新闻有多重感官上的理解和感受,上传网络的文字稿件可以是音频新闻的文字脚本,也可以是相同事件、相同主题的其他文字新闻。

声音与文字的另一种配合方法就是在网络文字稿件中插入声音,可以产生新闻的现场感,使受众感觉"远在天边又近在耳前"。声音的插入特别适合现场

---

① 彭兰.网络新闻编辑教程[M].武汉:武汉大学出版社.2007:193.

报道,将现场原声传递给受众,使人犹如身临其境,能够提高文字稿件的真实性和说服力。同时,人物访谈也可以运用访谈对象的声音,作为文字稿的补充。

②声音与图片配合。图片新闻可以创造性地与音频新闻结合起来,将图片中出现的人物、景物、事件,配以相应的声音进行描述,丰富人们的感官认识(如图 4-14 所示)。

图 4-14 音频与图片新闻配合示例
注:图片来源于中央人民广播电台网

二、视频新闻报道

据《中国互联网络发展状况统计报告》显示,网民中上网收看视频的用户比例一直处于上升状态,视频播放类运用在手机应用下载的数量也稳居首位,即通过手机使用在线收看或下载视频的网民成为移动互联网的主力应用之一。

(一)网络新闻视频的特性

①覆盖范围广。由于网络新闻视频借助全球互联网进行传播,因而,在全球的任何角落,上网宽带用户均可以成为网络视频的受众,播出节目的覆盖范围是任何传媒都无法比拟的。

②信息容量大。互联网"海量信息"的特征在网络视频中得到充分体现。其信息容量,别说是现有的电台、电视台和报纸、杂志望尘莫及,就是网站通常也只具有文字、图片的"海量",而无法呈现网络视频所能呈现的形象生动的视听内容。

③传播速度快。这也是基于互联网(宽带)的优势成为网络视频有生俱来的一个显著特点。在世界的任何一个角落,只要你轻轻点击,你所需要的电视节目就会马上呈现在你的面前。其信息传播的速度和时效令人惊叹。

④视听效果佳。网络视频继承了传统模拟电视形象直观和生动灵活的特

点,并能输出比传统模拟电视更优质的图像和声音效果。目前,模拟电视清晰度只有 350 线左右,而网络电视的图像清晰度可达到 1200 线以上,传输的图像质量可以达到 DVD 的画质。网络电视的声音质量也非常高,可以支持 5 个声道或者更多。

⑤互动性能强。这种互动性既包括观众与网络电视之间的互动,也包括观众之间的互动。传统电视播出节目,观众不可能跳过插播广告直接看到自己想看的节目,而且一旦错过就无法弥补。在网络电视中,观众可以根据自己的时间选择节目和安排播放顺序,节目单上没有的还可以预约,从而真正实现了"想看什么就看什么""想什么时间看就什么时间看"的梦想。此外,观众在收看网络电视节目时,还可和其他观众交谈感受,并可以通过相关网站获得补充信息。如,收看体育比赛节目可以获得某些运动员的有关信息,也可以看到有关的统计资料;收看演唱节目可以看到该歌手的简历,并显示歌词,还可以联机购买该歌曲的激光唱盘;收看儿童动画节目可以回答有关的提问,用打印机打印出画面,进行绘画;收看到企业或合作伙伴的产品销售广告可以直接在线交谈成交价、成交量,直到交易成功。

⑥增值服务多。网络电视的服务平台拥有传统电视无法承载的许多增值服务内容,如远程教育、远程会议、远程医疗、网络游戏、网络电视购物、互动游戏、博彩、证券业务、电视银行业务等。网络电视上的这些增值服务,有的是由互联网与电视技术的结合而生成的,有的是网络电视从互联网服务中直接借鉴过来的。通常这些增值服务均需要单独付费。

⑦付费标准低。网络视频节目有很大一部分是免费的,比如,网络视频新闻、视频短剧、网络 DV,甚至一些电影电视剧都是免费的。即使是收费节目价格也是相对较低的,因为网络的优势在于覆盖面广,潜在的使用者数量巨大,只要有大量的使用者,低收费就是网络视频节目较好的发展道路。

(二) 网络新闻视频的应用

视频新闻以活动影像、声音等为传播载体,除了在电视播出机构播出之外,在网络上的应用呈现多样化趋势。①

①可点播性。在电视媒体中,视频新闻都是由电视台决定播出的时间与长度,多个新闻是根据编辑的意图按照某种顺序排列起来的。这是一种"推送式"的传播方式,如果观众错过了播出时间,就不能看到新闻。观众也不能决定看或不看哪些新闻以及以什么样的顺序收看新闻。而网络媒体提供了由受众"拉出"信息的可能性。"点播"就是一种拉出的方式。视频新闻的发布要为

---

① 彭兰.网络新闻编辑教程[M].武汉:武汉大学出版社.2007:209-211.

各种视频新闻提供"点播"功能,即使是视频直播也应该在直播结束后以点播的方式再次发布,方便那些错过了直播的受众。

②信息互通、互补性。在网络中,由于容量上没有太多限制,信息之间的链接非常方便。因此,信息不再是孤立的,可以通过多种方式在信息之间建立起链接。对于视频新闻来说,即使是一条普通的视频新闻也应该视为一个信息单元,即它应与相关的文字、图片、音频或视频新闻等作为相关新闻同时发布。如果可能,除了提供视频新闻外,还可以提供对应的文字稿,这可便于受众了解新闻的来龙去脉,获得视频新闻的补充信息,最大限度地发挥视频新闻的效益。

此外,多条视频新闻也需要通过一种高效率的方式组织起来,应该提供同类新闻、相关新闻、热门新闻等多种不同的新闻排列方式,受众可以方便地在不同的新闻之间进行切换。

③可检索性。由于网络是一个信息海洋,在其中寻找特定信息往往是较为麻烦的,也提高了受众获取信息的成本。因此,提供方便的信息检索入口,可以让受众快速定位于他们所需要的新闻。同时,信息的检索实际上是整合信息的另一种方式,通过某一关键字,将所有相关新闻一揽子提供给受众,有助于他们获得对一个事件的全面了解。目前,各新闻网站的文字检索功能已经较为完备,但对视频新闻的检索还不够重视。

④可参与性。网络最大的优点之一就是互动性。为了更好地提高视频新闻的传播效果,网站也应该为受众参与视频新闻的反馈提供相应的手段。如采用嵌入式互动形式,让用户直接参与到融合新闻的报道过程中,共同完成新闻内容的最终呈现。2013年全球"数据新闻奖"数据新闻应用类获奖作品《英国阶层计算器》,即运用新媒体技术,设置互动功能,实现了用户的参与(见图4-15)。

图 4-15 《英国阶层计算器》操作视频图

图 4-15 显示,用户进入 BBC 网站,打开《英国阶层计算器》栏目,针对栏目设置的三个问题(经济、社交、文化),用户可根据自己的情况,相应地点击鼠标去回答这三个问题。用户回答完这三个问题之后,界面就会显示答案,显示出其属于哪个阶层,这个阶层在英国占有多少比例。整个作品,完全靠用户参与完成,并且每个用户参与进去,具有个性化,每个人的答案有所不同。

⑤组合性。网络载体的无限性和综合性特点,决定了其海量信息报道的多媒体组合性。在实际应用中,可采用视频新闻加文字新闻的组合编辑方式,也可与其他新闻结合组成多媒体报道单元。视频新闻可提供主体信息,让受众有直观的感受;文字稿件作为脚本放在视频新闻下方,并对视频中没有提到的内容进行补充;同时辅以图片新闻,提供不一样的视觉材料,多元素融合运用,组成了一个多媒体的新闻报道。

(三)网络新闻视频文本

1. 网络新闻视频案例分析

网络视频制作目前还没有统一的规范文本。但一条完整的视频新闻应包含视音频符号,这是不争的事实。现借鉴电视新闻的规范文本《林蛙不归路》作如下分析。

【导语】

今年入秋以来,被誉为"森林环保卫士"的国家级保护动物林蛙,由于具有极高的营养价值,在黑龙江省伊春林区遭到偷猎者大规模捕杀。昨天,记者在大西北岔林场拍到了林蛙前往冬眠地路上的悲惨境遇。

【画面】(移动拍摄)蜿蜒千米长的塑料布屏障

(跟拍)一只林蛙在塑料布前来回跳窜

【解说】林蛙有着固定的迁徙路线,春上山捕食,秋下河冬眠。在不足千米的回归路上,林蛙要闯过三道生死关。由塑料布做成的数千米矮墙将一个个山头围得严严实实。

【画面】(移拍)塑料布前数个陷阱

(近景)几只落入陷阱的林蛙搭阶梯逃生

【解说】林蛙在矮墙前蹦来蹦去,一不小心就掉入了捕蛙人事先挖好的陷阱里。而另一些林蛙只好挤在一起搭阶梯,为逃生拼死挣扎。

【画面】(中景)潺潺小溪

(移拍)河中网箱

【解说】这是一条从山上流下的不足 500 米的小溪,捕蛙人设置了十多个这样的网箱,逃过矮墙从小溪下山的林蛙多数又被收入这样的网箱中。

【画面】(全景、摇拍)捕蛙人手持电棍,电击河中林蛙

【解说】有幸逃过前两关的小部分林蛙进入山下冬眠的深水区,就进入了死亡之渊。同一条河的两百米内,两伙捕蛙人的电棍所到之处,强大的电流使林蛙遭到了灭顶之灾。

【画面】(近景)林蛙剥皮、被下锅,淋上酱油

　　　(移拍)大片遭虫害的森林

　　　(近景)虫迹斑斑的树枝一角

【结语】回家冬眠不成的林蛙最终出现在农贸市场和人们的餐桌上。目前,伊春林区林蛙密度已由过去的每平方千米1万只下降到不足1000只。今年,伊春林区发生大面积森林病虫害。

上述视频新闻声画结合,立意深远,以小见大,通过林蛙被大面积捕杀,揭示出爱护自然、保护生态平衡的大主题,使作品具有较高而深刻的立意。新闻报道结构严谨,按照因果关系组织信息材料,这样可帮助读者理解事件,真正达到了"凤头、猪肚、豹尾"的要求。

视频新闻的"凤头"(导语)简洁利落,寥寥几句道出新闻的"五W"要素:

何时——入秋以来　　何地——伊春林区

何事——林蛙捕杀　　何人——偷猎者

何故——林蛙具有极高营养价值

视频新闻的"猪肚"结构从承上启下句开始:"记者在大西北岔林场拍到了林蛙前往冬眠地路上的悲惨遭遇。"

主体部分开篇即介绍了林蛙的生活习性:

"春上山捕食,秋下河冬眠"。

这十个字交代清楚了林蛙的迁徙路线、时间、地点,为后文偷猎者为什么能成功捕杀到林蛙埋下了伏笔。

接着,新闻介绍了偷猎者设置的三道生死关,林蛙在每一道关口前拼死逃生的挣扎和最终难逃敌手的悲惨结局。林蛙逃生的视频具有强烈的视觉冲击力,与精彩的解说词相得益彰,共同构成了丰实的"猪肚"。

视频新闻的"豹尾"三句话也颇见功底:

"回家冬眠不成的林蛙最终出现在餐桌上;林蛙密度下降;林区发生大面积病虫害。"三句话层层递进,特别是最后一句画龙点睛,揭示出捕杀林蛙的严重后果,像豹子的尾巴一样响亮有力。

2. 网络视频文本制作要求

①视频的选题、拍摄要求。视频新闻报道现逐渐成为融合新闻记者编辑的基本技能,且成为网民上传、推送的兴趣所在。专业新闻工作者在制作网络新闻时应注意,视频新闻在很大程度上是以画面说话,所以要从视觉的角度进

行选题，采访时组织好新闻的拍摄，要对解说词、文字起到辅助、支撑、解释等作用，用视觉感受辅以听觉感受，共同构成一组报道。

视频新闻的最大优势就是具有强烈的现场感，使人身临其境，这个时候拍摄的画面要生动形象、富有感染力，在景别的运用上也要注意不同景别的特点和表现内涵。

②网络视频制作要求。视频新闻中的音频与音响、画面共同组成一个完整的视频报道，语言与画面应该相互补充又各有侧重，不应该重复交代、越俎代庖。总之要配合巧妙，充分发挥各自最大的优势。网络新闻视频制作中还应注意以下要求。

视频片段之间的连接要合理。一方面要符合人的观看和认知的逻辑，另一方面要符合人们的审美习惯，找到好的剪接点，将画面流畅地连接起来。连接点的前后是两个相互有逻辑关联的场景，或者相似的情景，使网民在浏览视频新闻的时候，能够将前后画面作为一个整体来理解。

画面的选取要合理。考虑到网络视频新闻浏览的广泛性，一些新闻画面的选取要合理。如报道车祸的新闻中，有关车祸惨状或者乘客受伤、死亡的画面应尽量减少出现，或者不出现，因为过于血腥和刺激的场面容易引起观看者的反感和恐惧心理，同时也要顾及未成年人的心理。

内容要集中。一条网络新闻要尽量将一件事情的来龙去脉说清楚，虎头蛇尾的新闻报道在网络新闻中是行不通的。如果是连续报道，可以用文字形式注明为"连续报道"，并且把同一主题的新闻视频链接放置在一起。

第五章 融合新闻的纸媒转型

数字传媒体技术的迅猛发展,使传统媒体受到了空前的冲击,从而推动传媒业进入一个多元媒体并存、逐渐融合的阶段,初步显示出融合的内在规律。

在这种时代背景之下,报业的全媒体转型已成为一种媒体现象。在国外,不少著名报纸因为影响力萎缩、读者大量流失、广告经营额下降等原因,宣告停刊并转向发行网络版。我国的报网实践也从最初的被动应战转向了主动出击,自最初的各大报纸开始将印刷版原封不动地搬到网络上开始,报纸与网络呈现出相互影响、互动交流、融合发展等各种不同程度的演进。之后,我国报业发生了重大变革,报业的数字化生存成为主流。有学者认为,报业数字化将成为报业改革的突破口,积极地拥抱新媒体才能够应对日益竞争激烈的媒介格局。

随着新闻与大众传播进入多媒体和媒体融合的时代,受众利用新媒体获取新闻信息的方式也愈发丰富和便利。同时,新闻记者采集、编辑、生产和发布新闻产品的方式、渠道也在发生变化。在此形势之下,探讨媒介融合之下传统纸媒的转型与发展具有重要意义。

从业务层面看,基于资源共享的融合新闻采集与制作是未来的发展方向。本章将以传统印刷平面媒体为主体,探讨新旧媒体内容的重新解构与融合。

第一节 网络视域下的纸媒体嬗变

"媒介融合"是新闻传播界正在探索的一个前沿性课题,属于国际传媒大整合之下的新业务模式,简单地说,就是把报纸、电视台、电台和互联网站的采编作业有效结合起来,资源共享集中处理,生产出不同形式的信息产品,然后通过不同的传播平台传播给受众。这种新型的作业模式催生的"融合新闻"已逐渐成为国际传媒业的新潮流。以信息海量、双向互动性、共享性、全时性等优势独树一帜的数字媒体为信息传播提供了一个前所未有的综合表现方式。

一、互联网传播的勃兴

在媒介融合大潮的冲击之下,报业或深或浅、或多或少地融入了全媒体的时代。作为包括多种媒体形态的复合全媒体，其在现代传媒中所处的价值链，绝非单一报业媒体所能比拟。从全媒体的视角重新审视报业，其核心在"报"而不在"纸"。"纸"只是一种载体，随着媒体形态的融合，"纸"这一传播载体已经成为前工业时代的代名词。因此，将来的"报纸"必然不是纯粹意义上的"纸"，而是一种显示终端和存储介质，就像电脑、显示器、手机、手持阅读器一样。再将报纸等传统媒体与网络新媒体比较，我们会发现，网络媒体的最明显优势在于其海量的存储功能与方便快捷的渠道优势，而报纸的明显优势在于其内容的生产与再加工能力。因此，报社不是"报纸社"，而是"报道社"，其核心业务不应该是报纸而是报道，是内容。在媒介融合的视野下，可以确定：报业的核心是"报道"，是信息的搜集、加工以及传播。报业转型的重点必须放在运用核心能力，强化信息服务，引进多种介质，通过进入新媒体领域而达到其多元化信息生产和传播的目标。

从全球范围看，报业受到网络的极大冲击，传统报纸的发行量下降，广告收入递减。与此同时，网络成为受众获取新闻信息的重要管道和通路。报业若想保持传媒的优势，必须思考如何转型。这种转型首先来自媒介生态环境的变化，尤其是互联网的冲击，促使纸媒转型。

早在2008年2月，我国的网民人数已经超过美国，居全球首位。在美国，根据皮尤研究中心的美国新闻业年度报告"2012年新闻媒体状况报告"（The State of the News Media 2012）显示，数字化革命已进入人们试图随时随地连接到互联网的"移动时代"。美国每十个成年人中超过四个有智能手机；五分之一的人有平板电脑；新的汽车都内置了互联网；社交网络亦带来了更多的移动性。根据eMarketer的调查数据，美国成年人使用移动媒体的时间已经超过了传统纸媒，受众在它上面花费的时间已经超过了一个小时，甚至高于杂志和报纸阅读时间之和。

可以预见的是，随着智能手机等多种网络终端设备的普及，移动上网的用户数量将进一步增加。特别是智能手机、多媒体终端等数字化终端硬件处理信息功能的提升，以及各大互联网服务商进军移动互联网，适用于智能终端的创新应用都将进一步推动手机网民进入下一轮高速增长周期。移动互联网会日益成为人们工作、生活中的重要且不可分割的部分。

随着移动5G时代的到来，依托互联网的移动终端将以更佳的便携性、更准确的地址定位等传播优势，迅速争夺人们的时间和眼球，改变人们的信息获取方式。

互联网新闻资讯市场的增长预示了数字报业的发展前景。但是，从我国网络资讯市场的现状来看，网民获取新闻信息的主要渠道并非只是报纸网站。在日益激烈的网络资讯市场之中,数字信息提供商之间的竞争毫不逊色于传统媒体。其中,各大互联网公司开设的新闻门户网站吸引了大部分的受众。在所有提供网络新闻资讯服务的主体之中,报纸网站的角色和地位并不突出。

我们于 2012 年根据互联网网站流量统计数据(数据来源于互联网网站流量统计专门网站 www.alexa.com)整理出的我国新闻网站用户覆盖数量分布图(见图 5-1)就已显示,传统报纸网站在其中并不占优势。

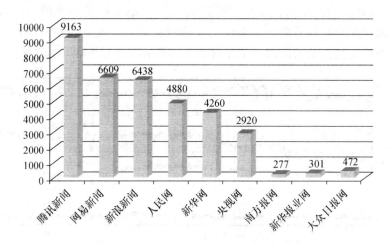

图 5-1　2012 年 1—3 月各类新闻网站覆盖数

图 5-1 显示,覆盖面最广的门户网站前三名分别是腾讯新闻、网易新闻和新浪新闻,这三者均为互联网门户网站的二级页面。覆盖数最广的新闻媒体网站则是人民网、新华网和央视网。其中,腾讯新闻网的覆盖数几乎是人民网的两倍。

我们利用 Alexa 网站上提供的网站覆盖率分析工具,比较了腾讯新闻、网易新闻、新浪新闻、人民网以及新华网的覆盖率(见图 5-2,图中的数据是根据 www.alexa.com/siteinfo/qq.com♯网站上提供的 compare 工具计算出的),时间范围为 Alexa 网站上保存的"最久时间"。

图 5-2 比较的是新闻网站的覆盖率,指在安装了 Alexa ToolBar 用户中的访问率,如覆盖率为 1.32%,表示每天每一百万全球 Alexa ToolBar 用户中有 13200 人访问了该网站。在图 5-2 中,纵列的 2、4、6、8 指 2%、4%、6%、8%。因为几个新闻网站的覆盖率都在 8% 左右及以下波动,所以网站自动取了 2、4、6、8 为度量标。这里的百分比就是访问该网站的人数/每一百万人安装了

159

Alexa Toolbar 的人的比例。

从图 5-2 还可看出，网络资讯市场已经保持在一个较为平稳的状态。腾讯新闻以绝对的优势独占鳌头，新浪新闻和网易新闻紧随其后，新华网和人民网的覆盖率基本持平，变化较小。值得注意的是五家网站的跌涨幅度基本相似，表现出了相同的波动趋势，这也表明各网站的每日覆盖人数的变化趋势是一致的。目前的新闻资讯市场拥有量由腾讯新闻稳居第一，主要原因可能是腾讯旗下的即时通信软件拥有大量用户，具有较强的用户黏度，大基数的 QQ 用户群体成为腾讯新闻的使用者。这种"捆绑销售"极大地推销了腾讯的新闻资讯服务，而忠诚用户数目的多少又是网站成功的关键。从人民网和新华网的表现来看，我国传统报纸的新闻网站在网络新闻资讯市场上并不特别占优势。

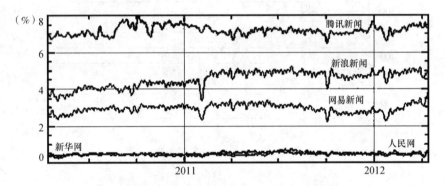

图 5-2 新闻类网站/频道覆盖率统计排名

在移动互联网方面，目前各大信息资讯商提供的数字化媒介产品主要有 WAP 网络浏览服务、各网站新闻应用客户端以及手机报等无线增值服务，载体以手机和平板电脑为主。移动互联网比传统互联网信息传递更加及时、便利和精准，且不受地域限制。伴随着 TD-LTE 技术的普及，更高速的无线宽带、更智能的移动终端、更多功能种类丰富的网站平台将进入我们的信息生活，不断增强的移动终端功能将成为移动互联网业务快速发展的强大动力。未来的十年必定是移动互联网的时代，特别是随着 5G 牌照的发放，将会极大地推动移动互联网业务快速、高品质地发展。目前《人民日报》、新华社、《新民晚报》、南方报业等各大媒体都推出了手机报以及移动新闻应用。以《人民日报》为例，旗下登载在手机媒体上的有手机应用客户端（《人民日报》iPhone 版、人民网新闻阅读器、人民微博、人民网强国社区）、手机人民网、《人民日报》iPad 客户端等。除短信系列有相应资费之外，其余均免费。

二、新闻资讯市场的改变

数字技术作为一种媒介传播技术引起了媒介形态的再造和传播形态的变迁。媒介形态包括媒介的外部形态和作为内部结构的传播符号,以及由此而展示的媒介功能、特征与发展趋势。而未来的数字化媒介形态,根据南加利福尼亚大学数字化未来研究中心(The USC Annenberg School Center for the Digital Future)发表的"数字化报告 2007",将之描述为"无时无刻不在的交互式数字化媒体"。以"联网交互性""多媒体性"为特征的未来化数字媒体采用的宽带传播系统和数字化终端将覆盖我们生活的时时刻刻。对于报纸而言,网络所具备的信息承载能力、全球性覆盖等特征为报业数字化提供了可选择的思路,同时也带来了新的资讯生产消费模式。

(一) 去中心化的内容生产

网络时代是一个"沙皇退位、个人抬头","消解中心主义"的时代。网络传播表现出强烈的去中心化的技术逻辑,在此基础之上衍生出传播主体的消解以及网民的去中心化思维。在网络传播中,涌现出无数个体化的传播主体,"互动"取代了"播报"的方式,个人数字化产品更加多元,网络信息发布渠道更加多样,价格也趋向低廉,这些为用户生产内容(UGC)的发展提供了基础。

对于资讯传播而言,这种信息创造与信息交流的兴起重塑了网络交流与协作的格局。在以用户为中心的 Web 2.0 时代,博客、播客、标签(TAG)、社会网络服务(SNS)、聚合内容(RSS)等核心应用带来了更强的社会交互性和受众参与性。用户更加主动地参与搜集、报道和传播新闻信息。

在网络媒体领域,公民新闻的概念呼应而出。一般的公众能够在不依赖大众媒体的基础上,对时事发表独立的观点,以此促进舆论乃至组织的形成,从而影响媒体和公共事务的决策。这种"互动新闻"或"参与式新闻"(Interactive/Participatory Journalism)的新闻形式就是"公民新闻"。公民通过大众媒介和个人摄录、通信工具(诸如移动电话、数码相机、数码摄像机、计算机网络等)为广大受众选择、撰写、分析和传播新闻信息。公民新闻的影响力日渐广泛和深入,在网络新闻资讯市场上,越来越多的内容来自用户本身。美国加利福尼亚州研究机构"未来研究所"的萨福(Paul Saffo)说:"我们正处在一个从大众媒体向个人媒体的巨大转变中:只要你愿意,你可以提供反馈并且自己创作内容。"[①]在很多地区,公民新闻作为重要的内容生产源被利用起来。

随着网络的进一步发展,UGC 出现了两个较明显的发展趋势,一是专业

---

① 田智辉.Google 与 21 世纪媒体[J].现代传播,2006(1).

生产内容（PGC）发展后劲更足；二是移动 UGC 的逐步繁荣。

专业生产内容的存在由来已久。由各种专业的信息提供商提供的信息服务更具权威性和专业性，在芜杂的信息资讯市场上，专业生产内容显然更能赢得受众的长期关注和支持。以成立于 2000 年的韩国公民新闻网站 Oh my news 为例，该网站在 2005 年发展强劲，拥有近 4 万公民记者，日均访问量达到 700 万人次，占据韩国网络新闻市场份额的 33.62%，曾经是全球公民新闻的旗帜和标杆。到 2019 年，网站的流量排名已从顶峰时期的世界前 100 强跌至第 6000 多位，成为一个无足轻重的小网站。网站衰落的原因有二：一是网站发展采取了以利相诱的商业方式，为公民新闻提供稿费，完全依赖民众参与，使大部分的受众仅仅保持了短暂的热情。二是传统新闻业开始回应公民新闻的挑战，开展竞争，迅速地以标准化的流程、可靠的信息源和多种拓展公民新闻的措施来赢得市场。传统纸媒亦开始招募公民新闻记者，与其合作，将相关稿件发布到大众媒体上，并同时推出记者博客，借此来解决传统新闻报道形式呆板、倾向性不太鲜明的问题，突出了其清晰、准确、客观性强的优势。① 由此可知，公民新闻的一个发展方向就是逐步向更专业的新闻处理技术与独家原创的新闻内容转化，同时，这也使得公民新闻有更加合适的平台进行传播。作为"第一家互联网报纸"的《赫芬顿邮报》在这方面为公民新闻的专业生产提供了有益借鉴（见案例 5-1）。

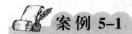

案例 5-1

美互联网第一大报《赫芬顿邮报》获普利策"国内新闻报道奖"

2012 年《赫芬顿邮报》网站因推出了重伤后的退伍军人与他们的家庭生活的系列报道而获得了普利策"国内新闻报道奖"。《赫芬顿邮报》号称美国"互联网第一大报"。2011 年 5 月，网站的月独立用户访问量首次超过《纽约时报》网，这对《赫芬顿邮报》而言实属一大里程碑。"用 6 年战胜了 100 年"，月独立用户访问量超 3800 万人次，这意味着《赫芬顿邮报》已经跻身主流媒体。

创办者阿里安娜·赫芬顿表示，《赫芬顿邮报》的宗旨是"提供一个平台进行真正重要的全国性交流"。其目标是"想成为网络报纸，报道所有事情并为各种利益服务"，但是这要"从我们独特的编辑观点出发"。

---

① 郑一卉. 从 OhmyNews 的衰落看公民新闻的发展方向[J]. 现代传播. 2010(1).

在内容生产方面,《赫芬顿邮报》既有网站专任记者及众多自由博客记者采写的新闻,也有其他媒体新闻信息的链接。其中个人博客是《赫芬顿邮报》的招牌,主要专注于政治领域,以认证的高端博客作者和高质量的评论吸引读者,以专业视角和知识背景解读新闻事件。网站主页主要包括三个栏目:博客新闻评论、每日新闻以及娱乐新闻,同时根据网民的点击率调整新闻在网页的排列顺序,形成全天候"读者自主头版"。

此外《赫芬顿邮报》的商业模式也值得关注,它是数字时代新闻业能够盈利和成功的为数不多的例子。2010 年该报首次扭亏为盈,营业额达 3000 万美元,2011 年将这一数字翻倍。这与因广告跳水、发行量骤减以及读者越来越少而苦苦挣扎的美国报业形成了鲜明对比。

《赫芬顿邮报》建立了一种社会化的新闻交流模式。2009 年该报与社交网站脸书合作,共同推出了社会化新闻新版块"Huff Post Social News",受众可以通过社交媒体开展互动,与好友一同浏览新闻或是相互推荐。由此形成了一种信息筛选模式:将海量的新闻过滤成用户及其好友关注的部分,由用户决定需要了解的内容,在一定的社群范围内进行传播。这推动了新型的网络社会化新闻过滤机制的建立。通过这类社会化新闻服务项目,《赫芬顿邮报》网站的访问量上升了 48%,达 350 万人次;网站个体用户达到 947 万户。

(根据相关资料整理)

另外一个发展趋势是移动 UGC 的兴起。简单地说,移动 UGC 是指人们使用移动设备生成内容。目前的数字产品储备容量不断增加,标准趋向统一,价格逐步走低,这使得移动设备的性能更为出众。人们也倾向于用各种软件和设备随时随地记录生活。移动 UGC 也有利于提高用户忠诚度,使体验式的互联网服务更为深入。除了更及时、丰富的生产内容之外,UGC 带来的最大机遇是新的商业模式和收入来源。传统互联网络,因为商业模式和管理机制相对不完善,资讯商很难对 UGC 进行版权保护和收入分成。而在移动网络上,运营商可以比较容易地与生产内容的用户进行收入分成,或是通过这类业务提高流量、获得广告利润。对于新闻资讯市场而言,这蕴藏了丰富的商业契机。内容提供商可以与移动运营商共同运作 UGC 平台,实现共同盈利。对于新闻网站而言,移动 UGC 用户的数量不但数倍于互联网用户,而且每部手机都有唯一号码,移动商掌控着其基本数据和使用行为数据,有详尽的数据库可供管理。

（二）定制化的信息消费

网络媒体从一开始就表现出与传统媒体截然不同的信息传播途径，由此也改变了受众消费新闻资讯的方式。传统媒体是典型的单向性传播，以其专业、庞大的采编队伍和发布渠道向广大受众发布信息。网络传播中的传者和受者一般分散呈现，信息立体式传播。受众通过搜索引擎主动发现需要的网页和信息，信息的选择权掌握在网络受众手中。网络信息提供商根据单个受众或接收者具体的资讯要求和消费偏好，有针对性的新闻资讯传播方式是有效的信息投递方式，这就促成了定制化消费模式的形成。一般而言，点对点的定制模式由大多数资讯服务商提供，通过RSS订阅等技术向单个受众"推送"信息，随着网络技术的发展，也有资讯服务商开发了新的服务模式，将整合过后的资讯推送到有需求的服务商，实现点对面的定制化消费，进一步扩大服务范围和信息提供量。在新闻网站领域，后一种定制服务方式由美国（News-Right）网站在2012年年初开创。

1. 点对点的定制化消费模式

在海量信息的包围之下，博客、搜索、简易信息聚合（RSS）、标签分类（TAG）等相关技术的广泛应用使资讯的制作者、发布者和接受者都能够自由便捷地生产或者获取信息。

自2005年开始，随着RSS技术的出现和流行，全球网民的浏览习惯，特别是网络新闻信息接触习惯正在开始悄然改变。网络用户可以在客户端借助于支持RSS的新闻聚合工具软件（google reader、抓虾等），接收按照预设的格式、地点、时间和方式的网站内容。目前，在搜索引擎类网站中，RSS技术被作为聚合新闻频道使用。以百度为例，百度新闻媒体每天发布20万至22万条新闻，每5分钟对互联网上的新闻进行检查，而百度RSS新闻来自百度1000多个新闻源，完全由受众自己选择所需新闻，能够及时、方便地提供受众自己订阅的新闻。提供支持RSS订阅的网站能够促使用户主动发现内容，提高用户黏度，扩大内容的影响力。

另外，由无限链接技术带来的内容聚合，引发了信息传播与接收方式的巨大改变。网络超文本链接技术可以使网民只需通过点击不同指向的链接就可以很方便地访问信息节点。这种方式具有无限性的特征，可以在网络信息的特殊组合、关联方式中提供与传统媒体迥异的信息传播和受众信息接收方式。超文本链接技术使网民通过链接能浏览无穷尽的信息，同时也使发布于网络媒体的每一则信息都以立体化的方式呈现，赋予了网络新闻新的表现形式。对于新闻报道而言，网络新闻可以以一则新闻信息为起点，通过超链接设置，聚合相关信息或同类事件，形成"新闻簇"或"新闻链"，无论是在信息量上还是在关联范围上都将获得相当程度的拓展。对于报媒而言,互联网的这一特征改变了传统新闻的采写编等生产方式,实现了相关信息的链接,极大地丰富了新闻内容。

2. 点对面的定制化消费模式

传统媒体是典型的点对面模式,记者编辑是"点",利用媒体作为中介向受众群这个"面"单向传递信息。而随着网络技术的发展,原有的"点对面"的传播模式被移植到网络上,出现了定制化消费模式的重构。这种"点对面"是从大众传播走向碎片化,然后再重新走向聚合的整合过程的再现。在碎片化的信息时代,内容的重新整合是资讯产业的未来走向。从受众的角度来看,随着新的传播技术对受众的影响,受众群体的划分也更多地由其内在的同质性区分,受众也会出现某种细分(segmentation)和分化(fragmentation)的趋势,针对不同的受众面投递信息也是定制化信息的一种表现方式。此类传播信息的方式尚在萌芽阶段。目前主要以美国 NewsRight 网站为代表,将传统媒体生产的专业信息集合起来,向有需求的新闻内容出品商提供服务(见案例 5-2)。

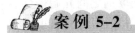

案例 5-2

NewsRight,网络新闻业的游戏改变者?

美联社、《纽约时报》《华盛顿邮报》以及一些其他的新闻机构在 2012 年 2 月联合起来组建了一个新公司 NewsRight。它的目标是使新闻机构认识到它们的原创稿件是怎样扩散出去的,并且使它们轻松地向有兴趣的合伙人进行内容授权。目前,NewsRight 的产业已十分丰富,它已有 29 个合作投资者和 30 个其他的合作公司,代表了超过 800 家的美国报纸网站。

大卫•威斯汀(David Westin),这位 ABC 的前任经理和 NewsRight 的创办人,希望公司能够有助于保证原创内容的生产。NewsRight 的新闻注册平台会跟踪网站、博客和其他的网络聚合器,以评估其合作者内容的扩散。"NewsRight 被设计为解决越来越渴求新闻的市场与有挑战的供应之间的问题,"威斯汀说,"新闻的传播正在变得更简单、快捷和有力。但是生产内容的公司需要一种有效方式尽可能广泛地授权他人使用其内容,衡量它们在互联网上是如何被使用的。"

公司为出品商提供一种 HTML 的字符码,将它编码进报道的标题和文本中间,这样就能够保证报道的每一片段都会被追踪到。这种编码过后的报道被录入认证平台中,显示在何时何地被转发和阅读。简单地说,NewsRight 搜集有质量的新闻报道和原创新闻并将之提供给有需求的网站,基本上每个月有100万篇经过专业编辑的新闻,同时也拥有它们的出版情况和消费数据。

如果你是新闻内容的出品商,通过 NewsRight 你可以了解到你的内容在网络上是如何被使用的;可以搜集到有价值的信息以帮助你做出明智的编辑决定;也可以得到获取授权的机会。

如果你是新闻内容的商业使用者,你的商业依赖于新闻内容或者信息,NewsRight 可以帮助你进一步成长:会传送给你高质量的新闻内容;提供新闻内容在网络上的使用数据;NewsRight 也会授权给你以使用原创的高品质新闻内容。

(根据 NewsRight 官方网站整理)

(三)交互式的传播渠道

无线、有线通信新技术的融合使广播、电视、电信、互联网之间开始进行前所未有的大融合。在整个传播系统之内,各主体之间的信息传播加快,出现了前所未有的多种采用数字化传播技术的传播渠道。在传播渠道的选择之中,交互性既意味着人与人之间的互动,也意味着作为单独主体的不同虚拟社区之间的互动交流。技术的发展为媒介提供了更多双向互动的传播手段。

麦克米兰(McMillan)和唐尼斯(Downes)曾对互动进行了进一步的研究,将互动的要素分为六个指标来考察,这六个指标是:双向沟通(包括回馈)、控制、地域归属感、即时性、搜寻链接的动作和信息说服性。根据这六个指标,麦克米兰将互动的程度从低到高分为三个层次:单向沟通、双向沟通和虚拟社区,其中虚拟社区的交互性最为明显。[①] 单向互动程度包括包装内容(Packaged Content)、丰富内容(Rich Content)。包装内容是信息发送者单向地传递信息给接收者,丰富内容则是使用者主动获得更多他想要得到的信息。双向互动程度包括双方的双向沟通、让使用者有地域归属感和即时感。在前两种层面,资讯提供商的网络采编人员和网络用户之间有各种互动形式,如网友建议、网友留言等,这使信息发送者与信息接收者双向互动,新闻的生产与新闻消费体验同步化,也让使用者更加主动地去搜寻、获取更多想要的信息。互动性最高的虚拟社区层面包含了前两个层面,位于这个层面的信息发送者和接

---

① S. J. McMillan. Interactivity is in the Eye of the Beholder: Function, Perception, Involvement, and Attitude toward the Website[M] // M. A. Shaver. Proceeding of the 2000 Conference of the American Academy of Advertising. East Lansing, 2000: 19-29.

收者的角色模糊化,所有人均能提供与分享意见,相互了解,所以互动程度最高。由此,所注重的不再仅仅是提供信息,更多的是侧重于资料库的功能。在这一层面的应用有网络用户主动评级构成的信息筛选过滤系统。最为典型的例子是 Digg 和 Reddit 等社交新闻网站。以 Reddit 为例,它的口号是"提前于新闻发生,来自互联网的声音",用户浏览和提交网络链接或者内容,并由用户投票来决定新闻资讯的陈列顺序,这在某种程度上给予了用户进行议程设置的权利。

第二节 媒介融合下的全媒体转型

媒介融合进程正在快速推进,它所引发的不再是传统媒体与网络之间两种媒体的简单结合,而是发生在传媒、通信和 IT 产业间的深刻的产业变革。从报纸媒介的角度来看,这种从信息内容到传播途径的数字化使报纸原有的传播途径、内容生产方式等受到了极大的挑战。报业数字化的未来必将在媒介融合这一整体框架之下发展演变。从产业发展的角度来看,内容生产商、软件开发商、渠道运营商等将是未来传媒产业链的主要构成部分。

在此种背景之下,报业如何寻找自己的角色、位置?如何寻求生存和发展的途径?我们认为,报业数字化可以从内容、平台和渠道三方面入手,转型成基于网络的信息供应商。

一、全媒体的内容生产

报业具有生产、开发、包装和销售能力,其核心竞争力就在于凝集了才智的集约化信息生产能力,以及长期积累的权威性和公信力。这是传统报媒面对媒介融合和产业变革时所应始终保持的优势,也是报业集团转型为信息供应商的基础。基于内容生产商和供应商的定位,传统报业需要向内容数据库转变,以内容产业为根本,凸显传统报媒内容资源的强势地位。

媒介融合内容生产与内容集成在同一个融合平台上共存,因而内容生产有两个取向:独家的原创内容和将已有的内容重新"切碎、打包、重新包装"的集成内容。全媒体的内容生产并不仅仅停留于运用多种媒体采访、搜集信息的内容生产层面,还包括在采集环节信息提供和后期处理时,呈现出的多种媒体融合的"全"。

(一)多渠道的信息搜集

采编业务是报业核心竞争力之所在。报业一方面应当积极应用 UGC,利用专业编辑队伍对内容进行过滤。另一方面则应当对内容进行统一管理和整合,以适应不同平台的需要。

目前信息搜集机制已发展出以下四种方式。

一是利用微博、博客用户提供的新闻资讯。微博已成为广大网民发布和获取新闻信息的重要渠道,从某种意义上而言,微博不单是社交媒体,更是新型的信息传播平台和内容生产平台。微博拥有庞大的用户群,这保证了无论是线索发现、采访资源,还是观点征集都可以通过微博实现。近年来,很多重大事件都是由微博用户首先爆出,然后再由传统媒体跟进,进行后续详细报道。此外,传统媒体还可以"机构"或者"媒体个人"的身份开设微博,传播新闻资讯,充当报纸、读者与网络受众的沟通桥梁。

二是开发论坛服务,对论坛内容进行二次加工。论坛服务作为网站社区服务的标准配置由来已久,至今论坛模式已发展得较为成熟,如人民网的强国论坛已成为用户发表意见、讨论信息和资讯的重要社区,是具有代表性的用户生产内容站点。

三是开通公民投稿系统,发动公民记者,建立由用户直接提交新闻文本、新闻图片、新闻视频、音频材料的投稿渠道。

四是积极运用新技术,在媒介集团内部建立资源共享平台,包括采编系统、图片系统、视频系统等子系统,即时共享稿件、图片等。对来自多渠道、多格式的新闻信息内容,实现多通道、跨地域的同步生产。

(二) 多主体的内容生产

信息承载能力的无限增长会引发报媒从信息采集、信息处理等多个环节的革新。多主体型的内容生产是指针对不同的媒体平台,有选择地采用不同的信息加工标准、加工方式、信息处理手段和信息表现形式。

在媒介融合的背景之下,融合的理念需要新闻报道呈现出个性化的特征,针对不同的媒介平台提供不同的报道文体。不管融合的方式如何,内容的原创性和独家的信息加工标准、加工方式和信息处理手段远比独家新闻重要,依靠内容的深加工才能真正赢得竞争对手。在融合的理念之下,新闻报道的作品需要具备独特的风格和独特的视角,针对不同的平台和对象来生产相应的文本内容。在这方面,坦帕新闻中心具有代表性。在美国媒介综合集团的"坦帕新闻中心"内,《坦帕论坛报》、坦帕湾在线网站、电视台 WFLA-TV 等对于新闻的选择、编排和报道都是独立的。虽然新闻的采集经合作完成,但是在新闻的选择标准上各个平台会有不同。

(三) 多介质的视频制作

报业数字化转型的核心并不只是简单地由报纸到网络的介质变化,更多体现的是内容整合之下出现的新品类。报纸网络视频的出现突破了电视台节目播出时间和空间的硬性限制,打破了传统报媒和电视的行业边界。

常见的网络视频报道内容主要分为三类:一是新闻性较强的视频报道产品,以每天实时滚动的形式播发。其来源包括其他电视台视频及自产视频。二是专题性视频报道产品,以固定的栏目形式定期或不定期播发,来源多为报媒自制。三是综合性视频报道产品,包括新闻类、专题类产品的集成以及与新闻相关的资料性视频产品,来源广泛。从目前各报纸网站的现状来看,报纸网站大面积地利用网络视频来丰富报道内容,吸引更多受众。国内外报业集团自办的网站上普遍设立了"视频""播客""直播"等频道,借助数码摄像技术、非线性编辑技术和流媒体播放技术,在网站上"看电视"(见案例5-3)。

案例 5-3

据美国《纽约时报》网站报道,《政客》杂志编辑部展开了每一工作日约四个小时的直播报道,具备了一个集合灯光、麦克风、新闻主播台和五架高分辨摄像机的舞台布景,记者和编辑由此向互联网浏览者进行数小时的直播报道。其他报纸如《华盛顿邮报》和《洛杉矶时报》也在准备开展它们自己的直播业务。《纽约时报》网站开办了一个早间商业新闻播报栏目,且在其中加入了已录制好的天天秀节目 Time Cast。《赫芬顿邮报》也推出每天12小时的直播视频业务。

路透社数字版编辑克里斯蒂娜·弗里兰(Chrystia Freeland)称,所有新闻视频竞争者想要的,即是"使人们习惯这种观看视频的方式"。这些新闻媒体认为电视的定义和分布将发生改变:即《政客》直播网站、《华尔街日报》直播这一类的报道出现在或大或小的屏幕上,尽管它们目前只存在于网络之中。同时,一些与网络相连的电视机可以收看直播或急需的视频,它们被视为这一新兴行业的开拓者。

《华尔街日报》的网站执行编辑默里(Murray)在一个电话采访中说:"我们并不想成为有线电视台,我们所尝试的即是在任意媒介,以及读者使用的任何平台上,都能为他们提供服务。"数十年前,报纸所有者获得了电视台的资质,媒体之间的差异在弱化。以前被认作是电视网络的新闻机构同时也会发布在线文章;而报纸也在发布视频流,为消费者提供新的选择。

《纽约时报》已设立了视频部门,起初是纪录片形式的片断;随后添加了 Times Cast,并加入了名为商业生活的每日直播。设立视频部门的 Ann Derry 说道:"我们一直都知道,直播计划将是播报新闻最有效的方式。"她还补充道,"商业节目为时报编辑部进行其他直播计划提供了基础设施和专

> 业知识。"邮报视频主管安德鲁(Andrew)说道,《华盛顿邮报》推出了一个每周播出的直播体育节目,将在未来几个月内推出"更多原创的节目"。①

在我国,人民网开办了人民宽频栏目,其中又细分为小六砖头铺、读报看报、小白闪报等好几个子栏目。报业品类的重建使得报媒能够整合资源,结合报业的深度报道内容和视频画面、音效,将独家新闻资源以视觉化、音频化的语言立体地传播给读者。尽管目前的视频网站还存在着诸如商业模式不清晰、政策监管与商业诉求的冲突,以及版权等实际问题,但网络视频与报媒的融合是媒体发展的趋势,二者的融合将实现专业内容和用户上传内容的互补,进而实现平台和内容的多元化。

人民网成立视频中心这一系列媒体动向,向电视台发出了信号,"视频内容不再是电视台的专利",全媒体时代的全新媒体竞争格局开始出现。按照传统电视媒体竞争理论,电视的竞争是"伞"形竞争,一般只是同等覆盖的电视台之间才发生直接竞争关系。但是全媒体的出现打破了地理区域、行业之间的界限,电视台"敌手如林"。

在美国,已有90%以上的报社在网站上开辟电视频道或电视演播室,但它们在网上的节目并不按正规电视台制作节目的流程实施。有的专业新闻网站不设现场报道,也没有出镜记者,只是播发片段式视频图像,甚至只是随意播放的新闻照片,不对新闻配发任何解说词。还有的报纸专门为网络用户制作闲话类、非正式的视听新闻。英国《卫报》在网站上专门开辟"视频聚焦"(Video Focused)专栏,视频报道内容不长,最多也不超过60秒,没有记者出境,记者只以旁观者身份客观地报道新闻事实,这种"迷你"视频既可以实现亲朋好友间的共享,又不会造成网络传输障碍。

二、多层次的资源共享

报业数字化的实质是指在拥有报业核心能力的基础之上构建多重介质的传媒产业。② 在互联网引发的新媒介生态环境之下,传统报业的新闻生产流程、新闻制作模式、分销模式、收费模式、与受众的沟通方法等多个层面已被深刻地影响和改变。面对报业危机,"如何开展互联网业务"这类思考仅仅涉及了浅层次的操作性问题。目前,通过手机报、数字报或者建立报业网站

---

① 斯年.《纽约时报》等印刷媒体发展视频报道方式[J].中国传媒科技,2012(1).
② 姚林.2007,转型中的中国报纸产业[J].中国报业,2008(1).

来拓展报纸的功能,并不一定是最适合报业的传播模式。报业生存模式的转型需要在更本质的层面展开。在技术创新和市场整合的背景之下,形成以报媒为核心,多元媒体聚合于同一平台的"多媒体生态系"是多媒体扩张的重要方式。

(一) 数据库资源共享

从报业数字化转型的实践中不难看出,仅仅将传统报媒的内容加以复制是无法达到预期目标的。目前报纸网站的发展已经取得了很大的进步,简单复制报媒内容的现象逐渐减少,但是报纸网站仍未能建立起专业化、差异化的数据库,也就是说,报纸网站在信息方面并不能给予具有不可替代性的服务,从报纸网站上能够了解到的信息从其他网站上也能够了解到。因此,报纸网站必须向数据库平台转变,通过构建数据库消费平台来寻求信息内容的价值增值。

一是建立专业化数据库,实现特定信息的二次消费。纸媒的第一次消费是借由发行带来的收入实现对报业生产的资源补偿。建立数据库可以将传统纸媒所承载的一些专业性信息进行分类和检索,针对不同读者群体的需要,对专业化数据库的信息内容进行打包有偿销售。一部分报业集团可以向专业化的信息提供商转型,提供如财经、教育等方面的信息,以差异定位获得生存发展空间,实现特定信息的二次销售。

二是以读者数据库完成信息的整合与推送。通过报纸网络建立的读者数据库将成为重要的资源,帮助报媒完成信息的重新整合和推送。因为通过读者数据库,报纸可以精确把握每一位读者对信息需求的特点,从而有针对性地给读者提供个性化、定制化的服务,达到精准化营销的目的。在这种整合之下,报纸网络能够为广告主提供的资源也更有价值,广告信息的推送也将变得更为精准。新闻信息与相关广告信息的捆绑销售将会极大地增加广告的效果。

三是通过网络数据库平台提供信息服务的增值。从受众的角度而言,信息容量不断增加,信息泛滥的局面也日益扩大。数据库凭借对信息的海量存储能够充分满足受众对信息的需求,也会提供给读者经过筛选过后的精选信息。这种信息量的增值既满足了受众对信息的需求,也不会使其陷入信息过剩的局面。

(二) 互动性资源共享

互动性是 Web 2.0 时代的重要表现。在媒介融合的背景之下,技术的发展为媒介提供了更多双向互动的传播手段。在网站的互动性功能方面,有学者根据其观察的 101 家企业网站,参照过去相关的文献,提出五大类 23 项网站互动性功能,这五大类包括:顾客支援(Customer Support)、营销研究(Marketing Research)、个人化选择服务(Personal-choice Helper)、广告/展示/宣传(Advertising/Promotion/Publicity)和娱乐(Entertainment)。研究发现,互动性和网站的吸引力与评价之间具有正向的显著关系。[①] 对报业网站而言,互动性既体现在记者编辑与新闻信息消费者之间,也体现在新闻聚合社区的受众内部。随着社交媒体的发展,互动性也体现在作为单个内容生产商的报纸媒体与受众的互动。

目前,常见的记者编辑与新闻信息消费者的互动包括如下几种:

①为受众提供网站编辑的联系方式。

②提供新闻信息生产者的联系方式特别是数字化的联络渠道,如 E-mail。

③记者和读者能够就新闻报道进行讨论和交流。

受众内部互动机制包括:

①提供新闻信息的分享功能,提供社交网站一键分享按钮,或直接通过 E-mail 转寄和即时通信工具转发新闻资讯。

②用户能够将新闻直接提交给用户新闻社区。

③用户能够对新闻以及评论进行打分和评级,并提供点击阅读量最多、评论最多和用户评分最高的新闻排行。

④为注册用户提供个人主页,可以进入其他个人主页获取新闻资讯的信息。

平台外部互动则更为直接,目前主要表现为开设社交媒体如新浪微博、腾讯微博账户,与受众直接交流。《新周刊》在这方面做得比较好,它以微博账号发表意见,与受众互动。

(三)区域性资源共享

在我国,报业市场一直存在着以行政区划为特征的报业市场屏障。互联网的问世和快速发展突破了传统报业本身固有的形态壁垒和行政管辖边界的割裂。在商业领域,企业战略联盟是合作竞争的最主要形式之一,能够实现联盟成员之间的优势互补和资源共享。不论媒介采取何种融合策略,其根本都是通过资源共享和节省成本的方式来提升媒介的竞争力。传媒集团能够通过资本、技术等形式的合作来打破行政壁垒,实现融合。从这个角度考虑,加强报纸与区域性媒体互动,形成区域媒体联动乃至最终融合是未来报业数字化的可能路径。

---

① Ghose, Sanjoy, Wenyu Dou. Interactive Functions and Their Impacts on the Appeal of Internet Presence Sites[J]. Journal of Advertising Research, 1998, 38 (2): 29-43.

对于报业网站而言,网络新闻资讯市场的最大竞争者是门户型和资讯性的商业新闻网站,它们汇集了大量人气,有极高的点击率,但是并不具备受众最关心的时政新闻采访权,新闻内容的核心竞争力难以形成,同时,网络媒体的公信力和权威性始终与传统媒体存在差距。而传统报业新闻网站在面对商业网站的强大用户黏度和搜索引擎技术时,原创性价值和采编网络优势被极大地稀释,往往"为他人作嫁衣"。因此,笔者认为深层次的平台构建应该开展于传统报业集团的新闻网站和优势网络企业之间,立足于区域化信息,实现新闻信息的共建和共赢。在现实操作中,区域化的联盟方式也具备较强的可行性。

在实践方面,目前我国探索比较早的区域联盟平台有南方报业传媒集团旗下的奥一网。在集纳内部强势新闻资源的基础上,奥一网大量购买了各地主流媒体的新闻资讯,利用南方报业在广州、深圳等地资源打造城市生活的虚拟空间。此外较为成功的平台案例还有腾讯网与湖北日报传媒集团共同组建的大楚网、与《重庆商报》联手打造的大渝网。腾讯网与地方优势品牌都市报共同出资建立地方新闻独立页面,增强新闻业务竞争力和区域消费市场渗透力,将自身塑造成地方性的门户网站。2011年,南方都市报、河南报业集团也分别与腾讯网合作推出"大粤网"与"大豫网",共同发展区域性网络媒体。

这种跨平台合作的具体方式主要有三种:一是在新闻内容市场的生产、编辑层面,报媒与网企合作加工,共同集成内容资源;二是在经营资源层面,结合两者的广告资源,优化组合提供更具竞争力的广告服务;三是品牌资源层面,立足区域市场,发展专业地区信息,联合开展线上线下的推广活动。传统媒体网站与优势网络企业的战略联盟也比较可行,如房地产、广告、就业等信息具有很强的地域性。传媒着眼于具体区域市场的受众和用户生活习惯、信息需求,可以保证网络平台提供更加贴切、更有针对性的信息,以此实现媒介价值和受众市场的"深耕",更好地开发受众商业价值。

三、多媒体的信息传播

渠道对于报业的价值和意义是极为重要的。报纸新闻网站、电子商务、手机报、iPhone、iPad客户端、WAP手机广告、数字家庭服务平台、社区网站、可视化搜索、电子阅读器、LED项目……无数的新渠道与新的赢利模式涌现出来,均是孕育"融合新闻"的土壤。作为内容提供者的报业竞争者众多,特别是面临新兴渠道资源掌控者的强势把控,如手机报,受控于渠道运营商。在内容产业链下游,新浪、腾讯等门户网站整合了新闻用户端,进一步挤压了报业作为内容提供商的生存空间。在这种情形之下,报媒一方面要提高内容的竞争力;另一方面要寻找和开发自有渠道,将生成的内容资源平移到各种终端之上,充分凸显传播优势。

(一)依托移动终端拓展传播

目前移动互联网发展势头迅猛。在4G网络日益完善和丰富的同时,容纳更高级的移动互联网宽带服务的技术已应运而生,这加速了移动互联网从4G向5G的演进历程。移动互联网已经与第三方支付、在线视频一起成为互联网细分行业成长性最快的"三甲"。互联网原有的连接技术及智能移动终端计算等功能被进一步整合,移动互联网不仅将成为生活必需的交流互动工具和信息综合化平台,还将改变人们的生活方式和工作方式。从这个意义上而言,利用移动终端,拓展渠道将成为大众媒介十分重要的信息发散路径,未来报业数字化发展的重要领域就是依靠优势渠道,将内容传播出去。

报媒需要主动探索,积极寻找能够掌控的渠道,提高内容对于各种渠道的适用性。目前我国各大传统媒体纷纷推出了手机客户端和移动终端应用,《广州日报》除了推出Android手机客户端、iPhone客户端、iPad客户端、OPhone手机客户端、WM手机客户端之外,还具备接近传统实体报纸阅读习惯的Widget手机报客户端,包括时事新闻、生活服务资讯、各类投资推荐以及优惠等各类信息。

另外,发展独立自主的渠道,摆脱受制于人的窘境。杭州日报报业集团的"19楼"、济南日报报业集团的舜网,即脱离了传统报纸的运营模式,具有一定的独立性。总之,他们都是在利用传统媒体的资源优势,拓展传播渠道,有效延伸传播范围。在内容生产上,像做本地新闻那样经营网站,突出了本地化信息的服务性,发挥社区化优势。

此外,移动终端也为传统报媒拓展了盈利空间。美联社总裁汤姆·柯里表示,在与互联网的竞争中,传媒公司略逊一筹,但移动设备的出现为传媒公司带来新的契机。传统的广告售卖要通过"二次销售"来实现,而未来的移动终端互动模式将成为广告销售的有力助推。在这种情况下可以进行多种尝试:如借助点对点的新型互动方式了解民意、进行受众调查,帮助广告商寻找合适的目标受众;借助新媒体手段与媒体受众建立联系,通过线下活动将兴趣相近的人集合起来,以此来吸引相关产品的广告商;或者通过定制式新闻内容与广告商进行深度合作,进而精准营销,为传统传媒带来新的盈利模式。

(二)依托社交媒体拓展传播

网民通过互联网获取新闻信息的渠道正在发生转移,固有的单一通道使得信息传播很难产生复合效应。传统媒体可以以"机构"或者"媒体个人"的身份拓展社交媒体,对外发布信息,建立起报纸、读者与网络受众沟通的全新桥梁。对社交媒体的利用可以让媒体自身机构采制的信息能够实现"多渠道、多通路"的传播,达到在现实情境下增强传播效果的作用。在这种情形之下,传统媒体借力微博等社交媒体拓展信息发布渠道,塑造品牌形象是可供操作的有效途径。

传统报媒与社交媒体的融合互动主要有以下两种形式。

一是在报媒网站上提供内容一键分享按钮。读者可以同步评论并将此文发布到微博等社交媒体上。这种设置既可以使传统报媒网站的新闻信息得到进一步扩散,也使受众能够将自身对新闻的意见、观点传播开来,进行反馈和讨论。根据皮尤研究中心公布的调查报告显示,随着脸书使用率的提高,人们纷纷使用社交媒体来共享和推荐在线新闻的阅读内容。该报告对全球最大的25家新闻网站的流量情况进行了研究。据报告合著者埃米·米切尔(Amy Mitchell)称,早在2011年,脸书给可以跟踪数据的21家新闻网站带来了3%的流量,有5家从脸书获得了6%~8%的读者。获取新闻的途径通常是来自好友在脸书上发布的链接,或是新闻网页页面的"我喜欢"按钮。脸书在全球拥有超过5亿用户,这远远超过了互联网上的任何其他社交和共享服务。皮尤报告指出,"如果说搜索新闻是上一个10年中最重要的发展,那么共享新闻则可能是下一个10年中最重要的发展。"

二是以报媒的独立身份开设微博、微信账号,与读者实时互动。首先,微博、微信是一个免费且有效的推广平台,是主流媒体的标准营销配置。据新浪微博的媒体影响力排行榜显示,传统媒体《南方都市报》发布形式主要是"微博新闻+南都网报道链接"或"后续报道/点评+已发微博新闻",把微博点击率转为南都网的点击量,所有流量被倒回到主网站。其次,可以实现传统媒体与微博联合报道的模式。在2011年日本大地震期间,凤凰卫视记者在发回电视报道的同时也在微博进行播报,通过文字、图片、视频的多元符号表现,让媒体在突发事件现场报道中传递出更多有价值的信息,以更好地还原现场。

(三)依托报业新媒体拓展传播

传统报媒在原有的纸质印刷、发行上持续发力,如3D报纸、香水报等报纸新形式层出不穷。3D报纸指的是报纸利用数字技术进行印刷革新,读者可以利用特殊的眼镜来浏览这一新鲜的版面,湖北《十堰晚报》于2010年4月16日推出了中国首份3D报纸,随后5月1日,《齐鲁晚报》发行中国第一份3D号外《梦世博》。5月27日,《南方都市报》推出3D特刊《原味·广州》。6月1日,《安徽商报》推出中国第一份3D报纸广告。6月3日,杭州日报报业集团旗下《每日商报》《都市周报》同步推出3D报纸。6月8日,《扬子晚报》推出3D世界杯号外《好塑角风暴》,同一天,3D版《城市晚报·2010南非世界杯专号》亮相吉林。6月11日,《东方早报》推出7个版的《世博园·世界杯3D影像志》,世界杯亦是这份3D世博报的主题。如此密集地推出"3D报纸",难怪业内有评论说2010是中国报纸的"3D元年"。

此外,贵阳市最大的两家报纸媒体《贵州都市报》《贵阳晚报》于2010年采用香水印刷,使其散发柠檬香味。香水印刷、3D报纸都是传统报媒为改善感官体验而做出的创新和尝试,使得读者将更多的注意力放在阅读和品味之上,从而延长阅读时间,提升新闻与广告的传播效果。这是传统报媒为改善信息载体而做出的尝试。

香水印刷、3D报纸对于2010年的中国报业来说,都是值得纪念的创新和尝试。正是由于这种新颖的感官体验以及立体的表现效果,使得读者不只是对报纸蜻蜓点水般的翻页而过,而是主动地去阅读、品味,延长阅读时间,提升新闻和广告的传播效果。

第三节 融合新闻下的跨媒体重构

传统的新闻传播多为单一的媒介形态,所运用的技术手段也比较局限。例如,报纸新闻主要是文本和图片传播,电视新闻主要是图像和声音传播。但是在媒介融合的背景之下,融合新闻的内容被重新构建,传统媒体原有的新闻采编流程、内容架构等方面的壁垒被打破,因此,融合新闻的内容重构关键就在于全方位的技术运用和在全媒介基础上整合新闻传播,建立新的内容体系和流程。

一、互联网生存

媒介内容的融合指的是分属不同媒介形态的内容生产,依托数字技术形成了跨平台和跨媒体的使用,利用数字化终端,形成多层次、多类型内容融合产品。融合从内容来源上说可划分为报纸、杂志、书籍、广播、电视、互联网等的融合,从形态上分可分为文本、图片、影像、声音等的融合。

媒介融合意味着摒弃单一的传播形态,利用多媒体技术将文字、声音、图片、影像和动画等集于一体,在视觉传达上打造丰富多样、形象生动的信息产品。目前,"报网联动""台网互动"是我国报纸和广播电视实现数字化转型的主要举措。在逐渐走向融合的过程中,原有的、既定的媒介概念将渐渐消失,呈现在受众面前的将是整合了各种功能的终端产品,如电子报纸、网络电视、数字电视等,也可称之为"全媒介"或"泛媒介"。

(一)互联网思维

传统报纸媒体的数字化与网络化传播,正促使传统平面媒体的互联网运用,带来新的办报思维。纵观目前我国大多数报社,信息生产团队还不够强大,无法生产大量严肃持续的新闻以支持其网络版,仅有的资源也要服务于报纸本身的发行。因此,报纸网络版,大多是把报纸上的信息直接放到网上,造成网络版新闻与报纸内容大量雷同,"融合"变成了简单的"复制"。这种"复制"绝不是报纸在新媒体挑战下生存的方法。

面对互联网的海量信息,传统报纸媒体需要发挥已有内容品牌优势发展自己的网站,一方面积极地与网络媒体合作,另一方面创建自有网络平台,以互联网的思维方式,改变传统的传播理念和模式。在新媒体时代,传统意义的报纸记者与电视编导之间的边界已经模糊,甚至消融。那些具有跨媒体、全能型特点的媒体从业人员将会受到广泛的欢迎。对此,丹麦通讯社总编辑兼首席执行官拉尔斯·维斯特洛克说:"新技术对传统媒体产生了很多影响。过去,我们生产的只是短小的文本新闻,现在则要提供给手机、网站、报纸、广播、电视等用户。以前我们的产品只有一两种,现在有 35 种。通讯社必须掌握如何把同一个新闻事件进行不同的报道,制作成不同的版本,以供不同的媒体用户使用的技术。这就要求记者和编辑发展新的能力和新的技术。我把他们称为'交响乐队的指挥',他们要知道不同的乐器在何时开始演奏。"[1]

(二)多样化技能

2009 年在中国北京举行的世界媒体峰会,有来自世界各地的通讯社、报刊、广播、电视、网络媒体的 170 多家传媒机构参加了峰会,会议发布了《世界媒体峰会共同宣言》(以下简称"宣言")。"宣言"认为,数字化、网络化时代,世界传媒业的环境与格局正在发生着深刻变化。挑战与机遇并存,机遇大于挑战。只有积极适应时代发展潮流,充分应用高新技术成果,加强与用户的互动,鼓励受众的参与,才有助于推动世界传媒业的变革和进步。

在世界媒体峰会上,许多国家和地区的传媒主管就新媒体时代记者所应具备的多样化技能发表了意见。[2] 美联社总裁柯里说,现在的记者应该具备两

---

[1] 武玲.面对新媒体,电视人怎么办?[J].传媒,2010(4).
[2] 同上.

个条件:第一,至少掌握两门语言以便能更好地了解全球文化。第二,尽量向多媒体发展,掌握摄影或摄像至少其中一门技能,或者能够编辑图片或视频。还必须掌握一些基本技能,要么会写稿、要么会做视频。在掌握一项技能的基础上如果能再掌握另一项技能将会大有助益。土耳其阿纳多卢通讯社副社长艾赫迈特·泰科说:"新技术同时改变了编辑部的运作方式,使消息的传播更加迅速。过去需要一天完成的工作,如今一个小时就能完成,而且几秒钟就可完成新闻的传播。"在艾赫迈特·泰科看来,如今的记者与过去相比最大的区别是,需要同时具备运用电脑、相机、录音设备以及网络的能力。肯尼亚民族传媒集团总编辑旺格希·姆旺吉谈到应聘人员条件时说:"如果有一个应聘者,不论平面媒体、广播电视媒体还是网络媒体的工作都能胜任,那么我将毫不犹豫地雇用他,因为他马上就能采集到最好的新闻。"作为电视媒体代表,卡塔尔半岛电视台总编辑艾哈迈德·谢赫介绍说:"我们要求记者适应播客、网站、视频点播、移动电视、移动视频等多类型的媒体报道。懂得如何数字化新闻,怎样通过移动电话来发布头条新闻……"新浪网总裁曹国伟甚至断言:"今天,你不采用新媒体技术手段,或者说不能利用新媒体传播方式发展你的媒体,将会在媒体行业慢慢消失。"

以上言论明白无误地传达了这样一个信息,在新媒体时代,一名传媒工作者必须尽快转变观念,在发挥自己优势的基础上,充分掌握新媒体的技术和手段,把新媒体的传播理念最大限度地运用到多种媒体的工作和实践当中。

(三) 新媒体战略

新媒体的冲击对传统媒体的发展战略产生了一定影响,继而引发了两种发展观的争议,[①]即渠道为王或内容为王的问题。这两种看法代表着报业的悲观主义和乐观主义,前者认为,报业内容的廉价和易复制性,难敌渠道强势的竞争,因此对报业未来不抱希望,而内容为王的观念持有者依然对报业充满信心。羊城晚报报业集团社长黄斌曾说过,新媒体战略,根基还在于报纸本身,依靠的还是报纸的品牌影响力,必须坚定内容为王。随着新媒体自身的成熟和传统媒体应对能力的增强,"渠道"变得越来越多,要想在激烈的媒体战中脱颖而出,"内容"可能仍是媒体生存和发展的重要法宝。但新媒体尤其是移动运营商的发展壮大,使得人们越来越怀疑做好内容还是不是王者之道。成都传媒集团总编辑何冰认为,传统媒体人往往自诩有庞大的内容生产力,其实别人也可以做内容生产,有的博客文章一点不比纸媒的评论写得差,因此传统媒

---

① 陈国权.报业竞争与新媒体征程——阶段梳理与总结[J].中国记者,2011(4).

体要应对新媒体竞争,首先要建立强大的传播渠道。

广州日报报业集团副社长梁泉的观点比较折中,他认为:"内容为王还是渠道为王。关键取决于二者谁更强势。内容提供商实力更强,在利润谈判中就具有主动权;渠道运营商实力更强,内容为王就难以成立。我更赞成品牌为王。"南方报业传媒集团社长杨兴锋说:"内容为王,渠道也为王,在新传播技术条件下,内容为王越来越靠不住。布局新媒体就是为了探索合适的盈利模式和商业模式,大家都在摸索当中,哪一块商业模式比较成熟,就加大力气去做。"这两种观点反映到新媒体的实践中,形成了两种不同的做法,如坚持渠道为王的就会努力去发展报业的新渠道,比如创办各种各样、五光十色的新媒体。而坚信内容为王的将会通过"媒介融合"来实现新闻内容的共享和多媒体使用,誓做未来的内容提供商。

(四)区域化网站

最近几年,报纸网站都在主打区域新闻门户网站的概念。正像杭州网总经理沈杰所说,一个地方发生事情,你到腾讯的论坛上说没人理你,诉求太小。但如果在杭州网的论坛上说,共鸣很大,因为事关大家利益。按照这一思路,杭州网在2009年12月开办了"杭网议事厅"板块,集议事、办事、投诉于一身。普通民众在论坛上反映的内容成为网站深入跟踪的线索。广州日报报业集团副社长梁泉说:"我们已经用实践证明了区域门户网站的商业价值。很多广告比如房地产都是区域性质的。广告必须强调区域属性,区域网站贴近当地网民的生活需求,具有用户黏度,广告的千人成本较低,对客户具有较好的广告回报。"①

目前我国报业新闻类网站大致分为以下几类:一是单个报媒兴办的网站。二是报业集团兴办的网站。三是由各地报业集团及媒体主办的综合性新闻网站,如荆楚网、大洋网、汉网等,它们是互联网本地新闻的重要源头。四是地方重点新闻网站,以千龙网、东方网等为代表,它们由当地宣传主管部门(政府新闻办公室)牵头,是整合了区域内主要新闻单位力量建立的大型区域性门户网站。

本书主要考察地方报社或报业集团的融合新闻信息采编制作力量和网站运营情况。

我国《互联网新闻信息服务管理规定》(2005),将网站从事登载新闻业务依法界定为"互联网新闻信息服务",并实施规范的《互联网新闻信息服务许可

---

① 陈国权.报业竞争与新媒体征程——阶段梳理与总结[J].中国记者,2011(4).

证》。目前,以我国 31 个省、自治区和直辖市及其省会城市(含副省级城市、经济特区城市)的报业新闻网站为样本选取范围①,剔除各省市党委宣传部门兴办的地方重点新闻网站,最终得到 114 家新闻网站数。开办情况如下。

一是设置方式。地方报业集团网站主要采取两种设置方式:第一种是设立地方报业集团网站,其余下属报纸不再另设网站,改为在网站主页面罗列出来,以电子报的形式为受众提供网络阅报。如天津网是天津日报报业集团网站,《天津日报》《每日新报》《城市快报》等旗下报纸不再设立单独网站而改为提供数字报刊。采取该种类型的地方报业集团最多,如广东的南方报业网、四川日报网、辽宁日报的北国网等。第二种是地方报业集团设立官方网站,下属部分报纸也单独设置官方网站。如北京日报集团旗下的《北京晨报》《北京商报》等都单独设有网站。采取这种设置方式的有河北日报报业集团旗下的《燕赵都市报》、福建日报社旗下的《海峡都市报》等。

二是合办方式。一些报业网站由地方党委宣传部门牵头,聚合省内多家媒体集团合办新闻网站,该类网站一般被视作地方新闻门户网站。如天津北方网、南方网、深圳新闻网、荆楚网等。这类网站流量排名基本上在千名以内。而从整个地区的新闻网站排名情况来看,每个地区均只有 1 家或 2 家新闻网站排名靠前,这表明在区域合作的前提之下,各媒体打破行业壁垒,相互融合互动是十分有效的,这也给区域化平台的建设提供了现实基础。

三是品牌效应。在地方新闻网站中,广东省、江苏省均有多家报纸网站排名在千名以内,而这些网站基本上是同属于一个大的媒体传播集团之下,在强大的品牌号召力之下,媒体集团下属的各类报业网站均产生了广泛访问量,使报业集群效益得到进一步发挥,报纸的品牌效应得到延续。

我们依据上述新闻网站来源,筛查出了在全国排名 500 位以前的报业新闻网站,见表 5-1。

---

① 样本选取范围
第一级:直辖市,特别行政区,GDP 大于 1600 亿,且市区人口大于 200 万的城市,包括:北京、天津、沈阳、大连、哈尔滨、济南、青岛、南京、上海、杭州、武汉、广州、深圳、香港、澳门、重庆、成都、西安(18 个);
第二级:其他副省级城市、经济特区城市、省会、苏锡二市,包括:石家庄、长春、呼和浩特、太原、郑州、合肥、无锡、苏州、宁波、福州、厦门、南昌、长沙、汕头、珠海、海口、三亚、南宁、贵阳、昆明、拉萨、兰州、西宁、银川、乌鲁木齐(25 个)。

表 5-1　全国排名前 500 报业新闻网站

名次	网站名称	网站地址	排名	主办单位
1	北青网	http://www.ynet.com/	135	北京青年报社
2	东方网	http://www.eastday.com/	147	中共上海市委宣传部领导,各传媒集团共同投资
3	浙江在线	http://www.zjol.com.cn/	184	浙江日报报业集团、外宣办、浙江广播电视集团
4	新民网	http://www.xinmin.cn/	218	文汇新民联合报业集团旗下新民晚报社
5	湖南在线	http://hunan.voc.com.cn/	259	湖南日报报业集团
6	千龙网	http://news.qianlong.com	292	由北京日报社、北京电台、北京电视台、北京青年报社等共同发起和创办
7	深圳新闻网	http://www.sznews.com/	315	中共广东省委宣传部、深圳市委宣传部主管,深圳报业集团主办
8	大河网	http://www.dahe.cn/	334	河南日报社
9	青岛新闻网	http://www.qingdaonews.com	343	青岛日报报业集团
10	华商报	http://ehsb.hsw.cn/	352	陕西侨联旗下华商报社
11	大洋网	http://www.dayoo.com/	362	广州日报报业集团
12	天津北方网	http://www.enorth.com.cn/	372	由天津市委宣传部牵头,天津市电台、天津市电视台、天津市广播电视报社、今晚报社、天津日报社共同投入资金、信源组建的第四媒体
13	大众网	http://www.dzwww.com/	386	大众报业集团
14	华龙网	http://www.cqnews.net/	414	重庆日报报业集团
15	合肥在线	http://www.hf365.com/	419	合肥报业传媒集团
16	奥一网	http://nd.oeeee.com/	421	南方报业传媒集团与"深圳热线"合作
17	南海网	http://www.hinews.cn/	467	中共海南省委宣传部主管、海南日报报业集团主办

续表

名次	网站名称	网站地址	排名	主办单位
18	龙虎网	http://www.longhoo.net/	472	中共江苏省委宣传部及南京市委宣传部主管、南京日报报业集团主办
19	舜网	http://www.e23.cn/	488	济南日报报业集团

从表 5-1 中可以看出,排名在 500 位之内的报业网站共有 19 家,其中由政府牵头与报业集团、广电集团等共同组建的网站有 9 家,而报业集团下属报纸单独设立的网站仅新民晚报 1 家,这表明因单张报纸品牌而成功的新闻网站极少,整合相关资源越多的新闻网站越成功。

在统计过程中,笔者亦发现基本上所有的报纸网站都提供了电子版报纸的在线阅读或者观看,大多数网站做到了按天及时更新,也有少部分网站没有做到。极少有网站对电子版的报纸收费,所有网站均提供手机报定制业务。

二、移动化生存

如同汽车的大众化普及和高速公路网的建成孕育出了一个车轮上移动的社会,进入移动互联网时代,传媒技术的发展也使人人都能方便地上网参与信息传播活动,致使移动平台已然成为一个具有决定意义的战略平台。目前包括报纸在内的很多新闻出版商正在向移动平台进行业务转型。大众新闻消费观也正经历两种根本性变化:一是越来越多的人选择使用手机和移动设备传递并获取新闻,在这种情况下,"谁是记者"被"谁是内容提供商"替代;二是社交网络发布将成为主要的新闻渠道。这些变化改变了新闻生产方式。

随着 2007 年苹果 iPhone 的首发,2008 年安卓系统的问世,智能手机继而风靡世界,用户对智能手机依赖程度加深。在美国移动媒体使用时间占比上升至 25%(截至 2015 年)。CNN 发展战略也发生转变:移动先行,数字第一。电视记者转为全媒体记者,电视机构转为全媒体新闻机构。美国三大电视网也发布了终端融合模式,如 CBS 推出口号"撇开电视看电视"(2015 年),即用户通过移动终端平台、加盟台网站、视频分享网站 HuLu,订户可观看 CBS 5300 多部电视剧。

图 5-3 显示了美、英、德、法、日五国媒体用户对智能手机的依赖程度,从 2013 年到 2016 年,五国用户都表现出对手机逐步加深的依赖性。

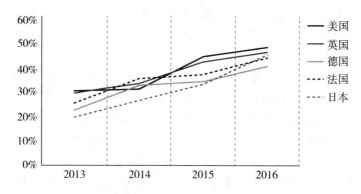

图 5-3 选定国家的新闻智能手机使用情况

图 5-3 显示,"移动化"已成为传统媒体"蜕变"突围之路。2016 年 3 月,路透社发布名为《公共服务新闻与数字媒体》报告,以英国 BBC 和芬兰 Yle 为代表的欧洲老牌媒体已将"移动化"作为其生存发展的命脉。在新闻发布方面,以视频为核心开发移动新闻客户端,实现从"滚动新闻"到"流媒体新闻"的升级。

我国媒体两微一端(微博、微信、客户端)的应用,也将移动端作为媒体融合传播的主战场。传统媒体自主掌控的移动传播渠道——自有 APP 成为媒体融合传播的重要阵地。在融合传播百强的报纸自有 APP 创办率已超过 90%。

在移动化时代,报媒不甘示弱,充分依托手机媒介,由报纸、移动通信商和网络运营商联手搭建的信息传播平台,如在初创时期的手机报上,用户可以通过手机浏览当天发生的新闻,因而手机报被誉为"拇指媒体",实际上手机报在当时也是最新电信增值业务与传统媒体相结合的产物。手机报,借助数字媒介技术的发展,已经成为继传统报业网络版之后,跻身电子媒体的又一举措,是报业开发新媒体的一种特殊方式。

手机报名为报,其实却完全是电子介质,其特点有以下几方面。

一是传播速度快,可以实现信息的即时传播和接收。只要客户开机,信息就会自动送入,信息传播以分秒计。由于手机报省去了报纸的印发环节,而且和电视、电脑相比,它不受地点限制,也为用户节省了接触媒介的时间。特别是遇到突发事件时,手机报可以像网站一样实现新闻的动态传播,用户不仅可以第一时间知道新闻的结果,还可以时刻关注它的发展过程,使用户身临其境般地感触新闻事件。

二是阅读方式不同。手机报多为彩信手机报模式,即报媒将新闻以彩信的方式发送到手机上,供用户阅读,或者运用 WAP 网站浏览模式,即用户通过访问WAP网站,在网上浏览新闻。同时,手机报的用户可以通过短信等方式实现与手机报编辑的有效互动,通过互动反馈,每位用户可以实现新闻定制,真正体现了传播的人性化和个性化。

三是传播内容不同。手机报是多媒体信息模式,既有文字、图片内容,还包含声音、动画、影视、游戏、娱乐、互动等多媒体内容。这样,用户不仅可以去看、去听,而且还可以借助图片和动画等形式更深刻地去理解新闻,充分调动了受众的视听器官,实现新闻的多维阅读。手机报的新闻强调短、精,篇幅远远短于报纸,并且由于容量小、接收端的屏幕窄,手机报更强调信息的浓缩精炼,往往传播的是一两句新闻要点,五个W俱全就足够了,可谓导语中的导语。手机报还可以借助媒介信息传播途径的多样化,结合各种媒介的优势,实现内容产品生产的"一次生产、多次加工、多功能服务、多载体传播"。

四是运营方式不同。手机报由通信公司、网络公司及传统媒体共同协作完成。其中,电信公司作为技术掌控方,掌控手机技术平台及远程服务项目;网络公司则利用网络信息平台,近距离地"嫁接"手机;传统媒体则利用自身优势,提供最快速、最原创的新闻信息,从而成为在这场媒介角逐中不可或缺的内容供应商。

五是赢利模式不同。手机报主要对彩信定制用户收取包月订阅费来实现赢利,或者对WAP网站浏览用户采取按时间计费的手段,或借鉴传统报刊的做法,通过广告吸附来实现赢利。

六是手机报的编排方式不同。其版面以帧为单位,按照滑阅的方式呈线型编排。手机报一般设置栏目12档左右,如包括封面、导读、时事微评、看天下、国际、看河北、万象、完全娱乐、劲爆体育、晨钟副刊、网络长短句、生活大百科等。从内容分类看,基本包含时政、国际、国内、地方、体育、娱乐新闻,以及生活服务、笑话幽默等。从新闻篇幅看,每条消息大约在140字左右,每期手机报的消息总字数一般在4000多字。从编排看,每期手机报"版面"编辑多在11帧,一般为文字与图片的组合,每条消息都为单行标题。

如今,在智媒时代,平面媒体充分应用智能手机,开办"三微一端",即微博、微信、微视频和客户端传播信息,并与用户互动,极大地拓宽了传播平台和渠道,增强了传统媒体的传播力和影响力。

三、融媒化生存

媒介终端的融合是将多种媒体功能整合在一起,以一种开放的终端平台将信息和服务传递给使用者。从目前的运作情况看,媒体终端融合主要是指计算机、通信、电子消费终端产品的融合,具体的产品类型包括电脑、手机、电视、广播、电子终端设备、数字终端设备等。

自 2018 年起,第二十八届中国新闻奖首次设立融媒作品奖(见表 5-2)。

表 5-2　第二十八届中国新闻奖融媒作品奖一等奖目录

项目	题目	作者/主创人员	刊播单位/发布账号
融媒短视频	柳州融水突围记——广西日报记者"失联"数十小时,在穿越 40 处塌方后发回灾区最新画面!	集体	广西日报微信 广西日报客户端
融媒短视频	公仆之路	集体	央视影音
融媒直播	"天舟一号"发射任务 VR 全景直播	吴晓斌　王晓萌 吴　双　孟夏兰 马　桦　陈　涛	央视影音 腾讯视频
融媒互动	"军装照"H5	集体	《人民日报》客户端
融媒互动	点赞十九大,中国强起来	集体	新华社客户端
融媒栏目	侠客岛	集体	微信公众号
融媒栏目	国际锐评	王姗姗　盛玉红 雷思海　鲁晓冬 魏东旭　许钦铎	微信平台
融媒界面	长幅互动连环画｜天渠:遵义老村文书黄大发 36 年引水修渠记	黄　杨　王　辰 李　嫒　官雪晖 姜吴珏　李国亮 蔺　涛　顾一帆	澎湃新闻
融媒创新	领航	集体	新华社客户端
融媒创新	"央广主播的朋友圈"系列 H5 报道	夏　文　王　艺 马文佳　江晓晨 徐　冰　马　烨	"中国之声"微信公众号

表 5-2 说明,"第二十八届中国新闻奖"排在第一位的是由《广西日报》全媒体记者编辑采制的融媒短视频《柳州融水突围记》(以下简称《突围记》),信息发布在广西日报微信、广西日报客户端(广西云客户端)等终端上。

作品主要通过 3 个短视频,记录了广西日报记者第一时间赶赴灾区,一度在灾情中"失联",而后两次突围发回灾情现场视频新闻的事件。

突发新闻事件发生在 2017 年 8 月,广西柳州杆洞乡因洪灾成为通信、水、电中断的"孤岛",《广西日报》记者谌贻照(人称"照哥")于第一时间赶赴灾区一线,在"失联"数十小时内,顶风冒雨用手机拍下当地乡镇干部组织营救、自救的视频画面,并不惜冒生命危险穿越40处塌方,两次突围发回新闻视频。

《广西日报》后方新媒体部门接到素材后迅速反应、及时介入,形成高效运作的融媒体报道机制,通过综合相关事件背景信息,融合前方传回的图文、音视频等素材,运用网络语言将短视频精心编排成为一篇记者突围险境的新闻故事。

这篇以短视频为主体的突发事件融媒体报道是如何形成的?具有什么特点?本书参照了《柳州融水突围记》记者谌贻照的实战心得《一台手机的突围》,及广西新闻网—广西日报记者等撰写的《中国新闻奖一等奖作品〈柳州融水突围记〉创作记》,综合分析认为关键在以下三点。

(一)融合新闻的采制

1. 全媒体采制

融媒体作品的前提是全媒体记者运用"十八般武器"采制多媒介素材,为融媒体形态作品提供融媒编辑的可能。2017年8月12日清晨,柳州市融水苗族自治县杆洞乡突发洪水。接到线索后,《广西日报》柳州记者站站长谌贻照背上行囊立即踏上了从柳州赶赴杆洞乡灾区的路程。

驱车8小时抵达灾区后,谌贻照第一时间在《广西日报》柳州站官方微博发出了杆洞灾区灾情和当地干部群众抢险自救的图文消息。随后,在当地电力、交通、通信全部中断,成为"孤岛"的情况下,全媒体记者谌贻照于涨水的河边、被淹的楼房上、内涝的乡村街道上……用手机拍摄下一幕幕现场画面,这些视频素材,后来成为《突围记》中的重要组成部分。

两天时间里,为把灾区的情况尽快向外界传递,及时争取救援,帮助灾区群众脱险,谌贻照两次从杆洞"孤岛"往外突围。当抵达乡客栈后,谌贻照便开始整理制作短视频,在为画面配上简洁的文字后,即迅速发回给后方团队。这些视频画面,反映了大雨滂沱、山洪暴发袭击杆洞街的险象环生;基层干部火速投入抗洪抢险中,组织群众紧急撤离到安全地带的情景;当地村民在杆洞乡政府的组织下,紧急施救被困在河边旅社里的15名游客……

观察整部融媒获奖作品,谌贻照几乎运用了所有媒介符号,包括文字、图片、照片、音视频符号和微博微信等手段,其间还娴熟地运用智能手机完成了三个短视频的紧急采访与现场报道,成为真正的全媒体记者。

该作品的主要采集者和被报道者谌贻照事后谈心得说:"报道充分体现了新闻类短视频应具备的'新、短、快、实、美'五大特征。"虽然由于自然条件和环境限制,视频中画面甚至都不能保证基本的平稳,但不妨碍它成为我们对新闻现场的真实记录、生动表达。该报道视频,仅一个人、一台手机拍摄和现场制作,并在朋友的帮助下自己出镜、自己现场播报、现场编辑视频配文,形成在有信号的前提下可供及时传播的移动传播成品。这充分体现了融媒体时代,移动传播最快捷最及时的传播优势,并用实战证明了融媒体报道的低成本、小制作同样可以实现好效果。

此外,前方记者接到突发新闻线索后,除了争分夺秒赶赴新闻现场,运用全媒体手段进行图文和视频采访外,还必须与后方新媒体团队联动融媒体应急编辑机制,抢占融媒体的新闻制高点和首发先机。

2. 融媒体编辑(一体化流程再造)

灾情发生后,《广西日报》应对突发灾情立即形成高效运作的融媒体报道机制,联动报、网、微、端,全方位追踪柳州融水雨情灾情,及时让公众获取灾区的准确信息,回应社会关注焦点。

该报道采用"两条主线"并行——一是记者深入灾情一线,采写最新、最真实的新闻;二是融媒体搭桥,前后方联动,报社后方融媒体机制在强降雨开始之初就进入"战时状态",持续在广西日报移动端各平台上对雨水灾情进行全天候滚动报道。在前方记者谌贻照"失联"期间,新媒体部客户端组、微信组、微博组与广西日报全媒体采编中心、通采部、农业部等采编部门通力协作,在广西最权威的主流媒体移动平台广西云客户端、广西日报法人微博开设《关注广西暴雨洪水灾情——"照哥"一线直击报道》专题直播,为(广西)全区的读者和网友们密集发出各地最新、最全面的灾情及应对情况,第一时间用全媒体形式送出一线消息,回应社会关注。

这"两条主线"相互补充、紧密结合,最终形成一篇有温度、有深度、有跨度的优秀新闻报道,成为集体全方位协作打造的融媒体新闻佳作。[①]

(二)融合新闻的叙事

这篇融媒体作品,用影像讲述故事。该作品不仅讲述了杆洞乡基层干部积极组织自救的故事,更重要的是以谌贻照一个人的采访冒险过程为主线,用镜头叙述了奋战在一线,以及在后方紧密协调的融媒新闻工作者们一次生动的实践故事。

叙事者是谁?是前方"照哥"(谌贻照),还是后方融媒编辑?从作品看,显然"照哥"是主体因素,既是报道的主要叙事者,又是作品的被叙事对象。作

---

① 宋春风、黄俪、郑柳芩、梁雨苋. 中国新闻奖一等奖作品《柳州融水突围记》创作记[N/OL]. (2018-11-05) [2019-12-10]. 广西新闻网-广西日报. http://www.gxnews.com.cn/staticpages/20181105/newgx5bdf73aa-17777932.shtml

品中的三段视频即是"照哥"在新闻事件现场用手机做现场报道,包括现场解说、现场采访、现场拍摄,让用户增强了现场感。

叙事主体"照哥"同时又作为被叙事对象嵌套于叙事之中。作品中那个念叨老朋友"照哥"好几天的"日报哥",便充当了整体作品全知视觉叙事的架构者。

叙事结构如何设置?叙事结构是叙事建构的关键,一般由打破平衡——恢复平衡的方式循环建构而成。该获奖作品从日报哥"为啥总念叨他(照哥)呢"开启叙事的悬念。接着又用几个疑问及其事实追踪推动叙事展开。如,"照哥"又背上相机行囊去哪了(第一个悬念,第一次打破平衡)?作品借此介绍"照哥"赶赴一线灾区的新闻背景:即"照哥"朋友圈中提到的柳州融水杆洞乡突发洪水,啧啧,看着就令人发怵!

之后8小时里,日报哥和办公室的同事们不时为"照哥"捏把汗(第二个悬念)。为啥?——此时,柳州区域的雨越下越大,上游洪水、融水局地强降雨,雨区与次生灾害叠加,险情可想而知!

扣人心弦的8个小时过后,哥心心念念的"照哥"终于又在朋友圈里浮头了(恢复平衡)!

然而,一个更紧急的情况传来——第二次更大山洪暴发!通信基本中断!纳尼!?(纳尼:是一个网络用语,意思是"什么""怎么这样?")"照哥"又"失联"了(第二次打破平衡),而且一度"失联"好久好久……连同整个融水杆洞乡一度变成"孤岛",与外界失联超过30个小时。两日后"照哥"突围,发回一组突发山洪后的杆洞乡照片,及与同事在杆洞乡采访拍摄的有关杆洞乡水淹街道及政府、退伍军人组织群众撤离画面的手机视频,解开了"失联"之谜(第二次恢复平衡)。当谌贻照发回"孤岛"杆洞乡的现场文、图、视频等素材时,广西日报新媒体团队在极短的时间内解读所有素材信息,并迅速对天气、民政、救援等各种素材梳理整合,制作背景、配发表格、融合链接,推出《柳州融水突围记》,把"照哥"失联30多个小时,徒步行走20多千米,穿越40处塌方,历经2次突围的经历,以及杆洞灾情和现场新闻传递给外界。并以高度的政治责任感和娴熟的新媒体操作技能,将一篇情节跌宕、内容充实、信息实用、立意深远的融媒体精品制作出来,让一线记者传回的信息能及时在移动互联网传递出新闻的最大价值。

(三)融合新闻的话语

融媒体时代,要求全媒型记者编辑人才"写得了大稿,编得了微博,剪得了视频,出得了镜……"这对广西日报社的采编队伍来说,已成为常态,既能运用文字语言、图片语言、音视频语言、网络语言采编制作,又能应用新媒体传播手段丰富传播内容,满足不同层次用户的需求。

例如,《突围记》作品中叙述更大山洪暴发！通信基本中断时的惊叹语言"纳尼!?"在看到"失联"的"照哥"突围发回的杆洞乡山洪图片、视频后,作品连用几个网络语:"杆洞",感动啊！啥也不说了,先给大家上"照哥"用"绳命"(生命)拍摄回来的灾区画面。

这些网络用语拉近了媒体与用户的关系,使人有一种亲近感。

为满足用户更深入了解"失联"突围之谜的好奇心,作品在多处采用点击右侧链接(微信文章)的辅助方式,方便用户查看"照哥"精心制作的相关微信短文,及洪魔两日连袭杆洞的图片和视频。同时,还可通过广西日报客户端、广西日报法人微博对此次广西暴雨洪水灾情正在进行的滚动直播,点击查看最新进展。作品一经发布便引发强烈反响,各大媒介转发,覆盖微信、客户端和微博等平台数百万网友,成为新华网等央媒及《柳州日报》等地方媒体对暴雨灾情的权威来源,获大量转载。

第六章 融合新闻的视听重构

在网络技术和社会需求的双重动力作用下,传统视听媒体渐渐失去了其主宰地位,新媒体逐步显露锋芒,传统视听媒体与新媒体之间的重构、融合渐成媒体趋向。在融合新闻的媒介生态语境下,传统视听媒体在形态上推陈出新、在内容上重新组合、在终端上寻求合作、在叙事上探索改变,传统视听媒体正从各个方面进行重构,寻求更高更广的发展路径。

第一节 广电融媒体的形态重构

多媒体技术和互联网的发展使得传统的传播方式和媒体格局发生了巨大变化。传统视听媒体与互联网、手机等新兴媒体的融合,成为媒介融合在新闻实践领域的突出表现。

一、广电融媒体新形态

(一)广播融媒体新形态

广播融媒体新形态主要有网络广播、手机广播、数字广播以及刚刚兴起的微电台等形式,这些新型广播形态都是在传统广播的基础上与各种新媒体进行融合,改变了传统广播的传受关系,是一种新的尝试和超越。

1. 网络广播

网络广播,主要是指以互联网为传播介质、提供音视频服务的音频媒介,它是传统广播媒体与互联网融合的产物,也是网络传播多媒体形态的重要体现。

面对网络给传统媒体带来了革命性的变化,传统广播开始重新审视自己的地位,积极主动地寻找与互联网的结合点,加快推进网络广播的开发。

(1)网络广播的实现方式

网络广播与传统广播最直接的不同点在于接收方式:传统广播通过收音机与受众实现交流与沟通,而网络广播则通过互联网等网络来进行传播。用户收听网络广播,首先要进入网络广播电台的门户网站,然后通过直播和点播两种方式进行收听。

网络广播的直播方式与传统广播类似,按照固定的节目时间表播出音频节目,只是传播媒介由原来接收无线电波的普通收音机变为互联网链接终端,实质上是传统广播电台节目的网上播出形式,适用于重大事件的即时报道。

网络广播的点播方式是传统广播不可比拟的,它以一种"音频图书馆"的方式,对所有的音频播出节目进行收集和分类,形成庞大的资料库,用户通过查询便可以收听到自己喜欢的节目。

网络广播的点播方式打破了时间和空间的限制,弥补了传统广播稍纵即逝、难以保存的缺陷,使受众摆脱了时空的束缚,可以在任何时间和地点收听到精彩的节目。这种打破"线性传播"实时收听限制的点播方式在一定程度上使媒体资源更加"自由",方便了受众,同时也提高了媒体资源的利用率。

(2) 网络广播的传播优势

变"地域收听"为"全球收听",扩展广播传播空间。网上广播不受传统广播覆盖范围和发射功率的影响,可以超越广阔的地理空间,甚至进行全球化传播,这就使得受众不论在世界的哪一个角落,只要打开网络就可以跨越地界国界随时收听。

变"按时收听"为"随时收听",提高资源再利用率。声音本身具有不可逆性,网络广播的技术优势使得广播电台能够便捷地建立起自己的网上媒体库,将丰富的声音资源,如实况音响、背景音响、文艺音响、历史音响等分类存储,不仅方便编辑、记者使用,同时也会吸引更多网民收听或下载使用。这样,广播听众将会快速增长,网络广播也将更具有市场竞争力。

变"被动收听"为"主动选择",赋予受众信息选择权。传统广播的信源与信宿之间是"点对面"的信息传播模式,受众收听广播节目受到时间和内容的限制,属于"被动收听"。而网络广播则赋予受众更充分的信息选择权,受众想听什么、想什么时间听,都可以按照自己的意愿主动选择,传统广播媒体的大众化传播在网络传播中为个性化传播方式所代替。

变"单一互动"为"多重互动",增强与受众间的互动。传统广播一般通过热线电话、现场活动与受众进行互动,这种互动受时间和环境的限制,很难让双方充分表达自己的思想感情,听众的交流参与面受限,属于单一性互动。而网络广播则可以通过电子邮箱、回帖、论坛、博客、语音甚至视频通话,让听众与主持人直接交流,这种多重性互动,使得媒体可以随时了解受众的想法、意见和建议,与此同时,这些互动环节还可以作为节目内容在媒体上呈现,丰富了节目内容。

2. 手机广播

所谓"手机广播",是指以智能手机为接收终端,实现广播节目的实时、延时收听,同时用户可以通过智能手机的语音通话、短信等功能,参与到广播节目中互动。

(1) 手机广播的实现方式

用手机收听电台的广播节目,目前主要有以下三种形式。

手机式收音机。即在手机上加装 FM 调频接收模块,也就是将现有的收音机加装在手机上,其实质是手机式收音机。这种形式在手机发展初期比较常见,还不能算真正的网络广播。

联网式收听。即借助互联网络实现直播和点播,随着 GPRS、WAP 等无线通信技术和服务的发展和完善,依托于移动通信网络和互联网络,可以用手机上网实现实时收听或点播网络广播节目。这种形式是媒介融合的初级阶段,目前大部分智能手机都有该功能。

联动式收听。即借助广播网、互联网和通信网的三网融合,创建节目资源库,实现信息的联动式收听。并通过通信网络实现用户信息的回传,从而实现手机用户收听广播节目。这种形式是较为高级的媒介融合形式,是三网融合的产物。

(2) 手机广播的媒介特性

手机广播作为手机媒体的一种形式,将广播媒体与手机媒体的功能有机结合,表现出与众不同的媒介特性。[1] 主要体现在以下三个方面。

一是跨媒体的信息共享。技术的发展推动手机由一种通信终端转变为一种信息终端,从而使信息的跨媒体互享成为可能。手机的这种信息互享表现为多媒体性、可检索性和开放性三个方面。

多媒体性。手机技术与网络技术融合后,不仅可以充分发挥手机自身语音传输的能力,同时也实现了集文字、图片、声音、视频于一体的多媒体传输。3G 和 4G 手机对用户最大的吸引力就在于多样化的内容,由于拥有足够带宽,能够实现手机在线听广播、音频点播等功能。

可检索性。互联网及通信网的技术优势使得广播电台建立自己的专业资源库成为可能,资源库的建立为听众搜寻、检索广播节目资源提供了必要的条件,同时,也为其他媒体共享广播信息资源,特别是音频资源创造了条件。

开放性。除了使用手机发短信、打热线电话等方式参与手机广播节目外,受众在收听手机广播后,还可以上网查询更详尽的信息,甚至可以点播回放,然后再把信息反馈到电台,形成直播节目。手机广播实现了双向甚至多向的跨媒体信息交流,其信息具有开放性。

---

[1] 金震茅.手机广播:引领媒介时尚的"贴身媒体"[J].视听界,2008(3).

二是多向性的互动方式。手机广播相对传统媒体,具有多向互动的传播优势:与传统媒体的互动,表现为手机广播可以与广播、电视、报刊等媒体实现互动,如用短信或者热线电话参与节目,和主持人或者受众讨论相关话题,发送或下载音频、图片资料给传统媒体;与广播网站的互动,表现为受众可以用手机广播在线收听、点播节目,也可以发电子邮件或者进入聊天室、上BBS、参与网上调查等参与电台的节目讨论;与受众的互动,表现为手机广播最大的优势就是可以利用手机直接通话交流,连接不同媒体的受众群,促使不同媒体之间的受众进行多向的沟通和交流,实现更广泛、迅速的互动。

三是个性化的传播特点。手机广播深层次地挖掘出了手机媒体的社会价值和传播价值,充分体现出了个性化的传播特点。

手机广播实现了媒体的个人化。手机精巧、轻便,便于随身携带,人们可以随时随地收听广播,它使大众传媒与个性化传播实现了完美的结合,达到了点对点的传播效果。

手机广播体现了接收的主动性。受众利用手机上网,收听自己喜欢的节目,也可以按照自己的意愿随时点播节目。随着通信网络覆盖率的提高和无线通信技术的发展,手机广播将使受众在全球范围内收听自如。

手机广播表现了内容的指向性。专业资源库的建立和互联网的接入,使手机广播在节目内容上更加具有指向性和针对性,受众信息的及时反馈,促使手机广播能更好地针对个人进行定向播出,广播电台可以根据受众多元化和多样性的需要编制各类节目,从而成为手机广播的内容供应商。

3. 数字广播

"数字广播",即是将数字化了的音视频信号以及各种数据信号,在数字状态下进行各种编码、调制、传递等处理。从世界范围来看,数字广播已经进入了多媒体广播的时代,目前国际上几种发展较为成熟的数字广播分别是:数字声音广播(DAB)、数字多媒体广播(DMB)、数字卫星声音广播(DSB)、数字调幅声音广播(DRB)。

数字声音广播(Digital Audio Broadcasting,DAB),是以数字技术为基础,采用先进的音频数字编码、数据压缩、纠错编码以及数字调制技术,对广播信号进行系列数字化的广播。它提供CD级的立体声音质量,信号几乎零失真,特别适合播出"古典音乐""交响音乐"等,受到音乐爱好者的大力追捧。

数字多媒体广播(Digital Multimedia Broadcasting,DMB),是在数字声音广播DAB的基础上发展起来的面向未来的新一代广播系统。它不再是单纯的声音广播,还可以同时传送多套节目、数据业务和活动图像节目的广播。1999年,我国广东完成了从DAB向DMB的技术过渡,2003年,佛山的公交车上安装了首台数字多媒体广播接收机。

数字卫星声音广播(Digital Satellite Broadcasting,DSB),指用卫星来传送DAB数字声音广播。这套系统由亚洲之星、美洲之星和非洲之星三颗地球同步卫星,广播上行站,数字接收机及地面控制运营网组成。它向全球直接播放数字音频广播,覆盖面已经超过120个国家。

数字调幅声音广播(Digital Radio Mondiale,DRM),始于20世纪20年代,其工作频段为150 kHz~30 mHz。因此,调幅广播又称为30 mHz以下的广播方式。2003年11月,我国广东省广播电视技术中心与美国哈里斯公司共同进行了DRM数字中波广播首次实验,并获得成功。

4. 微电台

广播融媒体中,微电台的出现是近年来的一大亮点,这种传统广播与微博之间的融合弥补了电台的诸多劣势,成为广播融媒体中的佼佼者。

所谓微电台,是传统广播与互联网、微博结合的产物,它是一个集合全国多家广播电台于一体的媒介,是全新的广播传播平台。听众可以直接进入微电台的页面进行收听,网友或微博用户也可以在上网聊天、浏览时收听自己喜欢的电台,并与主持人和网友进行实时微博互动。新浪微博推出将传统电台与微博相结合的全新产品的微电台,于2011年5月10日上线。目前,微电台已经汇聚了上万种声音在微电台呈现给听众。

微电台是广播与微博的结合体,也是一种全新的媒体形式,它突破了传统广播的局限。

(1) 打破了广播的地域局限

传统广播电台往往是各自为政,各大电台之间交流较少,而"微电台"的口号是"这里总有你喜欢的声音,让戴上耳机的你不再寂寞!"它首次实现将全国27个省市地区的广播以直播流形式统一播出,能够保证近300家电台的稳定播出,这是新媒体发展的又一重要突破。借助微电台,听众可以在播放列表中选择某一时间段中全国各地任一落户微电台的频率收听节目,而不是仅限于自己所在城市的频率,这就打破了广播的地域局限。

(2) 打破了广播的终端限制

传统广播的接收终端为各类形态的收音机,然而微电台却将收听终端转变为可联网的各类移动存储设备,如计算机、手机、iPad等移动终端。接收终端的变化,不仅使得广播的节目形态发生了巨大变化,而且也带来全新的收听体验。

(3) 打破了广播的受众范围

微电台将广播的受众群体扩大到网民,尤其是微博用户的范畴。网民中的年轻人正在越来越多地走进广播受众群。据报道,受到微电台等新崛起的社交媒体影响,34%以上的年轻人正在向广播收听回归,他们年龄在 18～36 岁之间。

(4) 打破了广播的听觉呈现

微电台作为典型的新媒体形式,其多媒体功能弥补了传统广播视觉呈现欠缺的劣势。除了传统的音频内容,微电台还增加了视觉沟通的模式,其主持人可以在微电台官方微博发布文字、图片、视频等多元化的内容,甚至还可以设置互动板块,丰富传播内容。

(5) 打破了广播的单向传播

微电台改变了传统广播点面传播的单向模式,是一种多元化的网状传播模式,传播的针对性、贴近性、有效性和影响力大大提升。微电台"边听边聊聊吧"新应用的上线,为受众提供边听边聊的一站式交互体验,主持人在主持节目的过程中,可以在微电台页面上发布微博与网民进行实时互动交流,还可以在节目中对网民留言进行及时反馈,增强节目的互动性与参与度(见图 6-1)。

图 6-1　微电台收听页面

微电台是微博和广播的双向融合,其中微博借助传统广播的权威性和信息量,不断充实平台内容,增强服务能力。而传统广播也借助微博强大的影响力和庞大的用户群,不断拓展信息传播渠道和平台,从而达到双赢,实现传统媒体和新媒体在内容和渠道上的有机融合。

(二) 电视融媒体新形态

在媒介融合的语境下,电视媒体也在积极探索发展之路,网络电视、手机电视、数字电视、IPTV、城市彩屏、楼宇电视、移动电视等一系列视听新媒体逐渐进入人们的视野,并迅速成为电视媒体中的佼佼者,其发展潜力不可小觑。

1. 网络电视

目前学术界对"网络电视"这一概念仍存在许多分歧,主要有两种说法:一种认为"网络电视"是基于互联网技术,由各地广播电视播出机构创办,聚合现有电视台节目、媒体资源库内容和海量的互联网内容,通过互联网、有线电视网、无线传输网和宽带网、移动网向多终端用户提供全新互动节目的新媒体平台;另一种认为"网络电视"(Network Television,NTV)是以宽带网络为载体,以视频、音频多媒体为形式,以互动个性化为特征,为所有宽带终端用户提供全方位的新兴电视业务。从本质上看,网络电视应是以宽带网络为载体的电视新形态。

(1) 网络电视的传播特点

网络电视是互联网技术与电视技术相结合的产物,它将两者的优势集于一身,表现出鲜明的视听新媒体传播特点。

互动性强。网络电视的互动性是网络互动性的延伸,这种交互式信息传播模式改变了电视线性传播方式,也改变了人们的媒介消费方式,网络电视的受众不仅是信息的接受者,还是信息的制造者和传播者。

选择性强。网络电视是以用户为中心,按照用户的需求进行信息自主选择的一种传播方式,它可以最大限度地满足用户,吸引用户。它集网络和电视的功能于一身,用户可以根据自身的需求和爱好,点播自己喜欢的影视节目,也能通过网络电视浏览互联网、收发电子邮件、视频聊天,甚至还能通过网络电视进行电视购物和在线游戏等。

服务性强。网络电视的服务平台承载的是传统电视所无法提供的服务内容,包括某些增值服务,如远程教育、网络游戏等。网络电视以实现人们多元化、个性化的需要为目的,通过独具特色的综合服务网来满足用户对新闻、经济、娱乐、教育、体育等各种个性化需求。

(2) 网络电视发展的优势和面临的困难

①网络电视发展的优势。

目前网络电视主要包括由民间商业公司创办和由各大电视台创办两种类型,其中电视台发展网络电视主要有以下优势。[1]

政策优势。目前已有部分电视台获得了国家广电总局颁发的互联网电视和3G—5G手机电视经营牌照,可在全国开展互联网电视和手机电视集成播控、运营与内容服务业务,具有民间商业企业所不具备的政策性优势。

内容资源优势。一般省市级电视台都有几十年的内容资源积累,它们积

---

[1] 何伟,马伟华.传统电视媒体打造网络电视台浅析[J].现代电视技术,2011(2).

累了大量的素材资料和节目资源,这些资源都可以被网络电视充分利用。此外,电视台规模大、设备全,有些电视台甚至还有卫星、光纤等硬件投入,在许多专业领域(如大型直播等)拥有无法比拟的优势,这些都能为网络电视的内容制作提供方便。

系统资源优势。随着近年来电视台网络化、数字化的发展,一般省市级电视台都建成了网络化系统和媒资系统,为节目制作和检索提供了便利。节目的数字化为后续与网络电视互通提供了便利,媒体文件经过简单的转码即可适用于网络平台发布。

版权优势。电视台普遍拥有独立的版权中心,能够对节目进行内容版权方面的认证,而版权问题目前正是许多商业网络电视所面临的共同问题。

采编队伍优势。电视台有一支实力雄厚、基础扎实的采编队伍,这些采编人员熟悉节目制作,同时又有大量的策划编排经验,他们对行业十分了解,而且各大电视台还普遍与专业机构有长期的合作经验,能在第一时间深入第一线,了解到权威的信息。

② 电视台发展网络电视也面临着如下许多困难。

技术资源问题。传统电视台技术资源重点在于视频、音频网络的构建和运营,而网络电视作为新媒体对技术人员的要求重点在于计算机网络的构建和运营。计算机网络尤其是提供视频服务的计算机网络对接入用户数相当敏感,不同的方案提供的性能存在天壤之别,这部分技术储备在传统电视台相当贫乏。

体制机制的限制。目前,我国各大电视台都属于事业单位,工作流程相对复杂,效率不高。此外,它又承担着舆论导向的作用,内容发布管理相对严格。但新媒体却因高效多变的特点,需要快速的适应性。

人员思维模式固化。虽然电视台普遍拥有成熟的采编队伍,但这些人员容易局限于传统媒体思维模式,在"精"与"快"之间找不到最佳的契合点,他们需要通过适当的培训,加深对网络电视的理解。

2. 手机电视

所谓"手机电视",是指以手机为终端设备,通过移动网络流媒体和文件下载方式,为用户提供以音视频为主要形式的节目体验。用户可以通过手机观看电视直播,进行视频点播和下载并向好友推荐节目和发表意见,使手机电视成为广播电视网络与移动通信网络融合的最新产物。

(1) 手机电视的实现方式

当前手机电视业务主要有两种实现方式:一种是基于数字广播电视网络的方式,采用数字广播技术。在手机中安装集成中国移动多媒体广播(CM-

MB)芯片,接收无线数字广播电视网传输的电视信号。这种方法实质上是把手机当作无线电视信号的接收终端,所以也被称为"手持电视";另外一种是基于移动网络的方式,采用移动流媒体技术和蜂窝网广播技术。手机可以通过移动通信网络,收看或点播流媒体视频。这种方法本质上是把手机用作无线网络终端,所以通常也被称为"手机视频"。

(2) 手机电视的传播特点

由于手机这种通信终端的一些独特性,手机电视在进行信息传播的过程中也具有其他媒介类型不具备的如下特点。

终端设备的便携性。手机小巧、轻便、易于携带,其利用无线电波进行数据传送的方式使得用户可以随时随地接受信息。而且各大移动通信运营商已经在全国各地设置了高效的发射塔,这也为手机电视的普及奠定了坚实的基础。

传播内容的个性化。传统电视的播出方式是线性的,观众只能被动地收看某一特定频道在特定时间播出的内容。但是手机电视的出现,使得观众可以选择收看时间、收看地点甚至收看内容,真正按自己的意愿和爱好选择内容,实现信息接收的个性化。

传播方式的交互性。传统的电视媒体要进行受众调查,必须采用安装接收设备进行取样的方式,既烦琐又不准确,手机电视的受众习惯却可以通过手机网络即时反馈到传播机构。受众也可以通过文字、图片、声音、图像等方式随时与传播机构进行互动,互相交流。

传播过程的私密性。手机是一种极端个人化的媒体或者说是私用媒体,保罗·莱文森称之为"口袋媒体",因此基于手机终端的手机电视也就先天具有了私密性的特点。手机用户对手机电视的使用拥有绝对的主导权,观看节目的时间、地点、内容等全凭个人意愿与爱好,传播方式是一对一的,使用者通过手机发出和接收的个人信息也具有极高的私密性。

接收屏幕的制约性。手机电视的便携性和移动性决定了它的屏幕不会很大,在这种情况下,画面细节的表现能力被大打折扣,长时间的近距离收看也容易引起受众的视觉疲劳。所以有限的屏幕制约了手机电视演绎完整的故事情节,这对手机电视的节目创作提出了新的要求。

3. 数字电视

数字电视(Digital Television)是指从节目制作、传输到信号的接受等全过程完全数字化的电视系统。

与模拟电视相比,数字电视体现出了新兴媒体的多方面优势与特点:数字电视清晰度高、音频效果好、抗干扰能力强;数字电视的频道数量将成倍数增加,满足用户自由选择电视节目的多元化要求;数字电视技术为开展多媒体互动业务提供了可能。随着信号传输和接收的数字化,电视网站、交互电视、视频点播等多媒体互动业务成为现实,用户从"看"电视逐渐步入"用"电视的时代。

目前,全球数字电视的传输手段主要包括有线数字电视、卫星数字电视和地面数字电视三种服务业态。

(1) 有线数字电视

有线数字电视采用光纤和同轴电缆传输方式,具有双向化、接收质量高、铺网费用高的特点。据《全国有线电视发展情况专项统计调查分析报告》显示,截至 2017 年,我国有线电视覆盖用户达到 3.36 亿户,同比增长 8.23%。其中,有线数字电视覆盖用户为 3.04 亿户,增长 10.14%;双向电视覆盖用户为 1.86 亿户,增长 30.99%。

(2) 卫星数字电视

卫星数字电视是在卫星通信基础上发展起来的,它在地球赤道上空 35800 千米处静止卫星上,装载转发器和天线系统向地面转发广播电视信号,直接进行大面积广播电视覆盖的一项技术。卫星数字电视用户通过卫星天线、高频头以及接收机收看直播卫星传输的节目。卫星电视在国内被俗称为"小锅"看电视,中国的第一颗直播卫星是"中星九号"。

在我国近 4 亿电视用户当中,通过卫星电视接收器来收看电视节目的数量约占近 20%的份额。卫星传播数字电视信号的方式最大的好处就在于覆盖面积大而且不会受到山脉、海洋、湖泊的阻隔,在地面无须设置基站等设施,在我国较偏远的地区大都采取卫星信号接收器来收看电视。

特别是国家开展直播卫星"户户通"工程以来,直播卫星推广工作有了突破性进展。未来,直播卫星机顶盒具有"双模"功能,除接收直播卫星信号外,还能免费接收当地无线发射的地面数字电视节目。根据规划,直播星与地面数字电视双模机顶盒模式将成为主流,其在传统有线机顶盒内加入了通信模块,既可以通过它收听广播和看电视,也可以享受无线固话业务,随着直播星"双模"机顶盒的未来发展,地面数字电视发射设备市场也将成为未来需求的重点,地区或民族性的节目将成为直播星"双模"机顶盒的突出亮点。

(3) 地面数字电视

地面数字电视是数字电视技术的一种,即通过接收电视塔发出的地面数字电视信号收看电视节目。电视机则需要具备地面数字电视信号接收能力,如果是老式模拟电视,也可以通过专用的机顶盒接收,然后转换成模拟信号连接到电视机上。地面数字电视的优点,是能支持不同的应用,包括 HDTV、

SDTV、数据广播、互联网、消息传送,易于与其他的广播和通信系统连接,并支持便携终端低功耗模式。

4. 交互式网络电视(IPTV)

IPTV,反映了广播电视传播平台的转变。IPTV 是指通过可控、可管、安全传送并具有质量保证的无线或有线 IP 网络,集互联网、多媒体、通信等多种技术于一体,以家用电视机、PC 计算机作为主要接收终端,提供包含音视频、文本、图形和数据等业务在内的多种交互式服务的数字媒介新形态。

从全球范围来看,国外 IPTV 产业于 2003 年前后萌生起步,到 2006 年后快速发展,欧洲和亚洲在市场发展中起到引领作用。而我国,IPTV 发展较快,早在 2011 年就已超越法国,成为全球 IPTV 用户最多的国家。目前,交互式网络电视、互联网电视等网络视听新媒体的崛起,使得市场环境由垄断向充分竞争加速转变。如 2016 年是 IPTV 用户发展最快的一年,根据工信部《2017 年通信业统计公报》发布,全年增加用户 4084 万户,年增长率达 89.00%。图 6-2 显示,2012—2017 年,交互式网络电视用户年均增长率为 41.24%。

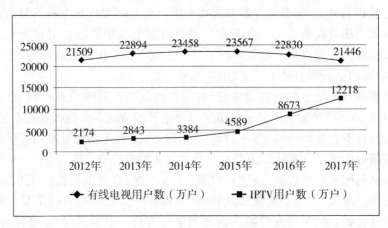

图 6-2　2012—2017 IPTV 用户发展情况

IPTV 以电信固网和数字电视运营为主,将互联网与广播电视融为一体,拓展了传统广播电视的传播渠道,使电视媒体成为主打视频业务的内容提供商,并逐步向互动、游戏等混合战略迈进。与此同时,用户可以利用宽带网络获得大量的点播电视资源,这为广播电视制播分离后的内容产业发展提供了广阔的空间。

IPTV 充分有效地利用网络资源,对促进网络融合具有积极的作用,其在信息传播上具有以下特点:

节目质量高。IPTV 所传送节目采用了高效的视频、音频压缩技术,信号保真度高、噪音干扰少,用户可以得到高质量(DVD水平)的数字媒体服务。

用户选择性强。IPTV是基于宽带互联网络的视频、音频服务,由于互联网络具有较高的实时交互和反馈的能力,基于它的IPTV服务,也可以使用户具有极为广泛的自由度来选择宽带IP网上各网站提供的视频节目。

互动性强。IPTV采用的播放平台将是新一代家庭数字媒体终端的典型代表,它能根据用户的选择配置多种多媒体服务功能,包括数字电视节目、可视IP电视、DVD播放、互联网浏览、电子邮件以及多种在线信息咨询、娱乐、教育及商务功能,能够实现播者和用户的实质性互动。

中国广播电视IPTV播控,目前主要以中央电视台作为全国唯一的IPTV集成播控总平台。中国网络电视台(CNTV)作为集成播控总平台的运营方,不仅为IPTV业务提供了可管、可控的完善业务系统,更凭借海量的节目内容资源为全国IPTV用户提供丰富的视听节目服务。上百路标清直播频道、十余路高清直播频道、数十万小时的影视内容储备和奥运会等独家授权节目及各类专题,让CNTV的IPTV业务在节目内容上具备无法替代的优势,在为广大IPTV用户打造全新视听盛宴的同时,也为推动国家三网融合项目贡献力量(见图6-3)。

图6-3　IPTV界面截图

5. 其他形态的视听新媒体

在电视融媒体中,除了网络电视、手机电视等我们熟悉的新形态之外,还出现了一些伴随生活无处不在的新视听媒介,更多地吸引了受众的眼球,如移动电视、城市彩屏、楼宇电视等。

(1)移动电视

移动电视即车载移动电视,指在公交车、地铁等可移动物体内通过电视终端,移动收看电视节目的一种技术或应用。一般来说,车载移动电视也属于电视行业,它其实是电视媒体和户外媒体相结合的产物,具有传播面广、传播速度快、接触时间长、群体结构稳定等四大优势,填补了国内传统媒体的空白。

广义上看,移动电视包括一切以移动方式收看电视节目的技术或应用,这就涵盖了狭义的移动电视和手机电视等。移动电视是采用数字广播技术(主要指地面传输技术)播出,接收终端一是安装在公交汽车、地铁、城铁、出租车、商务车和其他公共场所的电视系统;二是手持接收设备,如手机、笔记本电脑、PMP、超便携 PC 等满足移动人群收视需求的电视系统。目前手持移动电视产品中占绝对数量的是手机电视。

(2) 城市彩屏

所谓城市彩屏,目前大都指采用国际上最先进的 LED 制作技术和数字技术,由数万甚至数百万的 LED 像素灯组成点阵像素,它的清晰度高、能够强烈刺激目标人群视觉,且是具有支持多种播放格式、流动速度可调节等功能的户外大型传播媒体。城市彩屏实际上已经超越了"电视"的范畴,成为一种流行于城市的广告宣传和视频传播载体,具有体积大、规模大、受众分散不固定等特征。

(3) 楼宇电视

楼宇电视是指以数字电视机为接收终端,把楼、堂、馆、所等公共场所作为传播空间,播放各种信息的新型媒体,既包括只播出商业广告的传统楼宇电视,又包括新兴的以数字直播为主要播出方式的城市电视。楼宇电视与城市电视的融合可以使楼宇电视更好地服务于目标受众,获得更多的发展空间。

二、视听智媒体新形态

在 5G 与人工智能等新技术背景下,主流媒体深入推进媒体融合呈现出发展新趋势:从融媒体走向智媒体。伴随着 4K、8K 等高清、超高清和智能终端用户规模快速扩大,节目传输质量和终端智能化水平大幅提高。

1. 以"5G+AI"驱动视频化传播

5G+AI 正在驱动视频传播与智媒体建设。面对新技术的发展,智媒传播的先行者"封面新闻"[①]提出全员视频化生产和全屏视频化传播战略。特别是在万物互联时代,封面新闻持续优化升级由 21 个产品组成的'智能编辑部',形成'智能+'的产品生态。封面传媒董事长兼首席执行官李鹏说道:"2019 年

[①] 封面新闻,是四川日报报业集团华西都市报社与阿里巴巴集团联合投资,共同打造的融媒体新平台。

5月4日,封面新闻5.0版本发布会后便立足5G,实现封面新闻的全面视频化,打造视频沉浸式观感与年轻态交互。"①

传媒领域正在进行着一场深度的、革命性的变革,不少专家学者从当下的媒体发展态势中看到一种趋势——媒体正从融媒体走向智媒体。在智媒体探索的路上,封面传媒董事长兼首席执行官李鹏认为,全媒体是媒体的物理反应,融媒体是化学反应,智媒体则是媒体的基因进化。封面传媒开启的智媒体探索,则主要包括"小封"机器人写作、打造封巢、机器合成语音播报、构建"引领人工智能时代的泛内容生态平台"和智能实验室等,目前拥有80多人的技术团队。②

新华社打造的全球视频智媒体平台系统,可以在任何时间,在全球任何地点,短短几个小时就可构建起一个编辑部。以往处理一个新闻要两个小时,现在只需15分钟。有这样的系统,在厦门金砖峰会期间,他们就构建了一个编辑部,据称这是新华社建社87年以来的第一次,它表明,人工智能等技术的发展开始重塑新闻传媒业的生态。

2. 以智能化分屏构建融合平台

分屏制,即通过屏幕分屏分类电视内容,既发挥电视大屏优势,又实现两屏或多屏的共时融合呈现。在高速移动互联网环境下,越来越多的用户习惯于边看电视边用移动终端。同时,互联网视频网站"弹幕""评论""赞赏"等功能让用户在同一屏上边看视频边交流的场景正在普及,且广受年轻用户的喜爱。实际上,这种"屏分"收视方式曾出现过类似的"画中画"电视。时至今日,媒体融合发展、三网融合、有线电视网络"全国一网"整合及其网络IP化改造和IPv6演进、终端智能化升级等,再加上大数据、新算法、人工智能等新技术,都为实现这种新的传播体制提供了政策的、技术的、平台的和用户管理的可能性。

以分屏实现融合平台构建,可增加"屏分"的功能。它不但用来做融合社交类媒体,还给用户在电视大屏上开辟一片可交流表达、可自定义的区域,把大屏的一定控制权让给用户。如打造"融合电视"产品和平台,即把电视大屏动态地划分为横屏和竖屏,通过分屏将DVB业务、OTT视频、短视频和社交应用等融合在一个电视大屏上,提供全媒体服务。

以分屏实现融合平台构建,使电视有了新"看"法。横屏提供直播和点播收视,竖屏提供短视频和社交类应用等,其显示的内容来源于两个独立的内容

---

① 李雪昆.5G推动下的智媒时代 你准备好了吗.[N].中国新闻出版广电报.2019-06-11.
② 杜一娜.融媒体向智媒体飞跃 你准备好了吗?[N].中国新闻出版广电报.2018-11-20.

后台,用户自主选择同屏显示或各自全屏显示。两路视频同时解码,两路音频分别输出,共屏分路,互不干扰。

以分屏实现融合平台构建,也使视频也有了新玩法:电视端分享。一方面可以让用户参与视频制作,手机端制作上传,电视端分享展示。另一方面也能引入社交类媒体广参与、强表达、多样化的生态,辅以智能算法和安全管理机制,让家庭内部成员之间、家庭与家庭之间能够更加自在地分享视频。同时,大屏有了新社交:构建家庭与家庭间的互联网和视联网,增强家庭场景下的电视大屏社交功能,提供家庭密聊、亲友分享、一键客服等多种服务。①

3. 以融合电视激活智慧广电视听潜能

融合电视使传媒内容来源得以拓展,实现了内容制播及生产关系、用户交互体验的融合。当下的媒体融合已经进入纵深发展阶段,更讲求新闻报道意义上的时效性和移动性。

其一,在内容制播上对接各级广播电视台、出版机构、用户生产内容、专业生产内容等;在产品形态上,实现直播节目、点播节目和社交类媒体内容的融合呈现。既推动广播电视自身向全媒体转型,也可提升社交类媒体的可信度,还把广播电视"内容"制作、把关优势与社交类媒体"渠道"优势有机结合,形成新的生命力。

其二,智能电视终端将通过融合电视产品成为一个平台,不但联合电台、电视台等播出机构,强化主流内容优势,还要加强与专业优势突出的新媒体企业之间的合作,充分满足市场需求。依托正在建设的全国有线电视网络互联互通平台聚合、集成、加工优质资源,合力发展。

其三,基于家庭账户,让家庭与家庭之间自主互联,让家庭与公众之间自主互通。也给用户更广阔的分享、展示自我的空间,让用户自定义电视机的看法和用法,真正将遥控器交给用户。②

智慧广电打破了传统广电的制播界限、内容界限、功能界限,这是一场变革。要支持在大屏生态上的所有合作伙伴的产品按市场供需做强做优品牌,努力让每一个家庭用户能够享受到更优质的视听服务,有新的体验与获得感。

当下,浙江华数正以需求为核心,以服务为驱动,打造纵向到底、横向到边的"新闻+服务+政务+民生"系统,为融媒体发展带来新的可能。其"智慧广电+"构想,打造了5个应用场景,在不同人群、不同时间、不同场合中提供不同服务,为更好地保有用户提供新的方案,如7:30的"城市大脑"为市民提供

---

① 赵景春.变革中用户将自定义电视看法和用法[N].中国新闻出版广电报.2019-06-19.
② 同上。

交通服务，打通群众安全"最后一公里"；10：30 的"智慧社区"提供小区情况查询，维护社会治安，做好智慧防控；14：30 的"智慧养老"抓准电视的受众老年人并以此为切入点，做好老年人的生活与购物服务；18：30 的"最多跑一次"与政府平台对接，实现便民办理业务；20：30 的"校园电视台"打造家校互动平台，改革传统教育模式。[①]

第二节　广电融媒体的内容重构

广电融媒体的内容重构指的是传统广播电视的信息载体可以打乱重组，在不同的媒介中根据不同的要求采用不同的形态。这是广电传统媒体在进行媒介融合时最重要的一个环节，也是视听重构能否成功的一个重要标准。

一、广电融媒体内容重构的成因

广电融媒体的内容重构，是技术、竞争和受众需求三种合力作用的结果。

1. 内容重构的技术基础：从模拟信息到数字化信息的发展

随着计算机技术日新月异的发展，信息数字化将在各个领域进行应用，广播电视领域也不例外。传统的广电传输技术是以模拟信号为基础的，当数字化技术的应用逐渐普遍之后，模拟制式逐渐被数字化技术取代。现实世界中的文字、图形、图像、动画、声音等各种形态的信息，都可以通过计算机的处理，使之以"0"和"1"来表示，因此，用数字媒体就可以使传统媒体高保真式地描述世界。

2. 内容重构的外在压力：市场竞争日益加剧

无论是传统媒体还是新媒体，要想生存和发展就必须适应市场的需求，争取最大的市场份额，只有这样才能在竞争日益激烈的市场上站稳脚跟。长期以来，传统媒体一直拥有对信息的垄断权，掌握着信息资源的稀缺渠道，在大众传播中占据着不可替代的统治地位，如平面媒体中的报纸和杂志，视听媒体中的广播和电视。但是随着网络传播技术的不断发展，信息的数量和形式都发生了翻天覆地的变化，传统媒体的受众注意力逐渐向新兴媒体转移，而传统媒体的内容也不再稀缺，其同质化现象非常严重，成为广电融媒体内容重构的外在压力，客观上推动了传统媒体与新媒体的内容重构和创新，推动着信息内容的多元化和个性化发展。

---

① 李多. 云与大数据"重塑"智慧广电[N]. 中国新闻出版广电报. 2019-3-27.

3. 内容重构的内在动力:受众的多元化个性化需求

随着信息技术的不断发展,受众接受信息的渠道日益增多,信息的数量也呈几何数增加,多元的渠道和海量的信息让受众有了更多的选择权。受众不再坚守传统的视听习惯,如晨练时带上手持式收音机,午餐后休闲看报,晚餐时家人在一起收看《新闻联播》等。这种定时、定点的视听习惯不断发生改变,传统媒体的传播方式也随着这种改变而变化。"定时定点"转变为"随时随地"收听收看。尤其是与数字技术同生的"90后""00后"们,他们具有强大的媒介平台迁徙能力,能自如地在不同的媒介平台之间穿行往来,轻易捕获他们想要的信息内容。为了满足受众新的视听习惯和需求,媒体的内外动力不断驱使他们对内容和服务进行修正和改变,生产出更加符合受众多元化、个性化需求的节目内容,以重构为途径,稳定广泛的受众群。

二、广电融媒体内容重构的实现

内容重构是依托数字媒体技术平台,将不同媒介形态的产品转换成跨平台、跨媒体使用的多元符号,以形成多层次、多类型的视听融合产品。

(一)内容重构的主体环节

内容重构根据内容的来源来分,可以划分为报纸、广播、电视、互联网等,即来自不同媒介的信息内容既可以被自身利用,也可以供其他媒介使用;根据传播的元素划分,包括文本、图片、影像、声音、动画等,这就意味着同一种信息可以被制作成各种不同符号的媒介形式加以使用和传播。

在制作环节中,特别是在新媒体产业链中有四个重要环节:内容创意——内容制作——生产复制——交易传播,这四个环节在该产业链中的价值比重分配分别为 $45\%,10\%,5\%,40\%$。[①] 从这个比重分配可以看出,有关内容的部分占到了未来新媒体产业链的近一半,内容已然成为各个媒体核心竞争力的体现。在传播渠道日益增多的时代,媒体间的竞争首先是传播内容优劣的较量。未来广播电视与新媒体融合的核心就是实现内容的生产转型,巩固和扩大广播电视内容的原有优势,探索出适应未来新媒体发展的内容生产路径。

(二)内容生产的转型

在新媒体层出不穷的互联网时代,不管是从市场的角度还是从受众的角度来看,媒介内容的重构都是迫在眉睫的。内容重构要求电视媒体、广播媒体、网络媒体、移动媒体、平面媒体等媒介形态,打破彼此之间的界限,将不同

---

① 黎斌.电视融合变革:新媒体时代传统电视的转型之路[M].北京:中国国际广播出版社,2011:128.

形式的内容资源组织到统一的平台上去策划、采集、生产,然后再通过不同的媒介平台发布,其实质是不同媒介之间在组织、流程、机制上的融合与渗透。

1. 树立"大编辑部意识"

这是内容生产实现转型的基础,即从分散制作向生产聚合转型,要求将不同媒介的内容资源统一在一个大平台上进行整合,实现各媒介、各部门之间的内容相互推销和资源共享,广播、电视和网络全部使用一套班子,由"多媒体大编辑部"统筹策划,将采集的素材和新闻用于集团旗下的各个媒体。

传统视听媒体都拥有各自独立的采编部门,各个部门之间缺乏及时的沟通,各自为政,导致很多资源被浪费或低效利用。树立"大编辑部意识",就要求采编一体化,逐步建立起资源共享的信息处理平台。就广播电视来说,推进融合发展首先要改革自身的内容生产平台,进行资源整合,建设跨媒体协作机制,搭建全媒体内容资源整合和生产发布平台。

以美国佛罗里达坦帕市的媒介综合集团为例,该集团在 2000 年就成立了坦帕新闻中心,将旗下的《坦帕论坛报》、WFLA 电视台和坦帕湾在线网站搬到一座大厦办公,被美国学者称为"媒介融合实验"与"未来新闻编辑部的模型"。该集团统一新闻采编,并向旗下各媒体分别提供新闻内容。如今,该集团拥有 18 家电视台及附属网站、21 家日报及附属网站,以及 200 多家出版物,包括周报以及面向不同地区、族裔和时事类等的"定向出版物"。大编辑部之下的《坦帕论坛报》记者经常在电视上露面,WFLA-TV 电视 8 台的记者也经常为报纸写报道,坦帕湾在线网站则为所有的媒体平台提供服务。[①] 坦帕新闻中心的这种编辑制作及管理模式,为视听融媒体的改革提供了一种可行的路径。

2. 差异化制作,类型化传播

传统视听媒体的内容制作流程,往往先从信源出发,虽然它们也将受众的反馈考虑在内,并对传播内容进行及时修正,但主要还是以媒介机构本身的意志为主要衡量标准。而视听融媒体的出现则打破了这种内容制作模式,旨在根据不同传播终端的特点,进行差异化的内容制作和类型化的传播。

首先,在内容创意阶段,应根据不同媒体介质的特点和传播规律,结合不同的受众群体,开发制作成内容长短不一,风格各异的视听产品,在不同终端予以呈现。其次,在内容制作阶段,根据不同媒介要求对素材进行差异化编辑制作,以便在发布环节运用全媒体平台进行差异化的分发和传播。最后,建立并优化多终端内容生产机制。以 CCTV 为例,针对手机电视就建立了"CCTV 手机视频节目生产基地",用户可以通过 iPhone 或其他智能手机平台下载并

---

① 王君超."全媒体"时代,报网融合大发展[J].媒体时代,2011(3).

安装 CNTV 客户端;在移动电视方面,CCTV 还为全国 30 多个城市的 5 万辆公交车提供内容,并将服务延伸至火车、飞机等公共视听载体市场;在 IPTV 方面,CCTV 旗下网络电视 CNTV 已经成为全国三网融合以及 IPTV 内容集成的播控总平台,它负责中央总平台和试点地区分平台建设、运营和管理。

3. 内容生产的流程再造

视听融媒体的内容生产将是多媒体化的,其信息搜集过程也是多媒介汇流的。在新闻的分发上,手机、广播、电视、纸媒、网络等多渠道的建制,使得同一内容不同形式的新闻产品能够沿着各自既定的渠道运行,从而保证了一件新闻产品的复次传播和多介质、全方位传播。

新闻生产流程再造包含四个方面:首先是强大的"脑指挥中心",负责新闻信息的价值判断及其去向;其次是"交响乐团式的空间布局",能实现更高效的多介质统一行动,有利于多个媒介品种围绕"脑指挥中心"协调作战;再次是"多媒体化的采写部队",单介质记者向多介质记者转型,全面提供文字、音频、视频、图片等各类产品,供融媒体平台上的报纸、广播、电视、网络、手机等全媒体使用;最后,实现 UGC 内容的优化和上浮,形成一套有效的 UGC 机制,鼓励用户方便、快捷、积极地贡献优质内容。如湖南卫视的金鹰网播客栏目 VBLOG,供用户发布自己喜欢的视频,网友上传的节目大都与娱乐节目有关,很好地扩充了其母体平台的内容。①

在 2019 年全国"两会"期间,湖南广播电视台、湖南广播影视集团打造的全新融媒体平台"芒果新闻"积极推进媒体融合向纵深发展,以芒果 TV 为作业平台,以湖南都市频道的团队为主要执行团队,聚合湖南广播电视台旗下各媒体优质资源,以"多种生成、多元传播、全方位覆盖"为架构,联动芒果 TV 新闻轮播、直播专区,"先网后台"打造以"两会快递 ing"为主题的 2019 年全国"两会"全媒体报道矩阵,给全国观众奉上一场全方位、立体式、"芒果味"十足的报道盛宴。

广东广播电视台也在 2019 年全国"两会"报道中,打出融合创新的"组合拳"。由广东卫视、新闻频道、经济科教频道、珠江频道、南方卫视 5 个频道共同参与,推出 16 档电视新闻栏目与 4 档广播新闻栏目,形成报道传播矩阵,推出上亿点击量的广播融媒产品。

此次融合报道,广东台集合了一批具有"采、写、编、剪、播、摄"能力的全媒体记者,打通记者与编辑界限、新旧媒体界限,化身为新闻现场的"多面手",捕捉新闻,快速转化成适应不同类型与媒介的产品,实现全媒体平台分发,全力

---

① 栾轶玫.融合时代传统媒体新闻管理创新的五个维度[J].视听界,2011(6).

引导两会话题,传递正能量。全媒体团队倾力打造了《广东声音》和《聚焦两会》两款以音视频为特色的融媒产品。《聚焦两会》坚持在时效性和贴近性上下功夫,速度快,话题精准,制作的多个视频在微信、微博和今日头条上取得上百万甚至上亿的点击量。同时,在融合报道方面加大力度实现创新,在触电新闻客户端开辟了11个主流IP——《小强观察》《超级会客厅》《两会连连看》《"95后"开辟》《部长 代表 委员通道》等,并进行网络直播等,力推广东广播电视台的全媒体人才——时政报道记者作为"网红",打造一批优质融媒体产品。其中《超级会客厅》在代表驻地搭建虚拟演播室,把代表委员请来畅谈热点话题;《小强观察》针对每日的报告作出权威解读;《"95后"开辟》邀请年轻人参与进来,探讨热点民生话题;《V观两会》发挥电视人的专长,推出短视频速览两会;《部长 代表 委员通道》采用手机竖屏方式进行拍摄。这次所有的新媒体端产品都用先网后台的方式在APP上进行传播之后,再优中选优放到电视端进行播放。①

三、广电融媒体内容的发展方向

广电融媒体内容的重置和变革必然导致内容生产多方面的变化,也为其他传播媒介介入内容生产提供了有利的条件。

(一)内容生产者的多样化

随着网络数字技术和传播技术的不断发展,"定时定点"地获取传媒内容和产品已经不能满足受众多元化的需求,受众对内容的数量以及形式都有了更高的要求。更重要的是,互联网技术的快速发展已经打破了传统媒体之间的界限,原来传统媒体的单独生产平台即将融合,在以互联网技术为基础的数字化平台上,将互无关系的模拟信息统一变化为数字信息。传统视听媒体的素材采集、内容生产和内容发布渠道成为一体,过去那种由电视和广播媒体统一组织规划、由专业采编工作者进行生产、由专门媒体机构进行信息发布的垄断局面,将在新媒体环境下被打破。内容生产者也将出现分散化和多样化的趋向,每个个体只要拥有一台电脑、一部手机、一部自带的相机和摄像机就可以进行拍摄和制作,内容产品的制作变得越来越简单易行。内容生产者将分散于世界的各个角落,人人都是"自媒体",而不再限于拥有专业技能的采编者,内容的上传速度也不亚于专业媒体。在这种情况下,个体可以成为内容生产者,并且逐渐成为媒介内容生产体系中的重要组成部分。此外,随着媒体政策的逐渐开放,一些网络运营商、服务商如优酷视频网和酷6等也将加入内容生产者的行列中来,加快了视听节目内容生产多样化的步伐。

---

① 李多. 广东台融合报道让两会接地气聚人气[N]. 中国新闻出版广电报,2019-03-08.

(二) 内容生产与终端销售的融合化

随着现代传媒业的不断发展,必将逐渐形成规模化的内容生产产业。而在融媒体时代,内容的生产应当与终端的销售结合起来,因为只有将内容产品通过不同的终端呈现出来,内容本身才可能吸引更多的受众。而另一方面,终端产品的销售也离不开内容的创新性。例如,苹果公司对 iPad 的经营,早期主要是采取单纯的"卖设备"的模式,效果并不见好,后来推出了在线音乐服务和传媒上载,大大满足了消费者的需求,销量才日创新高。由此可见,内容生产和终端销售的结合,才能创造互利双赢的局面。

下面以"第一财经"的全媒体内容重构为例分析,可以加深我们对媒介融合的理解。

2003 年,由原上海电视台财经频道和上海东方电台财经频率合并,成立第一财经传媒有限公司,对外统一呼号为"第一财经"(China Business Network, CBN)。这家由上海文广新闻传媒集团(SMG)全资控股的子公司改写了中国传媒业的诸多新纪录,成为中国最早跨媒体、跨地域、跨行业的专业财经资讯供应商。目前,第一财经拥有:第一财经电视、第一财经日报、第一财经广播、第一财经周刊、第一财经网站、第一财经研究院,并积极探索数字媒体业务(如无线业务)和金融商业信息服务业务(如实时财经新闻业务和数据库业务)。

第一财经(广播)频率是全国最具影响力的专业财经频率,主要有财经资讯、金融证券、生活服务三大类节目,全天播出 18 小时,其中有 14 小时的财经资讯节目。其栏目《中国财经 60 分》通过节目联播网,辐射全国,并落地香港新城财经台。《中国长三角》节目已通过中央人民广播电台传播至全国。《三江联播》节目是国内唯一的粤港沪三地联播的经济新闻专题节目。该频率目前和全国 30 多家财经广播电台开展了节目合作与互动,致力于为投资者提供强有力的财经资讯听觉冲击和一流的资讯服务。

《第一财经日报》。2004 年 11 月 15 日,由上海文广新闻传媒集团、北京青年报社和广州日报报业集团联合打造的一份面向全国的财经类日报《第一财经日报》正式问世,并在上海、北京、广东三地同步上市。作为中国第一张跨地区、跨媒体的全国性财经日报,它的出炉打破了广电与报业两大系统之间的界限,标志着第一财经跨媒体平台主架的搭建基本完成,这也是中国传媒走向跨区域、跨媒体发展的一个标志,为中国传媒业打破地域界限、媒体界限、整合资源、壮大实力进行了有益的探索。作为中国财经日报的先行者和领导者,它秉承"商业改变世界"的理念,坚持权威主流、专业负责、理性大气、贴近市场的编辑方针,已密集覆盖长三角、珠三角、京津唐、西南、香港等中国重要都市经济商圈,成为中国最具影响力和公信力的财经报纸。

《第一财经周刊》,2008年2月创刊。它是中国第一本新闻性商业周刊,以轻松、实用、时尚的报道服务广大公司人群,自创刊以来迅速成为中国财经商业杂志市场的领先品牌,在中国14个中心城市财经商业杂志零售市场平均销量排名第一。

第一财经电视,下辖第一财经(地面频道)和东方财经(数字电视频道)。第一财经(地面频道)是中国唯一以投资者为收视对象的专业财经频道,在上海、南京等城市实现全网覆盖,通过数字电视覆盖全国28个省、市、自治区,总计用户数1288.8万户,并通过香港NOW宽频电视覆盖在港的88万电视用户,它是内地第一个进入香港主流收费电视平台的专业频道。全天播出19小时,直播节目近12个小时,滚动播报财经时讯、时事新闻、上市公司最新消息,时刻追踪全球主要股市、汇市、期货等最新交易情况。内容涵盖经济、金融、贸易、证券投资等各个领域,旗下拥有一批品牌节目,包括《今日股市》《财经夜行线》《头脑风暴》《波士堂》等。第一财经电视下辖的东方财经(数字电视频道),覆盖全国31个省、市、自治区,全天20小时播出。所有电视频道都是从每天6:00开始播出,其电视界面如图6-4所示。

图6-4　第一财经电视界面截图

第一财经网站后改名为"一财网",它依托"第一财经"品牌优势,充分整合电视、广播、日报、周刊、研究院等内容资源和个性化财经资讯产品,为投资者和决策者提供及时准确、不间断更新的商业新闻。一财网提供及时、准确、简明、重要的国际国内商务新闻,并面向机构和企业量身定制财经资讯产品和商用数据服务,打造第一财经内容供应的B2B模式。同时整合第一财经电视和广播的音视频内容资源,打造第一财经独特的多媒体营销平台。2010年11月25日,一财网宣布,上海第一财经传媒有限公司正式推出旗下首个即时财经新闻产品"第一财讯"（CBN Newswire），该产品也是全国首个利用全媒体渠道发布的专业财经类即时资讯系统。第一财讯为第一财经新闻的首发平台，包括重要上市公司公告和财报的发布。

第一财经新闻社于 2010 年 11 月正式成立。该社运用第一财经传媒在中国分布的广度和资源，按照国内财经资讯市场的特点，与第一财经各平台高度协作，在第一时间，以最快速、最精准、最专业的角度，给全球投资专业人士带来中国的重点财经新闻，并及时传递到各终端客户，以帮助客户在最短的时间内，做出最有效的投资判断与决策。

2011 年，《第一财经日报》iPad 版正式上线，为受众提供更多新鲜、及时、快速的财经资讯。在《第一财经日报》的基础上，iPad 版将打造一个全新的媒体互动平台，致力于为高端用户提供最便捷的资讯服务，提供包括要闻、中国、全球、观点、金融·市场、金钱·投资、产经、生活风尚、专题、财商周末十大栏目内容，并且用户可对新闻内容进行搜索、收藏、下载等操作。

第一财经研究院是第一财经的核心"脑库"，也是第一财经未来发展的孵化器。该院以其专业的研究能力，为第一财经跨媒体平台提供权威的政策研判和市场数据，并向市场提供其自主研发的财经资讯产品，包括财经信息加工、行业研究与数据库、咨询服务、各类指数与榜单等四类核心业务。

从上而知，上海文广新闻传媒集团（SMG）作为"第一财经"的缔造者，从一开始就着手把"第一财经"打造成一个跨媒体、跨地域的传媒品牌，可以说"第一财经"是中国传媒业第一次真正意义上的跨媒体、跨地域，也是第一次将电视、广播以及报纸捆绑在一起发展的成功尝试，见图 6-5。

图 6-5　第一财经成员机构图标集锦

在运营中，为解决发展中的一些技术瓶颈，如相互之间缺少信息共享和业务联动，不能充分发挥出整合优势等问题，SMG 于 2007 年成立项目组开始了第一财经业务平台项目建设。该平台是国内首个专为财经类媒体定制的集数据采集、存储分析、发布、节目制作和播出的多媒体协同工作业务平台。该项目主要由非编网络系统、数据中心和协同工作平台等部分组成。通过第一财经业务平台的建设,有效整合了 SMG 第一财经下属频道、频率、日报、网站、研究院等媒体的信息资源,实现数据资源的实时存储、提取、调用和第一财经内部各个媒体平台的信息共享。由于有了数据中心的数据积累,可实现数据的深度分析和挖掘,为第一财经开发自主产权产品创造了有利条件,也进一步提升了财经品牌的价值和核心竞争力,为第一财经传媒公司从单一的、区域性的、传统性的运作模式,向跨空间、跨地区、现代化的专业化财经类媒体运作模式转变提供数据支持。同时,进一步优化了第一财经频道的采、编、播流程,加强了图文制播全流程的一体化管理,实现了生产构件标准化、节目生产网络化、数据嵌入实时化,提升了第一财经形象和品牌价值。

第三节　广电融媒体的终端重构

终端,即承载着广电融媒体信息发布和受众直接接收的客体。与形态重构不同,终端重构主要是从广电融媒体的角度出发,在充分考虑信息传播规律和受众心理需求的同时,制定出一些终端策略和计划。

一、三网融合背景下的"多屏战略"

三网融合是近年来的热门话题,而广电融媒体正是在这一语境下逐步兴起的,因此充分了解并结合三网融合的发展是终端重构的前提,在这一语境下讨论终端的长远战略是当前的重要议题。

(一) 广电融媒体终端重构的前提:三网融合

所谓"三网融合",一般理解为移动通信网、广播电视网和互联网三者之间的相互渗透、相互兼容,并逐步整合为统一的信息通信网络,见图 6-6。

图 6-6　三网融合示意图

"三网融合"是为了实现网络资源的共享,避免低水平的重复建设,形成适应性广、维护容易、费用低廉的多媒体基础平台。传统的三网在内容清晰度、内容丰富性、移动性、互动性以及安全性方面各有特点:移动通信网络的优势在于能够不受时间和地点限制地进行互动交流;互联网的优势在于大量的网上内容能够满足网民的个性化和互动性需求;而广电网的优势在于能够满足观众对于音频和视频质量的要求。[①]

在三网融合的大趋势下,电视产业发展显示了其优势,如以内容生产、制作、传播为核心的资源优势、人才优势、受众优势、政策优势等,但其弱点也显而易见,主要表现为电视产业规模小、产业化准备与市场运作经验不足,渠道单一、网络升级与整合尚未完成等。三网融合之后可以扬长补短,为广播电视融媒体的终端重构提供有利的条件。

三网融合之后传统三网在技术上趋于一致,网络层上可以实现互联互通,形成无缝覆盖,业务层上互相渗透和交叉,应用层上趋向使用统一的IP协议。各网络在经营上互相竞争,互相合作,朝着向人类提供多样化、多媒体化、个性化服务的同一目标逐渐交汇,行业管制也逐渐趋向统一。

(二)广电融媒体终端重构的措施:多屏战略

三网融合的发展带来的是终端接收设备的相互融合,各种多功能一体化设备必将得到受众的青睐,如电视与机顶盒的融合,手机与计算机的融合,各种智能型家电的产生等。起初,为了应对三网融合带来的机遇和挑战,传统媒体提出了"三屏融合"战略,即将电视屏、电脑屏、手机屏相互融合。随着平板电脑的进入市场和快速推广,"四屏战略"应运而生。"四屏"是指手机屏、电视屏、平板电脑、桌面电脑四种终端设备的融合共生。但是业界认为终端融合主要是指受众获取传媒产品的终端应用融合,而在实际应用中,具体的终端产品类型远不止这四种,还有城市彩屏、户外移动电视、楼宇电视等,这些终端设备很难具体划分为四屏中的任何一种,并且随着技术的发展,我们也无法预测未来还会出现什么样的终端设备,所以广电融媒体终端重构的具体措施应该为"多屏战略"。

"多屏战略"是指媒体将原始数据整合打包后,由媒体资料库按照每种媒体的不同要求分发到各个展示平台,同时推出电子节目菜单,受众可以根据不同的接收终端来索取节目内容,这样使得受众接收音视频信号变得越来越便捷和个性化。

在终端设备的多屏幕竞争中,依屏幕面积的大小可以划分为三类:即具

---

① 张锐.三网融合视角下传统广播电视服务创新研究[J].电视研究,2012(6).

有视听完美体验的大型屏幕(电影、大屏幕电视机等),兼具移动性和固定性的中型屏幕(移动电脑、移动电视等),具有移动性和灵活性特点的小型屏幕(手机、掌上阅听设备等),见图6-7。面对这些不同特点的终端,内容制作生产中要充分考虑到不同屏幕的特点,不同屏幕使用者的特点和需求,对内容进行更加精细的区分和定位,实现高品质的"适位传播"。①

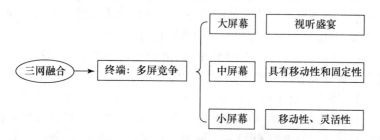

图 6-7 多屏竞争的屏幕类型划分

视听新媒体形态的"三微一端"即是适合用户小型屏幕接收的移动终端。

2019年8月16日,《新闻联播》微信公众号"新闻联播"(cctvxwlianbo)上线,这意味着由中央广播电视总台每日19点播出的"中国收视率最高、影响力最大"的电视新闻栏目已正式开通微信平台,账号主体为"央视国际网络有限公司"。上线后的第一篇微信推文《主播说联播 | 康辉说国泰航空 "no zuo no die" 欧阳夏丹又问了国泰一个问题》,推出一天阅读量已达10万+。②

《新闻联播》为什么突然这么火?刷屏级的微信公号终端传播背后,定然是《新闻联播》栏目本身的深度自我革命。《新闻联播》开始变得萌萌哒了——以轻松、有趣、灵活的形式播报,从解说词到画面,都十分接地气,有亲和力。例如,海霞在七夕节挺香港警长刘Sir;郭志坚对干涉香港事务的美国以及乱港分子发出灵魂拷问:"今天立秋,秋后该干啥?"康辉说国泰航空 No zuo no die。欧阳夏丹借力打力,以"今天宵夜,上榨菜"回怼台湾政论节目称大陆人民吃不起榨菜(见图6-8)。

《新闻联播》对语言风格的改革,除了语气更加亲

图 6-8 欧阳夏丹上节目截图

---

① 陈鹏.三网融合背景下电视内容产业升级战略[J].电视研究,2011(1).
② 广电独家.《新闻联播》开公号了!第一篇推文已10万+[EB/OL].(2019-08-17)[2020-05-14].http://www.sohu.com/a/334482975_613537.

切自然外,还大胆使用了俗语和网络语言。年轻化、口语化、通俗化的语言,让中央级媒体不再给人高冷疏远的感觉,而是和公众建立了同一话语场,官话民说,硬话软说,让原本枯燥的时政新闻报道变得更加"接地气"。

随着"三网"的逐步融合,原来面对独立传输渠道的终端设备已经无法满足受众接收、获取信息内容的需求,新兴的具有多功能、多接收渠道、便捷化、一体化的接收终端已经成为必然的趋势。可能在未来的某一天会出现一种融合终端设备,它汇集了现在新旧媒体的所有优势,成为未来媒体的主宰。

终端重构经历了一个由简单到复杂,由低级向高级的发展过程。初期的终端融合主要体现在终端硬件设备的功能融合方面,如手机从一个简单的移动通话工具,逐步融合了联网、导航、多媒体等多种功能,成为一个具有多功能的融合型终端。随着终端融合的进一步发展,这种简单的硬件功能的融合已经逐步向基于构建业务平台的方向发展。对于运营商来说,单一的业务竞争已经逐渐饱和,如何搭建统一的业务聚合平台、拓展相关的增值服务成为保持市场竞争优势的重要途径。

二、终端重构过程中的传受关系变化

终端重构过程中,用户生产内容(UGC)模式不断出现并普及运用,使受众不再仅仅是接收者,而成为内容的生产者。传统视听媒体也转换角度,让观众进行充分的互动和参与,在融合新闻的语境下,传统的传受关系已经被颠覆。

(一) UGC 的冲击

UGC 是当前国际新兴媒体兴起的一种传播形式,即在新闻编辑的规范下,把内容的产生过程交付到用户手上,让用户获得信息传播话语权。

"用户生产内容"是一个群体现象,并且限于非专业人士之间。目前较有影响力的定义是由世界经济合作与发展组织(OEDC)在 2007 年的报告中提出的。该定义描述了 UGC 的三个特征:Internet 上公开可用的内容;此内容具有一定程度的创新性;非专业人员或权威人士创作。[1]

传统媒体与新媒体融合之后,UGC 的加入颠覆了固有的传受关系,受众成为内容的生产者和贡献者,它有别于传统的权威中心向外辐射的形式,受众处在一种平等和平衡的环境中,这种模式使用户更加主动地参与,有利于原创性内容的生产和传播。目前大部分网站都含有 UGC 的内容,比如论坛、博客、微博等。

UGC 内容是由用户自己创建的,它可以是对论坛主题的一个发帖或回帖

---

[1] 孙淑兰,黄翼彪.用户产生内容(UGC)模式探究[J].图书馆学研究,2012(13).

讨论，个人博客发布的一篇文章，或者是最新发布的一条微博。UGC的内容创建者可以是任何一种背景的用户，可以发表对同一件事情的不同看法，其信息源范围相当广泛，这种优势同时也可能导致UGC下产生对一个问题的偏激看法，对大众产生一种混淆视听的负面效果。因此，在传统网站环境中，网站运营者会组织各个领域的专业人士对之进行内容编辑，这些人员往往具备该领域的专业知识，他们对内容进行规范化处理，这种经过过滤的内容具有一定的权威性和可信性。

总之，UGC是一种传播内容的革命，它面向非官方的平民团体或个人，倡导原创。但对用户来说，它同样意味着责任，贡献内容的多少和责任的大小是等量的。随着大量的UGC出现，受众由单纯的受者角色转向传者和受者的双重角色，由被动地接收信息向主动地创造信息发展。于是"用户"+"专业人士"共同扮演媒介的内容生产者和传播者，扩大了原有的新闻传播队伍。

尤其是在突发事件的报道上，传统媒体想要取得先机，就必须在平时传播内容管理系统设计上着重考虑UGC报道模式的运用。比如在"7·23甬温动车追尾特大事故"发生之后40分钟之内，传统媒体还来不及做出反应，网民就开始在微博上直播，用户提供了各种图片和视频，尽可能还原事故发生的全过程。以微博为代表的新媒体的迅猛发展，凸显了"自媒体"的力量，其以低门槛、快速化、即时性等优势带来空前的冲击。

（二）传受者的互动

新旧媒体融合之后，信息的传播流程也开始发生变化。传统视听媒体的单向传播改为双向互动传播，稍纵即逝的线性传播转变为非线性传播，大众传播转变为小众化或是分众化传播。它可以"留住声音和图像"，将广播电视节目存储在网络上，受众根据自己的需要，随时点播自己喜爱的节目并重复收听，点播的出现将广播变成了窄播，收听者对节目的忠诚度更高。

互联网时代的受众是充分拥有自主选择权和发布权的信息主体，双方之间的互动更加密切，反馈也更加及时，受众能自由地参与到信息内容生产与创造中。利用数字技术，举手之间便能编辑文字、图像、视频，生产出他们自己的内容并上传到互联网的平台，制造出欣欣向荣的"参与文化"。

受众不再是一个"看客"，受众在传播中的主动性加强，主动参与到事件的采集、传播中，共同分享信息，将媒介组织对大众的传播转向一对一、一对多、多对多的传播，形成一种良性的信息循环圈，增加了信息的真实还原度，让信息变成一种资源的共享。

互联网技术和通信技术的高速发展，使视听载体的终端不再仅限于广播和电视。基于手机媒体的手机广播和手机电视，基于网络媒体出现的手持平板电脑,以及户外移动电视、楼宇电视等终端设备,这些移动终端设备凭借其可移动性和便捷性无处不在,受到了前所未有的青睐,并逐渐成为融媒体时代的视听媒体新秀。移动终端的出现使得原来固有的"客厅文化"逐渐被打破,取而代之的是一种"移动文化",并正以"客厅文化"难以企及的速度影响着人们的生活。

三、广电融媒体终端重构中的实践

成立于2005年的上海文广新闻传媒集团(SMG)的"百视通",应是终端重构和终端融合实践的典型代表,它在广电新媒体领域里的探索和创新已经成绩斐然。目前,百视通的业务已遍及电视屏、手机屏、互联网屏、智能媒体终端等各种媒体类型,提出并实施了"一云多屏"的大视频市场发展战略。

2005年,SMG获得由国家广电总局颁发的中国首张IPTV全国集成运营牌照。旗下百视通公司同年成立,并开始在全国进行IPTV业务探索,在哈尔滨、上海等地开始了IPTV商用播出。

2009年,百视通完成了与东方宽频和东方龙的整合,形成了以IPTV为核心的多屏终端业务架构。旗下具有IPTV、手机电视、网络视频、互联网视频、移动互联网视频等多个内容出口和渠道,在内容生产、集成、审核、采购上实行统一运营,然后根据各个渠道的不同需求进行相应的转码、合成与分发。

2010年,上海广播电视台正式获得广电总局颁发的互联网电视和3G手机电视"集成播控+内容运营"完整牌照,百视通业务范围进一步拓展,全球化步伐加快。

2011年,百视通吸纳SMG旗下文广科技\广电制作\信投股份的股权,实现了整个新媒体板块借壳上市,12月29日,正式上市交易。

百视通在当年的年报中提到,公司主营业务为新媒体"三屏融合"业务,即通过统一的媒体资源平台、媒体管理平台、各类IP化网络,向电视、电脑、手机及移动终端屏提供统一技术服务、内容服务和相关的市场营销服务。

2014年,百视通与东方明珠重组,更名为上海东方明珠新媒体股份有限公司,定位为新型互联网媒体集团,推进传统媒体与新媒体融合。

2017年5月18日,东方明珠新媒体旗下百视通"未来合伙人大会"在上海举行,包括华为在内的158家不同领域的企业成为首批"内容合伙人""行业合伙人""资本合伙人""异业合伙人"。此举主旨在于:百视通全面开放平台,全面拥抱万众创新,全方位跨界连接,全力落实娱乐+战略。并集聚大量的合作创新点,使百视通成为"孵化的舞台""变现的平台"和"资本的看台"。[①]发布会现场,刚刚完成全球首发,并在江西IPTV落地的视频3.0亮相,标示大屏进入智能极速模式。所谓视频3.0技术,是电信、广电、华为、百视通联合研发的,被认为是IPTV领域前沿的最佳拍档,利用华为公司强大的技术能力和百视通公司丰富的IPTV运营经验与用户应用场景相结合,成为百视通"技术和内容两翼共振"的发展新思路。

视频3.0在设计上体现了"用户为本"的思想,其一是推出了角色定制,让IPTV视频3.0用户界面分不同角色,一个家庭可以在标准用户、儿童用户、老年用户三个角色中切换,让老中青三代人既能满足个人喜好,又能融通相处。

其二是分时段的场景运营,智能化推荐。按早、中、晚三个时段的不同收视场景的行为特点和用户收视偏好分析,将匹配不同场景特征的内容进行分时推荐。

其三是大小屏联动的跨屏助手,实现了互联化的前沿应用叠加。视频3.0让大屏有了小屏伴侣,比如语音搜索、扫码抵达、手机预约、微信提醒、投屏观看、小屏遥控等。这样,电视屏上的位置不够用,就可通过手机屏来进行补充。如果EPG(即电子节目指南,是IPTV的门户系统)上的图片位置没有了,还可通过语音来增加一个入口的维度。这些小应用、小程序的推出,甚至影响着电视(屏)未来的发展。

百视通IPTV视频3.0的推出,与产业升级的思维结构相呼应,通过线上与线下的结合,内容和应用的结合,大屏与小屏的结合,产品与支付的结合,视听与异业的结合,以轻盈的应用、一步到位的路径,体现跨越发展的活力。

此外,百视通还适时抓住战略机遇,同多家海内外企业实现深度合作,以多元化的业务模式在全球布局OTT业务,开展包括终端、内容、平台及运营等方面的全方位OTT业务合作。

第四节　广电融媒体的叙事重构

詹金斯在《融合文化》一书中对跨媒体叙事有过这样的描述:"一个跨媒体的故事穿越不同的媒介平台展开,每一个平台都有新的内容为整个故事做出有差异的、有价值的贡献。理想的跨媒体叙事是每一个媒介形态都发挥最佳的功能——这个故事可能首先是一个电影,它可以扩展到电视、小说、漫画……

[①] 广电独家.东方明珠旗下百视通开启跨境业务,"组合玩法"让158家企业成为首批合伙人![EB/OL].(2017-05-22)[2019-10-23]. https://www.sohu.com/a/142390159_613537.

每一个媒介平台的叙事本身又都是一个完整的故事。"①在媒介融合的语境下,跨媒体叙事将成为媒介内容生产的一种新趋势、新策略。

叙事,通俗地讲就是"讲故事",使故事成为一个完整的叙事文本,以取得预期传播效果的一种方法。信息多元化的时代,受众已参与到信息的生产和传播过程,提升了信息的活跃指数,逐渐缩小"权威"主流媒体与"消极"受众之间的隔阂,推动和加剧了融媒体叙事的发展态势。

一、线性叙事与非线性叙事

(一)线性叙事与非线性叙事的基本含义

线性叙事是广播电视的常规性叙事模式,它以故事发生的时间顺序为线索,以故事发生的因果关系为动力,按照"开端—发展—高潮—结局"这样的逻辑结构来组织故事情节,是一种不断解除悬念的连贯叙述方式。"线性"这个词突出强调情节中的事件具有因果关系,前面的事件对后面的事件构成影响;在细节上可能折射着多种因果规律,事件与事件之间也可能存在着丰富的多因多果关系,但整体而言,整个情节有一个决定性的因果链。②

"非线性"一词来源于电影专业术语。所谓"非线性"是指使用计算机技术和非线性编辑的方法,对素材的选材、重组和排列不按照时空的顺序记录画面的方式。"非线性叙事"与传统线性模式相悖,它往往打乱时间顺序,将人物和情节切割成许多片断,多个片断实行跳跃式并置前进。它以较为随机的、片段化的、非直线方式进行,将简单的事情复杂化,甚至打破事件的内在逻辑而造成一种混乱,从而产生迷雾重重、扑朔迷离之感。在非线性叙事中,不强调事件与事件之间必然的因果关系,但各种信息也不是孤立存在的,而是相互交叉相互融合的,它们极大地加强了故事的表现能力,大大拓展了故事的表现形式。

(二)融媒体非线性叙事的两种模式

1. 超文本模式

互联网信息与传统媒介发布信息相比,一个较大的技术优势就是超文本技术的使用。超文本的构建为信息传播的非线性叙事提供了一个必要条件,传统媒体的信息都是在同一层面进行线性叙事,而运用超文本技术的网络信息可以处理更加复杂的因果关系。

---

① H. Jenkins. Convengence Culture—Where Old and New Media Collide[M]. NewYork:New York University Press,2006.

② 翁东翰.非线性叙事在动漫作品中的应用[J].福建师范大学学报(哲学社会科学版),2007(5).

所谓"超文本模式",是指建立在网络超链接的基础上,突破传统媒体单一叙述层面的限制,以超链接的形式进行多层面叙述的模式。超文本模式的特点是:利用网络超链接,根据信息价值的大小分层。价值最大的信息放在第一层构成整个信息网站的骨架,即首页。正是基于超链接的超文本结构,具备横向拓展和纵向延伸的能力,使得互联网可以轻而易举地解决屏幕显示内容的有限与信息数量的无限之间的矛盾,将海量的互联网信息有序呈现。[①]

超文本模式的优势可以从以下三个方面进行概括:

①标题的使用。传统广播和电视的新闻标题由于播出时间有所限制,所以一般相对简单,简明扼要。而互联网克服了媒体时间的制约,标题灵活多变,可以完整传播、索引选择、评价引导信息,也可以说明报道形态,还可以丰富美化页面,体现编辑风格。

网络新闻标题可以分为实题和虚题两种。实题是指具有新闻要素的标题,例如传统媒体的"5W+H"(何人、何事、何时、何地、为何、怎么样),但新闻标题中并不一定要把所有要素都展现出来,往往只选取何人、何事要素,至于其他要素是否进入标题,则视新闻价值的大小而定。而虚题并不包含新闻要素,它常常使用意象化的语言,来影射新闻事实。

传统视听媒体中的标题必须与正文内容紧密相连,而在非线性叙述模式中则不同,网络新闻标题和正文可以分别处在不同的页面上,主页面可以全部以新闻标题的形式出现,正文则出现在下一级别的页面上,这样既保证了信息的数量,也保证了信息的质量。

②超链接的使用。面对海量的互联网信息,受众除了对新闻事件的五要素做一个简单的了解之外,还需要一个系统的信息压缩包,从而对事件有一个立体的深入的了解。面对受众的进一步需求,传统视听媒体因为受播出时间的限制,已经无法满足受众新的诉求点。而互联网的超文本模式则克服了传统媒体的缺陷,通过超链接把相关的信息联系起来,实现对新闻事件的立体化呈现。

"超链接"一般是从一个网页指向一个目标的连接关系,而在一个网页中用来超链接的对象,可以是一个文本、一张图片或一段视频。融媒体新闻标题与正文之间正是通过超链接的形式将全文完整地展现给受众,并且正文页面的下方还有相关新闻的超链接,这些超链接与新闻正文所报道的新闻事实和新闻人物往往在逻辑和意义上存在某种联系,有些是不同媒体对新闻正文所报道新闻事件的再次叙述,而有些则是对新闻事实的延伸和拓展,或提供新闻背景,或提供新闻人物的更多资料。这样一来,通过超链接,受众不仅可以将

---

① 聂志腾.刍议网络新闻的叙述模式[J].新闻爱好者,2012(5).

标题和正文连接在一起,还可以一并了解事件的不同侧面,形成对事件本身的立体系统的知晓。

③分层叙述。叙述的分层就是在叙述中又出现了叙述,形成了不同层次的叙述,最直接的解释就是故事中有故事,大事件里发生小事件。传统视听媒体对事件的报道往往是在一个层面上展开的,一篇报道中包括了新闻的基本要素和新闻背景材料。但网络新闻尤其是网络媒体专题对新闻事件的报道却大不一样,它利用超链接关联数量众多的新闻文本,包括文字、图片、视频、动画甚至音乐等,对新闻事件进行分层分类报道;同时,在新闻专题统领下的多种元素相互合成、相互印证,互为新闻背景,对新闻事件进行立体化、地毯式报道。①

2. 互文叙述模式

"互文性"的定义有广义和狭义之分。广义的互文性是指"任何文本与赋予该文本意义的知识、代码和表意实践之总和的关系,而这些知识、代码和表意实践形成了一个潜力无限的网络"。而狭义的定义则认为,互文性就是"跨文本性",是指"一个文本与可以论证存在于此文中的其他文本之间的关系"。②本书对"互文性"这一概念采用狭义定义。

所谓"互文叙事模式",是指对某一事件的报道不像传统媒体那样仅仅依靠某篇特定的具体的报道来实现的,而是通过一系列相互关联的文字报道、图片、视频和Flash动画来实现,文字报道、图片、视频与Flash动画互为文本,为文本意义的阐释和升华提供了相互理解的条件。比如受众想了解2012年伦敦奥运会即时发布的消息或赛事直播,可以先浏览报纸的文字报道,根据文字报道收听传统广播或收看电视节目,随后查看互联网上的评论或发表自己的意见参与互动交流。也可以根据视频报道找到相关的文字报道和图片,浏览文字报道后,去欣赏相应的视频和图片。若想了解故事的细节,则可以去看相应的文字报道,一般会有补充讲述;若想以更直观生动的方式了解信息,图片、视频和3D模拟动画则是不错的选择,它可以给受众提供亲临现场的真实感和现场冲击感。

融媒体的互文叙述模式克服了传统媒体报道模式的限制,使其具有任何单一报道方式,如文字、图片或视频等所无法比拟的传播能力。同时,也弥补了网络报道本身所固有的一些缺陷,如报道广度无限宽泛、报道时间零碎化、缺乏有效的内在联系等,保证对新闻事件的全面、连贯、完整的报道,而这种连

---

① 聂志腾. 刍议网络新闻的叙述模式[J]. 新闻爱好者,2012(5).
② 程锡麟. 互文性理论概述[J]. 外国文学,1996(1).

贯完整的报道,有利于受众对新闻事件的全面认知和社会舆论的客观公正,也有利于形成网络新闻报道品牌,增强网站的凝聚力。

二、独立叙事与组合叙事

独立叙事是传统视听媒体内容表现的主要方式。广播通过对声音的剪辑将节目制作成一个个独立的音频,而电视则通过声音和画面之间的协调,声情并茂地为受众讲述精彩的"故事"。但是整体而言,独立叙事是媒介本身具有的一种缺憾,它是单向叙事,只根据媒介自己的意志进行叙事,受众没有过多的干涉,相对独立。独立叙事模式在新媒体层出不穷的时代已经无法适应受众的需求,受众要求对事件信息进行深入的全面的了解,这时组合叙事就在融媒体中应运而生。

在文学领域,有这样一种小说样式,叫"系列组合小说",即作者将若干篇短篇小说互相连接,读者从整体模式的不同层次获得的连接的经验,有效地修正了他从作品的各个组成部分获得的经验。

而这种讲故事的手法在信息传播领域同样适用,将不同媒介发布的对于同一事件不同形态的信息组合起来,这些看似毫不相关的信息片段,通过不同的侧面和内在的联系构成了一个整体,这种整体内容带来的传播效果是任何一种单一媒介单一信息所无法比拟的。

(一)组合叙事产生"1+1>2"的效果

对于系列组合小说,它以人物列传的形式,将片段性的生活拼合在一起,其并置或并列的故事不是零乱地组合在一起,而是集中在相同的主题、人物或情感上,不能向四处发散;故事情节是向心的而不是离心的,它们以某种方式统一起来,使之具有各个独立片段之外的结构和主题发展,因此是一个整体。

融媒体时代,关于某个事件的组合叙事,跟系列组合小说有异曲同工之妙:每一段文本信息可能没有完整的开头和结尾,可能没有强烈的逻辑感,但是文字之间却有着严格的秩序和明确的意图。上传图片张数可能不多,但是可以反映事件的某一个侧面。视频时间可能不长,画面可能不是很清晰,但是足以表现事件的真实性和现场感。虽然这些素材显得松弛零散,描述的是局部而不是整体,但它们是构成整体的不可或缺的一部分。

组合叙事并不是每一个叙事片段的自然集合,而是一个互文性的有机整体,每一个片段之间都有着或多或少或紧或松的联系,共同的叙事目的和主题使每一个叙事片段具有连贯性和统一性,所以它们之间不需要有严密的线索和清晰明朗的因果关系,叙事更加自由灵活。随着每一段叙事的串联和融合,事件本身应有的真相和事实逐渐浮出水面,以一副立体的面貌展现在受众面前,而受众也会参与其中,寻找信息的本来面目。

这些叙事片段存在主题上的相互阐发和彼此深化的关系,通过精巧的构思和审慎的安排,宏观和微观叙述有机地结合起来,就会取得强烈与扩展的双重效果,具有"1+1＞2",即整体大于部分之和的优势。

(二) 多重组合形成合力,共同表现一个主题

融媒体时代,媒体从业人员的核心价值已不再是一般的采集素材和编写信息,而是面对海量的信息,如何进行有效的筛选和鉴别真正有价值的信息,并将这些"精品信息"进行有序整合和立体呈现,帮助受众更加真实、系统、深入地了解和把握整个事件的来龙去脉。

融媒体时代,强大的信息分析处理能力决定了媒介拥有更宽广的发展空间。

这就要求媒体从业人员高超的识别能力和判断能力,学会将同一信息形态之间的同类进行组合,如关于同一事件的文本信息、图片、视频等不同形态的信息进行"合并同类项",集合在一起使其主题意义加强,让受众有一个直观深入的印象。除了同类组合,还可以利用反类组合进行信息的甄选,通过鲜明的反差来加深受众对于事件的看法,从而使其形成自己的意见。这样通过篇内组合、篇外组合、同类组合、反类组合等多重组合方式,将信息的表现能力不断加强,以灵活多样的组合方式满足受众对于信息的更多诉求。

三、专业叙事与草根叙事

当今时代,草根群体的话语诉求得以更大范围的展示并形成集体行动,这都得益于互联网所提供的虚拟公共领域。"草根叙事"颠覆了传统传播规律,与"专业叙事"模式有所不同。

(一) 主体特征的不同

主体构成不同。传统视听媒体的叙事主体是以主持人、记者、评论员以及特约专家为代表的媒介机构的专业人员。以电视为例,它的叙事一般以画面、现场同期声、解说词、音乐、字幕、特效等有机组成部分构成,贯穿其中的叙事逻辑则为血脉,以它为统领进行叙事。但是融媒体的叙事主体发生了变化,如微博的叙事主题可以是任何一个注册了的用户,人人都可以成为信息的发布者和传播者。草根叙事一般以平民为代表,其主体的构成广泛,具有多层次性和多元性,不经过实名认证的信息发布主体还具有一定的抽象性。

叙事立场不同。叙事立场就是报道新闻的切入点和出发点,信息发布主体的身份决定了他采用什么叙事立场进行信息的发布。专业媒体机构属于全民所有,新闻媒体以"党和人民喉舌"为基本立场,在服从党的思想路线的前提

下，对信息进行把关、筛选和传播。而草根叙事常常以参与者的身份进行信息发布，有感而发，对信息的关注是出于自身的爱好或者表达的需要，具有自主性特征，使得信息更具亲和力，互动性更强。

（二）发布内容的不同

作为新闻传播的传统媒体，它的运作是有严格管制的、有规范可依的。这就要求传统媒体对新闻信息有严格的把关制度，对新闻叙事主体有严格的要求，发布的内容信息本身必须经过层层把关和数次修改，具有系统性和模式化。而草根叙事一般采用生活化的语言文字对信息进行传播，作者风格和文本风格更加契合，体现出个人化的写作风格，传播信息的内容和时间具有很大的随意性和生活化，导致信息本身具有碎片化的特征。

互联网的出现，打破了新闻单位和政府机构对信息的垄断，信息再也不属于任何一个通信团体，也不由任何一个团体控制，是一个相对开放的体系，为任何地方的任何人提供了及时接入的可能。在这种开放的环境下，叙事主体属于在网上发布信息的所有人，是多元化的、抽象的。他们通过网络发布自己的看法和观点，进行复制粘贴、编辑、链接、发布等，真正拥有了话语的权力。新闻报道的内容也不再局限于"5W"要素齐全的传统报道模式，而是把新闻事实进行切片，选取新闻价值最大的事实进行重点呈现，从而弱化过程，突出结果。碎片化的新闻写作模式刚好迎合了"快时代"的受众阅读需求，也在影响着人们的阅读和思考方式。

（三）互动模式的不同

传统视听媒体作为信息发布的信源，与受众的互动模式是"点对面"的，而草根叙事可以是单一的个体之间的互动，也可以是个体与机构之间的互动，灵活性较强，属于"点对点"模式。受众可以成为"自媒体"，主动参与到信息的创作当中，成为新闻的作者或发布者，让受众和作者的距离更近了，互动更强、更及时，作者可以单独给留言的受众进行信息回复，因此传播对象也更精确。

（四）叙事形态的不同——以微博客为例

微博，又称微型博客、微博客，英文译名为 Micro Blog 或 Micro-Blogging，这是一个基于用户关系的信息分享、传播以及获取平台，是博客在 Web 2.0 时代的新发展，是 Web 2.0 时代极具代表性的即时讯息系统。

世界上最早的微博是美国的推特（Twitter），它于 2006 年由 Obvious 公司推出，2009 年突然爆发，访问量飞速增长。目前，推特仍是世界上最著名的微博网站。我国的微博是借鉴推特的发展模式迅速兴起的。目前，我国各大门户网站，如新浪、网易、搜狐、腾讯等都已经推出了自己的微博服务。

2009年,以新浪为代表的门户网站替代专业微博网站之后,中国的微博事业迎来了加速发展时期。2010年被誉为中国微博发展元年,2011年以来,微博自媒体崛起,截至2018年12月底,我国微博用户使用率为2.3%,较上年年底提升了1.4个百分点。微博用户可以使用电脑、手机等终端,随时随地更新信息,并实践信息的即时分享。微博用户既可以自己书写、发布信息,也可以成为其他用户的关注者或跟随者,与其他用户进行互动。

微博信息有一定的篇幅限制,要求在140个汉字以内。随着微博的发展和技术的进步,微博内容已经不再仅限于文本信息,用户也可以通过微博发布图片、声音和视频等多媒体信息。微博的出现从某种程度上改变了传媒生态,引起了业界的连锁式反应。它已成为一种新的信息传播渠道,越来越多的传统媒体开始纷纷入驻微博平台,微电台的出现和运用也成为一大亮点。各地广播电视台的主持人开通官方微博,借助这一新媒体平台来发布信息,与网友进行互动。可以说,微博已经从单纯的社交工具转身成为与传统媒介并行发展的舆论引导工具。微博所带来的社会变迁,不仅仅是传递内容上的变化,更重要的是,微博本身代表了一种信息的信源已经颠覆,传播速度、传播数量,以及信息本身存在的语境都不再囿于传统,在更深刻的层面上影响着特定时空的文化,呈现出不同的叙事特点。

(1) 叙事的便捷性。用户可以使用一部手机上的微博应用发布,也可以坐在电脑桌旁进行微博的更新,书写终端的多样性让受众和用户利用多种传播渠道和获取渠道进行信息的传播和接收。书写终端的多样性给用户随时随地"织围脖"创造了条件,尤其是手持终端的应用,其移动性和便捷性大大方便了用户,也构成了微博用户的大部分。手持终端的移动便捷性使每一个微博用户可以打破时间和空间的限制,随时随地记录自己的状态,发布公共信息,与其他用户进行交流互动,使得微博成为一个自由开放的互动平台。

(2) 叙事的碎片化。碎片化的信息内容已经充斥了整个互联网,微博平台更是创造了信息传播碎片化的条件。微博用户随时随地发布信息的同时造成了信息内容时间上的碎片化,可能一个小时发布一条,也有可能一分钟发布一条信息,所以碎片化的时间是信息内容碎片化的一个原因。140字的字数限制让微博内容本身就带有碎片化的本性,用户通过一句话或一段话表达零散的信息,越来越多的微博信息只是事实片段的呈现和观点的陈述,让微博内容具有很强的随意性和无组织性。

(3) 叙事的草根性。微博信息传播平台具有平等性和草根性,任何人都可以注册微博,通过简单的语言表达自己的观点,没有逻辑上的规定,一切均以发布者的意愿决定。这种低门槛直接导致了它的草根性与生俱来,同时也消解了权威传统媒体与平民受众之间的差距,改变了传受关系的不平等性。

(4) 叙事角度的个人化。由于微博是一个半公开半私密的社交工具,所以信息本身的叙事角度和特点体现了强烈的个人化,叙述语言更加随意,更加生活化。传统媒介发布的信息往往代表了媒体的立场,而微博发布的信息却体现出个人观点、思想和情感的表达。

(5) 叙事的原创性。微博信息内容的发布因为受到字数限制,所以减轻了很多用户在写作上的负担,他们尽量去自由发挥,按照自己的意愿发布,或对热点话题进行评论等,这在某种程度上,保证了传播内容的原创性。一旦这种原创性可以给用户带来更多的追随者的关注和被崇拜感,便愈加激发其创作欲和表达欲,由此循环往复,为微博内容的原创性提供了有利条件。

(6) 叙事的交互性。用户在微博上的交流是一种"背对脸"的信息交互方式,这种交互可以是"一点对多点",也可以是"点对点"。实际上微博这种信息交互方式,在很大程度上是对现实社交网络中人际传播机制的复制和拓展。相对于博客来说,微博的信息交互方式更接近于现实中的人际交往,加上网络的匿名性和高效互动性,微博用户的黏性得以增强。

第七章 融合新闻流程

随着新闻传播环境和受众获取新闻渠道的改变,传统媒介的传播方式和媒体格局发生巨大变化,传统媒体开始与新兴媒体携手走上媒体融合之路,媒介融合在全球已渐成潮流。在已实现全媒体转型的媒体中,要适应多媒体共生,采用相应的新闻流程来适应其发展,是实现媒介融合的关键。

第一节 融合理念:媒体流程的改变

一、流程的概念

一般意义上的流程是指工业品生产中,从原材料制作成为成品这一过程中各项工序安排的程序。而"新闻业务的工作流程,是指新闻生产过程中各个环节的运转及各个环节之间的衔接。"[①] 简言之,新闻业务制作流程就是其运作秩序。一个条理明晰、步骤严密的采编流程可以提高新闻从业者采编、制作效率,促使他们生产出高质量的新闻作品,达到甚至超过新闻从业者设想中传播的预期效果,最终有助于传媒集团提高综合竞争力。

新闻流程不是一成不变的,随着技术的完善,传媒环境的改变,不同时期的新闻采编流程都略有不同。为了适应时代发展,新闻从业者应努力在实践中不断推动采编流程的改造、完善和优化,使之成为一个更加丰富有序,更加适应传媒环境,更易被新闻从业者利用的流程方案。

我们首先来看在新媒体产生之前,传统媒体的基本采编流程图,如图 7-1 所示。

从图 7-1 可以出看出,传统的新闻采编流程大致经历了三个主要步骤,即前期的申报选题,组织采访,挖掘新闻点;中期的新闻撰写,素材编辑,审核校对;后期的新闻作品发布,接受受众反馈。可以看出,新媒体产生之前,传统三大媒体(报纸、广播、电视)的新闻制作流程是单向的,报纸、广播、电视三者之

---

① 马胜荣,唐润华.新闻媒介的融合与管理:一种业界视角[M].重庆:重庆大学出版社,2010:123.

间对于新闻的采集、加工、采写直至发布的过程中没有任何交叉。新闻并没有实现多媒体之间的互动,不同媒体的新闻制作流程是各自封闭并且制作出的新闻作品几乎不对其他媒体产生影响。同时,各路媒体对于用户的反馈仅仅局限于拨打热线、发送短信或者邮件这些传统方式,往往无法和用户进行即时互动,不能够在第一时间获取用户反馈。当然除了简单的反馈,读者、听众、观众,这些媒体消费者很少能够通过三大传统媒体发出自己的声音,传达自己的见解。总之,传统媒体在核心流程——采编方面没有实现不同媒体之间的资源共享,也不能在第一时间接受用户提供的新闻信息,得到用户反馈。这一情形直到互联网和手机产生之后才得以改变。

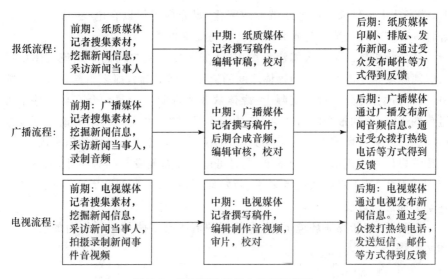

图 7-1　传统媒体的基本采编流程图

新媒体的出现和繁荣不断改变着信息的采集、编辑以及传播、反馈的各个环节的运行方式。同时,新媒体也进一步促使传媒市场由卖方市场向买方市场转化,受众对于信息的需求更加多样化、个性化。此时,传统媒体原有的新闻业务流程不能够将集团内所有的新闻信息整合共享,满足个性化受众需求的劣势越发凸显出来,这让越来越多的新闻媒体从业者认识到传媒集团应该努力发挥全媒体的优势,实现全媒体联动效应,只有这样,方可在竞争日益激烈的媒体环境中找寻到属于自己的蓝海。但是,要充分发挥全媒体优势,实现全媒体联动效应,应该建立一套新的采、编、制作、传播、反馈流程,以求多渠道获取新闻线索,多元传播平台发布新闻信息。

二、流程再造的趋势

(一)科学技术改变:促使资源共享成为可能

有专家提出,数码电子科技的发展是导致历来泾渭分明的传播形态聚合的原因。在数字技术出现之前,平面媒体(报纸、杂志)的图像信息、文字信息和电子媒体(广播、电视)的语音信息、视频信息形态之间存在固有边界,两两之间没有交叉融合。当代由于数字技术的出现和应用,促使平面媒体和电子媒体的图像、文字、音频、视频信息都可以通过 0 和 1 的数字形式进行处理存储,最终导致传统媒介边界不断消解,信息与信息之间的共享成为可能。同时,数字技术也带来了信息终端的数字化,媒介内容得以在电视、智能手机等各种具有兼容性的数字化媒介终端上实现流动共享。

从传统媒体的基本采编流程图中,我们可以看到之前的采编流程图中最大的问题就是未能实现不同媒体之间的资源共享,如此,那么不同媒介就不能将自己的优势充分发挥。实际上,媒体从业者都明白所属媒介有着一些不可避免的劣势,比如报纸的时效性、广播的不可视性、电视的转瞬即逝及深度报道问题。媒介集团若能进行资源共享,不仅可以丰富不同媒体的信息内容,弥补传统媒体在表现形式上的不足,同时可以增强新闻发布的时效性,拓宽受众范围。因此,对于媒体从业者来说,新媒体环境下,新闻流程首先应该在资源共享方面进行改变。

基于此,在新媒体环境下,融合新闻的流程有了两种不同朝向的改变,见图 7-2、图 7-3。

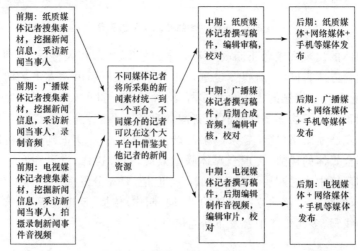

图 7-2　新媒介环境下采编流程图

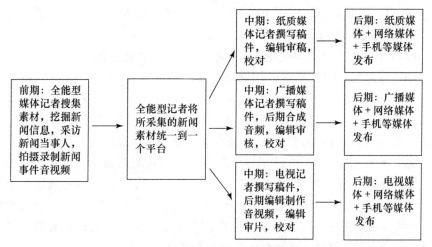

图 7-3　全媒体环境下采编流程图

无论是新媒介环境下采编流程图(见图 7-2),还是全媒体环境下采编流程图(见图 7-3),我们都可以看到不同媒介之间努力实现资源共享。不同媒介的记者将自己采集来的新闻信息资源统一放到一个公共的资源平台,并通过公共平台获取其他媒介记者采集的新闻资源或已经成型的新闻作品。在这个公共大平台上,新闻从业者可以找寻适合不同媒介发布的新闻素材,或者对原有的新闻作品进行加工再造。

我们以成都传媒集团为例。成都传媒集团于 2006 年 11 月 28 日由成都报业和成都广电两家传统传媒合并成立。成都传媒集团旗下汇聚了电视、广播、报纸、杂志以及网络、手机电视等媒体。这些不同形式的媒介能够最大限度地实现新闻线索和新闻信息内容的共享。对于媒体而言,新闻信息资源就是其核心竞争力,能够在第一时间获取和发布适合的新闻资源是每个传媒集团努力的方向。成都传媒集团旗下各个不同媒介通过对新闻线索的互通有无,整合共享同一集团不同媒介采集的新闻信息,对新闻信息进行利用或者对已发布稿件进行再利用,这使得集团节省了人力成本,同时扩大了新闻发布信息量。

自 2007 年起,成都传媒集团就实现了以《成都商报》为中心,整合了成都电视台经济频道、财经类日报《每日经济新闻》、成都全搜索网站以及本土时尚生活类杂志《明日快一周》。集团下各个媒介共享新闻线索及资源,打开了"分——合——分"的局面,各种媒介将所获新闻线索汇流,然后再按不同媒介进行分发,不同媒介的媒体人按照所属媒介特点进行各有侧重的报道。商报将接到的新闻热线报料线索第一时间提供给成都电视台第二频道。该频道成立了新闻信息中心,与商报进行信源合作。商报将全国性的热点新闻提供给该频道的"每日报道""深夜快递"等栏目,对该频道新闻的品相、视野的开拓起到了拉动作用,其新闻的收视率提升明显。①

(二)传播环境改变:促使单向传播改变,采编角色变化

随着互联网、手机、其他移动终端产品的出现,传统媒体三大阵营的局面被打破了,多种媒介相互合作、共同生存的格局已经形成。当前,我国的媒介集团在集团内部媒介与媒介之间、集团外部集团与集团之间的合作与竞争态势发展良好,传播方式的变化,正在改变传统媒介的生态环境。

媒介环境的变化,促使媒介与个人之间的相互关系和作用也随之发生变化:受众逐渐向消费者、传播者角色转变。现在消费者已经不再满足用单一的方式了解新闻,不再满足需要分割时间对不同的媒介进行消费,受众需要更加个性化、私人化的新闻信息来满足自己。其中最突出的表现是普通人越来越多地参与新闻的搜集、分享、过滤、讨论和传播。

面对受众消费者的角色分化及其在传播中的地位转变,各类媒体都必须积极探索寻求发展的方式,满足消费者个性化、多元化需求。② 在采编流程中也应加入草根记者所制作发布的新闻,通过编辑对草根记者发布的林林总总的新闻信息进行有选择性的筛选,以求扩大新闻信息量的同时,发布百姓关注的新闻事件,见图7-4。

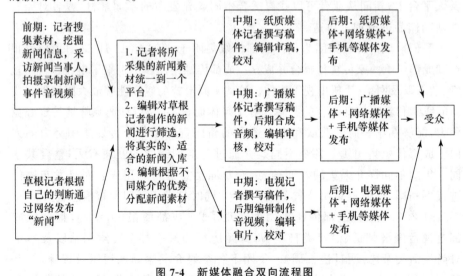

图7-4 新媒体融合双向流程图

---

① 吴昊天.传媒产业新型发展之路:以成都传媒集团媒体融合发展模式为例[J].中华文化,2011(2).

② 郑晓华.我国媒介融合的内外动因解析[J].北京邮电大学学报(社会科学版),2011(3).

在新媒体融合双向流程图（见图7-4）中，我们在信源中加入了"草根记者"，及其通过网络发布的"新闻"。这表明在新媒体环境下，每个人都可以通过网络发表自己的观点和看法，从而成为一个传播者。同时，受众在发表意见时也在浏览其他平民百姓的观点和意见。这种情况下，每个人都可以既被视为传播者，又被视为接受者，具有传受的双重身份。在新媒体快速繁荣发展的今天，人们表达和获取新闻的平台越来越多元化，所以更多的人已经不再习惯接收"一面理"。

由于新媒体技术导致信息流动和接受的快捷性，任何人都可以自动接受信息，同时可以用多种方式制作、传播信息，这极大地促进了受众参与的积极性。人们以草根记者的身份将视点聚焦在每个可能的新闻点上，一旦发现他们认为值得报道的新闻，则可以通过手机、相机、DV等手段拍摄画面、录制影像，并利用博客、播客、微博等多元化平台向其他受众传播信息，甚至还会影响传统媒体的信息发布。UGC意味着现代媒介正向着去中心化和平等参与化迈进，也因为有了受众的参与性，主流媒体也变得更加客观、理性。

用户不再满足于单纯的接受信息，因此催生了越来越多的用户生产信息，打破了传统新闻传媒集团掌控新闻源的单一性和专业性。但是我们也必须明白，用户分专业性和非理性，可能影响信息的真实性。这就需要传媒集团和新闻专业人员对这些信息进行合理的筛选，去伪存真。在图7-4流程中加入"草根记者制作的新闻进行筛选，将真实的、适合的新闻入库"，也正是基于这种考虑。

2012年被炒得沸沸扬扬的"京东对抗'美苏'（国美电器、苏宁电器）价格战"事件中，就出现了媒体不注重筛选而导致虚假信息发布的情况。在价格战打响后不到五个小时，就有媒体发布"苏宁易购方面表示，在本次价格战打折促销之后将不会再跟进京东进行优惠"的消息，如腾讯网8月15日下午2：15分，发表了题为"苏宁易购称今后不再跟进京东价格战"的报道[①]。然而当天下午3：52分，苏宁的副总裁李斌就在其微博上进行辟谣："刚有媒体报道说我宣布苏宁易购本轮大促之后不再应对价格战，有人黑我？呵呵。在此我重申从未有过类似表述，而且本身这就是一个逻辑错误。价格竞争是市场竞争永恒的主题，苏宁易购始终坚持薄利多销的原则和既定的营销节奏，充分发挥综合优势，以我为主，给消费者持续提供最优性价比的产品和服务。"尽管这样，网络上还是有很多网站继续发布苏宁价格战之后不会再跟进京东进行促销的

---

① 腾讯网.苏宁易购称今后不再跟进京东价格战[EB/OL].(2012-08-15)[2018-10-25]. http://tech.qq.com/a/20120815/000135.htm.

文章:当天下午4:35分,中国广播网转载了财经网题为"苏宁易购战败 今后不再跟进京东价格战"的文章。① 在苏宁易购副总裁李斌微博辟谣第二天凌晨5:49分,和讯网还发布了"苏宁易购已退出价格战不再有优惠活动"的文章。更让人质疑的是文章居然在李斌微博辟谣之后还写出这样一段话"苏宁易购执行副总裁李斌宣布,苏宁此次的打折季结束之后,即使京东继续打价格战,苏宁易购也不会继续跟进优惠促销活动"②。

从上述案例可以看出,网络媒体中的信息存在对事实偏颇报道甚至虚假信息,这时如果传统媒体集团中有新闻筛选者对新闻线索进行考证和权威发布,就会有效遏制虚假信息的传播。

媒介传播环境的变化促使单向传播改变,提高了受众的参与度,产生了草根记者,同时也对传媒集团提出了更高的要求,怎样能够在受众提供信息的汪洋大海中找寻到既符合新闻规律,又适于集团媒介传播的信息?新闻筛选人应当如何选择出有用信息?若全媒体新闻从业者能够用实际行动回答并解决好这些问题,传媒集团就能够很好地应对媒介环境带来的改变。

(三)受众获取信息渠道的改变:手机促使移动文化产生

新媒体产生之前,受众获取新闻信息受到时间和地点的限制。随着数字媒介技术的发展,人们获取信息的方式变得多样化,打破了原有的时间和空间的限制,这既节省了受众获取信息的时间成本,又快速地满足了受众对于信息的需要。特别是手机媒体的出现,消除了接收信息的媒介障碍,使人们获取和发送信息更加便利。2003年2月1日晚10时,美国"哥伦比亚"号航天飞机失事后不到10分钟,新浪短信头条新闻最早通过短信的方式把这一重大新闻发给了几十万手机用户,据了解,两天内使用新浪短信业务点播"哥伦比亚"事件相关新闻的数量已达数十万条。③

如今,数字技术的发展又推动移动通信技术由2G到3G、4G、5G演变,为手机接收终端提供了更为宽广的数据容量,提高了上网的速度,建造了一条虚拟的但是无处不在的信息高速公路。有了这条信息高速公路,人们对信息的获取才真正打破了时间和空间的限制,可以随时随地地通过手机媒体上网获取信息。

手机在应用之初,仅仅是为了摆脱固定电话束缚的一种通信工具,它的出

---

① 中国广播网.苏宁易购战败 今后不再跟进京东价格战[EB/OL].(2012-08-15)[2015-08-20]. http://www.cnr.cn/gundong/201208/t20120815_510599514.shtml.
② 和讯网.苏宁易购已退出价格战 不再有优惠活动[EB/OL].(2012-08-6)[2014-03-20]. http://tech.hexun.com/2012-08-16/144837951.html.
③ 张辉刚.浅析手机媒体的普及对新闻传播的影响[J].新闻天地,2012(2).

现使得人际沟通和交流更加方便、快捷。但是当网络技术不断更新并被运用于手机后,手机就变成了"以视听为终端,以网络为平台,以个性化信息为传播内容,以分众为传播目标,以定向为传播效果,以互动为传播应用的大众传播媒介"①。现在,人们通过手机上网获取新闻资讯,订阅手机报浏览要闻,随时随地掌握个人关注的资讯。

同时,手机体积小巧便于携带,在任何时间和任何地点都可打开无线网络来阅读新闻,了解正在发生的事情。由于现代生活节奏的加快,人们很少有时间像以前一样长时间端坐在沙发上收看电视节目或者完整地看完一期报纸杂志。而手机的"移动性"正符合人们特别是年轻人的工作和生活节奏,去除了烦琐的查阅限制,只要打开浏览器,输入自己想要查询的信息内容就可以快速联网,得到讯息。以目前比较流行的苹果 iPhone 来看,手机可以安装上万个应用软件。这些软件丰富了媒体的形式,可以获取文字、音频、动画、视频等信息,就好比获得了一个多元信息数据库。

手机媒体让受众从"客厅文化"向"移动文化"转变,并与其他媒体实现无缝连接,让受众真正感受到"信息"无处不在。一个上班族中的普通人员,早晨起床后往往会打开手机,通过手机查询当天的天气情况;上班途中可以在车载电视上看到早间的新闻播报,若是乘坐地铁,可以在地铁上看到移动电视播放的新闻资讯;到达公司后,通过网络接收电子邮件,召开网络会议,在工作闲暇之余会通过微博接收快讯,同时也发表自己的观点和看法。由此可见,受众在每个时空阶段都可以很容易地接收到新闻信息。新兴媒体分流了传统媒体的受众,特别是分流了很多年轻受众,越来越多的年轻人可以不看电视,不听广播,不看报纸,但是却不能失去互联网、手机和其他移动客户端接收工具,因为他们已经习惯并且享受随时随地获得和分享信息这种方式。

第二节 融合编辑:报道流程的核心

多媒体融合时代,新闻编辑已经不再是与记者相对应的"后期"工作人员,其工作也不仅仅是分派新闻采访,或审阅修改稿件。融合背景下的新闻编辑已成为媒体报道流程的核心,其角色可以用四个"者"来概括,即"新闻资源的提供者""新闻流的管理者""新闻故事的构建者"和"多种技能的报道者"。作为"新闻资源的提供者",编辑是一个专家,他可以从文献、资料、网络和其他不同来源中发掘信息提供给媒体中的所有记者和编辑,使这些搜集到的新闻资

---

① 刘惠芬,刘澜. 手机媒体的现状与前景[J]. 南京邮电大学学报(社会科学版),2006(3).

源能够在平台上使用;作为"新闻流的管理者",编辑像是一个高瞻远瞩的行政长官一样,照管所有媒体的所有报道,以确保每个报道得到所需要的每个新闻材料,同时他也要选择最合适出版和发行的媒介;作为"新闻故事的构建者",编辑像是一个现场生产者,监督单个的新闻故事,协调分配到特定报道的各种各样的员工;作为"多种技能的报道者",编辑要为集团内的新闻媒体搜集信息并进行报道。

简而言之,新闻资源的提供者为故事提供文本,新闻流的管理者选择故事,新闻故事的构建者专注于新闻故事的经历,多种技能的报道者发布新闻内容。

一、新闻资源的提供者

新媒体的产生促使信源结构发生了改变:从传统媒体记者采访、发布新闻拓展到专业记者和"草根记者"采访、提供信息相结合。这就对编辑熟练掌握搜索和过滤海量信息的能力提出了新要求。一个好的新闻资源提供者必须是一个擅长信息技术的人,即通过数据库和信息管理技巧进行写作、编辑和优化新闻。这个角色涉及信息的搜集、基础构建和内容管理,同时还涉及信息机构之外的途径,寻找出有价值的新闻。

融合新闻的资源提供者与传统媒体资源提供者略有不同,传统媒体信息提供者分工很细,各负其责。面对同一个新闻事件,纸质媒体的新闻资源提供者会拿出采访笔记本进行这样的提问:究竟发生了什么事?这种事情发生的缘由是什么?然后回到编辑室围绕事件撰写出一篇具有深度的新闻报道;而一个电视媒体的记者会扛起摄像机,采访当事人和事件发生的现场,甚至进行模拟拍摄,然后回到编辑室撰写稿件、编辑素材,制作出一则2到3分钟的视频新闻;网络资源提供者可能会快速地掏出手机,对着当事人或者现场拍几张照片,通过互联网上传所拍照片,并随照片附上两三句图解。上述媒体不同,新闻资源提供者为相关媒体提供的新闻信息也都各有侧重。但对于融媒体时代下的资源提供者来说,音频、视频、图片和文字可能一次完成。在新闻现场,资源提供者可能拿起录音笔和笔记本、举起照相机、扛着摄像机,对同一新闻事件进行不同媒介形式的资源采集。待完成或正在采集相关新闻资源的过程中,可能马上将简要的新闻事件上传至网站,然后再去将可供制作视频新闻、音频新闻、纸媒新闻的素材放到集团的共享平台,由负责新闻流程管理的编辑进行筛选、分配。由此,可以看出,融合新闻编辑需要了解编辑部每一种媒体的优势和不足,并了解公众希望从不同媒体获取信息的类型和时间(参见表7-1)。

表 7-1　不同媒体报道最佳信息内容的选择①

	网络媒体	广播电视	印刷媒体
政治	候选人比较、相关信息链接、适时选票统计	概况、民意调查与辩论；会议通知和报道；选民反应	政治宣言、信息等深度分析；与其他候选人的比较
经济	股市牌价、详细经济信息、突发信息	报道对消费者的影响、主体发言活动、新产品发布	法律分析、消费与支出趋势、全球市场比较
体育	足球比赛和统计数据；与球队网站链接；精彩瞬间和精美图片	精彩场面，关键比赛，现场直播，竞赛项目	分析与战略，与体育运动相关的其他信息（贸易、合同、终止、球员结婚/离婚和影响）

　　融合新闻编辑除了组织去现场采访拍摄新闻，作为新闻资源的提供者，也可以通过其他新闻工作者的作品找寻可供利用的"二次新闻"源。可以说，融合编辑是记者最好的训练者，因为编辑理解不同媒体的需要和观点，可以很快地找出适合再次报道或者从不同侧面报道的新闻。一个新闻来源提供者如果能够通过新闻机构的数据库、网站和政府公共的记录，及时发现其中的相关性，就如同一个好的管理员，他们可以在一些大的机构中，找到为任何报道和故事增加深度的信息和内容。

　　融媒体应本着"利用为先"的原则开发所收集的信息，或进一步挖掘新媒体整合发布的内容。但是值得注意的是，新闻信息来源渠道的增多虽然有助于新闻编辑选择信息，却同样增加了信息筛选的难度。很多网络新闻由于没有专业记者对新闻事实进行核实，因此网络信息良莠不齐，真假难辨。这时候，就需要新闻资源的提供者注意对信源和信息进行辨别核实，防止虚假新闻。

　　在大多数的情况下，新闻来源的提供者要把信息转化为知识，这个角色专注于提供新闻最初的文本，目的是尽可能为故事提供宽广的相关信息。因此，作为新闻资源的提供者，编辑必须非常了解信息，在理解新闻信息的基础上对新闻素材的价值做出自己的判断。总之，很多新闻报道者，特别是网络草根报道者有分享信息的意愿，作为资源提供者的编辑就应该具备获得有用的信息的能力，并为多媒体提供有价值的新闻资源。

---

①　杰弗瑞·S.威尔克森，奥古斯特·E.格兰特，道格拉斯·J.费舍尔.融合新闻学原理[M].郭媛媛，贺心颖，译.北京：中国时代经济出版社，2011：4.

二、新闻流的管理者(多媒体任务分配编辑)

新媒介环境下,新闻受众的需要更加个性化、多样化,这对编辑的新闻管理水平提出了很高的要求。这些要求包括在新闻管理中厘清信息的关系和层次,扩展信息的深度,最大限度地提高受众接受信息的效率。

在找寻具有新闻价值的信息之前,新闻流的管理者的首要任务是做好媒介集团下不同媒体的总体报道策划,注意由过去仅仅针对某一个媒体报道的策划向面对不同媒体策划的方向转变,这就需要融合编辑具备对不同媒体清晰定位的能力。作为新闻流的管理者,新闻编辑要从不同媒体存在的特点和优势出发,"明确不同终端之间内容的区分,协调传媒内部生产,使同一新闻选题在不同的媒体平台上的切入角度、内容选择以及新闻表现形式各具特色。同时,不同媒体发布的内容之间互为依托,呈现出一定的整体性特征,以某种巧妙的勾联引导受众在不同载体之间流动,产生更加理想的传播效果,最终实现新闻资源开发与报道效果的最优化"[1]。

在传统的采编流程中,尤其是在编辑中心制的采编体系中,新闻策划得到了充分的重视,并在流程中予以重点体现。而在流程重组之后,为了保证传统媒体的策划能力在新媒体环境下得以施展,新闻流的管理者——"多媒体任务分配编辑"便应运而生。他们的主要职责是协调各媒体做出融合报道策划,并对策划进行分工。因此,被动式的多媒体采编流程便转化为主动式的多媒体采编流程。[2]

实践中,以媒介融合为目标的全媒体集团已经在一些媒体推行新闻流管理。在英国,BBC已经将其电视台、广播台和新闻网站的编辑部整合成一个统一的新闻编辑部,开始探索全平台的360度采编。英国《每日电讯报》在其新的办公地点中,将独立办公室模式改成了网站和报纸的新闻编辑记者共同办公的大平台模式。走进其编辑部,可看到一个非常醒目的由许多屏幕组成的"媒体墙",在这个"媒体墙"上可以看到时刻刷新着的最受关注的网站新闻、电视新闻和照片,同时,记者发来的稿件也会视需要出现在不同的平台上。同样的编辑部出现在美国的"坦帕新闻中心",它将传统的报纸、电视台和网站整合为一体的编辑部,采用的是开放式的、圆桌式的办公空间,所有的媒体工作人员在这个圆桌上进行统一的报道部署。

---

[1] 韩冰.全媒体化运营模式中新闻编辑业务的创新[J].东南传播,2012(5).
[2] 巢乃鹏,刘欣.媒介融合时代采编业务流程重组研究——以南京某报媒人员的深度访谈来展开[J].新闻记者,2012(5).

在传统新闻编辑部中,新闻流的管理者相当于编辑部或新闻中心主任。而在全媒体环境下,编辑的不同之处在于他作为新闻流的管理者要负责适合各种媒体的新闻报道,而不是局限于某一种特定的发行平台。他要知道一个报道是否应该以不同的形式出现,这个信息提出了一个什么问题,要以什么样的传播媒介来进行传播,一个好的照片怎么样才能更好地在不同的媒体中得到应用,同时,编辑还要不断回答的问题是,新闻机构是否向所有的发行渠道提供了足够多的新闻内容。

总之,在全媒体化新闻信息制作过程中,新闻编辑业务相对传统媒体流程难度加大。由于新媒体的发展增加了信息来源渠道,新闻资源数量庞大且质量参差不齐,同时,多媒体终端对新闻信息又有着各自不同的用稿要求,因此,新闻流的管理者必须对新闻来源进行再次核实,并针对整个媒介集团中的各个媒介分配新闻任务,强化新闻资源的开发和把关。

三、新闻故事的构建者

新闻故事的构建者负责新闻消费者的新闻体验。这个角色不仅需要具有媒体任务分配编辑所具有的能看到故事每个方面的能力,而且还要有组织故事的能力和印刷编辑对细节的观察眼力。融合新闻故事的构建者,与以往媒体报道不同的是,他需要为同一话题的不同报道进行协调。作为一名故事构建者,在一次新闻报道中,他首先可能会接收到记者用手机向媒体网站发送来的文本和图像。然后,融合编辑负责监督、编辑并且发送这些报道者生产的内容,并为相关话题的报道者提供多媒体因素的追踪方向。

有人把故事的构建者形容为"一个负责新闻流的高级编辑或者副总编辑",专注于用各种媒体形式呈现故事。一般来说,一个好的故事构建者,像一个好的复制编辑一样,能够同时制作出几个报道。在多数情况下,传播渠道和信息来源的扩大化,使得每一家媒体都面临海量信息的困扰。因此,媒体要面临的不是拼抢新闻的播发速度,而是对浩如烟海的新闻和信息进行筛选和重组,使这些杂乱的信息呈现出相互之间的联系和深刻意义。[1]

信息化使得受众每天从形态各异的媒体中接收到海量的新闻资讯。信息量虽然巨大,但是真正为受众需要的可信任新闻、可以为他们提供正确行动决策性的信息仍然相对匮乏。因此,"融合新闻编辑不能不负责任地将外部资源不分层次地完全呈现在受众面前,而更应自觉担当起社会守望者角色,根据专业积累,对新闻资源加以多层次的分析、编排、整合与诠释,让受众更清晰地理

---

[1] 徐沁.媒介融合:新闻传播业的新趋势[J].东南传播,2008(6).

解新闻信息，并据此采取相应的行动。因而，善于思考、具备新闻专业主义精神的新闻编辑仍然是融合时代媒介最为需要的"[①]。

新闻故事的构建者专注于用各种媒体形式呈现故事，即运用适当的媒介形式整合新闻故事。对于故事构建者，讲故事虽然是很重要的，但是这只是工作的一部分。很多学者认为，写出引人入胜的文本已经够有挑战性了，更别说把视频、音频、动画等其他元素融合在一起。对很多人来说，故事构建最简单的事就是将被访者的音频片段加入他们的作品，在作品中加入录音报道或者声音片段的做法在广播和电视新闻中是常见的，在网络环境中同样如此，声音片段可以帮助观众真切地感觉到新闻中和新闻背后的人物。但是多媒体传播的必然性，要求新闻故事的构建者必须熟练掌握多媒体编辑技能，为特定媒体加工出最适合的信息产品。

最后值得注意的是，在新闻制作过程中，一个出色的新闻故事的构建者，一定是一个具备全媒体思维的编辑，而全媒体思维会让新闻故事的构建者时刻提醒自己，要能够同时制作出在不同媒体发布的新闻报道。

第三节　融合过程：媒体流程的再造

在全媒体时代，融合新闻需要一套独特的流程来生产出可以供多平台发布的多样化的新闻产品，以满足细分化之后的受众需求。全媒体并不排除单个媒体的"个性"，它依旧重视每种不同媒体的传播价值，将每一种媒体的特性都融入其中。这种"和而不同"的方式促使新闻资源被充分、多角度地开发，受众也可以从中得到不同媒介不同形式但又相互关联的新闻报道。

一、融合新闻流程的改变

融合新闻的报道，主要基于信息技术基础和主流业务运行系统改变，形成了独具融媒体特色的采编系统，包括策划指挥、采集汇聚、内容生产、内容审核、融合发布、融合运营和数据分析等各个环节。

策划指挥层。这一个采编流程是融媒大脑，第一步选题报题，第二步任务指派，第三步进行记者调度，第四步现场报道将内容移动回传，最后快速分发。这是利用AI大数据发现热点，统一策划选题，调动报道资源及监控传播。其功能综合了线索汇聚、选题策划、调度指挥、通联协作、可视化呈现等。在选题策划阶段，还可以进行舆情监控、选题管理和选题审核。在报道指挥阶段，还

[①] 闻娱.融合背景下的新闻报道模式创新[J].新闻战线，2009(2).

可以下发采访任务和人物回传。在 GIS 大屏上，也可以进行大屏调度、回传监看和视频通话等。在融媒体平台上，可以实时监控到记者账号的地理位置，与记者账号进行通联合作，可视化地呈现出一个选题的进展过程，同时进行调度指挥。

采集汇聚层。它指的是把各方面内容比如传统媒体、新媒体、区域内委办厅局、乡镇街道、名人大 V 的内容统一汇聚。其功能有远程内容回传、记者外采、信号收录、数据接入等。外采记者在外面采访新闻时，可以使用小编快跑 APP，把所采访到的视频、图片等内容直接上传到融媒体端内容库内，或统一汇聚到融媒体平台，以供后期编辑在这个云平台上进行内容生产。

内容生产层。它涵盖了从广电制作、新媒体制作、电子报制作、泛媒体生产、数据决策分析所需要的全套云工具，根据需要灵活选用。包括高清编辑、视音频微编、视音频直播拆条、图片编辑、H5 编辑、稿件创作、排版编辑、生产协同、内容管理。在这个内容生产平台上，既可以在前期汇聚采集的内容里进行选择，又可根据我们想要的内容格式进行编辑。

内容审核层。利用 Iris 审核工具，可以降低大量音视频文件的审核人力成本消耗，审核功能涵盖三个方面：①文件规范性审核，对编目信息进行敏感词分析告警提醒；②音视频基带审核，对音频中的音量超标、峰值、音频静音、削波、立体声相位反相等进行识别；③内容层合规性审核，对音视频中的图像、语音、文字等内容在涉政、色情、暴恐、违禁、广告等进行识别，并且支持不同类别的自定义敏感词库以及匹配过滤。

融合发布层。这是指在传统媒体和新媒体多个渠道统一传播，其功能有电视广播发布、互动演播、客户端发布、两微发布、网站发布、报刊发布和其他发布。在融媒体采编平台发布可以方便迅捷地将传播矩阵全面铺开，信息触达率快速提升。还可以将编辑好的内容、正在进行的直播、预先开展的活动通过 CMS 发布到自有渠道和互联网渠道

融合运营层。融合运营的内容包括事件直播、融媒号、爆料、问政、互动活动、网上商城、社区圈子等，这一套流程，适用于网络传播、传播运营类的实践。比如在 CMS 网页配置里我们就可以做内容规划、创作、编辑、审核的工作，并且在 APP 工厂、微信、直播运营、多渠道发布、互动运营、传播能效分析场景中也可以运用。

数据分析层。就是搜集终端用户数据后，融媒体进行数据分析，得到用户画像，最后推荐到多终端。通过这些热点舆情，我们可以得知当下的热门话题和热点事件，由此可以帮助我们进行选题策划，选择与当下热点有关联的话题，可以迅速提高关注度。这一模块包括的具体功能有：分类舆情、定点抓取、

专题传播、微博传播分析、APP 运营分析、数据量化和数据新闻等。

二、融合新闻采集的改变

新媒体时代，虽然新闻记者在新闻传播中依然占据主导地位，但社会公众发布新闻信息和表达观点的权力得到充分尊重。全民参与新闻的意愿变得越发强烈。基于此，新闻从业者在新闻采集上可分为直接采集和间接采集。

直接采集和传统媒体的采集方法一样。在考虑新闻价值的时候要考虑到五要素：时新性、重要性、显著性、接近性、趣味性。明确了新闻的五要素，记者就可以扛着摄像机，带着录音笔，拿着照相机，带着采访本去发掘新闻。在采集中，新闻记者时刻保持新闻敏感性，只有这样才能见微知著，发现新闻深层次的价值，才能充分地挖掘新闻素材，快速找出最适合的报道角度。

而在融合时代，新闻技术和新闻环境的改变提高了百姓对于新闻传播活动的参与性。过去的媒体机构拥有专业的新闻人，掌握着摄像机等专业采集设备，如果没有专业采集设备，信息采集就无法进行。但是现在由于手机、数码相机、DV 机等设备的出现，促使新闻采集工具呈现出多样化的趋势，每个人都可以借助手机、网络论坛、微博，随时随地发表身边的新闻或者表达个人对于事件的看法。"个人对个人、个人对多人、多人对多人的传播网络业已形成，传受一体化成为新闻传播的主要特征。新闻传播的主体由职业新闻工作者独家垄断转变为职业人员与社会公众共同分享。"①这样就促使了间接新闻采集的出现，而间接新闻的采集多以网络新闻素材的采集为主要形式。

网络信息采集，是专业工作者对普通公众上传到网络的文字、照片、视音频进行二次新闻开发的一种采集方式。网络中有大量的新闻线索或普通公众的"新闻作品"，记者通过对这些新闻进行筛选，找出适合在传统媒体发布的新闻。这种搜索和筛选的主要方式包括：有意地运用搜索引擎和无意的新闻发现。

有意地运用搜索引擎，是记者通过输入关键词进行检索，搜索引擎从索引数据库中找到匹配该关键词的网页，记者再通过网页查找适合的新闻线索。记者在对新闻当事人进行直接采访之前，可以先通过网络搜索引擎这种方式间接了解当事人相关背景资料，通过直接和间接的采访完成对新闻的立体化采访。

无意的新闻发现，即新闻记者通过网站和论坛上的无意浏览发现潜在的新闻点。2008 年 11 月 24 日，在人人网上有浙江传媒的学生发布日志，号召全体浙江传媒学院学生为宿管王阿姨募捐。当时被《钱江晚报》的记者无意中浏

---

① 张丽萍.新媒体时代新闻业务形态的变革[J].新闻实践,2008(1).

览到了，认为这是一个新闻点，于是决定在募捐当天去浙江传媒学院采访。11月27日，《钱江晚报》用专版系列报道了《千余名学子为宿管阿姨捐款》的新闻。由此可见，只要新闻从业者具有新闻敏感性，即使是在无意识的浏览网页和逛论坛的过程中也可以发现新闻点。

融合新闻与传统媒体的采编相同点是，都需要新闻记者掌握新闻价值要素，需要记者有较高的新闻敏感性和快速发现新闻的能力。不同点是，融合新闻的采集不受节目（版面）限制，融合新闻的采集更注重全信息化采集。

在新闻采集的时间上，一天24小时皆为融合媒体的采集时间点。传统媒体，无论是报纸杂志，还是广播新闻，都有一个报道的时间节点，在这个时间节点之前都为媒体的采集时间，过了这个时间节点，不管多重要的新闻都只能等到下次的广播电视节目时间或者报刊发稿的时间再发布，即使电视已经能够在屏幕下方播放即时的滚动新闻，却会因为节目时间的限制、观众注意力的不集中而难以产生特别好的效果。而融合新闻具有即时性，可以通过网络和手机这些没有时间限制的多信息平台发布，这使得新闻从业者以及"草根记者"可以随时随地地进行新闻采集，不用担心新闻公布出来的时候是明日黄花。

融合新闻和传统媒体采集的另一个不同点是，融合新闻更注重全信息化的采集，注重不同媒体内容符号的采集和生产。传统的纸质媒介往往还是以文字为主，配上图片增强文字的表达效果，因此在采集的时候，纸质媒介注重发掘新闻背后的故事，拍摄现场照片；广播媒介常用不同曲调的背景音乐配上解说来表达，因此在采集的时候，特别注重现场音效；电视媒介善用视频画面来表达，因此在采集的时候，要注重拍摄现场画面和同期声。而融合媒体则不同，它要求在采集的时候融合文字、照片、音频、视频于一体。这种要求必然对融合记者提出了挑战，促使他们向全媒体记者转型。全媒体记者常被比喻为单兵作战的记者，在采访之前，全媒体记者要带上一系列采访设备：采访笔、采访本、单反相机、摄像机、录音笔，或许还会带上电脑、上网卡、存储设备。在采访中他往往身兼数职，既是现场联络人，又是提问记者，还是采录人员，在采集好相关新闻资源后，全媒体记者要第一时间将文字、图片、视频信息发布到融合媒体平台。当然，全能型记者的任务量大，工作压力大，因此很多新闻从业者无法胜任，此时融合新闻的报道就需要一个融合新闻团队分工合作完成。比如"美联社（AP）派遣的随美军赴阿富汗的新闻团队，就由一个电视报道小组和一个文字报道小组组成。两个小组信息共享，各自负责相应的报道领域，采集到的部分新闻资料也互相借鉴。新华社海外分社一般也是电视报道小组和文字记者同步行动,信息共享,各自发稿。"①全媒体新闻小组的成员兼具了不同媒介的采集人才,实现了新闻采集资源的信息共享,这种不同媒介间的分工合作,是融合新闻时代比较理想的新闻采集分工模式。

媒介间的竞争加剧,使得以前的"独家新闻"不复存在。在全媒体环境下,媒介面对新闻事件,尤其是面对突发性新闻事件,往往是报纸杂志抢不过广播电视,广播电视抢不过手机、网络。面对这种情势,如何让已经在网络上、手机上浅层次报道过的消息能够继续被传统媒体深度开发,就是融合新闻从业者所面临的新问题。而这些问题可以通过对不同媒介新闻的加工(主要是写作)和构建(主要是制作)来实现差异化报道,赢得受众对于统一集团下不同媒介的青睐。

三、融合新闻制作的改变

全媒体环境下,融合新闻的加工(写作)和构建(制作),就是将前期采集到的文字、视频、音频等新闻资源通过新闻写作、编辑等手段,制作出适合在传统三大媒体(报纸、广播、电视)和互联网、微博等新媒体平台发布的新闻信息制作过程。

草根记者与新闻专业者共存。在融合新闻时代,新闻加工和构建者不仅仅是过去掌握三大传统媒体话语权的新闻从业者,而是已经扩展到拥有照相机、手机、DV设备、录音笔的普通百姓,这是一些借助新媒体平台的非专业记者。写作队伍的扩展促使融合新闻的流程与仅有传统媒体的写作和制作过程有所区别。

融合媒体新闻加工和构建与传统媒体的不同之处在于,以网络和手机为代表的融合新闻加工构建是结合文字、照片、音频、视频等表现形式来传递信息。普通百姓在新媒体上对新闻进行加工构建不需要像传统媒体那样受到文本的束缚。在网络上,人们表达观点、传递看法不需要按照传统媒体的"总——分——总"或者"倒金字塔"式的形式,他们大多或是简单叙述发生在周围的事情,或是对某件事情进行简要点评。受众这种参与新闻制作的行为引起了传统媒体加工、构建信息形式方面的改变。

在融合新闻环境下,新媒体用户,特别是网络和手机用户虽然专业性不强,但是他们对新闻事件有着不同角度的观察和体验,促使新闻信息形成多样化的表达。当新闻事件发生时,往往是事发现场的群众利用手机拍照、录制现

---

① 黄成,花凯.试论媒介融合对电视新闻采编业务的影响[J].电视研究,2010(3).

场画面，再配上寥寥数语就可以将事件发送到网上。紧随其后，其他网民也会在网络上对此事发表意见、表达看法，或是寥寥数语点评，或者仅是情绪的发泄。特别是手机微博的便捷利用，很容易被百姓当作信息发布平台，在最短的时间内将获取到的新闻线索，配上图片文字上传，被其他网络用户及时接收和转发接收。

新媒体时代，全媒体记者和编辑应改变传统的采访和写作方法，按照融合新闻发展的流程，当新闻事件发生时，首先是第一时间在网络发布新闻，抢占先机，掌握舆论引导权。同时，学会熟练地运用数字技术和网络技术，加强数字化采写、制作音视频的能力。

数字化和网络化共用。数字和网络技术的发展促使普通大众可以和新闻从业者一样采用数字化的写作报道方式，包括运用数码录音笔、数码相机录制方式制作新闻。

数字化、网络化的新闻报道方式更适合受众搜索浏览，同时可以在新闻中链接其他内容或者被其他网站的新闻链接。同时，融合新闻的元素不再仅限于文本＋照片，而是变得更加丰富和多样。虽然传统三大媒体新闻加工构建方式被保留，但是数字、网络技术和5G时代的融合新闻加工构建更青睐于视频和音频。

基于此，全媒体记者应该具备将文字语言转换成视听语言的能力，将文字语言中的描述通过视频画面和同期声表达出来。这需要全媒体记者的思维从抽象思维向形象思维的转换，并根据新闻素材进行再策划、构思，采访新闻当事人，拍摄录制新闻现场画面，实现文字信息、视频信息和音频信息的综合传播。在全媒体时代，这种不同类型新闻制作之间相互转换，已是普遍的现象。

四、融合新闻发布的改变

全媒体时代，受众获取信息的渠道从报纸、广播、电视拓展到网络、手机、平板电脑等信息接收终端设备，不同的移动接收设备可以满足受众个性化的信息需求。但融合新闻的报道并不是所有媒体对于新闻事件的重复报道，而是通过整合之后，全方位、立体式地向受众展现新闻的过程。"从目前来看，媒介融合将带来的是载体的'先合后分'的局面，即各种媒介产品都将汇流到网络中进行传输，而后又分散到各种不同的接收终端中，这样仍然可以保持媒介产品的多样化。"[1]比如道琼斯的新闻报道顺序是这样：道琼斯通讯社→

---

[1] 彭兰. 融合趋势下的传媒变局[J]. 新闻战线，2008(7).

华尔街日报新闻网站→CNBC 电视台→道琼斯广播→《华尔街日报》纸质版→Smart Money 等系列刊物→Factiva 商业资讯数据库。① 这样的排序,是以新媒体作为新闻报道的首发媒体,随后,广播、电视协同报道新闻事件,而以纸质媒介和整合后的新闻网页作为后发媒体,对整个报道起到一个补充、完善的过程。像我国的"最牛钉子户""华南虎""躲猫猫"等新闻事件都是首先由普通民众借助网络发布,然后被网民转载后引起传统媒体的关注,广播、电视紧随其后再对新闻事件进行报道,而报纸作为后发媒体,从专业的视角对事件展开深入报道。为了进一步阐释多终端的流程传播,下面特以 2012 年 8 月 14 日报道的"苏宁京东 PK 商战"为例说明。

(一)首发媒体的确定

苏宁和京东的商战最开始是由京东商城的 CEO 刘强东首先在个人微博发布对决宣言。刘强东在 8 月 14 日 10:21 发布:"今天,我再次做出一个决定:京东大家电三年内零毛利!如果三年内,任何采销人员在大家电加上哪怕一元的毛利,都将立即遭到辞退!从今天起,京东所有大家电保证比国美、苏宁连锁店便宜至少 10%以上,公司很快公布实现方法!"微博一经发出,即迅速被转载,短短十天就获得了 21417 条评论,94661 次转发。见图 7-5。

今天,我再次做出一个决定:京东大家电三年内零毛利!如果三年内,任何采销人员在大家电加上哪怕一元的毛利,都将立即遭到辞退!从今天起,京东所有大家电保证比国美、苏宁连锁店便宜至少10%以上,公司很快公布实现方法!

8月14日10:21　来自新浪微博　举报　　　　转发(94661)　收藏　评论(21417)

图 7-5　刘强东微博转发情况

而京东直指的对决对象苏宁易购的负责人李斌也没有闲着,他于第一时间在微博上对刘强东进行回应:"保持价格优势是我们对消费者最基本的承诺,我重申:苏宁易购包括家电在内的所有产品价格必然低于京东,任何网友发现苏宁易购价格高于京东,我们都会即时调价,并给予已经购买反馈者两倍差价赔付。明天 9:00 开始,苏宁易购将启动史上最强力度的促销,我一定能够帮刘总提前、超额完成减员增效目标。一起努力。"该微博十天内获得了 27673 条评论,131609 次转发。见图 7-6。

---

① 巢乃鹏,刘欣.媒介融合时代采编业务流程重组研究——以南京某报媒人员的深度访谈来展开[J].新闻记者,2012(5).

保持价格优势是我们对消费者最基本的承诺,我重申:苏宁易购包括家电在内的所有产品价格必然低于京东,任何网友发现苏宁易购价格高于京东,我们都会即时调价,并给予已经购买反馈者两倍差价赔付。明天9:00开始,苏宁易购将启动史上最强力度的促销,我一定能够帮刘总提前、超额完成减员增效目标。一起努力

8月14日16:08　来自iPhone客户端　举报　　　　　　转发(131609)　收藏　评论(27673)

图7-6　李斌回应刘强东的微博转发情况

截至8月17日,短短四天,刘强东和李斌在微博上发布关于商战的微博就分别多达54条、25条。而网络上对于京东苏宁价格战的报道也随着战火燃烧不断增多,在百度中以"苏宁京东价格战"为关键词搜索,搜索到的相关结果有六百多万条。

从上可以看出,新媒体传播平台无疑成了融合新闻的首发平台。在网络和手机媒体这两个平台上,普通百姓可以实现连续制作和传播新闻,不用像纸质媒体和广播电视那样需经过层层把关才能发布。网络和手机媒体能够做到实时传播、同步传播和连续传播。但由于互联网的海量信息存储让受众获取有用信息如大海捞针,因此不少受众将视线转向其他主流媒体。

(二)联动媒体的配合

在京东和苏宁价格战打得热火朝天的过程中,视音频媒体、纸质媒体也参与其中,多元平台发布满足了受众的不同需求。以下为部分关于苏宁京东商战的电视报道节目,见表7-2和图7-7。

表7-2　电视媒体加入"苏宁京东价格战"报道

时间	栏目	新闻标题
8月14日20:49	CCTV-2《经济信息联播》	《关注电商大战》
8月15日08:08	第一财经《财经早班车》	《京东VS苏宁:两个穷人的背水一战》
8月15日12:08	第一财经《财经中间站》	《电商业"最长一天"》
8月15日17:18	CCTV-新闻《新闻直播间》	《刘强东现身回应"价格战"》
8月15日20:22	CCTV-新闻《东方时空》	《硝烟四起电商巨头展开价格大战》
8月15日21:21	第一财经《财经夜航线》	《京东"约架"苏宁》
8月16日12:07	东方卫视《东方午新闻》	《电商价格大战继续上演》
8月17日23:35	CCTV-新闻《24小时》	《电商开启"三国杀",有人扛不住?》
8月18日00:20	CCTV-新闻《午夜新闻》	《步调不一实体店加入电商价格战》
8月22日08:05	北京卫视《北京您早》	《电商:先涨价再降价》

广播、电视借助声音语言和画面语言传递的信息,多侧重于"事件发生的现场是怎样的情况,事件当事人对此如何回应,"在上面列出的电视报道中,多是以"描述事件+现场拍摄采访+点评"的方式出现。

图 7-7 电视媒体加入"苏宁京东价格战"报道

通过这种方式,受众可以听到、看到价格战发生的背景和过程,但是对于价格战究竟意味着什么、价格战的背后催动因素是什么却不能通过两三分钟的新闻播报透彻理解,而需要借助报纸这一以深度报道著称的媒介。以下为相关价格战的报纸报道,见表 7-3。

表 7-3 "苏宁京东价格战"纸媒深度报道

时间	报纸名称	新闻标题
8月16日	《第一财经报》	《电商价格战实为资本战:不让我上市我让你退市》
8月16日	《21世纪报》	《电商价格的得与失:京东投资方集体失声》
8月17日	《南方周末报》	《8.15 一场有组织的电商"约架"》
8月17日	《深圳商报》	《京东苏宁大战再观察》

续表

时间	报纸名称	新闻标题
8月22日	《北京商报》	《电商价格战将走向何方：今年何时终结？》
8月23日	《中国青年报》	《"坑爹"的电商价格战》
8月25日	《经济观察报》	《电商大战伤害了谁？》
8月25日	《中国经营报》	《京东苏宁谁是赢家》

从"苏宁京东价格战"纸媒标题看，该报道具有鲜明的观点和立场，无疑是一系列深度报道，如"电商价格的得与失""有组织的电商'约架'""大战再观察""价格战将走向何方？""大战伤害了谁？""谁是赢家？"这些报道绝不是浅层次的事件描述，而是透过现象看本质，对事件做进一步分析解读，回答了读者有关新闻事件"为什么"和"怎么样"的疑问。

再从内容看，《8.15 一场有组织的电商"约架"》透露这场商战只不过是由京东一手策划的"约架"事件，其实是事先经过周密安排的公关战，主要是以微博营销的方式展开。《京东苏宁大战再观察》评论员认为资本都是逐利的，它掌握的资源不是普通消费者能比拟的，无论这场电商价格战最终如何收场，买单的一定是消费者。《京东苏宁谁是赢家》指出真正的战场在"80后""90后"心里，谁赢得新一代，谁就赢得未来。可见，报纸不仅探讨商战的前因后果，还分析了事件的影响，预测了事件的发展，对受众关心的问题进行深度探讨和解释，对网上随处可见的原始信息进行权威性的解读，帮助受众在冗杂的信息中明辨事理。

（三）后发媒体的完善

不同的媒介有自己的优势，网络的及时性、广播电视的直观性、报纸的深度性都为受众所认可，同时网络、广播、电视、报纸、杂志等媒体的报道具有揭示新闻信息的渐进性，可以为受众提供综合性的报道。当各种媒介生产出新闻之后，受众更希望有平台对不同媒介的新闻信息进行整合。而以新浪科技和腾讯科技为代表的互联网媒体就担当了此任。

在"苏宁京东价格战"中，新浪将所有有关此次电商对决的内容进行整合重构，以网页的形式呈现出来。网页分为六大板块：视频报道、事件梳理、媒体解读、微博板块、用户调查。而腾讯科技除此之外还增添了苏宁京东数据对比、比价平台两个板块。在每个板块下都设有子标题，点击子标题就可以利用超链接到新的网页查询所需信息。"互联网以超链接的方式组合信息，使得信息的无限延展成为可能。互联网信息一般以专题或板块的形式呈现，类似信息形成一个集合，以超链接的方式不断往深度、广度延伸，与广播、电视和报纸相比,互联网对背景信息和相关信息的挖掘不受时间或版面的限制,因此在信息量上是传统媒体所无法比拟的。"①

网络专题报道集合了报纸、广播、电视三大媒体的信息,使受众能全方位地了解新闻信息。特别值得一提的是,网络专题报道将纸质媒介的深度和网络的速度、互动性相结合,设置了媒体解读板块,如新浪融合《商业价值杂志》《南方周末报》《第一财经日报》《21 世纪经济报道》等纸质媒体内容(见图 7-8);微博互动板块,集聚了苏宁京东当事人、意见领袖、普通百姓的看法和观点;数据对比板块,可以清晰地看到苏宁京东的融资、销售额、毛利率、净利率、库存周转天数等;比价平台,让受众看清楚了到底是哪个电商在打口水仗,哪个电商在真正地降低售价。

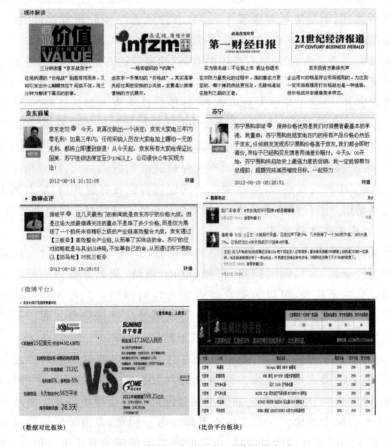

图 7-8　苏宁京东价格战纸质媒体内容

---

① 陈双.北京奥运的媒体之争——众媒体奥运传播效果比较[J].湖南科技学院学报,2010(3).

为了更清楚地了解"苏宁京东价格战"全媒体融合报道的情况,我们根据苏宁京东商战的媒介报道程序制作了融合新闻报道流程图,见图7-9。

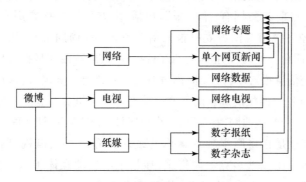

图7-9 京东苏宁商战媒介流程图

从图7-9可以看出,网络新闻专题以集中的平台,汇总了同一新闻事件的多种类型的新闻信息,并运用多种报道手段和形式将新闻信息全方位、立体式地传播给受众。

第四节 融合报道:媒体流程的机制

融媒体时代,新闻的采集、加工、制作流程的改变需要传媒集团组织内部进行相应的改变,以适应融合新闻报道运作方式。

一、组织系统的改变

在传媒集团组织建构上,需要改变以前分散化的新闻编辑部,组建形成大编辑部,即成立一体化编辑部。建立大编辑部首先要树立大编辑部思想,即通过有计划、有目的的组织报道,全方位、多侧面、多角度、立体、生动、鲜活地展现新闻事件的全貌。①

全媒体新闻编辑部构建的核心就是整合各种新闻资源,即将报纸、广播、电视、网络新闻资源整合在一起。因此全媒体环境下的大编辑部要对传统的报纸新闻编辑部、广播新闻编辑部、电视新闻编辑部、网络新闻编辑部进行整合,统一部署,使之改造成为跨媒介运行的融合新闻编辑部。

跨媒介集团的生产方式有两种:一种是内部拓展型,一种是外部组合型。内部拓展型就是单个媒介其自身规模和实力达到一定水平后,不断拓展新的

---

① 邵英夫.电视新闻的编排与"大编辑部思想"[J].记者摇篮,1999(7).

业务和市场,创办报纸的子报刊或者电视的专业频道,创办自己的网站。南方报业传媒集团的发展显然属于内部拓展,它由《南方日报》及其创办的系列报刊发展而来。目前集团拥有"十一报",包括《南方日报》《南方周末》《南方都市报》《21世纪经济报道》《南方农村报》《南都周刊》《风尚周报》《理财周报》和与光明日报报业集团合办的《新京报》,与西江日报社合办的《西江日报》,与云南出版集团合办的《云南信息报》;"八刊",即《南方月刊》《城市画报》《名牌》《南方人物周刊》《21世纪商业评论》《商旅周刊》《南方第一消费》《鞋包世界》;五个网站,有南方网、南方报业网、奥一网、凯迪网、番茄网;一个出版社,即南方日报出版社。

外部组合型是指将原本独立运作的纸质媒介、广播、电视、网络等媒介平台融合到一起。比如默多克新闻集团,涉足了所有的媒体领域,共拥有175种报纸、5家杂志、23家电台、电视网,横跨南北美洲、大洋洲、欧洲和亚洲,是当今世界上规模最大、国际化程度最高的综合传媒公司之一。

我国烟台日报传媒集团是一家有着悠久历史和充满活力的现代化传媒集团,其母报《烟台日报》创刊于1945年9月,2005年9月,在烟台日报社基础上组建烟台日报传媒集团,2008年7月,经国家出版总署批准,《烟台日报》的国内首家全媒体采编系统正式上线运营,开始向全媒体终端发布——纸质报、手机报、多媒体数字报、电子移动报、户外视屏等。

烟台日报传媒集团建立之后,将其所属的《烟台日报》《烟台晚报》《今晨6点》和集团水母网等新老媒体的记者整合在一起,成立了集团层面的全媒体新闻中心,中心根据工作需要成立了采访部、综合部、数字信息部。其中采访部负责日常的新闻采访工作;综合部负责内部指挥;数字信息部负责对采访后的新闻信息进行二次标引和新闻前期资料、背景资料的收集,以及记者采集的音频、视频素材的编辑整理,见图7-10。

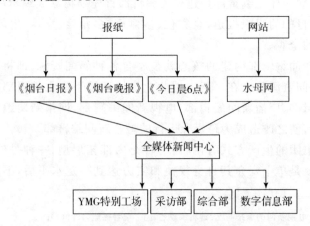

图7-10 烟台报业组织架构演变图

全媒体新闻中心的记者将文字、图片、视频、音频、动漫资料等采集回来,生产出"初级新闻产品",上传至全媒体数字复合出版系统平台,《烟台日报》《烟台晚报》《今晨 6 点》等传统纸媒和水母网等新媒体各取所需,然后进行"深加工",24 小时通过不同媒介滚动发布,全天候、全方位、立体化地互动传播内容。"各子媒体实际上成了名副其实的编辑部,负责'深加工'和'排列组合',生产出各种形态的新闻产品。同时,烟台日报传媒集团还成立了 YMG 特别工场,这是个虚拟组织,当有重大选题或重大新闻事件发生时,就由全媒体新闻中心牵头组织各种形态媒体临时抽调人员组成。"[1]

经过编辑部重组,烟台日报传媒集团能够针对同一事件进行有序的报道,避免了传媒集团下属报纸和网站之间的同质化竞争,使集团内的各种媒介能够在大编辑部的统一指挥下各司其职。全媒体中心的记者可以根据中心要求采集适合不同媒介的素材,这样大大节省了人力成本,扩大了新闻素材量。

二、运作方式的改变

媒体机构的重组以及跨媒体合作体制的构建,其目标是要实现对各媒体资源的统一筹划、统一调配,无论是在日常的版面、栏目、频道还是个别报道的组织中,都要将多家媒体的力量作为一个总体来考察并进行合理组合,使每一媒体扬长避短,同时以多个时间落点、多种表现形式、多种参与主体的复合内容模式来满足受众全方位的需求。各种有合作关系的媒体应该变成协同工作的一个"生命体",而不是机械的、临时的拼凑式合作。[2]

媒介综合集团作为美国最早应对传播科技发展而进行跨媒介融合的试验田,它的经营运作与管理一直为传播学界与业界广泛关注。它的内部管理突出体现在集中办公、资源共享、整合营销和融合生产四个方面[3]:

一是集中办公。2000 年 3 月,媒介综合集团在佛罗里达州坦帕市建造了一座传媒大厦,取名"坦帕新闻中心",这是美国新闻界公认的媒介融合试验比较成功的典范。旗下的《坦帕论坛报》及其坦帕湾在线网站、WFLA 电视台和集团网站 Tmo.com 的总编们集中办公,传媒大厦一楼至四楼分别是 WFLA 电视台的两大生产棚、WFLA 电视台和 Tmo.com 的新闻室、《坦帕论

---

[1] 孙宝传. 发挥科技的引领作用——烟台日报传媒集团社长兼总编辑郑强访谈录[J]. 中国传媒科技,2009(1).
[2] 彭兰. 融合趋势下的传媒变局[J]. 新闻战线,2008(7).
[3] 李红祥. 跨媒介经营:媒介融合下的传媒管理创新——以美国媒介综合集团管理经验为借鉴[J]. 新世界,2009(3).

坛报》的新闻室和 Tmo.com 的总编室、WFLA 电视台的总编室。特别是在二楼专门设置了一间很大的"多媒体新闻编辑室",办公室中央是一张圆形的"超级办公桌",便于各类媒体的编辑们在一起集体办公,也便于集团通过各种媒介平台生产和发布新闻。正是通过这种合作生产流程,使报纸的深度、电视的及时和网络的互动融合在一起。

二是资源共享。坦帕媒介综合集团的最大优势在于:集团内的报纸、电视、网站编辑记者可以通过日常性的互动分享对方的新闻线索、思想与创意,甚至稍做修改即可发布对方的内容产品。同时,集团内的设备资源也可共享,包括集团新闻中心的生产场地、机器设备等可以共同使用,这样可以避免各媒介间的重复建设。

三是整合营销。坦帕媒介综合集团的报纸将合作电视台或网站的标识放在其版面中,电视台也在新闻节目中向观众提供其合作报纸或网站对某一新闻事件的有关报道。通过这些方式,不同媒介平台相互推广对方的新闻产品。在广告营销方面与广告代理公司合作,以套餐策划、大宗优惠等方式将广告吸引到集团在各地的报纸、广播电视和网络媒体中,以达到在该地区密集覆盖的目的,同时可获得折扣优惠。

四是融合生产。"坦帕新闻中心"将来自其旗下不同媒介的记者、编辑和其他从事策划、摄影、摄像的新闻工作人员重新组合成一个新的新闻团队,共同策划、采写、制作新闻。制成的新闻产品在相互合作的媒体间以不同的形式进行发布。这样做的目的是充分整合不同新闻媒介的自身优势以达到最大的传播效果。

中国人民大学蔡雯教授在美国访学期间,亲历观察并描述了坦帕新闻中心一天的工作流程[①],现转述如下,以加深我们对融合新闻报道流程的理解。

1. 多媒体交叉编前会

在融合媒体中最为常见的就是信息的交流和共享,每个平台每天都会有几次编辑会议,其中至少有一个会议是专为媒介的融合操作而准备的。

上午9时,WFLA-TV 的编前会率先召开,《坦帕论坛报》也会派多媒体助理编辑准时参加,包括参加其他工作平台的每一次会议。

10时15分,《坦帕论坛报》召开编前会,前15分钟是对当天融合报道交换意见和想法。同样,WFLA-TV 也会派执行人员出席每天的媒体平台会议。

---

① 蔡雯,郭翠玲.美国坦帕新闻中心媒介融合的策略与方法[J].中国记者,2007(9).

此后，媒体助理编辑们会继续出席其他编辑会议，协调不同媒介平台的兴趣点。他们持续不断地寻找和探寻媒介之间融合报道的机会和融合报道的方式，实际上就是充当了"新闻内容协调官"的角色。

实践中并不是所有新闻或事件都适用不同的媒体，这就需要找到报道的交汇点。报道的共同兴趣包括调查新闻、为消费者提供帮助的新闻、焦点或爆炸性新闻、医疗报告、为弱势群体呼吁、关注社区差异、通过公共服务让报道到达最偏僻的地方等。

在融合新闻中心，虽然新闻采集是合作完成的，但各个媒体拥有各自的新闻选择标准和独立的决策机制。如发生了一件突发性事件，电视媒体必须在事件发生之际做现场报道，而《坦帕论坛报》一般情况下会坚持关注和提供给受众更多背景资料。

媒介融合的表现形式体现在彼此的合作上。小规模的合作体现在一个平台的新闻在一定情况下要优先供给另外的媒体使用。如在 WFLA-TV 晚 11 时的新闻栏目里，人们经常会看到主持人播报带有《坦帕论坛报》标志的新闻："《坦帕论坛报》在今天早上报道……"而较大规模的媒介融合形式包括仔细准备和研究对重大新闻的多媒体展示及多方位报道。

2. 现场新闻的融合报道

在对现场新闻的融合报道中，电视媒体通常是第一发布媒体。但电视台的实时报道并不仅仅由自己的员工提供，提供者还包括报纸的记者和摄影师。

如在坦帕市发生过一架小型飞机失事事件，供职于 TBO.com 网站的工作人员吉姆·柯林斯（Jim Collins）目睹了飞机坠毁经过，他几乎在同一时间立即在网站新闻中心报道了事发经过。《坦帕论坛报》报道商业信息的记者达夫·西马诺夫（Dave Simanoff）掌握了受损建筑承租人的文件档案，他把信息首先传送给的不是《坦帕论坛报》，也不是 TBO.com，而是电视台。《坦帕论坛报》档案和研究办公室立即通过目击到的飞机尾部数字追踪到这架飞机的主人。《坦帕论坛报》记者和编辑们也积极为电视台寻找和联系这起事故的目击者，请他们到电视台参与事故经过的介绍和讨论。在融合的大背景之下，团体的利益高于各自的利益。

融合在新闻尤其是现场新闻的报道中发挥着越来越重要的作用，各个平台都在期待彼此之间的合作和协作。负责分配任务的办公室编辑除了传送新闻信息之外，还会对新闻信息的采访和报道提出建议，以及首先在哪一平台上发布信息，等等。各个媒体平台彼此分享新闻资源，从而达到报道力度和报道效果的最优化。

3. 突发事件中的媒体合作

案例：Sunshine Skyway 大桥坍塌事件的调查和报道。

这座大桥原设计可以经住长达 100 年的考验。但仅仅 10 年之后，这座桥的一个最重要的支柱就因为被侵蚀等自然原因而坍塌了。

电视台记者马克·道格拉斯（Mark Douglas）最早获得这一消息。《坦帕论坛报》编辑在当天协调会上得知情况后就问电视台负责人是否愿意把这些内容转换成报纸需要的版本，得到电视编辑的认同。在做系统报道时，新闻中心有权决定由谁来首先发布这一新闻。在这一事件上，三家媒体平台一致同意首先由《坦帕论坛报》来发布此消息。

马克·道格拉斯也非常积极地和《坦帕论坛报》的编辑合作。《坦帕论坛报》的图表部作出了这座大桥的设计图，这些资料（包括制图的依据）同时提供给电视台和网站。在根据计划报道时，报纸关于大桥坍塌消息的标题下，作者是电视台的马克·道格拉斯，TBO.com 就这一事件进行在线报道。报纸付印后，一个谈话类电视节目看中了这一新闻信息，邀请《坦帕论坛报》和电视台的记者和编辑一起讨论这一事件的调查进程。

新闻中心一开始就精心安排了媒介之间的合作，有足够时间策划它的报道形式，那天电视台的收视率提高了 25 个百分点，报纸的阅读率也大幅攀升。无论是在对时间的安排上，还是在对报道流程的处理上都取得了极大成功。

融合新闻中心成立之际，论坛报、电视台和网站就制定了多媒体合作和融合的原则，被称为"新闻中心宣言"。这一宣言明确了各个媒介平台间的合作关系，但同时保持彼此之间所拥有的独立、自由的编辑决定权。

第八章 融合新闻的发展趋向

2009年8月,40位来自美国媒体、商业、非营利机构等的领袖在阿斯彭(Aspen)召开了会议,议题为"新闻界:维持美国新闻业的模式"。会上,对如何拯救受互联网冲击严重的报纸展开了辩论。参加此次会议的史蒂夫·奥汀(Steve Autin)认为:"新闻报纸一定会在数字媒体技术冲击中走出来"。事实上,互联网确已改变了新闻传媒生态系统,并开始对传统媒体进行整合。传统媒体也开始在新的媒介生态系统中与新媒体合谋,并在新的媒介格局中占有一席之地。汤姆·利布(Thom Lieb)在《所有的新闻——融合媒介的写作与报道》[①]一书中也列举了一些传统媒体进行融合实践的案例。

《纽约时报》《今日美国报》《华尔街日报》以及《洛杉矶时报》都把它们的印刷媒体和网络媒体的工作人员全部融合起来了。《洛杉矶时报》的编辑正式宣布,该报纸的网站将成为汇集突发性和即时性新闻的主要阵地。纽约时报公司的董事长小亚瑟·苏兹伯格在2007年的一个会议中告诉与会人员:我确实不知道五年之内我们是否还将继续印刷《纽约时报》,不过你知道吗?我一点儿也不关心这个。

《今日美国报》的母公司甘奈特集团已经开始将所属的其他89家美国日报转变成"信息中心"。作为员工的座右铭,公司的首席执行官解释说,这些中心的目标是要用文字、图片和视频搜集我们的读者和观众需要的全部信息,并把这些信息分布在多个平台上:包括日报、网络、移动通信工具、定期出版物以及其他可能满足读者需求的任何媒体。除此之外,首席执行官还强调,通过日益增加的网站互动,我们也正在融入大众合作之中。

CBS(哥伦比亚广播公司)新闻已经把网站发展成为一个24小时、复合平台的数字化新闻网络系统。这个网站的突出优势是"CBS晚间新闻"的广播,难以计数的流动视频资料,其中包括诸多重大事件的原始资料,以及可供用户下载的音频资料。

近年来,随着数字技术的广泛运用,各种形态的新媒体不断涌现。新旧媒

[①] Thom Lieb. All the News: Writing and Reporting for Convergent Media[M]. Allyn & Bacon: Towson University Press,2008.

体之间相互渗透,加强合作,我们已经很难再见到单一媒体形态的媒体。我们无法预测未来的新闻业将会怎样发展,然而无论是受众还是记者,我们都可以深刻地感知到媒介融合所带来的变化:媒体之间的合作与并购案例层出不穷,平板电脑、手机等移动融合媒体终端不断推陈出新,三网融合不断推进,多媒体形态的信息应有尽有,记者也学会运用各种新媒体手段报道新闻,甚至美国已经有新闻学院把推特作为学生的必修课。随着传媒管制政策的进一步放宽,将加速新旧媒体之间的融合进程,融合新闻的未来也逐渐变得清晰起来。可以肯定的是,融合新闻与人工智能的传媒应用将成为未来新闻业发展的趋势,并对整个行业的发展产生深远的影响。

第一节 融合新闻的智媒生态重塑

随着高速移动互联网时代的到来,加之人工智能和媒体的深度融合,媒介与社会一体同构的智能媒介化社会正在来临,自成一体的传媒行业将不复存在。传媒在智能技术支撑下走向智媒时代,这已是业界和学界的共识。在高速移动互联网驱动下,科技将加速消融传媒的边界,最终迎来万物皆媒、人机合一、自我进化的智媒时代。[①]

一、智能融媒体:人工智能与媒体的深度融合

(一)智媒形态:从融媒体走向智媒体

基于高速移动互联网的未来传媒发展态势将呈现出智媒体形态。智能技术将全面介入媒体并成为其介质特征,在媒体用户分析、内容生产、产品分发等方面发挥决定性的作用。智能新闻采写、智能算法内容推荐、智能语音传媒接入将日渐普及,人工智能生产内容(AGC)将成为新常态。[②]

传统媒体和网络媒体将借助人工智能技术和大数据技术,实现精准传播。牛津大学路透社新闻研究所发布的《2019新闻、媒体和技术趋势和预测》报告显示:2019年将在人工智能机器学习(AI ML)上投入更多资金以帮助确保新闻业的未来竞争力;下一代技术,如区块链、5G、超高清和VR/AR技术将更多用于新闻业。[③] 人工智能将成为内容生产者与用户之间新的媒介形态,可以代

[①] 廖祥忠. 未来传媒:我们的思考与教育的责任[J]. 现代传播. 2019(3).
[②] 同上.
[③] Nic Nenman. Journalism, Media and Technology Trends and Predictions 2019[R]. Oxford: The Reuters Institute for the Study of Journalism, 2019.

替用户筛选各类内容,满足用户的个性化消费需求,这种服务并不改变用户的消费主体地位。①

在我国,"封面新闻"②积极探索人工智能与媒体融合之路,率先提出从融媒体进入智媒体的发展战略,致力于打造"智能＋智慧＋智库"的智媒体。2016年5月4日,封面传媒核心产品——封面新闻客户端正式上线,以引领亿万年轻人的生活方式为定位,走出了一条"技术＋内容"双轮驱动的路子,被业内称赞为"内容＋科技的新生代客户端",成为全国新闻类客户端的"封面"。

如今,封面新闻APP 4.0版正式迭代面世,将打破传统获取新闻资讯的壁垒,带来视、听、读、聊的全场景沉浸式互动模式,用户可以更加舒适地通过看视频、听新闻、读新闻,甚至和机器人"聊"新闻等多种形式获取信息,打造更加立体的阅读体验,让视、听、读、聊全场景覆盖。

下面以"封面新闻"为例,分析优质资讯内容与人工智能有机结合的实践。③

封面新闻4.0秉承"AI＋用户"的产品设计理念,在视频呈现上着重发力。根据数据显示,封面新闻直播视频部2017年已生产制作了超过900场视频直播节目,总时长超过1900小时,总计收看超7000万人次。封面新闻4.0的更新将凭借强大的技术能力,继续扩大这一优势,增加沉浸式阅读模式。

作为国内新锐媒体,封面新闻从成立之初就把人工智能作为最重要的能力。

2016年12月,封面新闻首次推出机器人写作稿件并试水人机交互领域。2017年5月4日,封面新闻3.0迭代上线,正式推出"小封机器人"1.0版本,用户可以与其聊天,实现互动式资讯交流,并在短时间内经历了3次迭代,通过封面新闻客户端,用户不仅可以体验与人工智能的语音交互,还能感受机器人播报新闻等一系列智媒体新体验。现在,封面新闻的"小封机器人"写作已经可以为用户提供个性化的新闻搜索推荐。同时,可以应用语音识别、意图识别等人工智能技术,利用机器人写作极速的特性,为用户提供所需的生活资讯和政务资讯服务,以及服务整合方案,开启快速服务通道。在全新的4.0版本中,机器人写作技术将实现全面提升,实现每日机器人写稿量至少100条。

在2019年四川省"两会"召开期间,封面新闻利用机器合成内容(MGC)视频呈现四川发展的巨大成就,全网播放。2019年全国"两会"期间,封面新闻推

---

① 王成文. 人工智能时代的媒体变革[N]. 中国社会科学报. 2018-03-08.
② "封面新闻",是由四川日报报业集团与阿里巴巴集团联合投资、华西都市报实施运营的封面传媒出品。
③ 杜一娜. 打造全新智媒体 封面新闻客户端4.0迭代[N]. 中国新闻出版广电报. 2018-5-4.

出升级版的 MGC 视频产品"我 AI 中国 100 分",由机器人模拟人声配音,播报发展新成果新势态,聚焦政治经济社会发展,收获亿万用户好评。

新版封面新闻加强了 MGC 语音合成功能:①利用 AI 技术提取文章要点;②再通过机器语音合成语音新闻概要;③用户可以通过点击详情页中的语音播报按钮,进入图文稿件合成音频播放的"听模式";④也可以随时通过点击列表或详情页中的视频,进入相关视频连续播放的"视模式"。

封面新闻坚持树立用户为本的理念,始终以用户是否喜欢、是否满意作为检验工作的重要标准,将用户为本的理念落实到采访发布、技术开发、产品设计等所有环节。运营方式上,用户通过封面新闻 APP 进行签到、绑定手机号、阅读新闻、观看新闻视频/直播、发布评论、分享新闻/视频/直播/活动、推荐封面新闻 APP 给好友等互动行为,自动获取不同数量的积分,并且可以在封面新闻 APP 积分商城使用相应数量的积分兑换奖品。通过用户积分体系的建立与用户行为数据分析,封面新闻在未来将实现全方位用户画像,通过兴趣推荐算法,以人工智能感知用户行为路径和偏好等,提升推荐准确率,进一步推动内容和产品的优化升级。

面向未来,封面传媒将以打造"引领人工智能时代的泛内容生态平台"为愿景,根植于"80 后""90 后"网民的需求,依托大数据、人工智能和虚拟现实等前沿技术应用能力,打造一个跨媒体、电商和文娱的生态平台。

(二) 智媒生产:从结构化数据分析走向模块化数据(内容)生产

将人工智能引入内容生产领域,首先,对内容生产数据来源的改变。在人工智能产生之前,内容生产所采用的数据主要是文字、图片、音频、视频等人类可以识别与处理的结构化数据,所有的内容都是基于这些数据组合的基础上生产出来的。而人工智能所能识别和处理的数据已经不再局限于这些结构化数据,还包括各种人类无法直接识别的非结构化数据。如随着各类物联网感知设备的普及,人类将获取越来越多的结构化数据和非结构化数据,这将为内容生产带来丰富的数据资源。

其次,人工智能会给新闻操作方式带来改变,甚至给新闻生产带来颠覆性的变革。因此,要更好地利用机器,并让机器成为人的辅助工具。

人工智能对内容生产的改变体现在生产的模块化方面。在人工智能引入内容生产之后,这种标准化模板可以被人工智能所学习,从而为内容生产提供各类辅助性工具,这就可以实现内容生产的模块化,甚至是部分内容的自动化生产。① 徐曼认为,"新闻机器人"本质:是"运用算法对输入或搜集的数据自动

---

① 王成文. 人工智能时代的媒体变革[N]. 中国社会科学报,2018-03-08.

进行加工处理,从而自动生成完整新闻报道的一整套计算机程序"。作为计算机程序,"机器人写作"是模块化、结构化的,生产过程是标准化的,即"对所搜集的数据进行模式化的加工,将目标数据文本'嵌入'已有的模板"。"新闻机器人"的标准化生产解放了劳动生产力,通过对海量内容的智能化标签与聚合匹配,实现精准推送。智能化处理提升了新闻的时效性、准确性、地理与心理的接近性,实行全天候工作模式。①

在智媒体时代,信息传播的主战场已经转向新媒体移动终端,传统媒体唯有搭乘"智媒体"这趟快车,才能赢得机遇、赢得优势、赢得未来。皮埃罗·斯加鲁菲(Piero Scauffi)预言,未来的新闻将不再是用来"读"的,而是用来"体验"的。从AR(增强现实)、VR(虚拟现实)到无人机、人工智能、视频直播等技术对新闻业态的全面渗透,令受众体验到从"阅读"到"悦读"的惊喜变化。②

(三)智媒分发:从人工分发走向智能推荐分发

王成文在一篇文章中提出,智能推荐将成为媒介主流的内容分发方式。③他认为,互联网的产生使得网上内容走向海量化,用户越来越难以高效率获取其所需要的内容。为解决这一问题,搜索引擎把人工智能率先引入了内容分发领域,试图通过机器算法为每一个问题提供最精准的答案。但其精准匹配建立的前提是用户能够提出相对明确的需求,然而用户有时候对自己的需求并不明确。

社交平台兴起以后,"社交分发"成为新的内容分发方式。社交分发的核心是激活用户的参与行为,通过用户的转发、共享、点赞、评论等方式,扩大内容的传播范围和影响深度。社交分发还必须建立在用户认同的基础上,利用用户的社会关系网络和个人品牌背书而产生的传播方式。但个人的社会关系维度是多元化和多层次的,而同一化分发的长期结果则是降低用户的活跃度,甚至让用户逐渐远离社交平台,使其逐渐成为功能单一化的社交工具。

直到移动互联网时期的到来,满足用户的个性化需求才真正成为主流的内容分发方式。其原因有两点:第一,移动互联网时期智能推荐的数据维度更加丰富,不仅对用户刻画的维度从IP(计算机网络地址)层次提升到ID(一种身份标志)层次,而且还可以加入使用场景、社交关系等多维数据。第二,在移动互联网时期,用户接触内容的场景更加丰富、内容消费时间更长,可以更好地记录与刻画用户的内容偏好。如以"今日头条"为代表的智能推荐就集合了网络编辑分发、搜索引擎分发、社交分发等分发方式的优点,能更好地满足用

---

① 张治中,倪梅."新闻机器人"与记者角色转型[N].中国社会科学报,2018-03-08.
② 杨玉璞.智媒体时代下的媒体融合研究[J].新闻爱好者,2017(4).
③ 王成文.人工智能时代的媒体变革[N].中国社会科学报,2018-03-08.

户的个性化和个人化需求,从而增强用户对智能推荐平台的黏性,使得智能推荐成为主流的内容分发方式。

(四)智媒发展:从人工智能技术应用走向引领传统媒体深度融合

2019年5月16日,在世界智能大会"AI赋能智慧广电——首届广播电视人工智能应用创新发展高峰论坛"上,国家广播电视总局副局长张宏森发言指出,人工智能作为引领传统媒体发展进步的支撑性、示范性关键核心技术之一,在助推智慧广电建设中发挥重要作用,为推动广播电视高质量创新性发展打造强大新引擎。

一是用AI为媒体赋能,助力新型广电主流媒体建设。通过人工智能等新技术应用,将加快广电媒体转变模式、改造形态、深化融合,构建"一体化资源配置、多媒体内容汇聚、共平台内容生产、多渠道内容分发、多终端精准服务、全流程智能协同"的制播体系,真正实现"全程、全息、全员、全效",更好地满足用户需求、提高受众体验。

二是用AI为网络赋能,提升广电网络传播服务能力。加快包括人工智能在内的新一代信息技术在广电网络中的部署和应用,将加快推进建设面向5G的移动交互广播电视网,向天地一体、互联互通、宽带交互、智能协同方向发展,构建广播电视现代传播新体系。还可充分利用人工智能等新技术,加快实现信息生产传播与用户个性化、定制化信息需求的智能匹配,促进服务创新、业态创新。

三是用AI为产业赋能,促进广播电视和网络视听产业高质量发展。要推进智慧广电生态体系建设,积极发展"智能+",创新基于优质视听为主的高质量综合信息服务,在更好满足人民群众美好视听生活新期待的同时,为政务、商务、教育、医疗、旅游、金融等多领域提供支撑,更好地服务经济社会发展。

四是用AI为管理赋能,提高治理体系和治理能力现代化水平。要积极运用人工智能等新技术,加快基于统一云平台架构的全国监测监管体系建设,推进跨业务、跨网络、跨平台、跨终端的"全方位、全过程、全覆盖、全天候"智慧化监管,提高精准监管、靶向监管能力,为行业持续健康发展保驾护航。

二、智能融媒体:5G与中国广电传媒融合发展

国家工信部于2019年6月6日向中国电信、中国移动、中国联通、中国广电发放5G商用牌照。这里的中国广电(全称为中国广播电视网络有限公司)牌照,实际上是颁发给全国有线电视行业和全国广电行业的,它标志着5G商用正式进入传媒行业。未来的广大用户将真正体会到现代超高清电视、现代物联网带来的智慧广电服务,甚至是社会化的智慧城市服务。

(一) 5G 应用：中国广电与三大电信运营商的战略合作

广电获得 5G 牌照后，可以开展哪些业务？业界专家认为：一是对内，构建全国广电融媒体的视频通讯交换网；二是对外，面对所有的宽带物联网、政府专网进行服务。如以 120 为代表的生命保障网结构里，都安装了实时探头进行远程监控和指导服务，可以使用 5G 进行数据传输；政府办公网在 5G 环境下，可以建成一个独立的专网结构，形成以视频通讯为主导的政府办公网。在广播电视传媒领域的应用，如时政新闻、娱乐演出、体育赛事视频直播等，都是 5G 最天然的落地场景。

5G 不仅意味着信息传输方式的升级，它还将带来万物互联的时代。面对这样的重大变化，广电传媒行业需要做哪些工作来应对这些变化呢？广电媒体将如何成为拥抱 5G 机遇的重要参与者与建设者？2019 年 1 月 9 日，在中国广电 2019 年度工作会议上，确定了以"智慧广电"战略为主线，推动广电网络整合发展。

面对 5G 时代，中央广播电视总台率先垂范，积极创新，大胆布局，与腾讯、百度、阿里巴巴等公司达成战略合作，在云平台、大数据、移动客户端、信息化平台建设等方面进行深入合作，并与中国电信等三大运营商、华为等合作建设"5G 媒体应用实验室"。在 2019 年年初，还与工业和信息化部、国家广播电视总局联合发布《超高清视频产业发展行动计划（2019—2022 年）》，其中对于推进 4K 超高清电视内容建设、丰富超高清电视节目供给等作出了部署。8 月 20 日，中央广播电视总台发布《中央广播电视总台 5G＋4K/8K＋AI 应用实践报告》①，在有关 5G＋4K/8K＋AI 的战略布局内容中包含融合制播、超高清电视、移动新媒体、人工智能和央视媒体融合技术体系等。其中，在 8K 技术上的研究进展中公布了有关移动新媒体的创新案例应用，包括移动优先——5G＋4K＋VR 集成制作；5G 网络环境下的大屏小屏融合呈现；打造超级移动客户端等。

湖南广电等地方台也在积极应对 5G 带来的新变化。2019 年 5 月 17 日，"5G 马栏山"发布会在湖南广电中心开启，芒果 TV 与中国电信湖南公司共同启动"5G＋4K＋VR"大视频产业合作，并同步在湖南 IPTV 上线"5G＋4K＋VR"视频专区，为生活"智能化"时代拉开帷幕。②

河南广播电视台与中国联通河南分公司实施战略合作，双方将融合各自

---

① 广电独家.干货！中央广播电视总台 5G＋4K/8K＋AI 应用实践报告[EB/OL].（2019-08-20）[2019-10-20]. https://m.sohu.com/a/335163525-613537/.

② 卜海涛.5G 已来，广电媒体面临哪些新机遇和新挑战？[EB/OL].（2019-6-29）[2019-10-25]. https://m.sohu.com/a/323840431-613537.

优势,探索在 5G 行业应用、IPTV、云计算、大数据、物联网、县级融媒体建设、网络传输等领域开展全面合作,形成新的产品与解决方案,助力推动媒体融合发展。

珠江数码与中兴通讯股份有限公司签署"5G 战略合作框架协议",共同探索 5G、大视频、虚拟增强现实等技术与行业的深度融合,在整体解决方案、试点示范、项目推进等层面进行全面合作,加快 5G+4K/8K 超高清直播、5G+智慧医疗、5G+智慧党建等多个具有广电特色的融合示范场景的落地。

随着网络信息技术加速迭代,电信 5G 网络传输速率的质变不仅为打破 4K/8K 视频传输瓶颈、实现爆发式增长提供了可行性,还将通过 VR、360 全景、4K/8K 超清直播等多元观看方式大大提升用户体验。截至目前,已有近 20 家省级广播电视台、省级广电网络公司就 5G 业务与华为签署了合作协议。①

(二)5G 应用:中国广电与"5G+AI"的智能化媒体构建

智慧广电是广播电视行业一场全方位全局性的深刻革命,是全链条革新与重构的系统工程。为顺应日新月异的信息革命和不可逆转的智慧浪潮,2018 年,国家广电总局印发《关于促进智慧广电发展的指导意见》,把加快智慧广电建设作为新时代广播电视高质量创新性发展的战略选择和重要抓手,指导推动广播电视从数字化、网络化向智慧化发展,从功能业务型向创新服务型转变,打造智慧广电媒体、发展智慧广电网络、建设智慧广电生态、加强智慧广电监管。

2019 年 5 月 16 日,国家广电总局《广播电视人工智能应用白皮书》宣布,相继设立"广播电视人工智能应用""智慧媒体制播应用""广播电视与视听新媒体智慧监管"3 个国家广播电视总局重点实验室,推动智慧广电关键技术研发与融合应用,助力全行业优化升级、变革重塑。

2019 年 7 月 30 日,在甘肃省甘南州合作市举行"推进智慧广电建设高峰论坛",国内广电行业专家共话智慧广电建设,认为当前新一轮科技革命和产业变革正在加速向智能化演进,推动人类迈进智能新时代。与此同时,以 5G、新一代人工智能、大数据等为代表的现代科技已经交融到新闻媒体创作、生产、传播、消费的各个层面和关键环节,对广播电视内容生产和传播分发带来全方位、深层次变革。

目前,全国广播电视系统正举全行业之力,一体化推进广电 5G 组网建网与全国有线电视网络整合,谋划广播电视网与移动互联网融合发展新模式,实

---

① 卜海涛.5G 已来,广电媒体面临哪些新机遇和新挑战?[EB/OL].(2019-6-29)[2019-10-25].https://m.sohu.com/a/323840431-613537.

现电视大屏与移动小屏交互融通,重塑广播电视传播格局,努力做大做实智慧广电业务,在更好满足人民群众美好视听生活新期待的同时,为政务、商务、教育、医疗、旅游、金融、城市管理、物联网、车联网等垂直领域提供新的支持,更好地服务数字经济和智能社会发展。

(三)5G 应用:中国广电借助 AI 增强用户服务

在人工智能＋电视的探索中,以中央广播电视台媒体融合的主力——CCTV 微视团队为代表,探索主流价值驱动的算法推荐和互动模式,实现了信息传播的精准化、个性化服务,并运用 AI 技术手段,将粉丝运营、商业转化等互联网思维完美融合,构建起电视与手机合力共生、相互引流的良好态势。截至 2019 年 6 月,CCTV 微视 APP 用户量已突破 1 亿,成功在主流媒体的融媒体社交互动领域抢占一席之地。①

1. AI 赋能下的视联系统精准服务

CCTV 微视依托 AI 的自动语音识别、自然语言理解、视觉搜索和图像识别、机器学习等能力,对视音频中的数据进行抽取,加以提炼,通过对知识库内容的标签比对,根据对用户基本信息和行为收集所分析出的用户画像,为其推荐最具匹配度的相关内容。在人工智能的辅助下,大小屏互动被打造成以语音、文字、图像智能识别为主的视联系统,更具人性化。通过人工智能识别技术,CCTV 微视 AI 还能够告诉用户视频中人物是谁?并推荐相关人物的视频,为观众解析视频中技术用词,推荐拓展阅读专题等业务(见图 8-1)。

图 8-1　CCTV 微视 AI 视频互动系统

---

① 赵子忠.CCTV 微视如何借助 AI 做大做强主流舆论增量?[EB/OL].(2019-07-04)[2020-04-30]. https://kuaibao.qq.com/s/20190704A09I1B00? refer＝cp_1026.

以央视《经典咏流传》节目为例，网友在观看节目短视频"蔡琴与李清照共醉《如梦令》"时，AI小微依据人物的图像识别显示歌手蔡琴的简介，通过语音识别"李清照"显示出这位女词人的生平及作品，通过文本识别将歌曲中的唱词识别出李清照原作，并附有作品解读；通过语音识别显示出互动环节，观众能够根据节目设置的主题直接参与讨论，发表个人观点。整个系统从了解节目信息到深入体验参与互动，从识别节目现场人物到沉浸节目文化内涵，观众在AI小微的陪伴下获得了全流程、深层次的观影文化娱乐体验。正是这种AI技术赋能下"更懂用户"的服务使CCTV微视在移动端融媒体APP中脱颖而出，下载量也突破1亿。

AI在商务应用方面也为电视媒体广告运营带来转化，它通过图像和声音识别技术，在不同场景下可接入视频中任何品牌的电商购买链接——视频中人物的服饰穿着、日常用品、家具摆件等都可以通过AI in TV自动识别，进而触发价格最优的购买弹窗，面向目标用户直接展开。这种具有代入感的场景式广告和精准触达方式有望提升广告曝光量和点击量。

2. AI陪伴中的互动设计收听引导

CCTV微视经过多年的运营，在以综艺、体育类节目为核心的互动创新方面积累了大量经验，在节目与用户、嘉宾主持人与用户、用户与用户之间搭建桥梁，形成电视与用户之间的重要纽带。在体育类赛事中，微视根据世界杯等节目特点设计一批互动方式如竞猜、投票、助威、集赞等，这在满足用户差异化、社群化要求的同时实现引导收视、鼓励形成观赛氛围、增强用户对APP好感度的多重效果。此外，播放足球视频可以随处见到"边路""传中""后点""头球""任意球"这样的专业术语解释，为足球入门爱好者提供了知识补充。世界杯期间，开赛首日CCTV微视即取得了苹果社交榜第一位的突破。[①]

（四）5G应用：中国广电的智慧城市建设体验

2018年在全国"两会"上，"5G"应用与发展问题首次出现在政府工作报告中。报告指出：全面实施战略新兴产业发展规划，加快人工智能、第五代移动通信技术研发和转化，做大做强产业集群。这充分显示5G新技术将在未来经济社会发展中扮演着重要的战略角色。同年12月，中央经济工作会议又进一步明确提出要"加快5G商用步伐"。5G的低时延、高可靠、高密度特点，为传媒行业的智慧城市建设与服务带来新契机。

---

① 赵子忠. CCTV微视如何借助AI做大做强主流舆论增量？[EB/OL]. (2019-07-04)[2020-04-30]. https://kuaibao.qq.com/s/20190704A09I1B00?refer=cp_1026

基于 5G 技术，传媒行业可以通过"5G＋物联网"，打造传媒新生态系统，实现"万物互联"的高速移动互联时代。过去传统媒体局限在报纸、广播、电视等传统媒体平台，而在 5G 时代，这些输入输出端口将会面临颠覆性改变。它可以利用 5G 开展智慧家庭服务，把那些与家居生活相关联的屏幕互联互通，可以为平台用户提供各类现实生活的信息服务，如购物、家政、租车、找工作、房屋租售等。此外，在智慧城市建设中，可以将机顶盒等广电技术和终端运用到工程建设等领域，通过用户定位进行量身定做的智能匹配。

在我国首个提出并探索"城市大脑"的杭州市，华数传媒以建设"老百姓的城市大脑"为目标，致力于将电视大屏打造成为市民百姓共享"城市大脑"建设成果的主渠道，从而实现用户从单纯"看电视"到既"看电视"又"用电视"的转变。

目前，华数发布的基于 4K 智能终端的"城市大脑"专区，设置了家庭版和酒店版两个版本，通过汇集各项城市感知数据，力争将老百姓最关心的"吃、住、行、游、购、娱"等信息一屏发布，让用户足不出户就能享受到便捷完善的公众服务和居家服务。用户通过华数"城市大脑"专区，一键就能获取各种便民信息，包括交通预测及停车位信息；"周末去哪儿"栏目为用户贴心推荐各种周边旅游路线，再也不用埋头做攻略；"最多跑一次"栏目可以提供自助机分布定位信息，并开发了"居家办"功能模块，在不久的将来，用户在电视上就能办理公积金、社保等事项。

华数创建的 4K 新品，将着眼点从内容端扩展到教育、医疗、零售等诸多生活领域。用户除了能根据个人需求观看到诸多超高清 4K 内容，还可在电视端实现电视淘宝、饿了么外卖点餐、医养通在线医疗咨询，智慧校园（校园课堂、班级圈）、语音输入等功能，轻松实现生活与娱乐的一键切换。[1]

基于 5G 技术，广电传媒拓展了全新的 VR（虚拟现实）应用场景，促进 AR（增强现实）技术优势的发挥，这将带给消费者更好的视觉感官体验。同时，能够满足 VR/AR 设备对网络的要求，将有力促进 VR/AR 云的发展，大大扩展其应用场景，吸引更多的用户回归。[2]

---

[1] 常小二.智慧城市建设中的"广电方案"[EB/OL].自媒体常观察 常话短说，2019-4-16.

[2] 卜海涛.5G 已来，广电媒体面临哪些新机遇和新挑战？[EB/OL].（2019-6-29）[2019-10-25]. https://m.sohu.com/a/323840431-613537.

第二节 融合新闻的工作方式改变

"融合是新闻业革命性进化的标志"[①],澳大利亚学者史蒂芬·奎因在《媒介融合——跨媒体的写作和制作》一书中开门见山提出了这一观点。

随着媒介技术的不断发展进步,世界传媒业经历了由报纸"一枝独秀"到报纸与广播"并驾齐驱",到报纸、广播、电视"三足鼎立",然后是报纸、广播、电视、互联网"四强相争",如今又进入了报纸、广播、电视、互联网多种媒介形态相融共生的"多媒体融合并存"的发展阶段。[②] 新的媒体不仅威胁到了旧媒体的生存空间,它还可以在不需要将原有传统媒体的内容分解的前提下将内容注入新的载体,通过新的媒介传播方式展示给受众。

一、融合新闻的未来特征

在《所有的新闻——融合媒介的写作与报道》一书中,汤姆·利布写到:"当凯瑟琳·史密斯(Katherine Smith)成为《坦帕论坛报》的工作人员时,她并不清楚自己加入了怎样的媒体。"凯瑟琳既要为《坦帕论坛》的在线网站——TBO.com提供稿件,又要为报纸提供报道,同时还要经营博客。有时候,她还要坐在坦帕论坛的新闻频道——第八新闻频道的摄像机前播报新闻。事实上,融合新闻时代的许多记者都有这样的困惑,他们发现不知不觉中自己已经不止局限于为某单一媒体提供新闻报道,同时采编工作已经无法离开互联网,抢时效发独家报道越来越难,而受众似乎也越来越难伺候。"

劳伦斯期刊世界的编辑、出版商小多尔夫·C.西蒙斯(Jr. Dolph C. Simons)对《纽约时报》说:我并不认为我们在做报纸生意。信息就是我们的事业,我们在努力以一种或其他形式提供信息,无论客户是为什么需要或者在哪儿需要,尽可能地以一种最完美、最实用的方式提供即可。

《坦帕论坛报》董事长和出版商吉尔·西伦(Gil Thelen)十分认同新闻业的这些变化驱动了《坦帕论坛报》的新闻融合计划:我们不得不跟随客户的步伐,他们每天都在应用各种各样的信息源。他们常常被定时广播叫醒,一边穿衣服一边浏览报纸或者听听早间电视节目,开车时调到新闻广播频道,到了工作单位开始上网,在回家的路上又开始收听别的广播,看晚间新闻,看完报纸,

---

① Stephen Quin, Vincent Filak. Convergent Journalism: An Introduction[M]. Amsterdam: Elsevier Inc, 2005.

② 郑保卫. 论当前我国新闻学研究中的几个理论热点问题[J]. 社会科学战线, 2011(5).

然后在睡觉之前读一本杂志。实际上,新闻机构为了巩固自己的市场份额和地位,必须为受众提供新闻和信息,无论他们何时、如何、何地需要。①

1999年1月9日,在美国举行的"新闻业与互联网"专题研讨会上,美国在线董事长凯茨说:"如果你们观察一下美国在线,你们会发现,我们没有记者和消息来源。但是,每天从美国在线获得他们感兴趣新闻的人,比全美国11家顶尖报纸的读者总数还要多;在黄金时间,我们的读者和CNN或MTV的观众一样多。"②

未来新闻业无论是传者还是受众,其获取新闻与传递新闻的方式和途径越来越多样化,新闻产品采编、表现形态、传播手段、传受机制、管理机制等都发生了重大变化。总的说来,我们可以把未来新闻业的特征概括为以下几点。

(一) 媒介数字化

数字技术的成熟是媒体融合的根本诱因。传播学者戈尔丁在《文化、传播和政治经济学》中曾预言,未来所有的传播符号——如文字、声音、图像、视频等都可以用计算机语言进行编码、储存和传送,因此不同传媒的边界将被抹去。数字化是多媒体技术的基础,文字、图像、视频等各种信息都可以通过0和1来表示,能方便地进行编辑、储存,并通过微波、光缆等实现快捷的传播。作为多媒体的特征,数字技术把文字、声音、视频等符号全部融合在一起,实现复合而多样的媒体利用。数字媒体将可以代替任何媒体,再现千差万别、五彩缤纷的现实世界,这无疑为未来新闻采访、节目制作与编辑提供了极大的便利,同时提高了媒体内容的品质,如电视数字化后将带来高画质、高音质、多频道等变化。

先进的数字化技术使得不同的媒体之间有了共同的平台,媒体之间的组合成为现实。传统媒体通过数字化技术与新媒体组合呈现出新的媒体表现形式,如手机与报纸结合出现手机报,广播与网络结合出现网络广播,而电视与手机结合出现手机电视等。同时信息的生产者也可以把不同媒体的内容自由组合,并嵌入多种媒体实现信息的传播。随着数字化的普及和通信技术的不断变革,融合的界限从原来的三网融合扩张为四重融合:通信业与IT业、移动网与互联网、电信网与广电网、家庭网络与电子接收设备等都趋于融合。

信息技术的发展将改变人类的学习方式、工作方式、娱乐方式。简言之,就是信息技术将变革人类的生产方式,纸媒、广播、电视等传统媒体也正在加速向数字化转变,同时也加速了媒体间的融合。而建立在数字技术与网络技

---

① Thom Lieb. All the News: Writing and Reporting for Convergent Media[M]. Allyn & Bacon: Towson University Press, 2008.

② 刘艳,童婵瑶. 媒介融合的动力分析[J]. 现代视听,2008(12).

术基础上的新媒体以其大容量、高速度、超文本、交互性、多媒体形态等特征，为传者与受者实现了对等交流，为大众提供了个性化服务。

（二）制作集约化

媒介融合改变了内容的生产模式与传播模式。全能记者将大量出现，记者集采写编播工作于一身，不仅要写消息，还要拿起照相机拍照，拿起摄影机摄像……《南方日报》有记者就声称：现在针对同一个新闻题材，至少要写3篇不同的稿子。日常新闻采写的流程往往是：出去采访时随时更新微博，即时发布最新的消息；回来后马上撰写一篇涵盖各项基本新闻事实的稿件发至网站；然后才开始撰写刊登在报纸上的稿件。这还仅仅是文字记者，如果再加上作为摄影记者拍摄和剪辑的图片、视频新闻，通过一次新闻采集，对同一新闻事件的报道已经几乎涵盖了所有媒体。

同时媒介融合还意味着不同媒介及媒介集团的合作或联盟，形成多媒介联合经营。媒体联合打造新闻协作网，实现新闻信息的共享，同时针对大型活动、突发报道等进行协作报道，建立一个高效的、跨地域的、支持多元化业务的运作模式，实现跨媒体的传播。这样一来，媒体可以将多种媒介的新闻传播活动整合进行，采用多媒体、多渠道的方式传播新闻，形成一次采集、多重编辑、多次销售的报道方式，从而大大降低信息产品的制作成本，实现规模经济效应。

在美国，传统的三大电视网已经建立了内部新闻资源交换网。而我国近年来各种跨媒体的联盟也不断发展，如2001年南方日报报业集团就与南方广电传媒集团联盟，2007年15家主流报纸与拥有北京奥运采访权的搜狐结成奥运媒体联盟。

（三）传者全民化

互联网媒体的显著性特征就是去中心化。在这个网络中有许许多多的节点相互连接，就像一张大鱼网，每一个节点都是平等的，每一个节点之间都可以实现自由连接。这大大改变了传统大众传播的中心化结构与线性传播模式，使传统媒体垄断新闻传播的时代一去不复返。新媒体的出现消解了原先传者与受者之间的界限，普通公民也获得了前所未有的参与新闻传播的能力，他们借助手机、博客、BBS等平台，自由地发布信息，表达观点。随身携带的手机、相机、MP3等功能日益强大，成为录音、拍照、摄像的信息采集工具。在互联网时代，每个人都成为一个小小的新闻发布中心。张志安博士曾做过形象的比喻："当你的粉丝量超过100，你就好比一本内刊；超过1000，你就是布告栏；超过1万，你就是一本杂志；超过10万，你就是一份都市报；超过100万，你就是一份全国性报纸;超过 1000 万,你就是电视台。"①

这种内容生产的全民性,使突发事件的首发报道不再成为职业记者的专利,而是身处现场的普通民众。2005 年 7 月 7 日英国伦敦地铁爆炸后,BBC、ITV、《卫报》等英国主流媒体就陆续收到公民自发拍摄的有关爆炸的图片与视频。2008 年 12 月印度孟买的连环爆炸案发生后,以推特为代表的社交网站用户不断更新文章,用直播方式公布事件的最新进展。2009 年 6 月 5 日,成都公交车突发燃烧事件也是由目击市民利用数码设备第一时间拍摄现场的视频素材,并上传互联网。

越来越多的新闻媒体把博客等新媒体作为新闻信息的重要来源,同时对其予以开发利用,如中央电视台《社会记录》栏目曾引用了优酷拍客手机直播的沈阳大雪。在 2009 年成都公交车大火事件的报道中,浙江卫视、湖北卫视、江西电视台、陕西电视台等都引用了优酷拍客第一时间拍到的起火视频。来自普通民众的新闻与言论在新闻传播过程占据的比例越来越大,新闻传播的主体正在由职业的新闻从业人员逐渐转变为职业记者与互联网记者并存。美国《时代》周刊在 2006 年曾将互联网使用者评为"年度人物",见图 8-1。

图 8-2 《时代》周刊"2006 年度人物"封面

---

① 张志安 2011 年 6 月 3 日在西安"微博时代的网络形象塑造及危机公关管理论坛"会上的发言。

《时代》周刊对此解释说,社会正从机构向个人过渡,个人正在成为"新数字时代民主社会"的公民。今年(2006)的年度人物将是互联网上内容的所有使用者和创造者。

(四) 媒介融合化

数字技术的发展打破了媒体间的界限,报纸、杂志、广播、电视等不同媒体的内容可以汇聚到一个平台上展示。而互联网的开放性也使得传统媒体在新闻信息的采集与编辑上可以互相打通,灵活转换。不同媒介通过互联网这一新介质实现了真正的汇聚和融合。技术融合推动内容融合、网络融合和终端融合,由此带来生产融合和应用融合。多种媒体形态共生共存,整个新闻传播过程的采写编播也交融在一起,传媒产业进入媒介融合时代,跨媒体集团已经出现。

在这个时代,大众传媒呈现出混合媒体与跨媒体的鲜明特征。跨媒体至少包含两层含义:"相同信息在不同媒体之间的交叉传播与整合,以及媒体之间的合作、共生、互动与协调"。[①] 同时,还发生在不同媒介个体之间的合作,不同媒体公司之间关于产权、运营和产品的整合与并购,不同媒体交融互动构造出的跨媒体交流平台。较为典型的案例就是美国时代华纳与美国在线的合并,此外,我国新浪与阳光卫视的并购、上海文广新闻传媒集团的建立、广州日报报业集团的成立等都成为跨媒体运作的实践者。

新媒体与传统媒体的融合在现实中已经成为一种势不可挡的趋势,新媒体与传统媒体融合诞生出新的媒体形式,如网络电视、手机电视等,这些都是媒体形态和业态的融合。然而,媒介融合更为重要的是内容融合、网络融合和终端融合。内容融合按照物理形态可以包括文字、声音、图片、视频新闻等,而从终端的载体来看又分为报纸、电视、电脑、手机等媒体上的内容。数字技术的发展使不同介质的内容都可以相互转化与传输、储存,因此信息内容的生产环节出现"内容集成平台",记者通过这一平台运用多媒体技术实现新闻信息的采集、加工与发布,实现"一次生产、多次加工、多功能服务、多载体传播"。而包括音频、视频、文字、图片在内的各种内容素材都被纳入媒体的融合资产管理系统,实现资源的共享。

在信息内容的接收上,同一内容可以在多个不同的终端上使用。同样的内容以不同的视角出现在报纸、电视、广播、电脑、手机、车载设备等任何设备上。同时,同一终端可以接收多种格式的内容。媒介融合的趋势使信息走出某一载体的束缚,通过多种开放性终端平台实现信息传播的无所不在。据英

[①] 张春燕,付丽.论传统媒体的跨媒体传播趋势[J].艺术研究,2005(3).

国《自然》杂志报道,一种可折叠的电子纸已经研制成功,它能将报纸、收音机、电视机、电脑、手机等信息终端的功能和特点汇聚于一体,通过无线传输,成为未来人们获取新闻信息的接收终端。

在媒介融合的背景下,新闻传播的范式也随之发生改变,融合新闻运用多媒体数字技术,实现全民参与、集约生产、多渠道融合传播。与过去相比,新闻在信息采集与传播方式上发生了重大的变化,因而对记者也提出了新的要求。

二、融合记者的全能必备

在中国,新媒体的兴起与发展壮大仿佛是一夜之间的事。1994年3月中国才获准加入互联网,但截止到2018年12月底,我国网民规模已达8.2亿,互联网普及率为59.6%,手机网民规模也达到了8.17亿,新媒体的快速崛起对传统媒体的生存与发展造成巨大的冲击,同时也对记者提出了新的要求,"明天我们如何做记者?"

在新闻业处于急速演变的过程中,互联网与社会媒体已经改变了传统媒体的组织形式,而新闻的传播速度远远超过过去,互联网已经成为新闻舆论的独立源头。由于社会信息传播环境发生变化,媒体从过去的信息生产者变为如今的信息服务提供者。作为信息产品的生产者与提供者,记者在信息传播过程中的工作也发生了显著的变化。

新时代下的新闻记者除了运用传统媒体进行报道外,还必须提高对新媒体的认知,熟练掌握新媒体的传播手段。特别是在融媒体时代,记者应善于通过新媒体平台,如博客、推特等搜集信息,同时掌握先进的媒体采访设备,随时将其应用到新闻制作领域,熟练运用多媒体软件Skype(可以边打电话边录音)、Sound Slides、Dreamwaver、Photoshop、Flash等进行图片、视频、音频的编辑与制作。

在融合的背景下,同一条新闻往往采用文字、图像、音频、视频等多种媒体技术手段来采集,由一个统一的多媒体编辑部进行整合和深度加工,并同时发布文本的、音频的和视频的等多媒体信息。因此,融媒时代的新闻记者需要同时为报纸、广播、电视、手机、互联网等平台跨媒体提供服务,做到一专多能,既能为报纸、网站写文字稿件,又能为电视媒体拍摄现场新闻画面,同时根据不同媒体的传播优势及受众要求,有针对性地提供不同的内容产品。

融合新闻是新闻进化的一种革命性的形式。新闻工作者逐渐从新闻信息的采集与传播者转变为信息服务的提供者与知识的管理者。在这个转变的过程中,筛选、整理、归纳、解释海量的新闻信息变得至关重要。

信息收集。新媒体的出现打破了传统大众传媒对新闻生产与传播的垄断,受众可以自由、便捷地通过手机、网络等新媒体参与信息传播。互联网的快速发展,还使任何未经过深思熟虑的文章,任何普通民众想表达的意见和观点,都可以通过微博微信等网络平台进行传播、散布,而采集与编辑信息的设备又如此触手可及。因此可以想象,这些未曾受过专业新闻训练的普通公众每天生产的信息量是何等惊人,同时质量也是良莠不齐、真假难辨,大量垃圾信息影响了人们有效地接收有用的信息。如同阿尔夫·托夫勒(Alvin Tofflter)在《未来的冲击》中所说:有时选择不但不能使人摆脱束缚,反而使人感到事情更棘手、更昂贵,以至于走向反面,成为无法选择的选择。

由此在新旧媒体融合不断深化的时代,记者应该继续担任"沙漏式"大众传播结构中"把关人"角色,对大量的信息材料进行筛选、核实后,把有价值的新闻信息从海量的咨询中抽离出来,压缩成合格的新闻消息再传播给广大受众。

信息评价。多种现代信息采集、传播、发布工具与设备的出现大大降低了新闻采集、报道的门槛。记者和新闻媒体不再拥有对新闻传播的垄断权,人人都可以成为"记者"。这给记者带来严峻的挑战:除了与竞争对手抢新闻,还要与公民抢新闻。如此一来,同一条信息被多家媒体、多种媒体同时报道,独家新闻的现象一去不复返。而就传播形式与渠道而言,媒体可以通过技术升级轻易实现追赶,因此,媒体之间的竞争归根结底还是内容的竞争,一流的独特的新闻信息产品将会永远吸引受众。

与此同时,信息时代挑剔的受众不再仅仅满足于了解新闻事实,还希望能全面、立体、多角度地了解新闻事件的全貌、趋势和意义。相较于"发生了什么",融合媒体时代的受众更加关注"怎么样"。因此,在信息传播过程中,"没看法"的新闻等于"没法看"的新闻。而在信息高度共享的时代,媒体间竞争的重点也早已从"信息竞争到观点竞争",记者必须将网络传播的速度竞争提升到信息产品品质的高度与深度的竞争,努力追求新闻的独家视角、独家观点、独家编排,做出比其他媒体更全面、更透彻的新闻解读和新闻评论。

信息编辑。与互联网的无限性相伴而生的是互联网的无序性。要想取得较好的传播效果,媒介融合背景下的记者应当学会将从浩瀚的信息海洋中找出的信息进行整理、归纳分类,通过链接等方式做成一个个专题,帮助受众节省大量的时间与精力。

楼宇视频运营商分众传媒总裁江南春认为,未来媒体传播将出现三大趋势:精准分众化、时空多元化、受众互动化。媒介融合时代,受众的兴趣和需求日趋多元化和分化,他们不再满足于单一化、浅层次、简单无序的内容,对信息的质量提出了更高的要求。根据受众的不同兴趣爱好以及对信息的不同需求,记者应当利用融合文字、视频、音频等各种信息于一体的多媒体传播手段将信息整合在一起,推出个性鲜明、具有针对性的信息,使受众更容易识别适合自己需要的信息内容,从而为受众提供易得的、高质量的信息。[①] 实际上,已有许多专题(业)网站开始提供这种服务,如搜房网、时光网、中关村在线、豆瓣网、应届生网等。

三、融合传受的习惯改变

1999年,史蒂文·查菲(Steven Chaffee)在去世的前几天发表了关于"大众传播的终结"的演讲。这篇演讲成为他与米里亚姆·梅茨格(Metzger)合作的一篇文章的基础。他们认为新媒体正令大众传播走向终结,并且从根本上改变了21世纪媒介被结构、使用和形成概念的方式。

(一)分化的受众

数字信息时代,与媒介融合的趋势相反,受众的注意力一直呈现分化的趋势,甚至可以说,媒体的融合反倒加剧了受众的碎片化与分化,即大众传播过程变得更少大众取向和有更多的选择性。30年前,英国广播电视公司用33种语言向世界转播了查尔斯与戴安娜的世纪婚礼,全球总计有7亿多观众沉浸在这童话般的王子与公主爱情当中。而2011年关注威廉王子与凯特婚礼的20亿受众则分别通过电视、手机、户外视频、电脑等途径了解婚礼的最新动态。电脑、笔记本、手机、移动数码电子产品等新媒体的出现为受众提供了更多的选择。结果任何一种媒介载体都被分割成为越来越小的部分。由于选择越来越多,单媒体受众萎缩,媒体的受众不再集中于某个媒体,而是分散于若干媒体组合。比如一个大学生会上网了解信息,在食堂吃饭时会顺便看看电视,而在等待的时间里则通过阅读手机终端信息打发时间。总之未来的受众既不可能远离媒体,也不可能局限于某单一的媒体。

日本学者伊藤优一认为,由于新传播科技聚焦于多样化的专业信息,大众社会逐渐演变为区隔社会,因此,阅听大众日渐因意识形态、价值、品位与生活风格的不同而分化。[②] 而传播学者施拉姆提出:人们选择的传播途径是根据传播媒介及传播的讯息等因素进行的。人们选择最能充分满足需要的传播途径,而在其他条件完全相同的情况下,则选择其需要的途径。受众因生长环

[①] 陈琦.从传播效果看网络分众化传播模式[J].青年记者,2008(32).
[②] 曼纽尔·卡斯特.网络社会的崛起[M].夏铸九,王志弘,等译.北京:社会科学文献出版社,2006.

境、生活习惯、生活经历、文化水平和价值观等的不同而在信息接收的内容、方式等方面进一步分化：老年人习惯从报纸、电视等传统媒体获取养生信息；年轻人更倾向于从网络获取娱乐信息，更容易被网络上形形色色的视频吸引；而商务人士整天飞来飞去，碎片化的时间基本上用在手机、平板电脑等移动媒体上浏览经济政治新闻。

伴随数字技术而来的是海量的信息和你中有我我中有你的多元化媒体平台，这种媒体极低的接近成本及便利的接近渠道，使得信息不再是一种稀缺的资源，反倒使人们的注意力成为市场追逐的稀缺资源。我们已经从信息的"push"的时代过渡到了"pull"时代，受众可以随时随地根据各自的实际情况与现实需要主动获取信息。成百上千的媒体开始提供这种细分服务，比如豆瓣网、应届生网、交通电台、音乐电台、电影频道、新闻频道等。未来，在网络去中心化的影响下，受众对信息需求的细分将进一步加剧。

（二）碎片化的传播

碎片化，英文为 fragmentation，意为完整的东西破碎成诸多零块，一般在 20 世纪 80 年代末研究"后现代主义"的文献中比较常见。有研究表明，当一个社会的人均年收入在 1000～3000 美元时，这个社会便处在由传统社会向现代社会转型的过渡期，而这个过渡期的一个基本特征就是社会的"破碎化"：传统的社会关系、市场结构及社会观念的整一性——从精神家园到信用体系，从话语方式到消费模式——瓦解了，代之以一个一个利益族群和"文化部落"的差异化诉求及社会成分的碎片化分割。① 伴随着互联网的飞速发展，Web 2.0 时代的传播模式呈现出"去中心化""分裂"等特征，受众的碎片化趋势加剧。

未来碎片化传播时代，受众的主体性得到彰显，受众可以根据自身的个性化需求选择信息的接收方式。网络是一个去中心、无边界、主客体交织、富有弹性与不确定性的特殊空间。博客、SNS 与微博等新型传播手段的广泛应用使受众可以建立自己的个人门户，将自己感兴趣的信息、服务等嵌入其中。这个门户既是接收信息的窗口，也是其发布信息的平台。过去人们倾向于通过报纸、电视等传统媒体接收信息，实现点对面的信息传播。而在 Web 2.0 时代，信息的传播者与接收者在网络平台中呈点式散状分布，特定的信息针对特定的用户，每个人接触到的信息都不一样，是典型的点对点的小众化传播。基于社会关系建立的个人门户网站中心如博客，由于其个体的不同而呈现出个性化的特征。未来受众将以自我为中心构建信息的传受体系，更多地通过虚

---

① 喻国明.解读新媒体的几个关键词[J].广告大观(媒介版),2006(5).

拟的社会关系网络——个人门户网站,与自己的各种社会关系进行信息的双向交换。这种途径获取的信息更加碎片化,过去相对统一的受众市场也变成了分裂的、碎片化的市场。

网络的普及推动了受众的碎片化,并淋漓尽致地展现了传播碎片化的特征,但在受众碎片化的背后是整个社会的碎片化或者说多元化。与过去相比,现在的社会要开放得多、宽容得多,个人的自主性得到社会的认可。如此一来,所谓非主流价值观的人可以通过网络媒体自由地发声,而拥有相同价值观的人可以聚集成小团体进行信息的交流。正是价值观的多元化让人们观察、认识事物的角度变得多元,人们对事实的认识和表达不一样,对信息的需求也不再一样。

未来的新闻业传播速度非常快,信息的更新速度也快,所以用户一直被无穷无尽的信息包围。这种快速的更新与海量的信息使受众的注意力高度涣散,转瞬即逝,很难持久。中央电视台体育频道的主持人张斌曾经在世界杯比赛时感叹说,究竟有多少人能从头到尾完整地看一场比赛呢?我相信,有很多人是把世界杯当成背景声,电视放着,自己该干什么就干什么,听到进球了,就过去看一眼慢动作回放。随着社会的碎片化语境越来越明显,受众的注意力也将越来越碎片化。这对未来的新闻业来说,既是挑战,也是机会。分众传播和专门传播的时代将很快到来。

(三)草根化的传者

美国学者约翰·帕夫利克在《新闻业与新媒介》一书开篇中写到:"在新旧世纪交替之际,一种新的新闻事业正在出现,它的显著特征包括:新闻无处不在。"任何一个拥有计算机和调制调解器的人都可以成为面向全球的出版人。新媒体的出现使新闻传播活动发生了翻天覆地的变化,受众独立性、自主性、选择性、创造性大大增强。过去封闭、单向的传播被打破,传播者从神坛上走下来与受众平起平坐。在新闻传播活动中,受众参与信息传播的主动性与目的性大大增加,既可以自由选择感兴趣的信息并以方便的渠道接收,还可以基于某种需求主动搜寻个人喜欢的信息。受众的身影越来越活跃,参与度越来越高,不仅可以方便快捷地与传播者随时随地互动,还可以发布信息,变身传播者。

嘉勒夫通过撰写博客影响了成千上万的美国人。公民记者是以传统媒体的挑战者角色出现的,他的出现与兴盛折射了信息传播过程中传受双方的关系变化:传播者对信息流的控制权弱化,传受双方更多的是一种多元互动交流的关系,信息传播的权力逐渐从传者向受众转移。

互联网快速、低门槛以及交互性的特点赋予了受众参与信息传播更多的话语权,增强了受众的主体性。随着以手机、数码相机、数码摄像机、MP3、笔记本电脑等为代表的新闻采编工具出现并不断普及,"公民记者"走向"全民新闻生产"。在物质技术条件具备的前提下,任何人都可以将自己亲历的新闻现场的信息方便快捷地记录下来,并通过互联网把采集的新闻素材瞬间传播到世界的每一个角落。未来,人人都是一个移动通讯社。

著名传播学者施拉姆曾将传统传播活动做过形象的比喻:受众参与传播就好像在自助餐厅就餐,媒介在这种传播环境中的作用只是尽可能为受众提供满意的饭菜(信息)。至于受众吃什么、吃多少、吃还是不吃,全在于受众自身的意愿和喜好,媒介是无能为力的。在交互性的Web 2.0时代,特别是随着Web 3.0时代的到来,这种情况更为突出,受众对新闻传播的自主权与参与权将会更加强。

第三节 融合新闻的规制与规范强化

规制一词来源于英文"regulation"。通常意义上的规制指依据一定的规则对构成特定社会的个人和主体的活动进行限制的行为。一般情况下,我们所说的规制指政府职能部门,根据相关政策规定对微观主体行为实施的干预,它包括对某产业或企业的产品定价、产业进入与退出、投资决策、为社会环境与安全等行为进行监督和管理。规制是政府对经济行为的管理和约束,目的在于矫正和改善市场机制内在的问题。

当代媒介融合已成为新闻业的发展趋势,它改变了新闻业的信息传播模式。各传媒产业拥有相似共同的技术基础、通用的传输平台,可为消费者提供相互之间替代性很强的数字产品服务,从而导致产业之间相互进入,竞争加剧,横跨多种媒体和超越地域限制的大型传媒集团将陆续崛起。这种行业资源的迅速聚集造成垄断,同时在产业融合的过程中,产业边界融合致使传统媒体的所有权法则变得模糊不清,难以界定。原先纵向一体化的结构逐渐变为横向一体化的结构,产业链裂变重塑了市场竞争格局,传统媒体规制的市场基础正在消失。[①]

在这种新形势下,许多过去构建的媒体政策框架成为最主要的障碍。有些国家率先探索新的传媒规制模式,推动媒介融合的发展进程。唐建英提出:1997年欧盟对于视听媒体服务的监管提出了三种规制的可能选择,分别为沿用旧规制、为新媒体设立单独规制、新旧法规一起。如果不解决这些分歧,媒

---

① 肖赞军.媒介融合时代传媒规制的国际趋势及其启示[J].新闻与传播研究,2009(5).

介融合产业就会夹杂在含糊不清的管制中,从而导致媒介融合进程的受阻。①

一、融合语境下的规制趋势

进入 21 世纪以来,数字媒介技术的发展使全球的传媒业、电信业、互联网产业之间的竞争进入一个新的历史时期——"融合"。这种传媒产业格局的变化必然引起政府对传媒产业的相关管理、政策与立法等的调整与变革。在大部分国家,传统的媒介规制模式都是基于媒体分立,执行严格的交叉禁入政策,防范行业垄断,同时,不同的行业归属不同的政府职能部门管理。而在媒介融合趋势下,不同媒体平台与媒体行业之间边界消融,呈现相互渗透和交叉竞争的趋势。从而传统的传媒规制便在对其进行管理时无所适从,规制失灵。而不能适应媒介融合发展趋势的传统媒介规制体制无疑会极大地阻碍媒介融合的进程,从而牵制整个传媒行业的发展。

媒介的条块分割已经严重影响了媒介产业的活力,因此有学者提出"规制融合"的概念,即通过展开一系列因应媒介技术融合、市场融合和产业融合的媒介规制变革,从而建立一个能够适应所有融合领域的共通的规制框架。② 从西方发达国家的成功经验来看,规制融合包括规制主体和对象的融合,适应媒介融合的政策的制定,更灵活、更具融合性的市场准入制度,相应的监管机构的建立与监管制度的完善等方面。在媒介融合的过程中,政府具有不可替代的作用。因此,世界各国纷纷在传媒产业与政府行为之间进行博弈,不断调整管制和放松管制的力度,探索新传媒规制以推进媒介融合进程。

从目前各国传媒政策、法规调整和改革的总体情况来看,融合新闻时代政府对媒体的规制呈现出放宽对产业融合的限制,加强对内容的监管,并成立专门的融合监管机构。

(一) 放宽行业兼并与融合的限制

1984 年,美国国会颁布了《1984 有线电视通信政策法案》,将 20 世纪 60 年代以来发展的、有线电视管制规定编入法典,并正式授予美国联邦通信委员会(Federal Communications Commission,FCC)对有线电视的管理权。FCC 针对有关禁止无线广播和有线电视在重叠市场中跨所有权经营的限制进行了重新审议。1985 年,FCC 将个人或组织可以拥有的无线电台、电视等的台数从 21 个增加到 36 个,并且撤销了必须运营至少三年的要求(1982)。1992 年,

---

① 唐建英.《视听媒体服务指令》与欧盟新媒体内容规制初探[EB/OL].(2008-11-15)[2013-05-20]. https://news.163.com/08/1115/16/4QQ7CF6L000131UN.html.
② 陈映.规制变革:媒介融合研究的新定向——基于文献回顾与探讨[J].新闻界,2009(3).

FCC又放宽了对一家公司在同一城市所能拥有的广播台数量的限制。1999年FCC进一步放宽对电视台拥有数量的限制，造就了一系列综合性媒体集团。

2001年，美国政府放宽了针对美国四家主要的电视网络（即ABC、CBS、NBC和FOX公司）的有关规定，原先1946年通过的二元电视网络规定（Dual Television Network Rule）禁止这四家主要的电视网络之间的兼并，2001年放宽规定后，允许它们同较新的电视网络如WB公司和UPN公司联合。

2003年6月2日，FCC以3票对2票的微弱多数通过了具有决定意义的新法案，新制定的"跨媒体经营限制规定"取消了对在大规模市场上跨媒体经营的限制。①

以往，依据1941年通过的《美国全国电视所有权规定》（National TV Ownership Rule）的修订版，美国任何一家传媒公司的电视受众覆盖率不得超过全国电视受众总数的35%。2003年6月2日通过的新规定将上限提高到45%。

新规定取消了1970年通过的《广播/电视跨媒体所有权限制令》和1975年通过的《报纸/广播电视跨媒体所有权禁令》中设立的有关限制：不允许一家媒体公司在同一城市中同时拥有广电媒体和报刊，并对同时拥有广播电视媒体的范围做了限制。新通过的规定允许媒体同时拥有电子媒体和报刊；允许一家传媒公司在像纽约、洛杉矶等具有18家或18家以上电视台的大城市中，拥有三家电视台的所有权。

与美国一样，从20世纪80年代开始，欧洲的传媒管制也发生了重大的变革。在市场化和媒介技术的不断发展中，各国都开始承认传媒行业市场化运作的经营模式，并放宽了对传媒产业的规制，促进广播、电视、互联网的融合，鼓励传媒行业充分竞争、整合、发展，同时在规制上趋于统一，对传媒实行集中管理。

我国媒体一直是根据1983年中共中央37号文件确定的"四级办广播、四级办电视、四级混合覆盖"的事业体制，形成了行政区域化的广播电视发展格局。报纸等纸质媒体的管理也与广播电视一样，依托行政区划实行纵向管理。1996年，中办厅、国办厅发布《关于加强新闻出版广播电视业管理的通知》，1997年广播电影电视部发布的《关于贯彻落实中办、国办（关于加强新闻出版广播电视业管理的通知）的方案》，以及《关于县（市）广播电视播出机构合并的

---

① 陈新，冯平.第五次国际企业兼并浪潮及对中国资产重组的启示[J].经济问题探索，1999(12).

意见》，提出了"三台合一　局台合一"的广播电视机构合并模式。这次调整只限于将同一县（市）内的广播电台、电视台及有线电视台合并为广播电视台，在这个基础上再把县（市）广播电视局与广播电视台合并，同时治理大量增加的报刊。

2001年8月，中宣部、广电总局和新闻出版总署联合出台了《关于深化新闻出版、广播影视业改革的若干意见》，提出要以资本和业务为纽带，组建多媒体兼营和跨地区经营的媒介集团，对传媒业的组织结构、业务结构、产品结构、市场结构、人才结构、知识结构、资本结构进行全面调整。

2003年，国家广电总局提出全面深化文化产业体制改革，随后广电总局与新闻出版总署分别下发了《关于促进广播影视产业发展的意见》《深化新闻出版体制改革实施方案》等文件，实行传媒业所有权与经营权的剥离，并推进资源的区域性整合和跨地区经营。

在上述政策的支持与推动下，2000年《广州日报》成立了全国第一个报业集团，走上集团化经营的道路。2004年牡丹江传媒集团成立，标志着媒介融合在跨媒体（牡丹江广播电视兼并《牡丹江日报》）所有权层面的实践开始。2006年成都传媒集团成立，成为全国首家省会城市以党报为龙头的、跨媒体组建的传媒集团。

但总的来看，中国传统媒体"跨地域、跨媒体"的经营进展不大，其中重要的原因还是传媒管理体制制约，媒体管理的政策虽有所松动，但忽紧忽松，没有持之以恒地贯彻执行。

（二）允许行业相互进入的三网融合

三网融合对应的英文是"Triple Play"，指现有的电信网、互联网以及广播电视网相互融合，形成一个信息通信网络系统，以支持包括数据、语音和视频在内所有业务的信息传播。这种融合并非指三大网络的物理合一，主要是指业务应用的融合。以美国为代表的发达国家在20世纪90年代以前，基本上禁止电信行业、传媒行业之间的相互进入。

1992年，美国国会制定了《有线电视法案》，赋予FCC管理大多数有线电视系统的权力，FCC陆续允许有线电视公司经营一般性电话业务。1994年，美国修改《媒介法》和《电信法》，开始着手拆除电信和有线电视之间的藩篱。有线电视公司开始提供电信服务，与电话公司竞争。同一年，美国政府在《电信修改法白皮书》中允许区域电话公司提供视频服务，但不允许获得有线电视的经营权。

1996年，美国首次对1934年制定的《通信法》进行全面修改，制定了《1996年电信法》，其核心条款如下：

取消对一个人或一个机构所能够拥有的广播电台数量的限制。在一个单一市场上，最多可以拥有八家广播电台。

取消对可以拥有的电视台数量的限制，只要这些电视台在全国拥有电视的家庭的覆盖率不超过 35%。

允许电话公司进入有线电视业务领域。

允许有线电视公司进入电话业务领域。

美国对电信业和广电业之间相互进入的条件做了规定，并且以法律的形式授权 FCC 对这两个行业进行监管。新的电信法打破了电信业与有线电视行业之间的界限，允许电信运营商与有线电视运营商相互进入，这样一来大大放开了广播电视与电信业的联合兼并。但由于本地特许制的存在，电信运营商只有获得了地方政府的本地许可证才能够在当地提供有线电视服务。新电信法的颁布为美国三网融合的推进扫除了法律障碍。新电信法颁布后，US WEST 便迅速以 108 亿美元兼并了有线电视公司 Continental，成为第二大有线电视经营者。2006 年，FCC 修订了本地许可制度，进一步消除了电信运营商进入本地电视市场的障碍，积极扶持电信运营商提供视频服务，与有线电视运营商形成有序竞争。而早在 1993 年，美国就提出建设"信息高速公路"的计划，并在 2009 年 4 月 FCC 宣布启动国家宽带计划，政府投资近 72 亿美元，将高速互联网接入服务在全国普及。

随着美国《1996 年电信法》的通过、1997 年欧盟《电信、媒体、信息科技融合以及管制执行中的绿皮书》的发布，以及其他许多国家旨在废除对媒体或科技融合方面的限制性规定，不同媒体网络之间的差异在一步步消失。

我国政府也于 20 世纪 90 年代开始意识到媒体融合的意义，为发展文化产业，相继出台了一系列法规与政策。1998 年，中国首次提出"三网融合"这一概念，旨在实现电信网、广电网和互联网的融合。此后"三网融合"陆续出现在国家"九五""十五"计划和"十一五"规划中。2001 年 3 月《中华人民共和国国民经济和社会发展第十个五年计划纲要》提出，要"促进电信、电视、计算机三网融合"。2005 年 10 月《中共中央关于制定国民经济和社会发展第十一个五年规划的建议》提出，要"加强宽带通信网、数字电视网和下一代互联网等信息基础设施建设，推进三网融合，健全信息安全保障体系"。2005 年起，上海文广新闻传媒集团、央视国际网络、南方广播影视传媒集团也相继获得国家颁发的 IPTV 牌照。根据政策，IPTV 全国牌照持有者有权力与电信运营商合作运营 IPTV，这样一来促进了媒体产业之间的融合：电信必须与媒体实现商业合作才能共同开拓融合媒介市场。

2008 年 2 月国务院办公厅转发了国家发展改革委、广电总局等《关于鼓励数字电视产业发展的若干政策》的通知,允许广电和电信行业互相进入,并进一步明确投融资政策、税收优惠政策、技术进步政策、知识产权保护政策等,①促进数字电视产业的发展。2009年4月《电子信息产业调整和振兴规划》出台,提出要加速3G建设,推进"三网融合"。

2010年1月13日,国务院常务会议召开,决定加快推进电信网、广播电视网和互联网三网融合。会议上明确了三网融合的时间表,并于2010年6月底,正式公布了三网融合12个试点城市名单和试点方案,三网融合终于进入实质性推进阶段。第一批三网融合试点地区(城市)名单如下:北京市、辽宁省大连市、黑龙江省哈尔滨市、上海市、江苏省南京市、浙江省杭州市、福建省厦门市、山东省青岛市、湖北省武汉市、湖南省长株潭地区、广东省深圳市、四川绵阳市。

2011年12月30日,国务院办公厅公布我国三网融合第二批试点城市共计42个,分别为:直辖市(2个)天津市、重庆市;计划单列市(1个)浙江省宁波市;省会、首府城市(22个),包括河北省石家庄市、山西省太原市、内蒙古自治区呼和浩特市、辽宁省沈阳市、吉林省长春市、安徽省合肥市、福建省福州市、江西省南昌市、山东省济南市、河南省郑州市、广东省广州市、广西壮族自治区南宁市、海南省海口市、四川省成都市、贵州省贵阳市、云南省昆明市、西藏自治区拉萨市、陕西省西安市、甘肃省兰州市、青海省西宁市、宁夏回族自治区银川市、新疆维吾尔自治区乌鲁木齐市;其他城市(17个),包括江苏省扬州市、泰州市、南通市、镇江市、常州市、无锡市、苏州市、湖北省孝感市、黄冈市、鄂州市、黄石市、咸宁市、仙桃市、天门市、潜江市、广东省佛山市、云浮市。第二阶段试点城市公布,标志着我国加快了三网融合的步伐。

二、融合语境下的版权保护

(一)搭数字化"便车"的版权侵犯

版权,源于英文copyright,即著作权。它保护作者的作品不被人不公正地盗用。人们对知识产权的重视与保护可以追溯到1883年缔结的《保护工业产权巴黎公约》(简称《巴黎公约》)。1967年巴黎联盟和伯尔尼联盟还在瑞典首都斯德哥尔摩共同建立了世界知识产权组织,以加强各国之间对知识产权保护的合作,进一步促进对知识产权的保护。

近年来,数字新技术的迅速发展使信息的传播更加方便快捷,任何传播符

---

① 许志强,等.发展数字电视产业,推进"三网融合"[C].数字电视产业与三网融合学术研讨会论文集,2009.

号都可以转化为计算机语言"0""1"方便地进行编辑,但如同潘多拉的盒子,大规模地复制与传播,数字技术也引发了对版权管理的失控。互联网的开放性更是进一步加剧了版权保护的难度,因为任何人可以在需要的时候,自由地使用想要的信息,这就是多媒体时代。而搜索引擎成为盗版的保护伞,帮助受众找到网络上的影视、音乐、软件等盗版。同时数字内容的篡改更加方便,侵权更加容易,如胡戈的《一个馒头引发的血案》。

日益严重的盗版现象给出版业、音乐制造业、软件开发业等带来了巨大的损失。2009年6月,新华网有关广州召开的"促进和鼓励中英知识产权制度的使用和理论研讨会"的报道说,英国知识产权战略顾问委员会的一份最新报告称,英国约有700万人涉及非法下载,该行为导致英国经济损失数百亿英镑。会上,英国知识产权局局长伊恩·弗莱切接受记者采访也坦言英国深受网上非法上传和下载的困扰,"在世界范围内,数字化时代,尤其是互联网上的版权保护是一个跨国界的难题"[①]。而此前的2007年,美国政策创新研究所(IPI)发布的《盗版给美国经济带来的真正损害》研究报告指出,盗版每年给美国经济带来高达580亿美元的损失,并导致37.3375万美国人失业。

2010年全国政协委员张抗抗在接受东北网记者采访时说:网络影视盗版率近九成,数字音乐每年因盗版损失上百亿元,每年软件盗版造成的损失按市价折算的经济价值超过千亿元,盗版网站给网络文学造成的损失每年约40亿~60亿元。我国具有较大规模的文字作品盗版网站数万家,中小盗版网站高达百万家;点击率排名前10名的网络小说,在互联网上被非法传播的次数动辄超过千万。网络传播的正版内容和盗版内容的比例为1∶50,即网络正版经营每收入1元,就有50元因盗版而流失。中国音乐著作权协会总干事屈景明曾指出:"因为百度提供的音乐搜索,让很多传统的音乐企业颗粒无收。"[②]

(二)数字化的版权保护

媒介融合时代,媒体平台被打通,报纸的内容可以转换成为电子报纸方便地在电子纸上观看,电影可以方便地下载拷贝而不用再依赖于电影院与DVD介质,音乐也不再依赖广播与CD。转化成为计算机语言的各种传播符号可以在各种媒体平台自由地转换,这使得受众制作和复制作品都变得极其容易且

[①] 肖思思. 英国希望与中国合作加强"数字时代"知识产权保护[N/OL]. (2009-06-04)[2013-10-20]. http://news.xinhuanet.com/politics/2009-06/04/content_11488061.htm.

[②] 孙晓锐、张抗抗:完善法律法规 加强网络著作权保护[N/OL]. (2010-03-09)[2013-10-20]. http://tech.qq.com/a/20100309/000421.htm.

成本低廉，同时复制的作品完美、逼真、媲美于原作品。而通过互联网储存与传播，地球上的任何一个可以使用电脑的人都可以非常便捷地、快速地把盗版作品迅速传递给下一个盗版者，侵权主体模糊，无从追究。而手机、掌上电脑、MP3等融媒电子传播载体的普及使受众对作品消费的需求量更大，在不愿意付费的情况下版权侵犯的现象将更加猖獗。

以某平板电脑公司经营的APP网络商店为例，程序员未经作者与出版机构的允许便将出版物制成电子书程序上传至APP网络商店供用户下载，与某平板电脑公司三七开分享所得的利润。而某公司每年只收取程序员少量会籍费。而在这个过程中，作者与出版社什么也得不到。如《盗墓笔记》，依据《周末画报》在某平板电脑商店的应用程序iWeekly所公开的下载次数200万次被评论220次估算，《盗墓笔记》约被下载数百万次盗版，程序员和平板电脑商店分享约400万美元的营利收入。即便出版社与作者发现作品被盗版，向美国提起申诉，但大多石沉大海，即使申诉被受理盗版程序被删除，随即还会有更多的程序员上传另一个盗版电子书。申诉的程序繁杂，而作品上传的过程中却没有版权的审查，这在实际上是一种对盗版的纵容和鼓励。①

数字媒体盗版的猖獗侵害了版权所有人的利益，也打击了他们创作的热情，但同时也唤醒了人们的版权保护意识，融媒时代数字媒体版权的保护问题越来越受关注。保护数字媒体版权的技术迅速发展，如加密技术、数字水印技术、数字指纹技术等，政府部门纷纷出台相应的法律法规，相关行业也从保护自身的利益出发制定了各种措施和规定。

1. 传播主体权利意识的觉醒

1999年，我国著名作家王蒙等状告"北京在线"网站，该网站未经作者允许擅自将作品上载到公司网上博取点击率，侵犯作者的著作权，王蒙等要求公司停止侵权，公开道歉并赔偿损失。

2000年，美国五家大型唱片公司起诉MP3.com的经营公司侵犯了其版权，认为该经营公司未经许可就将大量的CD复制到它的数据库中。该经营公司与其中的四家唱片公司和解，但由于没有和环球音乐公司达成和解而案件被审理，该公司败诉，不得不赔偿环球音乐公司2.5亿美元的损失。

同一年充当数百万用户的大型连接装置的纳普斯特（Napster）也被唱片公司起诉。Napster让用户直接与其他用户的电脑进行音乐文件的交换，从而为网民侵犯版权推波助澜，使大规模的侵犯版权成为可能。

---

① 北京晚报. 作家维权联盟指苹果给中国作家带来超10亿元损失[N/OL]. (2011-07-05)[2013-10-25]. http://www.chinanews.com/cul/2011/07-05/3158943.shtml.

2002年1月,我国四大门户网站之一的新浪网起诉另一门户网站搜狐网,认为搜狐网大规模剽窃与抄袭新浪网的财经频道、体育频道等网上内容,并要求其停止侵害,删除抄袭的内容,公开赔礼道歉并赔偿损失。

2006年11月,我国国家版权局发布了《卡拉OK经营行业版权使用费标准》,规定卡拉OK经营行业以经营场所的包房为单位,支付音乐作品、音乐电视作品版权使用费。

2008年,在北京成立的中国音像著作权集体管理协会,依法集体管理音像作品著作权和与著作权有关的其他权利,保护录音、录像、音乐电视制作者的利益。协会成立后着手的第一件事就是在权利人、VOD厂商、卡拉OK歌厅之间建立版权授予和使用的正常秩序,对歌曲的版权进行收费,全面推动卡拉OK曲库的正版化。

2009年,中国的作家起诉互联网搜索巨头谷歌的数字图书馆未经授权将作品扫描上网,侵犯了他们书稿的著作权。据统计,5年之内中国至少有570位中国作家的17922种作品,在作者毫不知情的情况下被谷歌图书馆收录。

2011年3月15日,我国50位作家与出版人集体声讨百度文库未经授权肆意盗版侵权。

2011年7月,非营利组织"作家维权联盟"在韩寒、李承鹏、南派三叔等10位畅销作家和出版人的倡议下成立。该联盟专门为作家免费进行反盗版维权诉讼,如此一来节省作家维护自身版权的时间、精力、金钱,把版权诉讼的过程效率化、制度化,遏制愈演愈烈的版权侵犯。

形形色色的维权案例无不表示传播主体的版权意识觉醒,同时他们也开始采取法律手段维护自身的合法权益。虽然说这只是一种事后追惩制,但至少还可以起到震慑猖獗的盗版者,帮助人们培养版权意识。

2. 政府规制的保护

为了保护数字时代著作权人的利益,世界知识产权组织(WIPO)签订了《WIPO版权条约》和《WIPO表演与唱片条约》,规定了"著作权人和邻接权人享有采用技术措施保护其合法利益的权利(技术保护措施),以及禁止他人规避权利管理信息的权利(权利管理信息)"。

在这两个条约的指导下,美国制定了《1998数字千年版权法》,对技术保护措施和权利管理信息作了详细规定。2001年10月27日我国也颁布并实施《中华人民共和国著作权法》修正案,规定"未经著作权或与著作权有关的权利人的许可,故意避开或者规避权利人为其作品、录音录像制品等采取的保护著作权或者与著作权有关的权利的技术措施的"行为人,"未经著作权人或者与著作权有关的权利人许可,故意删除或改变作品、录音录像制品等的权利管理电子信息的"行为人要承担相应的民事责任、行政责任和刑事责任①,并在第十四条中增加了对数据库的保护。

具体到我国,媒介融合背景下对著作权法律保护的依据主要有四个:

一是 WTO 规则涉及知识产权保护的《与贸易有关的知识产权协议》(Agreement on Trade-Related Aspects of Intellectual Property Rights, TRIPS)。

二是上文提到的《中华人民共和国著作权法》。

三是国务院 2002 年 1 月 1 日施行的《计算机软件保护条例》。

四是最高人民法院 2000 年 11 月 22 日通过的《关于审理涉及计算机网络著作权纠纷案件适用法律若干问题的解释》和 2002 年 10 月 15 日施行的《关于审理著作民事权纠纷案件适用法律若干问题的解释》等。

2001 年 6 月,最高人民法院发布了《关于审理涉及计算机网络域名民事纠纷案件适用法律若干问题的解释》。

2005 年 5 月 30 日起我国颁布并实施第一部网络著作权行政管理规章《互联网著作权行政保护办法》。

2005 年 9 月,国家版权局联合信息产业部、文化部等 8 部委开展了旨在打击网络侵权盗版活动的为期 4 个月的专项行动,共查办网络侵权案件 172 件,依法关闭"三无"网站 76 家,责令 137 家网站删除侵权内容,对 29 家侵权网站予以罚款处罚。②

2006 年 7 月,为加强对互联网环境下版权保护的管理,国务院颁布了《信息网络传播权保护条例》。

2007 年 12 月底,国家广电总局规定,凡是在互联网上从事视频上传、分享和节目制作的机构都必须先领到许可证,否则将被取消从业资格。

2008 年 6 月 18 日,国家广电总局网站公布了迄今为止最全的视频牌照名单,其中包括 247 家机构,以电台、电视台、报社与出版社为主,少数几家门户网站与纯视频网站也相继获得了视频牌照。

三、融合新闻的伦理道德规范

2009 年 11 月中旬,我国台湾壹传媒集团旗下的《苹果日报》推出"动(画)

---

① 曹新明.数字时代的著作权保护措施[N/OL].(2004-6-21)[2013-10-20]. http://iprcn22.bjsx17.host.35.com/IL_Lwxc_Show.aspx?News_PI=207.

② 中国网.关闭侵权之门[N/OL].(2006-3-13)[2013-10-20]. http://www.china.com.cn/chinese/zhuanti/qkjc/1152944.htm.

新闻",以3D动画模拟新闻事件的发生全过程,并结合传统的图片、文字等报道手段逼真地还原新闻事件。这种新型的新闻报道方式综合运用了多媒体报道手段,使新闻生动形象。曾经用这种手法模拟伍兹的妻子挥动高尔夫球杆攻击伍兹驾驶的车的报道在几天内点击率达200万次,因而引起《纽约时报》的关注。《纽约时报》把它评价为"一种以视频游戏和纯粹想象的形式创造出的新形式新闻报道"。动新闻是融合新闻的典型代表,在新闻界具有创新性的意义。它综合运用多种传播手段,给受众提供了更好的信息服务,本该受到受众的青睐。可是事实上它在一向以宽松著称的台湾舆论界掀起轩然大波,民众指责壹传媒的动新闻扭曲事实、误导视听、二度伤害。同时台湾的几十个社会团体行动起来共同抵制动新闻和《苹果日报》,要求当局惩治和约束壹传媒。2009年11月25日,台北市政府以违反所谓"儿童和少年福利法"罚了壹传媒50万元新台币,并且要求壹传媒对节目进行分级,2009年11月26日追加罚款50万元新台币。同时,台湾相关部门也开始修订相关规定规范电视、纸媒以及网络媒体上的新闻内容。①

动新闻引起民众公愤主要是由于它过度渲染新闻事件中的血腥暴力场面。动新闻引发轩然大波不是因为其新闻表述革新带来的震撼,而是其对新闻伦理与道德违背的尺度让人瞠目结舌。

(一) 新闻工作的基本准则

新闻伦理由新闻界的伦理准则(Code of Ethics)衍生而来,是指从事采访、编辑、出版、播出、经营、管理等新闻传播活动的人们,在长期的职业实践中形成的调整相互关系的行为规范,是属于职业伦理的一种。新闻伦理是一种非官方的条款,它没有强迫性,依赖于从业人员高度的道德感和责任感,内化于新闻传播主体的品格、习性与思想中。不同媒介形态的新闻道德根据其工作内容和工作方式的差异有相应的区别。

新闻伦理的出现由来已久,在新闻活动出现的初期便已经存在简单的新闻伦理,如传递新闻时的保密要求等。但直到17世纪近代定期报纸诞生,新闻伦理才逐渐出现雏形,即新闻职业道德。随着西方新闻业自由化、商业化的大规模发展,黄色新闻泛滥,人们意识到过度的新闻自由损害个人和社会的权益,因此开始倡导新闻自律。1922年,美国报纸编辑协会通过了《新闻准则》(Canons Journalism),其主要内容涵盖七点,即责任(Responsibility),新闻自由(Freedom of the Press),独立性(Independence),真诚、真实、准确(Sincerity,Truthfulness,Accuracy),公正不偏(Impartiality),公平从事(Fair Play),

---

① 姚吟月.媒介融合视阈下的"动新闻"研究[J].新闻爱好者,2010(12).

庄重(Decency)。记者要恪守这七个方面,排除偏见为公众提供准确的新闻报道。我国《大公报》也提出要"不党、不盲、不偏、不私"地提供新闻。

进入20世纪40年代后,大众传播的社会责任论诞生并成熟,整个行业性的新闻伦理规范开始出现。许多国家陆续制定并颁布新闻职业道德规范。通行的新闻道德理念包括:真实准确、客观公正、庄重负责、公众利益、高尚品格、专业表现、独立自由、不以不正当手段获取信息、不抄袭剽窃、错误即刻更正、尊重个人名誉及隐私权、尊重读者听众观众等。

简要来说,新闻报道应追求真实、保持公正、坚守客观、用事实说话。但在媒介融合背景下,媒体的进一步市场化、商业化,伦理道德问题也更加突出。特别是由于数字技术的发展,它一方面有利于信息的传播,另一方面也对传媒伦理与道德带来新的挑战,如网络传播的虚拟性、交互性、匿名性、开放性带来的信息污染,对知识产权的侵犯;媒介融合使传播的新闻主体发生了变化,普通公民自由发布新闻,这使新闻的规范难以控制,新闻侵权现象加剧,虚假新闻泛滥。

(二) 新闻失实的现代特征

真实是新闻的本质属性,是新闻的生命力所在。世界各国的新闻职业道德规范无一不把新闻的真实性作为最基础、最重要的追求。《联合国国际新闻信条》规定:报业及其他新闻媒介的工作人员要尽一切努力,确保公众所接受的一切消息绝对准确,不能任意歪曲事实,也不能故意删除任何重要事实。《中国新闻工作者职业道德准则》也规定:真实是新闻的生命。新闻工作者要坚持发扬实事求是的作风,深入基层,深入实际,深入群众,加强调查研究,报实情、讲真话,不得弄虚作假,不得为追求轰动效应而捏造、歪曲事实。《美国职业新闻工作者协会章程》也指出:真实是我们的最终目标。

但从新闻业诞生开始,新闻失实就如影随形,成为一个无法回避却又无法杜绝的问题。假新闻层出不穷,花样百出,甚至有时候比真新闻还像新闻。2003年5月,拥有152年历史的美国《纽约时报》自曝旗下记者杰森·布莱尔(Jayson Blair)从2002年10月以来撰写的73篇报道中至少36篇存在杜撰问题。

我国杂志《新闻记者》从2001年就开始评选"十大假新闻",连续十年来共评选出100个年度假新闻,比如2007年北京电视台生活频道的"纸馅包子"假新闻,造成极不好的社会影响。

虚假新闻侵害了受众的知情权,不仅大大损害了媒体的声誉,同时误导受众,影响人们的日常生活,扰乱了社会正常秩序。

1. 网络新闻造假严重：把关人缺失

由于互联网媒体开放性的特点，使得它的信息传播呈网状分布，没有中心节点，传播过程中的每一个传播者都可以以自己为中心，向其他人发送信息而成为信息源。这种传播是双向的，传播中的任意两个节点都可以自由地进行双向信息交流，谁都可以成为传播的主体。这种无限制的新闻来源无从考证，而且具有非常强的流动性与交互性，通过反复传播，到最后极易使本来真实的新闻变得面目全非。

有作者在对《新闻记者》"年度十大假新闻"评选分析报告中，将虚假新闻的制假方法总结为无中生有、道听途说、移花接木、颠倒黑白、添枝加叶五类。网络把这五种手段综合运用，成为当前制造和传播谣言、假新闻的重要平台。有学者形象地把网络形容成假新闻的"放大器"。一些不负责任的假新闻见诸报端后经网络重重转发，最初的一朵蘑菇最后可以变成核弹爆炸的蘑菇云。有学者通过对《新闻记者》杂志评选出的假新闻进一步分析后指出，虽然首发新闻分别来自报纸、网络媒体和杂志等，但无一例外的是这些假新闻全部都被网站转发过。

融合媒体时代，任何人都可以是信息的发布者，新闻来源鱼龙混杂、真假难辨。由于过分追求时效性，新闻源未被核实便被传播，在点击率的驱动下，离奇的新闻不被核实便被不断转载，添油加醋之后促使了网络虚假新闻的泛滥。而其泛滥成灾的根本原因在于缺乏把关人。出于商业利益，"网络推手"处心积虑地肆意编造新闻，而在网络方便快捷的转发与链接功能的支持下，任何一个网络用户都有可能自觉或不自觉地接触到别人发布的虚假信息，同时会把一些自己感兴趣或是激发他们好奇心的信息再以转帖的形式传播出去。在这个过程中如果缺乏有效的审查与监管机制，假新闻毫无疑问呈爆炸式扩散。

2. 新闻图片造假严重：都是PS惹的祸？

2011年6月16日，四川凉山自治州会理县政府网站在首页发布了一条题为《会理县高标准建设通乡公路》的新闻，并配以一张三位县领导检查新建成的通乡公路的照片。照片PS合成的痕迹非常明显，三位领导的照片被贴到一条公路的背景上，人看起来好像飘浮在空中。

近年来，新闻图片也频频出现造假。2007年，周老虎事件闹得沸沸扬扬。2008年，入选CCTV十大新闻图片的藏羚羊图片《青藏铁路为野生动物开辟生命通道》，其拍摄者刘为强后来也承认照片是PS而成。2009年6月26日《人民日报》14版刊登的鸽子照片即是PS的，作者李辉为反映人类与鸽子的和谐相处，在同一副照片中复制了许多相同的鸽子粘贴在画面上，人为增加鸽子的数量。而国外新闻造假图片也频频出现,如2008年一名为路透社供稿的黎巴嫩籍自由摄影记者,用图像处理软件修改了在黎以冲突中拍摄的两张照片,照片上以色列战斗机投下的3枚照明弹是后期加上去的。

新闻照片作假由来已久,如我们所熟悉的摆拍新闻就是典型的假新闻图片。但由于数码技术的迅速发展,照片可以方便地在电脑上进行修改或合成。这为新闻图片的造假大开方便之门,成为近年来大量集中爆发新闻照片作假的原因。美国新闻摄影记者协会为严禁以任何手段修改图片内容,专门制定了《数码处理的伦理道德规范》,值得借鉴。

3. 假新闻"共振":一报感冒,众报吃药

假新闻"共振"是学者张涛甫用来形容假新闻同时出现在数家媒体上的形象的说法。如今,谣言已经不再是通过小道消息偷偷摸摸进行传播,而是通过权威的传统媒体与互联网大摇大摆进入人们的视线。在这个信息高度共享的融媒时代有一个现象值得我们高度注意,那就是同一条假新闻被诸多媒体转载,同一时间出现在各大媒体上,有研究者称之为"一报感冒,众报吃药"。

以假新闻《比尔·盖茨亿元租房看奥运》为例,除了始作俑者《成都商报》外,同一天这条新闻也出现在《重庆晨报》《楚天都市报》《南方都市报》《都市快报》《现代快报》等媒体。原因在于这些媒体同属"捷报奥运联盟",共享同一发稿平台上的新闻资源。尽管媒体之间的联盟与合作能够最大限度地有效配置新闻资源,提高媒体运作效率。但同时一旦出现假新闻,造成的负面影响也是相当惊人的。[①]

4. 网民渐成打假主力:媒体汗颜

过去,新闻打假的主力军主要是媒体,尤其是有竞争关系的媒体之间相互打假成为竞争的手段之一。而随着互联网技术的发展以及博客、微博等意见表达平台的兴起与流行,网友开始成为打假的主力。2006年3月31日,网友"安哥拉"举报获得第二届华赛金奖作品《中国农村城市化改革第一爆》新闻照片乃拼接而成,随后网友对其他获奖作品也提出质疑,并大部分得到证实。2007年发生的周老虎事件也是在网友的质疑下引发社会关注。2008年3月26日凌晨,在《北京房地产商协会会长赞成炸掉故宫盖住宅》发表的第二天,网友就发帖指出这是2年前的假新闻。《郭晶晶怀上霍启刚骨肉欲离队》一出现,就有网友指出这是网上的一条旧帖。

近年来,一些"新闻部分失实有理"的声音渐强,在"宽容新闻失实"的名义

---

① 贾亦凡,陈斌,阿仁. 2008年十大假新闻[J]. 新闻记者,2009(1).

下,势必有越来越多的媒体从业人员放松对新闻采访严谨、客观的要求,从而产生更多的虚假新闻。对比网友对新闻真实性的认真态度与追求,媒体专业工作人员应该感到汗颜。

(三) 新闻侵权的突出表现

新闻侵权指行为人通过新闻媒体(包括通讯社、报纸杂志、广播电视、公共网站等)向社会公众传播不真实的情况,或情况虽然真实但属于法律禁止传播的事项,从而侵害了他人的合法民事权利,依法应当承担法律后果的行为和事实。[①] 新闻侵权主要体现在侵犯隐私权、名誉权与知识产权这三个方面。

1. 侵犯隐私权

隐私权是公民的基本权利,包括公民对于自己与社会生活无关的私人事项,有权要求他人不打听、不搜集、不传播,也有权要求新闻媒体不报道、不评论以及不非法获得。而新闻的基本活动就是采集与传播信息,公众的知情权与隐私权尤其是公众人物隐私权难以权衡取舍,因此,媒体与新闻记者容易被卷入侵犯隐私权的诉讼案件中。新闻侵犯隐私权的表现主要有在传播内容中公布宣扬隐私,如披露各种个人资料,以及在采集信息的活动中侵入私生活领域,如窃听电话和偷拆偷看他人的信件等。

2000年,英国出现了一档电视娱乐节目 *BIGBROTHER*,把年轻男女放到一个四处布满摄像头的公寓里,拍摄他们的生活,然后剪辑播放。这个节目风靡一时,其理念来自60多年前英国作家乔治·奥威尔(George Orwell)在其著作《1984》中的一句名言"老大哥正看着你",说明我们已经进入了一个监控社会。如今预言成真,人人都是记者,人人都可办电视台,手机、播客、博客、微博等媒体的运用,使人肉搜索、人人发言成为可能。特别是现在摄像机遍布街道的每一个角落,无论你在哪里,你的一举一动都在摄像机的监控之下。除了摄像机,还有数码技术进步带来的手机、针孔摄像机等偷拍偷录设备的出现与普及,这些让人的隐私无从遁形。任何人都可以成为隐私信息的传播主体,隐私被侵犯的主体范围也从明星逐渐走向普通大众。网络信息传播的交互性、匿名性都促使新语境下产生隐私权的侵犯。

2. 侵犯名誉权

侵犯名誉权是常见的新闻道德和法律问题。近年来,由于媒体之间竞争加剧,为吸引受众注意力,不少媒体不惜捏造事实,使用耸人听闻的标题和夸大其词的评论,而这些行径损害了新闻当事人的名誉权。新闻侵犯名誉权的表现主要有使用语言、文字、图像等方式陈述虚假事实,这称作是"内容失实";

---

① 邹大有.新闻侵权民事责任探讨[J].新闻爱好者,2009(3).

或者新闻报道基本属实,但却使用侮辱性的表达方式使新闻当事人的名誉受到损害,也就是"评论不当",抑或二者都有。

近年来,控告媒体侵犯名誉权的新闻诉讼案件数量急剧增长。这一方面体现了公众维护自身权益的意识觉醒,同时也反映了媒体行为失当,侵权行为的普遍存在。

在互联网时代,由于网络传播具有高度的隐蔽性、快捷性与传播主体的广泛性等特点,因此容易出现肆意谩骂、诽谤等现象。而媒体之间转载、转发等功能使得名誉损害的传播速度更快,传播范围更广,造成的损害后果也更加严重,难以有效控制。

3. 侵犯知识产权

尽管新闻事实不受著作权保护,但对新闻事实的表达是受保护的。没有版权所有人许可而对新闻进行逐字逐句或改写出版都是侵犯著作权的行为。因此,在独家采访的情况下,媒体转载或者追随应该得到著作权所有人的同意,而且版权人可以获得一定的补偿。

著作权法保护文字作品、音乐作品、绘画、摄影、电影等智力作品,以防未经授权擅自使用。文字形式或是图片、视频等形式的作品都受著作权保护,如晚间电视新闻拥有著作权保护,而电视台拥有对此节目的著作权。当媒体忙于传播新闻时,不要忘记这一点。如果在进行新闻报道活动中未经授权使用他人作品,无论有意或无意都构成了对他人的版权侵犯。哈珀与罗出版公司曾经起诉国家杂志未经允许出版了部分前总统福特未经发表的手稿,最高法院判定国家杂志违背了著作权中的合理使用原则,从而构成了侵权。过去报纸等媒体从其他媒休随意转载新闻几乎成为一种潜规则。2009年国家版权局下发《关于明确中国文字著作权协会"法定许可"使用费收转职能的复函》再次对报刊等纸媒转载的混乱问题敲醒警钟。

版权问题一直是互联网传播挥之不去的困扰。网络发布信息的便利性使许多未经过许可的著作权资料容易被侵权使用。"《中国版权》的一项调查显示,国内网站对传统媒体新闻作品转载、摘编行为呈现出随意、普遍而无序的态势。许多作品被转载,不仅未经权利人同意,甚至连作者姓名、出处都被恶意略去。即便是付费转载,从转载单位向版权代理机构付费,到原创作者真正收到稿费,也存在较大比例悬殊。"[①]一般来说,未经过授权使用其他网页的图片、图表、文本、影像或者声音都属于侵犯著作权。花花公子公司起诉 Frena

---

① 天下没有免费的午餐 网络新闻转载再敲版权警钟[N/OL].(2009-09-08)[2013-10-20].中国新闻出版网,http://news.xinhuanet.com/newmedia/2009-09/08/content_12014832.htm.

案,某一家网络订阅电子公告板的运营商因为下载了花花公子杂志上的照片,而获侵权罪。

近年来,随着 P2P(Peer-to-Peer)对等互联网技术等网络共享软件的成熟与发展,使网络用户在获得书籍、视频等数字化资料后,能够很容易地不经作者允许而进行二次传播,这为无限制上传下载、盗版文件提供了条件,网络版权遭遇严峻挑战。

(四)新闻伦理的规范手段

2011年,北京西城法院把网络新闻侵权案件的特点总结为"三广四难":即侵权主体、传播范围、侵权行为具有广泛性,而诉讼时应诉材料难送、责任主体难全、责任大小难分、赔偿数额难定。①

总的说来,融合新闻侵权具有侵权主体多元化、虚拟化、匿名化,侵权手段高科技化,侵权范围与危害扩大化等特点。针对融合新闻时代,新闻侵权愈演愈烈的现状,我们需要在法律、技术、自律等方面加强建设,进一步规范新闻传播行为。

1. 法律手段

1997年美国通过了《网络作品著作权责任限制法案》《数字著作权和科技教育法案》《世界版权组织版权条约实施法案》,同时在1998年颁布了《数字千禧年著作权法》,以立法的形式为网络著作权的保护提供了法律依据,并对侵权者给予重罚。欧盟也颁布了《协调信息社会中特定著作权与著作权邻接权的指令》,约束网上著作权的侵权行为。我国在2001年出台了《关于修改〈中华人民共和国著作权法〉的决定》,对信息网络传播权、复制权做出相关规定,同时于2005年颁布《网上著作权保护管理办法》,为网络著作权管理提供相应的法律依据。

2000年12月28日,我国第九届全国人民代表大会常务委员会第十九次会议通过《全国人民代表大会常务委员会关于维护互联网安全的决定》,其中第六条规定:"利用互联网侵犯他人合法权益,构成民事侵权的,依法承担民事责任",同时明确提出对诽谤、造谣散布假新闻,侵犯他人知识产权与名誉权等行为追究相应的法律责任。此外,通过《中华人民共和国计算机信息系统安全保护条例》等,对数字化信息的传播进行干预与管理。

我国《中华人民共和国民法通则》有关名誉权的规定同样适用于融合新闻侵犯名誉权的行为。同时,2017年修订的《中华人民共和国刑法》第二百

---

① 北京西城法院调研认为网络新闻侵权案件存在"三广四难"特点[N/OL].(2011-05-18)[2013-10-20].中国经济网,http://news.163.com/11/0518/17/74BRDGG800014JB5.html.

四十六条规定"以暴力或者其他方法公然侮辱他人或者捏造事实诽谤他人，情节严重的，处三年以下有期徒刑、拘役、管制或者剥夺政治权利"。而在《最高人民法院关于审理名誉权案件若干问题的解答》与《最高人民法院关于审理名誉权案件若干问题的解释》中，对新闻侵害名誉权等做出了明确的解释。

其实，早在1974年，美国就制定了《联邦隐私法案》保护个人信息。1984年，经济合作与发展组织（OECD）发布了《关于保护隐私与个人数据之跨国界流动指南》，要求成员国对隐私权立法。1998年欧盟实施《欧盟隐私保护指令》保护网上个人数据。美国1998年颁发了《反垃圾邮件法》，后来陆续颁发《儿童网上隐私保护法》《隐私权法》《信息保护和安全法》《防止身份盗用法》《网上隐私保护法》《消费者隐私保护法》《反网络欺诈法》和《社会安全号码保护法》等，保护个人信息安全。我国尽管没有专门的保护隐私权的法律，但通过《中华人民共和国宪法》《中华人民共和国民法通则》等间接地、分散地保护隐私权。同时我国陆续颁布《中华人民共和国计算机信息网络国际联网安全保护管理办法》《中华人民共和国计算机信息网络国际联网管理暂行规定实施办法》《互联网电子公告服务管理规定》等保护网民的个人信息。从2002年起我国开始起草《个人信息保护法》建议稿，并于2008年呈交国务院，旨在加强对个人信息安全的保护。

2. 技术手段

2007年，美国YouTube公司计划推出类似于指纹识别的视频识别技术，帮助工作室等视频内容所有者确定上传到网站上的视频是否侵权，进而阻止人们上传侵权视频。它的基本原理是就像每个人的指纹不同一样，视频内容也会有唯一性的特征，利用这唯一的特征可以检测出该视频是否侵权。YouTube计划暂时与迪士尼及华纳合作测试这一视频识别技术，并在成熟后全面推广，届时互联网能够自动过滤和删除侵权作品。2010年，我国优酷等六大视频类网站在北京海淀法院的建议下就采用了技术屏蔽措施，系统自动拦截禁止网络用户二次上传侵权作品，并予以及时删除。2010年，对互联网海量传播视频、音频作品进行24小时实时监测的平台——中国版权保护中心网络视频音频版权监测及调查取证服务平台正式投入使用。它既可以提供监测数据以及调查取证报告，同时还可以向侵权网站自动发送删除通知函，并追踪删除情况，确保盗版内容彻底删除。

解决侵权问题的技术手段，包括在入口处设置防火墙阻止不良信息进入与传播；设置密钥防止作品被剽窃、修改、传播等网络认证和网络保密技术等。除设置口令、防火墙、过滤IP地址或域名外，著作权人还可以采用信息加密技术、数码签字技术、防火墙技术、数字水印技术、控制复制技术等来防范新闻侵权。

如通过防火墙技术设置敏感词,一旦相关字眼进入时便会被过滤掉。这对剔除色情、暴力等传播内容比较有效。如2008年,我国政府出资买断并免费向全国儿童无偿提供绿色上网过滤软件"绿坝—花季护航"(简称绿坝)。绿坝利用肤色、人脸、姿态和特殊器官等特征来识别色情图片,运用语义过滤技术过滤网页中的色情、暴力等不良信息,同时使用IP过滤技术制作黑名单并封锁一些不良网站,从而达到过滤淫秽色情、暴力等信息的目的。

利用信息加密技术手段可以防止信息在传播或存储过程中泄露,它包括保密通信、计算机密钥、防复制软盘等。如用激光在软盘上穿孔,使软件的存储区有不为人所知的局部存坏,从而防止非法复制。

数字水印技术指把一些标识信息(即数字水印)嵌入数字载体(包括多媒体、文档、软件等)当中,通过这些标识信息来证明版权所有或者跟踪版权行为。数字水印不会影响用户正常使用被保护的数据,同时它难以篡改和伪造,因此,可以用于鉴定原始数据是否被篡改。数字水印技术使用的标识信息如同信息的身份证,有利于减少作品被非法复制的可能性,从而保护数字产品的版权。

控制复制技术的手段,以防复制音像内容访问控制技术为例,它使用访问代码复制的防复制内容技术,把音像内容分成多个单元生成多个次序。这其中只有一个播放路径是正确的,用户只有输入正确的访问密码才能够访问受保护的原始音像内容。由此一来可以控制数字,限制访问音像内容的权限,从而有效管理音像内容的传播与管理。

由于计算机技术发展引发的盗版、非法复制与传播等问题日益突出,因此各国都日益重视对以上多种防范信息传播侵权的技术手段的研究和运用。

3. 自律手段

在复杂的媒介融合背景下,要想有效规范新闻传播伦理问题,仅仅依靠法律手段与技术手段是不可能实现的。网民、信息服务提供商、媒体等的自律也非常重要。

首先,媒体组织、信息服务提供商应当实施行业自律。行业自律的外在表现就是制定行规,提高与加强行业的标准和职业道德规范。美国一开始就采用自律的手段来规范新闻伦理与道德。雅虎和美国在线网站规定,不得在公告板上张贴他人姓名、电话地址、照片内容,以保护个人隐私。同时通过《在线隐私联盟规则》《网络隐私认证计划》《安全港协议》等行业自律协议来保护公民的隐私权。如针对儿童保护的《安全港提议》规定"父母同意和告知的义务",网站如果要发布儿童的资料必须事先征得其父母的同意。

我国互联网协会在 2004 年制定了《中国互联网行业自律公约》,要求互联网信息服务者"不制作、发布或传播危害国家安全、危害社会稳定、违反法律法规以及迷信、淫秽等有害信息,依法对用户在本网站上发布的信息进行监督,及时清除有害信息","互联网信息网络产品制作者要尊重他人的知识产权,反对制作含有有害信息和侵犯他人知识产权的产品"。行业之间自我管理、自我约束、互相监督,如果有人违反公约,"任何其他成员单位均有权及时向公约执行机构进行检举,要求公约执行机构进行调查;公约执行机构也可以直接进行调查,并将调查结果向全体成员单位公布"。

2011 年 8 月,中国互联网协会发布《互联网终端软件服务行业自律公约》,鼓励自主创新,反对和抵制各类侵权行为,同时强调要建立健全用户个人信息安全保护管理制度,保障用户个人信息安全,防止用户个人信息丢失、泄露。[①]

2011 年 11 月,新闻出版总署印发《关于严防虚假新闻报道的若干规定》,要求记者采编新闻时认真核实,"不得直接使用未经核实的网络信息和手机信息,不得直接采用未经核实的社会自由来稿",新闻机构建立健全内部防范虚假新闻的管理制度、纠错和更正制度,完善虚假失实报道的责任追究制度。

其次,提高传播者的自律性。新闻工作者作为信息的主要传播者,应当学习法律知识,提高自己的法律素养,在新闻采编的过程中遵守国家法规以及社会公德。同时加强自身的职业道德修养,在采访过程中客观公正地记录新闻事实,在涉及肖像时谨慎处理,注意新闻来源的权威性并尽可能注明新闻来源,在参与新闻传播时拒绝盗版侵权。

任何单一的手段作用都是有限的,只有加强新闻伦理道德建设,同时防范融合新闻失范,一定会有效规避新闻伦理问题。

第四节 融合新闻的教育模式创新

"融合是一种革命性的新闻进化方式,正在世界的许多地方日益凸显。作为 21 世纪的新闻学毕业生,你必须了解融合,因为它很可能影响你职业道路的推进。接下来的十年中,所有的新闻人都必须知道怎样为不同媒体报道,怎

---

① 中国互联网终端软件服务行业自律公约. [N/OL]. [2011-08-01][2013-10-20]. http://news.xinhuanet.com/2011-08/01/c_131023284.htm.

样恰当地为这些媒体写作,以为这个新时代的到来做好准备。"①

从新闻教育发展史看,每一次新闻传媒的变革,都伴随着新闻教育的调适。

现代新闻业的兴起,孕育了(报纸)新闻专业的诞生;广播媒介的普及,带动了广播专业的开办;电视媒介的崛起,引发了电视教育的热潮;新媒体的发现,开辟了新闻教育的新领域。从纸质媒介到电子媒介,再至数字媒介,每一次媒介技术的变革,都引发了媒介形态的变化。作为相应的媒介教育,毫无例外地要跟进与调试。

一、融合新闻教育目标的调适

在信息化时代,要实现任何人在任何时间、任何场所,都能安全、便捷、高效地获取丰富的、个性化的信息服务,仅靠单一媒体的工作流程已不再适应一个数字化的融合新时代。以文字、声音和图像等因素来为媒体领域做泾渭分明的定义,或为记者进行传统媒体的分类将变得越来越不可能。

我们正在见证着"一个统一的媒介王国"的出现,因为"技术的法则就是整合的法则"。一个真正独立和强大的公共传播的新媒体将会出现。"它可能在本质上使所有的社会机构发生转变",包括新闻传播教育。为此,所有研究传播教育的人都不能无视当代媒体整合的事实。

未来从事新闻职业的人必须能够迎接各种各样的挑战和改变。这些改变,首先源于未来记者工作方式的改变。未来的融合新闻记者、编辑的角色可能是"新闻流编辑""复合功能记者""记者与编辑合一""背包记者""全能记者""故事建构者"等。

由于媒介融合使媒介的生态环境和产业价值链发生根本性的变化,新的媒介生态环境需要再造编辑流程和组织架构,创新新闻生产的流程,建构新的新闻生产模式。融合编辑室将成为融合新闻报道的枢纽,由协调管理型编辑和内容生产制作型编辑共同主导编辑流程,由"单兵种"作战向"多兵种"协同作战转换;从单向线性的编辑流程转变为多元互动的编辑流程,包括协调管理编辑与普通编辑的互动、不同内容编辑的互动、编辑与记者的互动和编辑与受众的互动;从"编辑主导式"编辑流程转变为"编辑和受众共同参与式"的编辑流程。

媒介融合使记者的新闻生产流程与方式也发生了转变,就是要实现多媒

---

① Stephen Quinn, Vincent Filak. Convergent Journalism:An Introduction[M]. Amsterdam:Elsevier Inc,2005:1.

体信息的采集、管理、加工与发布,建构一种协同分享式的集约化的新闻生产流程。多媒体新闻资源的采集要求未来的记者必须具备能写、能拍、能摄的基本技能,以完成多媒体信息的采集,在美国称为"背包记者"。记者、编辑以多媒体手段完成信息采集、加工,做好多媒体的故事讲述和多平台的发布,满足受众个性化的需求,实现新闻信息发布时间的多重设置和新闻内容的相互嵌入,提升媒介的影响力。

为适应这种角色的变化,未来的媒介融合教育应让学生明确:

如何能通过几种不同的媒介进行新闻写作?

如何能用文本、音频、视频、网络等不同的方式叙事?

如何适应全天候新闻业务变化,改变对待截稿时间的态度?

如何成为"下个十年"出现的"过滤信息"的全新媒介职业者?

美国学者约翰·V.帕夫利克在谈到新媒介对新闻教育的影响时说:新媒介将改变新闻和大众传播的教学和科研,改变新闻教育者的工作方式;改变我们讲授的内容;改变新闻院系和其他高等教育机构的结构;改变新闻教育者及其公众关系。[1]

在传统新闻学中,我们总是把自己界定为"报纸"记者或"电视"记者或"网站"记者。当我们在极力区分专业教育差别的时候,社会则强调学科的交叉、专业的多能,探讨融合中的"超级记者"或"双栖记者"。随着媒介的融合,一个真正独立和强大的传播新媒体系统将会出现,"它可能在本质上使所有的传媒机构发生转变",包括新闻传播教育。

美国密苏里大学呼应业界的新需求,紧跟技术发展潮流,于2005年9月开设了世界上第一个新的"媒体融合"专业,在"交叉"的基础上,为学生提供新闻传播技能的全面训练,以培养适应媒体融合的新型新闻人才。目前美国许多新闻院系都开设了"媒介融合"课程,希望给予新闻业未来的从业者更全面的技能训练。南卫理公会大学的卡米尔·科瑞普林和凯利·克莱阿朵发现,他们所调查的240个大学中有85%已经或正在吸纳融合的课程。[2] 在我国,也有少数大学开启了融合新闻教育。鉴于复合式平台的融合新闻报道将成为未来新闻的趋向,因此,在新闻传播的专业教育中,吸收媒体融合知识,合理设置相应的教育专业,应是今后新闻与传播教育改革的一个目标。

2005年在北京"首届新闻传播学院院长国际论坛"上,包括8所国外院校

---

[1] 约翰·V.帕夫利克.新闻业与新媒介[M].张军芳,译.北京:新华出版社,2005:219.

[2] Stephen Quinn, Vincent F. Filak. 媒介融合——跨媒体的写作与制作[M].任锦鸾,译.北京:人民邮电出版社,2009:13.

在内的61所中外新闻传播学院院长共同签署了"北京共识","北京共识"认为:"新闻传播教育的核心任务是培养具有神圣的职业良知、宽广的国际视野、深厚的文化修养、科学的思维方法和精湛的专业技能的新闻传播工作者。"[①]围绕这个目标,融合新闻传播教育同样应加强三个层面的教育,即人文素质教育、专业技能训练和思想思维培养。

在倡导通识教育的同时,新闻传播教育作为最具职业色彩的专业教育,应保持与社会的联系,为学生的未来职业生涯做好一定的准备。特别是在媒介融合的大背景下,更需要培养跨学科的视野、跨学科的思维、跨学科的人才。过去,新闻传播教育侧重于专识教育,并且是"专业"分工越来越细,甚至在某些大学将某些专业技能知识划分出"专业"类型,这与"融合"下的跨专业能力培养相去甚远。

"融合新闻学"的培养目标,应是为媒介融合环境下的媒介行业培养复合型(跨媒体)人才。根据美国的经验,媒介融合人才的培养一是需要能够在多媒体集团中进行整合传播策划的高层次管理人才;二是能够运用多种技术工具的全媒型记者编辑。

全媒体传播管理人才必须具备信息内容生产、高新技术应用、发展战略策划等多种素质,能以宏观的思维统筹全媒体产品生产、发布和营销,以及在这个过程中对所用资源的整合共享与交叉互动。全媒型记者编辑必须能同时为报纸写文字稿件、为电视拍摄新闻节目、为网站写稿等。

随着媒体的融合,电视、广播、网络等资源都会被集中起来,新闻工作者必须具备跨媒体的新闻工作能力,即能通过几种不同的媒介进行新闻叙事。未来的编辑也应是新闻流的管理者,懂得选择最适合报道和传递这一新闻故事的媒介形式,并根据各种媒体的技能和特征,对故事的不同内容进行组合,为融合编辑室的每一种媒体撰写故事。

虽然从某些方面来看,条理清晰的写作和充分的背景交代依然是媒体人最基本的素质要求,但出色的媒介语言表达及跨媒体报道制作的能力,促使新闻传播教育接受融合带来的文化转换。面对迅速发展的新媒体技术,我们可能难以教会学生使用每一种最新的技术工具,但我们可以告诉他们技术工具的本质与演进趋势,让他们拥有扩展和更新自己知识系统的科学思维方法和基础知识结构。新闻传播教育的改革,应当朝着上述目标接近。

---

① 钟新,周树华.传媒镜鉴:国外权威解读新闻传播教育[M].北京:中国传媒大学出版社,2006:4.

二、融合新闻教育路径的探索

2010年5月初于南京召开的第四届中外大学校长论坛上,围绕创新型人才培养、教育模式创新等议题进行了交流,在改革传统培养模式、培养学生创新精神方面基本达成共识。那么,在信息全球化时代,新闻传播教育是否也应该符合创新人才培养的趋势呢?

(一) 教学理念创新

首先,要确立全媒型人才培养的理念。"融合新闻学"的培养目标,应是为媒介融合环境下的媒介行业培养复合型(跨媒体)人才。就是要求学生必须学会同时运用多媒体进行工作,学习运用更多新技能的多媒体和工作流程讲述故事,力求在以印刷、在线及视音频的融合新闻工作平台上取得成功,这是融合新闻传播教育改革的着力点。

其次,注重多媒体思维的培养。融合新闻记者、编辑的工作,最基本的要求是要有一种多媒体的思维方式。传统的典型叙事结构是依照线性模式讲故事,是按照既成的报道套路单向、单一地传播,而融合新闻则包含不同的报道方式或不同的叙事结构,既要考虑双向互动的非线性传播方式,又要善于运用不同的媒介语汇报道新闻,并根据不同的传播要求,运用不同的采访和编辑思维。

最后,注重"筛选者"角色的培养。思想家爱德华·德·波诺1999年曾预言,在未来的几十年内将会出现包括信息筛选在内的新专业如整理者、摘要者、调查者。他说:"每个用户将所有他们想要的信息进行分类已不再成为可能。"这样发展的后果是,有些记者的基本职责会从信息搜集过渡到信息加工,未来的记者会花更多时间在编辑和集合这些消息上,而不是收集信息上。① 事实上,波诺的预言已经成为现实。融合新闻记者从信息提供者到信息筛选者的变化,对新闻传播教育的改革提出了新的培养要求。

(二) 教学模式创新

在急剧变化的媒体融合的趋势下,我国的新闻传播学教育体系需要改革,需要探索多样化的专业教学模式。

"独立"模式。即在传统新闻传播学科的专业中,独立设置"媒介融合"或"融合新闻学"专业。以美国密苏里大学新闻学院为例,其在传统的5个本科专业(新闻、杂志、新闻摄影、广播电视新闻和广告传播)基础上,于2005年新

---

① Stephen Quinn, Vincent F. Filak. 媒介融合——跨媒体的写作与制作[M]. 任锦鸾译. 北京:人民邮电出版社, 2009:184.

开设了"媒体融合"专业。这是密苏里大学继 1908 年在世界上首创新闻教育之后,又一具有开创意义的事件。密苏里大学新闻学院是以紧跟技术发展潮流、提供新闻传播技能的全面训练来培养适应媒体融合的新型人才,以跟上新闻界的变化,这种尝试显然是有前瞻性的。

"交叉"模式。即在不完全打破传统专业界限的情况下,实现新闻传播专业间的交叉选修、互补互融。早在 1998 年,我国华中科技大学新闻与信息传播学院就已突破传统新闻教育的界限,实现"大跨度交叉",创办了网络新闻专业(方向),引领着文工交叉的新潮流。2003 年又在传统新闻学、广播电视新闻学、广告学和(网络)传播学 4 个专业间开展专业核心课程的互选 6~10 个学分,力图让学生在校期间掌握两门以上的新闻传播专业知识,增强学生的多媒体适应能力。这在目前中国新增专业控制较紧的情况下,不失为一条可行的发展之路。

"融合"模式。这是与"独立""交叉"相对应的模式,原课程设置从总体上看是独立的,是严格按专业分割为目的的实务性课程,显然与"融合"的本质不相符。严格意义上的"融合"是将相关的专业内容整合到融合新闻教育知识体系中,构建"复合课程",例如,在编辑课程中融合印刷、视频在线和其他许多传输格式中的编辑技术的相关内容。

(三) 教学体系创新

作为应用型特征较为明显的融合新闻学,其教学模式的基本框架是由三大结构构成:一是课程体系,即围绕融合新闻学的培养目标对课程内容及教学方法进行改造;二是实践体系,即为融合新闻专业的实践提供实验条件与环境;三是支撑体系,包括最为重要的融合型师资队伍建设。

课程体系的建构应当是融合新闻学教育的核心,密苏里大学在这方面进行了结构性的重构,将课程体系分为基础课程、核心课程、专题课程和选修课程。在密苏里大学新闻学院的融合新闻专业中,开设有四个方向:融合新闻学、融合新闻摄影(跨学科)、融合广播报道/制作(跨学科)和融合电视报道(跨学科)。所有融合专业方向都要共同开设一定的核心融合课程。

融合报道实践,是跨媒体记者培养与新闻传播教育改革的关键。因此,必须改变现有的实验方式,打破专业分割的实验模式,建立"中央厨房式的媒体融合"实验室,让学生在实验中体验到全媒体记者采集素材的全新体验,感受到"融合性编辑室的新角色"。通过媒介融合实验教学加强全媒体记者和融媒体编辑新技能的训练等。

建设一支"融合"型的教学与研究队伍,是融合新闻教育中最为重要的支撑体系。媒介融合改变了记者、编辑的工作方式,也改变了我们专业讲授的内容,新闻传播教育者的角色也正在向"全能知识"指导者转变,这对传播教育者的知识体系结构提出了挑战。要培养掌握新媒体技巧并理解如何在具体情况下使用新技术的学生,就要有相应的融合知识结构的教师,未来的教师应具备跨学科的知识基础。这意味着要重新审视传统新闻教育所传授的内容,对教师队伍的知识体系进行更新,以适应媒介融合教育的全新体系需要。

三、融合新闻教育内容的设计

当社会发生根本变革时,教育也要随之而变,而变革的尝试是在对教育本质追问的前提下,对教学课程体系的重构。课程在教育体系中占有最基础的地位,它体现教学目标,显示教学内容、专业内涵和特色,是专业建设的基础。因此,课程体系是教学活动开展的前提,也是教育内容的主体。

美国密苏里大学新闻学院首开媒介融合专业就是基于对"关于未来的新闻工作的一种大胆的设想,即媒体将大规模合并与联合。记者必须跨平台承担不同媒体交给的工作,98%的工作将和今天要做的极大不同。媒体将穿越不同的形式,打破藩篱,创造出媒体融合的新平台。"[1]以注重实务、实践为特色的密苏里大学新闻学院,适应媒介融合的大趋势,于2005年开设的媒介融合专业,到现在已经形成了层次清晰、特色鲜明的教学体系。

基础课程内容。在密苏里大学新闻学院首先要求学生必须修19个学分的基础课程,包括:新闻学职业生涯的探索、美国新闻学原理、跨文化新闻学、新闻、美国新闻史或解决新闻学实践问题、传媒法。这些基础课集中在史、论、法和职业的实践认知方面,与我国新闻传播学专业基础课类似。

核心课程内容。在密苏里大学新闻学院的融合新闻专业中,四个专业方向均要共同开设四门核心融合课程:即电视、广播和新闻摄影的基础,融合新闻报道,融合编辑和生产,融合媒体的报道、编辑和市场营销。学生通过学习这四门核心课程学会使用多媒体讲故事,以及如何在媒介融合的环境下从事新闻工作。

专题课程内容。在密苏里大学新闻学院的融合新闻学专业,必须在第二、三学期选修6学分的融合新闻专题课程,要求学生在现有的领域中专攻某一特殊领域的若干专题课程。包括广播电视新闻专题、信息图像学专题、国际新闻专题、调查性报道、在线新闻、新闻摄影专题、印刷编辑专题等专题

---

[1] 美国密苏里大学新闻学院副院长布莱恩·布鲁克斯,于2006年6月在中国人民大学新闻学院的讲座录音,译者为密苏里大学新闻学院章于炎博士。

课程。

选修课程内容。通过对密苏里大学新闻学院课程内容体系的分析可以看出，一名融合新闻学专业的学生，首先，必须具备基本的新闻传播理论与历史知识。其次，融合新闻学专业的学生，必须修读诸如融合新闻报道、融合新闻编辑与制作等融合新闻专业的核心课程。在这两者基础上，学生还可以根据自己的兴趣和未来的发展方向，自由选择自己感兴趣的本专业以外的课程。这样的设置对于将在跨媒体平台从事新闻工作的学生来说是非常重要的。

当然，融合新闻的教育不应"重视多能，忽视一专"，也不是要求报道者同时掌握所有媒体形式的专业技能，而是需要具备在某一方面的特长，能够在团队中正确理解自己的角色，发挥其应有的作用。培养"一专多能"型的新型新闻从业人员，应该是融合新闻教育的目标。

当代媒介大融合的新闻传播业，为融合新闻学专业奠定了实践基础，因此，融合新闻教育从诞生之初就应适应业界对未来新闻从业人员在跨媒体、全媒体环境下工作的要求。

"媒介融合"作为国际传媒大整合之下的新作业模式，将报纸、广播、电视、网络等采编作业有效结合起来，资源共享，集中处理，衍生出不同形式的信息产品，然后通过不同平台传播给受众。"媒介融合"也导致了"融合新闻"，其内容的采集与生产复杂程度显然要超出任何传统媒体产品。因此，要求新闻传播教育必须加快改革步伐，培养适合"媒体融合"专业需要的"跨媒体记者"。

在美国综合排名前一百位的大学中，所有新闻传播专业几乎都根据媒介融合要求对课程作了不同程度的改革。即使没有推出明确的融合新闻课程，也对原有的报道、编辑、信息收集等课程的教学内容，做出了适应媒介融合趋势的调整，力图加强自己学校毕业生的职业竞争力。

融合新闻学教育的体系，是围绕培养目标对课程内容及教学方法的设计，还包括为学生提供的实践体系和保障体系。以核心融合课程"融合报道"为例，密苏里大学教师在教学方式上主要围绕以下十个方面展开教学：①社交型媒体（Social Media）的学习与实践。②新媒体新闻工具的使用。③采访技巧与拓展训练。④主题教学。⑤案例分析。特别强调"批判式思维"的运用和折中的实用主义，强调对这种平衡性的把握。⑥新闻摄影、新闻摄像的基本技巧。⑦专题学习与指导。⑧报纸、电台、电视台记者或专家的讲座。⑨新闻道德与伦理观念的探讨。⑩媒体融合发展趋势探讨。

通过对以上美国大学融合新闻传播教育分析，我们知道：媒体融合教育不是将电视、广播、报纸等技能简单相加，也不是使用互联网的技能与新闻专业主义相加，美国的融合新闻教育模式是复合多元的。它不但强调技能和理论上的掌握，更强调研究能力与对新闻流程的整体把握，从而使毕业生在创造性和批判能力方面都能获得比较扎实的教育，能在新技术环境下向受众提供更好更高质量的新闻。

为了适应媒介融合的趋势，我国在新闻传播教学改革中，应吸收美国大学的有益经验，建构具有中国特色的融合新闻教育体系。同时，通过"数字新闻传播"等新的专业方向的建设，进一步探索数字新闻传播技术条件下的课程体系的构造。整体的教学改革方向应该是打破传统专业之间的壁垒，使学生在具有丰富知识积累和跨媒体思维的"宽""厚"基础上，掌握专业媒体工作的技能。

技术在改变一切，但从新闻传播业务来说，变化的还只是传播手段和传播方式，而新闻报道的基本原理和专业准则不会变。从这一点来说，对全媒型新闻人才的培养是在原有专业理论和知识的基础上对专业技能教育的跟进、拓展和融合。创新适应媒介融合发展需要的新闻人才培养模式，需要我们了解新闻传播业正在发生的变化，把握其发展趋势，在此基础上对新闻传播学教育模式进行大胆改革，培养适应融合传媒业发展需要的新型媒体人才。

参考文献

[1] Andrew Nachison. Good Business or Good Journalism Lessons from the Bleeding Edge, A Presentation to the World Editors' Forum[R]. Hong Kong, 2001.

[2] Colon. The Multimedia Newsroom[J]. Columbia Journalism Review, 2000(5).

[3] G. Doyle. Media Ownership: The Economics and Politics of Convergence and Concentration in the UK and European Media[M]. London: SAGE Publications, 2002.

[4] Joni Holst. Convergent Journalism: The Fundamentals of Multimedia Reporting[M]. New York: Peter Lang Publishing, 2005.

[5] Rich Gordon. The Meanings and Implication of Convergence[M]. // K. Kawamoto. Digital Journalism: Emerging Media and the Changing Horizons of Journalism, New York: Rowman & Littlefield, 2003.

[6] Stephen Quinn. Convergent Journalism: The Fundamentals of Multimedia Reporting[M]. New York: Peter Lang Publishing, 2005.

[7] Stephen Quinn, Vincent F Filak. Convergent Journalism: An Introduction[M]. Amsterdam: Elsevier Inc, 2005.

[8] 比尔·科瓦齐,汤姆·罗森斯蒂尔.新闻的十大基本原则:新闻从业者须知和公众的期待[M].刘海龙,连晓东,译.北京:北京大学出版社,2011.

[9] 蔡雯.资源整合:媒介融合进程中的一道难题[J].新闻记者,2009(9).

[10] 蔡雯.媒介融合趋势下如何实现内容重整与报道创新——再论"融合新闻"及其实施策略[J].新闻战线,2007(8).

[11] 蔡雯.新闻传播的变化融合了什么?——从美国新闻传播的变化谈起[J].中国记者,2005(9).

[12] 蔡雯,郭翠玲.美国坦帕新闻中心媒介融合的策略与方法[J].中国记者,2007(9).

[13] 陈绚.新闻道德与法规:对媒介行为规范的思考[M].北京:中国大百科全书出版社,2005.

[14] 陈映.规制变革:媒介融合研究的新定向——基于文献回顾与探讨[J].新闻界,2009(3).

[15] 陈禹安.纸媒"iPad转型"四大战略疑点[J].中国记者,2011(2).

[16] 陈鹏.三网融合背景下电视内容产业升级战略[J].电视研究,2011(1).

[17] 陈力丹.2008年我国的新闻传播学研究[J].国际新闻界,2009(1).

[18] 巢乃鹏,刘欣.媒介融合时代采编业务流程重组研究——以南京某报媒人员的深

度访谈来展开[J].新闻记者,2012(5).

[19] 傅玉辉.大媒体产业:从媒介融合到产业融合[M].北京:中国广播电视出版社,2008.

[20] 冯冰,袁震宇.迈出向多媒体业态拓展的第一步——新华社组建多媒体中心抢占信息时代制高点[J].中国记者,2009(6).

[21] 方方.传媒研究前沿报告[M].上海:文汇出版社,2010.

[22] 宫承波,庄捷,翁立伟.媒介融合概论[M].北京:中国广播电视出版社,2011.

[23] 国际台新媒体节目中心.面向新型媒体发展的"华丽转身"[J].中国广播电视学刊,2010(10).

[24] 何伟,马伟华.传统电视媒体打造网络电视台浅析[J].现代电视技术,2011(2).

[25] 黄楚新.媒介融合背景下的新闻报道[M].杭州:浙江大学出版社,2010.

[26] 黄成,花凯.试论媒介融合对电视新闻采编业务的影响[J].电视研究,2010(3).

[27] 黄金.媒介融合的动因模式[M].北京:中国书籍出版社,2011.

[28] 杰弗瑞·S.威尔克森,奥古斯特·E.格兰特,道格拉斯·J.费舍尔.融合新闻学原理[M].郭媛媛,贺心颖,译.北京:中国时代经济出版社,2011.

[29] 金兼斌.技术传播:创新扩散的观点[M].哈尔滨:黑龙江人民出版社,2000.

[30] 靖鸣,刘锐.手机传播学[M].北京:新华出版社,2008.

[31] 卡罗尔·里奇.新闻写作与报道训练教程[M].3版.钟新,等译.北京:中国人民大学出版社,2004.

[32] Kenneth C. Creech.电子媒体的法律与管制[M].2版.王大为,等译.北京:人民邮电出版社,2009.

[33] 罗杰·菲德勒.媒介形态变化:认识新媒介[M].明安香,译.北京:华夏出版社,2000.

[34] 刘滢.媒介融合:海外媒体在做什么[J].新闻与写作,2009(7).

[35] 刘长乐.全媒体时代的思维转变与战略实施[J].中国记者,2011(5).

[36] 刘惠芬,刘澜.手机媒体的现状与前景[J].南京邮电大学学报(社会科学版),2006(3).

[37] 梁智勇.近期中国网络媒体竞争态势再审视[J].新闻记者,2008(11).

[38] 黎斌.电视融合变革——新媒体时代传统电视的转型之路[M].北京:中国国际广播出版社,2011.

[39] 李红祥.跨媒介经营:媒介融合下的传媒管理创新——以美国媒介综合集团管理经验为借鉴[J].新世界,2009(2).

[40] 郎劲松,初广志.传媒伦理学导论[M].杭州:浙江大学出版社,2007.

[41] 曼纽尔·卡斯特.网络社会的崛起[M].夏铸九,王志弘,等译.北京:社会科学文献出版社,2006.

[42] 马胜荣,唐润华.新闻媒介的融合与管理:一种业界视角[M].重庆:重庆大学出版社,2010.

[43] 马休·里基森.探讨未来新闻业和记者的动向[J].新闻记者,2010(8).

[44] 尼尔·波兹曼.娱乐至死·童年的消逝[M].章艳,吴燕莛,译.桂林:广西师范大学出版社,2009.

[45] 尼古拉·尼葛洛庞帝.数字化生存[M].胡泳,范海燕,译.海口:海南出版社,1996.

[46] 聂志腾.刍议网络新闻的叙述模式[J].新闻爱好者,2012(5).

[47] 栾轶玫.融合时代传统媒体新闻管理创新的五个维度[J].视听界,2011(6).

[48] 彭兰.如何从全媒体化走向媒介融合——对全媒体化业务四个关键问题的思考[J].新闻与写作,2009(7).

[49] 任彬.从传播效果视角看媒介融合[J].法制与社会,2008(1).

[50] 邵培仁,等.媒介理论前沿[M].杭州:浙江大学出版社,2009.

[51] 宋昭勋.新闻传播学中 Convergence 一词溯源及内涵[J].现代传播,2006(1).

[52] Stephen Quinn, Vincent F. Filak.媒介融合——跨媒体的写作和制作[M].任锦鸾,译.北京:人民邮电出版社,2009.

[53] 盛佳婉,范以锦.当纸媒拥抱 iPad,付费梦想能否照进现实?[J].新闻实践,2011(4).

[54] 孙淑兰,黄翼彪.用户产生内容(UGC)模式探究[J].图书馆学研究,2012(13).

[55] 孙哲.广播经营:整合资源 拓展空间 转变理念[J].中国广播电视学刊,2012(1).

[56] 邵英夫.电视新闻的编排与"大编辑部思想"[J].记者摇篮,1999(7).

[57] 石磊.新媒体概论[M].北京:中国传媒大学出版社,2009.

[58] 田智辉.新媒体传播:基于用户制作内容的研究[M].北京:中国传媒大学出版社,2008.

[59] 谭云明.传媒经营管理新论[M].北京:北京大学出版社,2007.

[60] 托马斯·鲍德温,等.大汇流:整合媒介、信息与传播[M].龙耘,官希明,译.北京:华夏出版社,2000.

[61] 王菲.媒介大融合:数字新媒体时代下的媒介融合论[M].广州:南方日报出版社,2007.

[62] 王君超."全媒体"时代,报网融合大发展[J].媒体时代,2011(3).

[63] 闻娱.融合背景下的新闻报道模式创新[J].新闻战线,2009(2).

[64] 吴昊天.传媒产业新型发展之路:以成都传媒集团媒体融合发展模式为例[J].中华文化,2011(2).

[65] 徐沁.国际媒介融合发展的瓶颈[J].中国广播电视学刊,2008(7).

[66] 徐沁.媒介融合论:信息化时代的存续之道[M].北京:中国传媒大学出版社,2009.

[67] 许颖.媒介融合的轨迹[M].北京:中国人民大学出版社,2011.

[68] 雪莉·贝尔吉.媒介与冲击:大媒介概论[M].赵敬松,译.大连:东北财经大学出

版社,2000.

[69] 肖赞军.媒介融合时代传媒规制的国际趋势及其启示[J].新闻与传播研究,2009(5).

[70] 杨松涛.奥运报道的融合新闻探索[J].青年记者,2008(26).

[71] 杨秀国,李行知.iPad:报纸发展的革命性变革[J].新闻知识,2011(9).

[72] 杨成,韩凌.三网融合下的边界消融[M].北京:北京邮电大学出版社,2011.

[73] 喻国明.解读新媒体的几个关键词[J].广告大观(媒介版),2006(5).

[74] 约翰·V.帕夫利克.新闻业与新媒介[M].张军芳,译.北京:新华出版社,2005.

[75] 约翰·帕夫利克.新媒体技术:文化和商业前景[M].周勇,等译.北京:清华大学出版社,2005.

[76] 约瑟夫·R.多米尼克.大众传播动力学:数字时代的媒介[M].蔡骐,译.北京:中国人民大学出版社,2009.

[77] 尹良润.iPad:不仅是终端,更是平台[J].中国记者,2011(3).

[78] 章于炎,乔治·肯尼迪,弗里兹·克罗普.媒介融合:从优质新闻业务、规模经济到竞争优势的发展轨迹[J].中国传媒报告,2006(3).

[79] 詹新惠.正确培养"全媒体记者"[J].青年记者,2011(6).

[80] 张艳,范以锦.当传统报纸遇到iPad[J].新闻前哨,2011(3).

[81] 郑强.寻求全媒体运营的战略突破,写在烟台日报传媒集团实施全媒体战略三年之际[J].中国记者,2011(7).

[82] 郑晓华.我国媒介融合的内外动因解析[J].北京邮电大学学报(社会科学版),2011(3).

[83] 张鸿萍.科技的作用力与反作用力——关于媒介融合的几点反思[J].中国教育技术装备,2009(30).

[84] 张晓频.从媒介融合看融合新闻[J].视听纵横,2008(3).

[85] 张丽萍.新媒体时代新闻业务形态的变革[J].新闻实践,2008(1).

[86] 张从明,等.全媒体新闻采写教程[M].北京:北京大学出版社,2010.

[87] 郑保卫.论当前我国新闻学研究中的几个理论热点问题[J].社会科学战线,2011(5).

[88] 张文俊.数字新媒体概论[M].上海:复旦大学出版社,2009.

[89] 钟新,周树华.传媒镜鉴:国外权威解读新闻传播教育[M].北京:中国传媒大学出版社,2006.

[90] 中国互联网络信息中心.第43次《中国互联网络发展状况统计报告》[EB/OL](2019-02-28)[2020-05-08].http://www.cac.gov.cn/2019-02/28/c_1124175677.htm.

[91] 赵子忠.内容产业论:数字新媒体的核心[M].北京:中国传媒大学出版社,2005.

北京大学出版社
教育出版中心 精品图书

21世纪特殊教育创新教材·理论与基础系列
特殊教育的哲学基础	方俊明
特殊教育的医学基础	张婷
融合教育导论（第二版）	雷江华
特殊教育学（第二版）	雷江华 方俊明
特殊儿童心理学（第二版）	方俊明 雷江华
特殊教育史	朱宗顺
特殊教育研究方法（第二版）	杜晓新 宋永宁 等
特殊教育发展模式	任颂羔

21世纪特殊教育创新教材·康复与训练系列
特殊儿童应用行为分析（第二版）	李芳 李丹
特殊儿童的游戏治疗	周念丽
特殊儿童的美术治疗	孙霞
特殊儿童的音乐治疗	胡世红
特殊儿童的心理治疗（第二版）	杨广学
特殊教育的辅具与康复	蒋建荣
特殊儿童的感觉统合训练（第二版）	王和平
孤独症儿童课程与教学设计	王梅

21世纪特殊教育创新教材·融合教育系列
融合教育理论反思与本土化探索	邓猛
融合教育实践指南	邓猛
融合教育理论指南	邓猛
融合教育导论（第二版）	雷江华

21世纪特殊教育创新教材（第二辑）
特殊儿童心理与教育	杨广学 张巧明 王芳
教育康复学导论	杜晓新 黄昭鸣
特殊儿童病理学	王和平 杨长江
特殊学校教师教育技能	谷飞 马红英

自闭谱系障碍儿童早期干预丛书
如何发展自闭谱系障碍儿童的沟通能力	朱晓晨 苏雪云
如何理解自闭谱系障碍和早期干预	苏雪云
如何发展自闭谱系障碍儿童的社会交往能力	吕梦 杨广学
如何发展自闭谱系障碍儿童的自我照料能力	倪萍萍 周波
如何在游戏中干预自闭谱系障碍儿童	朱瑞 周念丽
如何发展自闭谱系障碍儿童的感知和运动能力	韩文娟 徐芳 王和平
如何发展自闭谱系障碍儿童的认知能力	潘前前 杨福义
自闭症谱系障碍儿童的发展与教育	周念丽
如何通过音乐干预自闭谱系障碍儿童	张正琴
如何通过画画干预自闭谱系障碍儿童	张正琴
如何运用ACC促进自闭谱系障碍儿童的发展	苏雪云
孤独症儿童的关键性技能训练法	李丹
自闭症儿童家长辅导手册	雷江华
孤独症儿童课程与教学设计	王梅
融合教育理论反思与本土化探索	邓猛
自闭症谱系障碍儿童家庭支持系统	孙玉梅
自闭症谱系障碍儿童团体社交游戏干预	李芳
孤独症儿童的教育与发展	王梅 梁松梅

特殊学校教育·康复·职业训练丛书（黄建行 雷江华 主编）
信息技术在特殊教育中的应用	
智障学生职业教育模式	
特殊教育学校学生康复与训练	
特殊教育学校校本课程开发	
特殊教育学校特奥运动项目建设	

21世纪学前教育规划教材
学前教育概论	李生兰
学前教育管理学	王雯
幼儿园歌曲钢琴伴奏教程	果旭伟
幼儿园舞蹈教学活动设计与指导	董丽
实用乐理与视唱	代苗
学前儿童美术教育	冯婉贞
学前儿童科学教育	洪秀敏
学前儿童游戏	范明丽
学前教育研究方法	郑福明
外国学前教育史	郭法奇
学前教育政策与法规	魏真
学前心理学	涂艳国 蔡艳

学前教育理论与实践教程	
	王 维 王维娅 孙 岩
学前儿童数学教育	赵振国

大学之道丛书精装版

美国高等教育通史	[美]亚瑟·科恩
知识社会中的大学	[英]杰勒德·德兰迪
大学之用（第五版）	[美]克拉克·克尔
营利性大学的崛起	[美]理查德·鲁克
学术部落与学术领地：知识探索与学科文化	
	[英]托尼·比彻，保罗·特罗勒尔
美国现代大学的崛起	[美]劳伦斯·维赛
教育的终结——大学何以放弃了对人生意义的追求	
	[美]安东尼·T.克龙曼
世界一流大学的管理之道——大学管理研究导论	
	程 星
后现代大学来临？	
	[英]安东尼·史密斯 弗兰克·韦伯斯特

大学之道丛书

市场化的底限	[美]大卫·科伯
大学的理念	[英]亨利·纽曼
哈佛：谁说了算	[美]理查德·布瑞德利
麻省理工学院如何追求卓越	[美]查尔斯·维斯特
大学与市场的悖论	[美]罗杰·盖格
高等教育公司：营利性大学的崛起	
	[美]理查德·鲁克
公司文化中的大学：大学如何应对市场化压力	
	[美]埃里克·古尔德 40元
美国高等教育质量认证与评估	
	[美]美国中部州高等教育委员会
现代大学及其图新	[美]谢尔顿·罗斯布莱特
美国文理学院的兴衰——凯尼恩学院纪实	
	[美]P.F.克鲁格
教育的终结：大学何以放弃了对人生意义的追求	
	[美]安东尼·T.克龙曼
大学的逻辑（第三版）	张维迎
我的科大十年（续集）	孔宪铎
高等教育理念	[英]罗纳德·巴耐特
美国现代大学的崛起	[美]劳伦斯·维赛
美国大学时代的学术自由	[美]沃特·梅兹格
美国高等教育通史	[美]亚瑟·科恩
美国高等教育史	[美]约翰·塞林
哈佛通识教育红皮书	哈佛委员会
高等教育何以为"高"——牛津导师制教学反思	
	[英]大卫·帕尔菲曼
印度理工学院的精英们	[印度]桑迪潘·德布
知识社会中的大学	[英]杰勒德·德兰迪
高等教育的未来：浮言、现实与市场风险	
	[美]弗兰克·纽曼等
后现代大学来临？	[英]安东尼·史密斯等
美国大学之魂	[美]乔治·M.马斯登
大学理念重审：与纽曼对话	
	[美]雅罗斯拉夫·帕利坎
学术部落及其领地——当代学术界生态揭秘（第二版）	
	[英]托尼·比彻 保罗·特罗勒尔
德国古典大学观及其对中国大学的影响（第二版）	
	陈洪捷
转变中的大学：传统、议题与前景	郭为藩
学术资本主义：政治、政策和创业型大学	
	[美]希拉·斯劳特 拉里·莱斯利
21世纪的大学	[美]詹姆斯·杜德斯达
美国公立大学的未来	
	[美]詹姆斯·杜德斯达 弗瑞斯·沃马克
东西象牙塔	孔宪铎
理性捍卫大学	眭依凡

学术规范与研究方法系列

社会科学研究方法100问	[美]萨尔金德
如何利用互联网做研究	[爱尔兰]杜恰泰
如何撰写与发表社会科学论文：国际刊物指南	
	蔡今忠
如何查找文献（第二版）	[英]萨莉·拉姆齐
给研究生的学术建议	[英]戈登·鲁格 等
社会科学研究的基本规则（第四版）	
	[英]朱迪斯·贝尔
做好社会研究的10个关键	
	[英]马丁·丹斯考姆
如何写好科研项目申请书	
	[美]安德鲁·弗里德兰德 等
教育研究方法（第六版）	
	[美]梅瑞迪斯·高尔 等
高等教育研究：进展与方法	
	[英]马尔科姆·泰特
如何成为学术论文写作高手	[美]华乐丝
参加国际学术会议必须要做的那些事	
	[美]华乐丝
如何成为优秀的研究生	[美]布卢姆

结构方程模型及其应用	易丹辉 李静萍

课堂与教学艺术（第二版）　　　　孙菊如 陈春荣

21世纪教师教育系列教材·初等教育系列

小学教育学	田友谊
小学教育学基础	张永明 曾 碧
小学班级管理	张永明 宋彩琴
初等教育课程与教学论	罗祖兵
小学教育研究方法	王红艳
新理念小学数学教学论	刘京莉
新理念小学音乐教学法	吴跃跃

21世纪高校职业发展读本

如何成为卓越的大学教师	[美] 肯·贝恩
给大学新教员的建议	[美] 罗伯特·博伊斯
如何提高学生学习质量	[英] 迈克尔·普洛瑟 等
学术界的生存智慧	[美] 约翰·达利 等
给研究生导师的建议（第2版）	[英] 萨拉·德拉蒙特 等

教师资格认定及师范类毕业生上岗考试辅导教材

教育学	余文森 王 晞
教育心理学概论	连 榕 罗丽芳

21世纪教师教育系列教材·物理教育系列

中学物理微格教学教程（第二版）	张军朋 詹伟琴 王 恬
中学物理科学探究学习评价与案例	张军朋 许桂清
物理教学论	邢红军
中学物理教学法	邢红军
中学物理教学评价与案例分析	王建中 孟红娟

21世纪教师教育系列教材·学科教育心理学系列

语文教育心理学	董蓓菲
生物教育心理学	胡继飞

21世纪教师教育系列教材·学科教学论系列

新理念化学教学论（第二版）	王后雄
新理念科学教学论（第二版）	崔 鸿 张海珠
新理念生物教学论（第二版）	崔 鸿 郑晓慧
新理念地理教学论（第二版）	李家清
新理念历史教学论（第二版）	杜 芳
新理念思想政治（品德）教学论（第二版）	胡田庚
新理念信息技术教学论（第二版）	吴军其
新理念数学教学论	冯 虹

21世纪教育科学系列教材·学科学习心理学系列

数学学习心理学（第二版）	孔凡哲
语文学习心理学	董蓓菲

21世纪教师教育系列教材

教育心理学（第二版）	李晓东
教育学基础	庞守兴
教育学	余文森 王 晞
教育研究方法	刘淑杰
教育心理学	王晓明
心理学导论	杨凤云
教育心理学概论	连 榕 罗丽芳
课程与教学论	李 允
教师专业发展导论	于胜刚
学校教育概论	李清雁
现代教育评价教程（第二版）	吴 钢
教师礼仪实务	刘 霁
家庭教育新论	闫旭蕾 杨 萍
中学班级管理	张宝书
教育职业道德	刘亭亭
教师心理健康	张怀春
现代教育技术	冯玲玉
青少年发展与教育心理学	张 清
课程与教学论	李 允

21世纪教师教育系列教材·语文课程与教学论系列

语文文本解读实用教程	荣维东
语文课程教师专业技能训练	张学凯 刘丽丽
语文课程与教学发展简史	武玉鹏 王从华 黄修志
语文课程学与教的心理学基础	韩雪屏 王朝霞
语文课程名师名课案例分析	武玉鹏 郭治锋
语用性质的语文课程与教学论	王元华

21世纪教师教育系列教材·学科教学技能训练系列

新理念生物教学技能训练（第二版）	崔 鸿
新理念思想政治（品德）教学技能训练（第二版）	
	胡田庚 赵海山
新理念地理教学技能训练	李家清
新理念化学教学技能训练（第二版）	王后雄
新理念数学教学技能训练	王光明

新理念小学音乐教学法	吴跃跃	新媒体概论	尹章池
		新媒体视听节目制作（第二版）	周建青

王后雄教师教育系列教材

教育考试的理论与方法	王后雄	融合新闻学导论	石长顺
化学教育测量与评价	王后雄	新媒体网页设计与制作	惠悲荷
中学化学实验教学研究	王后雄	网络新媒体实务	张合斌
新理念化学教学诊断学	王后雄	突发新闻教程	李军
		视听新媒体节目制作	邓秀军
		视听评论	何志武

西方心理学名著译丛

儿童的人格形成及其培养	[奥地利]阿德勒	出镜记者案例分析	刘静 邓秀军
活出生命的意义	[奥地利]阿德勒	视听新媒体导论	郭小平
生活的科学	[奥地利]阿德勒	网络与新媒体广告	尚恒志 张合斌
理解人生	[奥地利]阿德勒	网络与新媒体文学	唐东堰 雷奕
荣格心理学七讲	[美]卡尔文·霍尔		

全国高校广播电视专业规划教材

系统心理学：绪论	[美]爱德华·铁钦纳	电视节目策划教程	项仲平
社会心理学导论	[美]威廉·麦独孤	电视导播教程	程晋
思维与语言	[俄]列夫·维果茨基	电视文艺创作教程	王建辉
人类的学习	[美]爱德华·桑代克	广播剧创作教程	王国臣
基础与应用心理学	[德]雨果·闵斯特伯格		
记忆	[德]赫尔曼·艾宾浩斯	**21世纪教育技术学精品教材**（张景中 主编）	
实验心理学（上下册）	[美]伍德沃斯 施洛斯贝格	教育技术学导论（第二版）	李芒 金林
格式塔心理学原理	[美]库尔特·考夫卡	远程教育原理与技术	王继新 张屹
		教学系统设计理论与实践	杨九民 梁林梅

21世纪教学活动设计案例精选丛书（禹明 主编）

		信息技术教学论	雷体南 叶良明
初中语文教学活动设计案例精选		网络教育资源设计与开发	刘清堂
初中数学教学活动设计案例精选		学与教的理论与方式	刘雍潜
初中科学教学活动设计案例精选		信息技术与课程整合（第二版）	
初中历史与社会教学活动设计案例精选			赵呈领 杨琳 刘清堂
初中英语教学活动设计案例精选		教育技术研究方法	张屹 黄磊
初中思想品德教学活动设计案例精选		教育技术项目实践	潘克明
中小学音乐教学活动设计案例精选			
中小学体育（体育与健康）教学活动设计案例精选		**21世纪信息传播实验系列教材**（徐福荫 黄慕雄 主编）	
中小学美术教学活动设计案例精选		多媒体软件设计与开发	
中小学综合实践活动教学活动设计案例精选		电视照明·电视音乐音响	
小学语文教学活动设计案例精选		播音与主持艺术（第二版）	
小学数学教学活动设计案例精选		广告策划与创意	
小学科学教学活动设计案例精选		摄影基础（第二版）	
小学英语教学活动设计案例精选			
小学品德与生活（社会）教学活动设计案例精选		**21世纪教师教育系列教材·专业养成系列**（赵国栋 主编）	
幼儿教育教学活动设计案例精选		微课与慕课设计初级教程	
		微课与慕课设计高级教程	

全国高校网络与新媒体专业规划教材

文化产业概论	尹章池	微课、翻转课堂和慕课设计实操教程	
网络文化教程	李文明	网络调查研究方法概论（第二版）	
网络与新媒体评论	杨娟	PPT云课堂教学法	